高等院校经管类“十三五”规划教材

Human Resource Management

人力资源管理

主　编　吕菊芳
副主编　王　达

WUHAN UNIVERSITY PRESS
武汉大学出版社

图书在版编目(CIP)数据

人力资源管理/吕菊芳主编 .—武汉:武汉大学出版社,2018.2(2020.8 重印)
高等院校经管类“十三五”规划教材
ISBN 978-7-307-19999-6

Ⅰ.人…　Ⅱ.吕…　Ⅲ. 人力资源管理—高等学校—教材　Ⅳ.F243

中国版本图书馆 CIP 数据核字(2018)第 019110 号

责任编辑:陈　红　　责任校对:李孟潇　　版式设计:马　佳

出版发行:**武汉大学出版社**　(430072　武昌　珞珈山)
(电子邮箱:cbs22@ whu.edu.cn 网址:www.wdp.com.cn)
印刷:湖北睿智印务有限公司
开本:787×1092　1/16　印张:18.75　字数:448 千字　插页:1
版次:2018 年 2 月第 1 版　2020 年 8 月第 2 次印刷
ISBN 978-7-307-19999-6　定价:39.00 元

前　言

今天的中国已处在一个发展的关键时期，随着我国的知识经济和信息技术的发展，人力资源相比其他的自然资源、资本资源、信息资源来说是最重要的资源，越来越多的组织和企业重视人力资源的管理。面对瞬息万变且复杂的市场环境，传统的人事管理模式已经无法适应如今各种组织和企业的生存与发展。因此，国内外很多优秀的组织和企业把人力资源管理作为战略性问题来研究，把人力资源视为组织的核心竞争力，通过将人力资源管理与企业资源的优化整合，促使人力资源与各项活动相匹配，共同实现组织与企业的战略目标。

人力资源管理作为工商管理专业的必修课和人力资源管理专业的核心课，在应用型人才培养方面占有重要的地位。作为应用型大学的学生来说，教材既要有理论基础，又要有实务操作；既能让学生学有所成，又能调动学生的学习兴趣；既能开拓学生的视野，又能促进全人培养。为了实现这一目标，我们把在教学中坚持的“基础知识+理论前沿+实务操作”的思路作为教材编写的指导思想，按学习目标、导读案例、理论知识、管理故事、管理实践、知识拓展、知识巩固训练、技能提升训练的逻辑来安排本教材的结构。本书具有以下特点：

(1)内容新颖。吸收和借鉴了大量国内外人力资源管理领域理论和实践的新内容，由浅入深地提练和丰富各章节内容，以满足培养全人学生的需要。

(2)应用性强。本书既重基础，又重前沿；既重理论，更重实践，本书每章穿插“导读案例”、“管理故事”、“管理实践”、“知识拓展”等内容，使学生能将理论与实践结合起来。每个知识点有文、图、表结合，以图表突出操作性，图文并茂，使学生能深入掌握知识和技能。

(3)习题丰富。本书各章后有两部分习题，一部分为巩固学生的理论基础，另一部分为提升和训练学生的技能，突显了教学的实用性。一方面帮助学生吸收人力资源理论知识，另一方面能培养学生各方面的能力，以任务驱动的方式，培养学生的沟通能力、团队合作能力等。

本书在参考同类教材逻辑结构和内容体系，参照国内外优秀理论成果和最新学术观点的基础上，阐述了人力资源管理的基础理论及实际操作方法和技巧。本书内容包括人力资源管理导论、人力资源规划、工作分析与评价、员工招聘、员工培训与开发、绩效管理、职业生涯管理、薪酬管理、劳动关系管理、人力资源管理职能优化。为了便于读者学习和掌握人力资源管理的基础理论和实践的最新发展动态，我们努力地使本书知识准确、内容通用、表达简明。

本教材由吕菊芳担任主编并统稿，王达担任副主编。教材共十章，吕菊芳编写第一章至第八章；王达编写第九章和第十章。本教材得到武汉学院校级规划教材专项资助，也获得工商管理系夏丹阳主任的指导和关心，在此深表感谢。同时人力资源教研室王蕾和柯玲老师也非常关心和支持本教材的编写，感谢她们为本教材提供部分资料和信息。

本教材在编写的过程中，参阅和借鉴了国内外众多专家、学者的研究成果，吸取了许多观点，在此向他们表示衷心的感谢和崇高的敬意。尽管编者在编写的过程中非常努力、非常认真，但由于编者水平、经验有限，书中难免有不足和疏漏之处，甚至可能会出现错误，欢迎专家、读者批评指正。对书中涉及的知识产权责任，与上述专家和学者无关，由各章写作者承担。

吕菊芳

2018年1月

目　录

第一章　人力资源管理导论

【学习目标】

❖ 了解人力资源管理的现状及未来
❖ 理解人力资源管理部门的角色定位
❖ 理解人力资源的概念与特征
❖ 掌握人力资源管理的概念和内容
❖ 掌握人力资源管理的功能与职责

【基本概念】

人力资源　人口资源　人才资源　人力资源管理

【导读案例】

为什么要学习华为的人力资源管理

作为中国企业的佼佼者，华为公司的成功基因值得中国所有企业学习，而华为的成功基因之一——人力资源管理模式，更值得我们学习和借鉴。下面从选才、育才、激才、留才四个方面来介绍华为的人力资源管理。

一、选才——在沙海中淘金

(1)最合适的，就是最好的。在华为公司里，“合适”的标准是：企业目前需要什么样的人和岗位需要什么样的人，前者更看重人才的兴趣、态度和个性，后者偏向于人才的能力和素质。企业与人才的双向合适，才有可能实现双方共同发展。

(2)招聘思路要因时而变、因地制宜。在华为的发展历史中，早期华为的招聘思路只是在小范围内来寻找需要的人才，而且还是偏向于技术类的人员。随着华为的快速发展，以前的招聘思路远远无法适应当前的发展需要，所以从20世纪末开始，华为将招聘的思路转向了高校毕业生群体，来引进高学历的专业人才。而从21世纪初开始，华为的业务开始走向国际化后，华为再次将招聘思路偏重于配备国际化的人才。所以，发展阶段不同的企业，要根据发展阶段的不同，采取相应的招聘思路，这样才可以使企业在不同发展阶段顺利实现企业的目标。

(3)主导两种招聘途径。在华为的招聘途径中，主要有校园招聘和社会招聘两种途径。在校园招聘里，华为看重的是大学生的可塑性；而面向社会进行招聘的时候，华为主要看重的是应聘人员对专业技术的掌握程度和实际操作能力。这两种招聘途径可以为华为源源不断地输送人才。

二、育才——在学习中成长

(1)入职培训。华为为了让招来的众多大学生能够快速适应工作，在入职前重点进行了培训。华为的入职培训主要有五个部分，分别是：军事训练、企业文化、车间实习、技术培训和市场演习。军事训练的培训理念与华为创始人任正非有很大的关系，这种军事训练可以让刚刚走出校园的大学生改变很多不好的习惯，并快速走上岗位。其他的培训内容都一定程度上为大学生入职提供了很大的帮助。

(2)全员导师制。现在很多企业实行"导师制"的培训方式，但这种培训方式有明显效果的却寥寥无几，而华为的"全员导师制"，不仅可以让新员工在华为顺利开展工作，而且还可以帮助导师实现自身的发展。

(3)企业文化培训。华为的企业文化，是一种"狼性"的文化价值观，但就是这种文化，才让华为实现了快速发展。而华为为了让新进的员工融入其企业氛围和工作环境，会重点做好企业方面的培训，使他们真正成为"华为人"。

三、激才——在想象中长跑

(1)高薪激励。华为能够吸引到如此多的高素质人才加入，与高薪激励有关。华为支付给大学生的薪酬，远远高于行业的平均水平，使得众多高素质的人才纷纷流向华为，而这些高素质的人才也为华为的发展创造了源源不断的价值和利润。

(2)股权激励。在中国企业里，华为是极少数实行员工持股的企业之一，而股权激励，更是实现了华为的不断发展。华为实行股权激励，一方面可以吸引人才加入，另一方面可以激励人才的发展，从而创造更大的价值。

(3)内部创业。华为的内部创业模式，在中国企业里也同样是少有的。在华为里，实行了一种内部的创业机制，允许和鼓励有志向创业的员工，申请成为华为的代理商，并可以获得华为提供的设备使用权等，让离开的员工可以与华为一起共同取得发展。

四、留才——在激励中提升

(1)轮岗制。在华为里，不会由于员工绩效差就轻易解雇，而是会采取轮岗制的形式，让员工在不同的岗位上获得改进的空间。假如轮岗的员工多次无法适应新的岗位，那么公司再好好解决，并提供其他的工作机会，帮助员工继续就业。看得出来，华为是一家十分爱惜人才的企业，会采取多种方式来为员工找到最合适的岗位，以达到双赢的结果。

(2)离职面谈。对于华为不想失去的员工，华为会利用一切办法，对想要离职的员工好好进行离职面谈，询问其离职的主要原因，并给予关心。直到无法让员工回心转意的时候，华为才会很友好地接受员工的离职。

评析：一个企业网罗和聚集了许多高素质的优秀人才就一定能保证企业具有活力和创造力，事业蒸蒸日上么？企业的人才需不需要有计划的管理？高素质人才未必代表高绩效，关键是要看企业需要什么样的人才，怎么才能有效使用这些人，采用什么技术和方法进行有效的人员管理。也就是说，企业的核心竞争力不仅依靠优质的人力资源，更要依靠高水平的人力资源管理来获得，从而保持优质人力资源，发挥他们的潜力，调动他们的积极性，保证企业的长期竞争优势。企业如何进行人力资源管理？

本章先从人力资源概述谈起。

资料来源：http://www.Chnihc.com.cn/research-center/research-case/case-flowlist/14528.html.

第一节　人力资源概述

一、人力资源的概念

1954年，美国著名的管理学家彼得·德鲁克在其著名的《管理的实践》一书中非常明确地引入了“人力资源”这个概念，并且指出“它和其他所有资源相比较而言，唯一的区别就是它是人，人是具有组织里任何其他资源都没有的‘特殊能力’的资源”。

关于人力资源的定义，国内外学者从不同角度给出了多种不同的界定，主要有三种观点：一是狭义论，认为人力资源是在一定时间、一定空间地域内的人口总体中所具有的劳动能力的总和；二是广义论，认为人力资源是在一定范围内能够作为生产要素投入社会经济活动中的全部劳动人口的总和；三是中间论，认为人力资源是能够推动整个经济和社会发展的劳动者的能力，即处在劳动年龄已直接投入经济建设和尚未投入经济建设的人口的能力总和。

本书认为，所谓资源是指有价值的、可用的东西、或原始的物质，资源是形成财富的来源。人力资源的本质是人所具有的脑力和体力的总和，可以统称为劳动能力。这一能力要能为财富的创造起贡献作用，成为财富形成的来源。在这个意义上来说，人力资源的本质是能力。我们给人力资源下一个定义，人力资源是指能够推动整个经济和社会发展的，具有智力劳动和体力劳动能力的劳动者的总和。它应包括有劳动能力的人口数量和质量两个方面。

(一)人力资源数量

人力资源的数量包括绝对数量和相对数量。绝对数量指的是一个国家或地区中具有劳动能力，从事社会劳动的人口总数，它是一个国家或地区劳动适龄人口减去其中丧失劳动能力的人口，加上非劳动适龄人口中具有劳动能力的人口的总和。人力资源绝对数量由八个部分组成，如表1-1所示。

人力资源的相对数量用人力资源率表示，是指人力资源的绝对数量占总人口的比例。一个国家或地区的人力资源率越高，表明可投入生产过程中的劳动数量越多，由此产生的国民收入就越高，人力资源率从侧面反映了一个国家或地区的经济实力。

(二)人力资源质量

人力资源的质量是人力资源所具有的体质、智力、知识和技能的水平以及劳动者的劳动态度等，一般体现在劳动者的体质水平、文化水平、专业技术水平以及劳动的积极性等方面，往往用健康卫生指标、受教育状况、劳动者的技术等级状况和劳动态度指标等来衡量。人力资源的质量构成如表1-2所示。

表 1-1　　**人力资源绝对数量构成**

<table>
<tr><td colspan="2">少年人口(0~16 岁)</td><td colspan="4"></td><td colspan="2">老年人口
(男 60 岁以上　女 55 岁以上)</td></tr>
<tr><td rowspan="4"></td><td rowspan="4">②未成年就业人口</td><td colspan="4">①适龄就业人口</td><td rowspan="4">③老年就业人口</td><td rowspan="4"></td></tr>
<tr><td colspan="4">④求业人口</td></tr>
<tr><td>⑤求学人口</td><td>⑥现役军人</td><td>⑦家务劳动者</td><td>⑧其他人口</td></tr>
<tr><td colspan="4">⑨病残人口</td></tr>
<tr><td colspan="8">注：
①处于劳动年龄之内，即劳动适龄就业人口；
②尚未达到劳动年龄，已经从事社会劳动的人口，即未成年就业人口；
③已经超过劳动年龄，继续从事社会劳动的人口，即老年就业人口；
④处于劳动年龄之内，有能力和愿望参加社会劳动，但实际上并未参加社会劳动的人口；
⑤处于劳动年龄之内，正在从事学习的人口，即求学人口；
⑥处于劳动年龄之内，正在军队服役的人口；
⑦处于劳动年龄之内，正在从事家务劳动的人口；
⑧处于劳动年龄之内的其他人口；
⑨处于劳动年龄之内的病残人口。</td></tr>
</table>

表 1-2　　**人力资源的质量构成**

质量构成的项目要素	项目要素主要指标	具体指标
体质水平	健康卫生指标	平均寿命
		婴儿死亡率
		每万人拥有医务人员数
		人均日摄入热量
文化水平	受教育情况	人均受教育年限
		每万人中大学生比例
		大、中、小学入学比例
专业技术水平	劳动者的技术等级状况	技术职称等级结构
		每万人中高职人员所占的比例
劳动的积极性	劳动态度指标	对工作的满意程度
		工作的负责程度
		与他人的合作性

从人力资源的内部替代性的角度，可以看出其质量的重要性。一般来说，人力资源质

量对数量的替代性较强，而数量对质量的替代性较差，甚至不能替代。人力资源的数量和质量是密切联系的两个方面，既要有数量，也要有质量，数量是基础，质量是关键，数量适中而且质量精良，是人力资源管理的理想目标之一。

二、人力资源的基本特征

(一)能动性

能动性是人力资源区别于其他资源的重要特征，最本质的特征在于它是“有意识”的。与物质资源相比，人力资源有思想和情感，能够接受教育或主动学习并能够自主地选择职业，重要的是人力资源能够发挥主观能动性，有目的、有意识地利用其他资源进行生产，能够不断地创造新的工具、技术，推动社会和经济的发展，推动人类文明进步。

(二)增值性

与自然资源相比，人力资源具有明显的增值性。一般来说，自然资源是不会增值的，它只会因为不断地消耗而逐渐“贬值”；人力资源则不同，前文提到，人力资源是劳动者的脑力和体力的总和。人的知识、经验和技能不会因为使用而消失，相反会因为不断地使用而更有价值，人的体力也不会因为使用而消失，只会因为使用而不断增强。也就是说，在一定范围内，人力资源是不断增值的，创造的价值也会越来越多。

(三)时效性

时效性是指人力资源的形成、开发和使用，都具有时间方面的限制，这是同人的生命年龄有直接关系的。从单个的人来说，有其生命的周期；而作为人力资源的人，能从事劳动的自然时间又被限定在生命周期的中间一段；能够从事劳动的不同时期其劳动能力也有所不同。

(四)再生性

人力资源的再生性有两层含义：一是指人口的再生产和劳动力的再生产，通过人口总体内个体的不断替换更新和劳动力得到补偿后，再生产过程得以实现；二是指人力资源的知识和技能可以通过教育和培训不断丰富和提高，并在工作实践中得到锻炼和积累。

(五)双重性

双重性是指人力资源既是创造社会财富的生产者，又是社会财富的消费者，因此，具有生产性和消费性。生产性是指人力资源是物质财富的创造者，为组织的生存与发展提供了条件；消费性是指人力资源为了维持其本身的存在，必须消耗一定数量的其他自然资源。

(六)社会性

社会性是指人力资源处于特定的社会和时代中，不同的社会形态、不同的文化背景都会反映和影响人的价值观念、行为方式、思维方法。从本质上说，人力资源是一种社会资源。人力资源的社会性要求在开发过程中注意社会政治制度、国家政策、法律法规以及文化环境的影响，特别要注意开发措施的人群针对性。

【管理实践】

小米公司的用人之道

1. 团队第一，产品第二；
2. 创始人最重要的工作之一就是找人；
3. 合伙人制：八个各当一面的合伙人；
4. 用最好的人：一个靠谱的工程师顶一百个；
5. 寻找最合适的人：要有创业心态；
6. 天理即人欲：给足团队利益，让员工“爽”；
7. 解放团队：忘掉 KPI，组织结构扁平化；
8. 让员工成为粉丝，让粉丝成为员工；
9. 人比制度重要：让员工发自内心地热爱工作；
10. 人是环境的孩子：用环境塑造人。

资料来源：黎万强. 参与感：小米口碑营销内部手册. 北京：中信出版社，2014.

三、人力资源与其他资源的关系

从上述人力资源的概念来看，它是一个内容涵盖面很广的理论概括。它的提出开拓了社会学，特别是经济学对人和劳动力研究的全新领域。分析人口资源、人力资源和人才资源的关系有助于更准确地理解人力资源的实质、内容及其重要性。

(一) 人口资源

人口资源是指一个国家或地区在一定时期内所有人口的总和，其主要表现为数量概念，是人力资源和人才资源的基础和来源，只有拥有一定的人口资源才能保证一定的人力资源和人才资源。

(二) 人力资源

人力资源是指一个国家或地区一切具有为社会创造物质财富和精神、文化财富的，从事体力劳动和智力劳动的劳动者总和。

(三) 人才资源

人才资源则是指一个国家或地区具有较强的管理能力、研究能力、创造能力和专门技术能力的人的总和。它重点强调人的质量方面，强调人力资源中较杰出、优秀的那一部分人。

人口资源、人力资源、人才资源三者在数量关系上存在着一种包含关系，人口资源数量多少是人力资源形成的基础；人口资源中具备一定的脑力和体力的是人力资源；而人才资源又是人力资源的一部分，是人力资源中质量较高和数量较少的那部分。三者的数量包含关系如图 1-1 和图 1-2 所示。

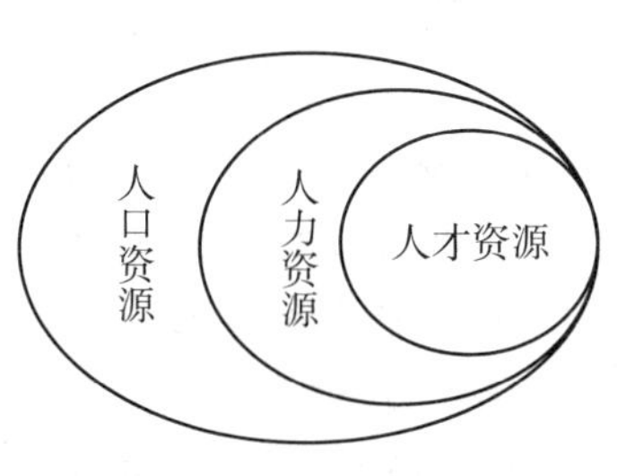

图 1-1　三者的包含关系

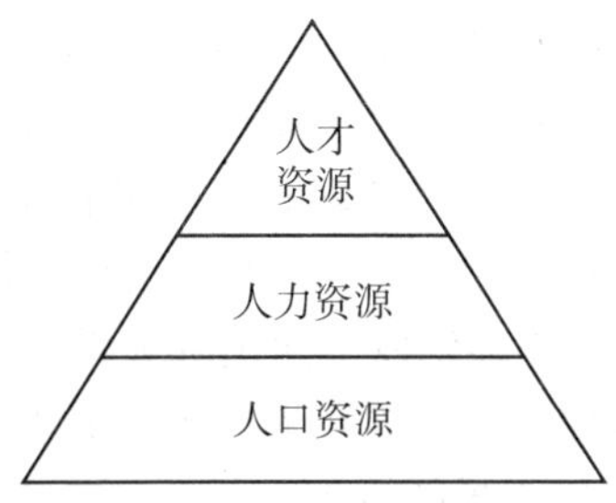

图 1-2　三者的数量关系

【管理故事】

人才的价值

1923 年，美国福特公司有一台大型电机发生故障，公司所有工程技术人员都未能修好。正在焦急万分的时候，有人推荐了思坦因曼思，他原来是德国的工程技术人员，流落到美国后，一家小厂的老板看中了他的才能并雇用了他。此人身材矮小，衣着邋遢，许多人瞧不起他。福特问他几天能修好这台电机，他说三天，而且只用一把小铁锤、一支粉笔就可以了。

他在这台大型电机旁边搭起帐篷住了下来，白天他围着电机转悠，东看看、西敲敲，晚上他就睡在电机旁。到了第三天，人们见他还不拆电机，不禁怀疑起来，便质问他何时动手修电机，他却慢条斯理地说："别着急，今晚即可见分晓。"

当天晚上，他爬到电机顶上，在电机的一个部位画了一条线作为记号，然后对福特公司的技术人员说："打开电机，把做记号地方的线圈减少 16 圈，故障就可以排除。"技术人员半信半疑地拆开电机，按他所说的操作后，电机果然恢复正常了。

这时，他提出要酬金 1 万美元，福特公司的工作人员一片哗然。你不过画了一条线，怎么值 1 万美元。他理直气壮地说，画一条线只要 1 美元，要知道这条线往哪里画要 9999 美元。福特非常爽快地给了他 1 万美元。

福特非常欣赏这个人，亲自邀请他加盟福特公司，但思坦因曼思对福特说，他不能离开那家小工厂，因为那家小工厂的老板在他最困难的时候帮助了他。福特先是觉得非常遗憾，继而做出一个决定，收购思坦因曼思所在的那家小工厂。不久后，思坦因曼思进入决策层，开始了他辉煌的职业生涯。

资料来源：文建秀．人力资源管理理论与实务．北京：中国铁道出版社，2012.

第二节　人力资源管理概述

一、人力资源管理的概念

人力资源管理(human resource management)作为企业的一种职能性管理活动的提出最早源于工业关系和社会学家怀特·巴克于1958年出版的《人力资源功能》一书，该书首次将人力资源管理作为管理的普遍职能来加以讨论。美国著名的人力资源管理专家雷蒙德·A. 诺伊等提出：人力资源管理是指影响雇员的行为、态度以及绩效的各种政策、管理实践和制度①。美国佛罗里达国际大学著名管理学教授加里·德斯勒提出：人力资源管理是为了完成管理工作中涉及人或人事方面的任务所需要掌握的各种概念和技术②。

我国著名学者赵曙明认为人力资源管理就是对人力这一特殊的资源进行有效开发、合理利用与科学管理③。我国人力资源著名学者彭剑锋认为人力资源管理是依据组织和个人发展的需要，对组织中的人力这种特殊资源进行有效开发、合理利用与科学管理的机制、制度、流程、技术和方法的总和④。

综合以上各种观点，本书认为人力资源管理是为实现组织和个人的发展需要，通过各种政策、制度和管理实践，对人力资源进行合理配置、有效开发和科学管理，从而影响雇员的态度、行为和绩效的活动过程。

二、人力资源管理的功能

人力资源管理的功能和职能本质上是不同的，人力资源管理的职能是它所要承担或履行的一系列活动，例如人力资源规划、工作分析、员工招聘等；而人力资源管理的功能是指它自身所具备或应该具备的作用，这种作用并不是相对其他事物而言的，而是具有一定的独立性，反映了人力资源管理自身的属性，它的功能是通过职能来实现的。人力资源管理的功能主要有五个方面：获取、整合、维持、调控和开发，如图1-3所示。

(一)获取

它主要包括人力资源规划、招聘与录用。为了实现组织的战略目标，人力资源管理部门要根据组织结构确定工作说明书与员工素质要求，制定与组织目标相适应的人力资源需求与供给计划，并根据人力资源的供需计划而开展招募、考核、选拔、录用与配置等工作。显然，只有首先获取了所需的人力资源，才能对之进行管理。

---

① 诺伊，霍伦贝克，格哈特，等．人力资源管理赢得竞争优势．5版．北京：中国人民大学出版社，2005.

② 德斯勒．人力资源管理．9版．北京：中国人民大学出版社，2005.

③ 赵曙明．人力资源管理研究．北京：中国人民大学出版社，2001.

④ 彭剑锋．人力资源管理概论．2版．上海：复旦大学出版社，2011.

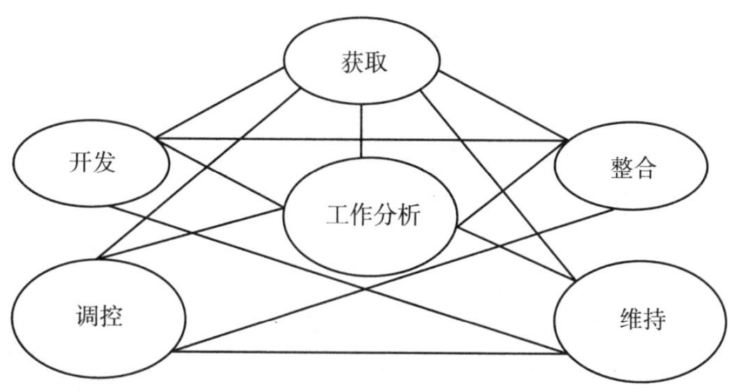

图 1-3 人力资源管理主要功能与关系模型

（二）整合

这是使员工之间和睦相处、协调共事、取得群体认同的过程，是员工与组织之间个人认知与组织理念、个人行为与组织规范的同化过程，是人际协调职能与组织同化职能。企业借助培训教育等手段实现员工组织社会化，整合的目的是培养员工与组织一致的价值取向和文化理念，并使其逐步成为组织人。具体体现为新员工上岗引导、企业文化和价值观培训。

（三）维持

维持功能主要体现在建立并维持有效的工作关系。通过一系列薪酬管理、绩效管理和职业晋升通道管理等活动，同时为员工提供安全、健康、舒适的作业环境和良好的工作氛围，保持员工的稳定性和有效工作的积极性，使员工的能力得以充分发挥。

（四）调控

调控功能体现在企业对员工实施合理、公平的动态管理，对员工的基本素质、劳动态度和行为、技能水平、工作成果等进行全面考核与评价，做出相应的奖惩、升迁、离退或解雇等决策，并通过系列定编定岗、培训开发以及人事调整等办法和手段，使员工的技能水平和工作效率达到组织所期望的水平。

（五）开发

人力资源开发是指对组织内员工素质与技能的培养与提高以及使他们的潜能得以充分发挥，最大地实现其个人价值。它主要包括组织与个人开发计划的制订、组织与个人对培训和继续教育的投入、培训与继续教育的实施、员工职业生涯开发及员工的有效使用。

三、人力资源管理的内容

在人力资源管理活动中，吸引员工、留住员工和激励员工是人力资源管理的三大目标，人力资源管理的所有工作都是围绕着这三大目标展开的。一般而言，人力资源管理工作主要包括以下 8 个方面，如图 1-4 所示。

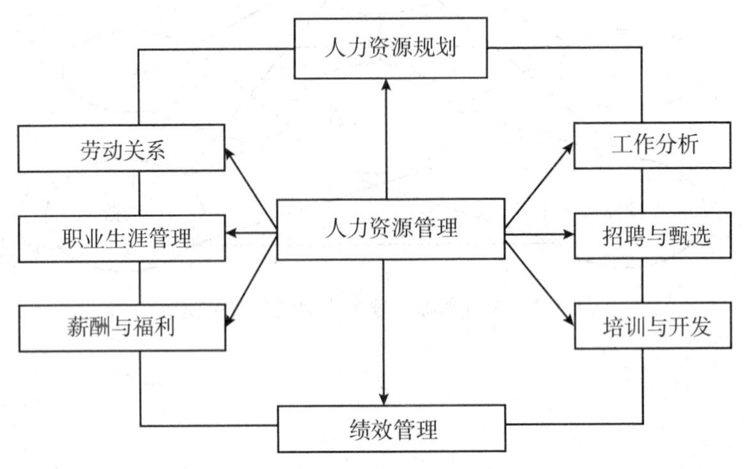

图 1-4　人力资源管理的内容

(一)人力资源规划

人力资源规划是系统、全面地分析和确定组织人力资源需求的过程，以确保组织在需要时能够得到一定数量和质量的员工满足组织现在及将来各个岗位的需要。在制订人力资源规划时，首先要评估组织的人力资源现状及其发展趋势，收集和分析人力资源供求信息和有关资料，预测人力资源供求的发展趋势，结合实际制订组织的人力资源使用、培训和发展规划。

(二)工作分析

工作分析也称职位分析或岗位分析，是全面了解一项具体工作或具体职务的管理活动。工作分析是对组织中各个工作和岗位的目的、任务或职责、权力、隶属关系、工作条件、任职资格等相关信息进行收集与分析，以便对该工作做出明确的规定，并确定完成该工作所需要的行为、条件、人员的过程。工作分析是其他人力资源管理活动的基础。

(三)招聘与甄选

招聘是指根据人力资源规划和工作分析的要求，为组织获得所需要的人力资源的过程。人员招聘包括招聘准备、招聘实施和招聘评估三个阶段。甄选是指组织辨别求职者是否具有帮助组织达成目标所必需的知识、技能、能力以及其他性格特征的一个过程。不同战略的组织所需要的员工类型、数量是不同的，组织能否招聘和甄选到满足工作需要的人才，直接关系到组织的生存与发展。

(四)培训与开发

培训是指组织为方便员工学习与工作有关的知识、技能以及行为而付出的有计划的努力。开发是指组织为了提高员工迎接挑战的能力而帮助他们获得相应的知识、技能以及行为，这些挑战有可能来自现有的各项工作，也可能来自目前尚不存在但在未来可能出现的一些工作。为了提高组织的适应能力和竞争力，组织需要对员工进行培训与开发，使他们明确自己的任务、职责和目标，提高知识和技能，具备与实现组织目标相适应的自身素质和技术业务能力。

(五)绩效管理

绩效管理是指为实现组织发展战略目标，采用科学的方法，提高员工个人或组织的综合素质、态度行为和工作业绩的全面监测分析与考核评价，不断激励员工，改善组织行为，提高综合素质，充分调动员工的积极性、主动性和创造性，挖掘其潜力的活动过程。其中，绩效考核是绩效管理中的一个重要环节，成为绩效管理系统运行的重要支撑点。

(六)薪酬与福利

薪酬是指员工为组织提供劳动而得到的各种货币与实物报酬的总和，包括工资、奖金、津贴、提成工资等。它是组织吸引和留住人才，激励员工努力工作，发挥人力资源效能最有力的杠杆之一。福利是指组织向员工提供的除工资、奖金之外的各种保障计划、补贴、服务以及实物报酬。薪酬与福利管理就是要制定合理的工资福利制度，从员工的资历、职级、岗位及实际表现和工作成绩等方面考虑制定相应的、具有吸引力的工资报酬标准和制度，并安排养老金、医疗保险、工伤事故处理、节假日等福利项目。

(七)职业生涯管理

职业生涯管理是企业帮助员工制订个人发展计划，并及时监督和考察，使个人的发展与企业的发展相协调，满足个人成长的需要，同时，使员工有归属感，激发其工作积极性和创造性，进而提高组织效益，促进组织发展。

(八)劳动关系

劳动关系管理主要是建立与维护健康的劳动关系，建立企业管理层与员工之间互相信任、互相尊重的良好工作环境，让员工在安全、健康的环境中有效地工作，给企业带来长期的利益。人力资源管理涉及劳动关系的各个方面，如劳动时间、劳动报酬、劳动保护、劳动安全、劳动争议等。劳动关系是否健康和融洽，直接关系到人力资源管理活动能否有效开展。

【管理实践】

“以人为先”的西南航空

美国西南航空公司成立于20世纪70年代初，当时不过是仅有3架飞机的地方性小公司，目前已经成为美国第五大航空公司，总资产40亿美元，员工近3万人。在竞争异常激烈的美国航空市场中，西南航空一直能将其成本维持在业界最低水准，服务质量居行业领先地位，被誉为“世界航空业最伟大的典范”。

在西南航空，员工拥有三个基本的工作价值观：第一，工作是愉快的；第二，工作很重要；第三，工作有成就感。这种工作价值观的形成是由“以人为先”的人力资源管理系统和企业文化塑造的。基于对每个员工的尊重，西南航空从未动过裁员的念头，对于员工出于好心而犯下的过失也绝不采取任何特别的惩罚措施。为了摆脱人力资源管理“治安警察”的传统形象，西南航空将“人力资源部”更名为“人民部”。主要任务是营造一种符合“以人为先”企业文化和价值原则的工作条件、人文环境和激励机制。基于这样的理念，人民部创造了一套能有效激励员工追求卓越的现代化管理系统。

——在引进人力资源方面公司坚持“以人生态度取人，技能则留待以后培训”的原则，采取同行员工招募的方式，飞行员面试飞行员，乘务员面试乘务员，让员工自己挑选可以愉快合作的工作伙伴。

——在人力资源开发方面，公司成立了专门的职工大学，通过办刊、讲公司成长故事和面对面交谈来训练员工团队合作精神，所有员工每年都要参加一次培训课程，除了强调如何把工作做得更好、更快、成本更低外，特别注重利用培训机会增加部门间彼此的了解，并征集员工对公司经营和发展的看法和意见。

——在绩效管理方面，公司认为优质服务从员工内部开始，所以提倡“顾客是第二位的，员工才是第一位的”，要员工“把工作变成快乐”、“为成就而狂欢”，给每个员工以信任并赋予他们重要任务，鼓励员工“像老板一样思考问题”，以主人翁精神去做事，不畏失败、创造辉煌。

——在薪酬制度设计和管理方面，公司注重采取集体奖励的方式来维护并提升团队精神，对于工作一年以上的员工实施利润分享制度，并要求员工用1/4的红利所得继续购买本公司股票，目前员工持股比例约占西南航空总股本的10%。

西南航空的成功，并不在于它掌握了什么关键技术，或是从外边网罗了什么人才高手，而主要是因为它建立了“以人为先”的管理系统，并以此内聚了全体员工的主人翁责任感和集体创造力，营造了能够激发每位员工创造潜能的工作环境和激励机制。

资料来源：李宝元．人力资源管理学．北京：北京师范大学出版社，2007.

四、人力资源管理的目标

人力资源管理的最终目标是帮助组织更好地实现其目标。自20世纪90年代以来，随着战略人力资源管理的产生，人力资源及其管理的地位变得日益重要。衡量人力资源管理的贡献不仅在于其完成了多少职能性工作或者效率的高低，而且取决于其对战略目标的贡献。然而，要实现这一目标，人力资源管理部门必须为员工创造良好的工作环境，减少员工流动，在此基础上，最大限度地发挥员工的潜能，从而提高劳动生产率，并通过人力资源创造竞争优势。

我们认为，对于人力资源管理的目标应当从最终目标和具体目标这两个层次来进行理解。人力资源管理的最终目标就是要有助于实现企业的整体目标，人力资源管理只是企业管理的一个组成部分，它是从属于整个企业管理的，而对企业进行管理的目的就是要实现企业既定的目标，因此人力资源管理的目标也应当服从和服务于这一目的。需要指出的是，虽然不同的企业，其整体目标的内容可能有所不同，但最基本的目标都是一样的，那就是要创造价值以满足相关利益群体的需要。在最终目标之下，人力资源管理还要达成一系列的具体目标，这些具体目标应该包含以下几个方面：(1)保证价值源泉中人力资源的数量和质量；(2)为价值创造营建良好的人力资源环境；(3)保证员工价值评价的准确有效；(4)实现员工价值分配的公平合理。

人力资源管理的具体目标与企业价值链的运作是密切相关的，价值链表明了价值在企业内部从产生到分配的全过程，是贯穿企业全部活动的一条主线，价值链中任何一个环节出现了问题，都将影响到整体价值的形成，人力资源管理的具体目标就是要从人力资源的角度出发为价值链中每个环节的有效实现提供有力的支持，如图 1-5 所示。

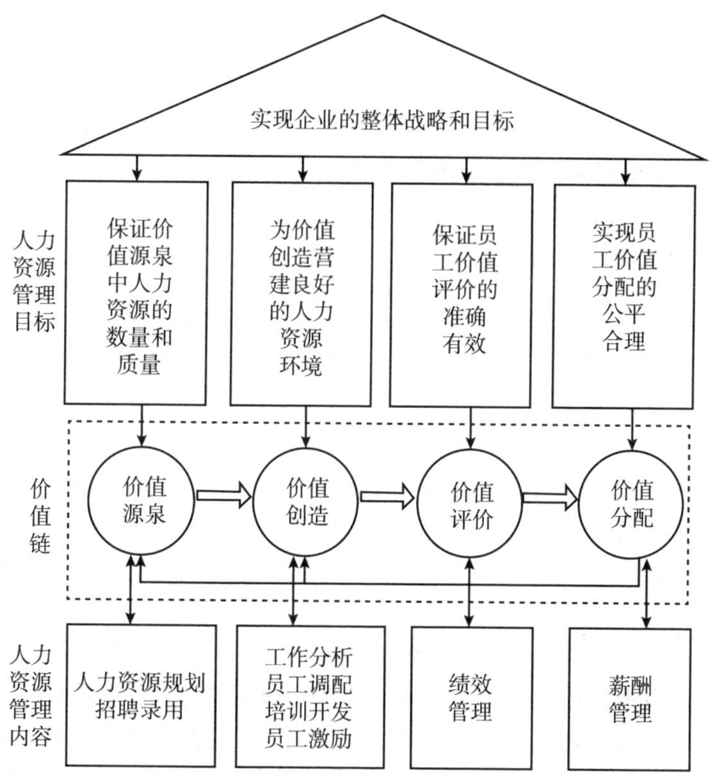

图 1-5　人力资源管理的目标、价值链和相应的职能活动关系图

在整个价值链中，价值源泉是源头和基础，只有具备了相应的资源，价值创造才有可能进行。人力资源是价值创造不可或缺的资源，因此，为了保证价值创造的正常进行，企业必须拥有满足一定数量和质量要求的人力资源，否则企业的价值创造就无法实现，这就是人力资源管理的第一个具体目标——价值创造，这一目标需要借助人力资源规划和招聘

录用等职能活动来实现。

在价值链中，价值创造是最关键的环节，只有通过这一环节，价值才能够被创造出来，而价值创造并不会自动发生，它需要以人力资源为中心来整合和运用其他资源，因此必须营建出良好的人力资源环境，以实现价值创造，这就是人力资源管理的第二个具体目标——价值分配，这一目标需要借助职位分析和设计、员工调配、培训与开发、员工激励等职能活动来实现。

为了进行价值分配，就必须对价值创造主体在价值创造过程中所做的贡献做出准确的评价，这就是人力资源管理的第三个具体目标——保证员工价值评价的准确有效，这一目标需要借助绩效管理等职能活动来实现。

价值分配可以说是价值链运作的目的，只有通过价值分配，企业各相关利益群体的需要才能得到满足，从价值创造主体的角度来看，只有他们得到了公平合理的价值分配，价值创造才有可能继续发生，这就是人力资源管理的第四个具体目标——实现员工价值分配的公平合理，这一目标需要借助薪酬管理等职能活动来实现。

总的来说，人力资源管理的目标是，通过组建优秀的企业员工队伍，建立健全企业管理机制，形成良好的企业文化氛围，有效地开发和激励员工潜能，最终实现企业的管理目标。

五、人力资源管理的职责分担与角色定位

(一)人力资源管理部门的职责分工

人力资源管理的目标是通过人力资源合理的配置、激励与开发实现劳动生产率的提高，进而促进组织目标的实现。现代人力资源管理已经上升到战略高度，在现代人力资源管理的参与者中，越来越强调，人力资源管理不仅仅是人力资源管理部门的事情，更是各层各类管理者的职责。

企业的高层决策者也开始更多地参与人力资源管理活动。高层决策者主要从战略的高度考虑人力资源管理活动，并对中高层经理进行管理。其职责包括人力资源战略的制定、中高层经理的选拔录用、企业人力资源规划的审核、企业文化的塑造与发展、部门关系的协调以及组织运行风格的确定等。

直线管理人员由于其直线权力而扮演着各项人力资源政策、制度的实施角色，从而对人力资源管理有着重要的影响。因此，人力资源管理不仅是人力资源管理部门的责任，而且是每个直线管理人员的责任。直线经理承担参与人力资源管理理念与政策的确定、贯彻执行人力资源政策、依据部门业务发展提出部门用人计划、参与部门岗位设计与工作分析、参与本部门的人员招聘与人才选拔等工作。

现代人力资源管理已成为每一个管理者不可缺少的工作组成部分。无论是高层管理者还是基层管理者，无论是销售经理还是人力资源经理，甚至是普通的员工，都有必要参与人力资源管理活动，才能保证人力资源目标的实现。因此，必须对人力资源管理者的参与进行明确的界定，并且对其职能进行合理的定位，关于他们在人力资源管理中的角色与职责，如表 1-3 所示。

表 1-3　**企业各层各类人员对人力资源管理的责任分担**

决策层管理者	1. 主持或提出并确立人力资源管理的理念且达成共识； 2. 主持或参与确定人力资源的发展战略与目标； 3. 主持或参与制定人力资源的政策与制度体系； 4. 主持或参与组织整体绩效目标与标准的确定； 5. 主持或参与组建各级领导管理团队及核心团队； 6. 对所属员工的成长和发展承担责任； 7. 发现并推荐优秀人才； 8. 为承担人力资源管理责任建立组织保障并成立人力资源决策委员会作为保障机制。
直线管理人员	1. 参与人力资源管理理念与政策的确定； 2. 贯彻执行人力资源的理念与战略举措； 3. 根据部门业务发展提出部门用人计划； 4. 参与部门岗位与职责设计及职务分析； 5. 制定本部门绩效目标与绩效计划，并对绩效最终结果承担责任，主持本部门绩效考核面谈； 6. 当教练，辅导员工制订行动计划，对员工的绩效进行评估； 7. 与员工进行有效的沟通，对员工的行为进行指导、约束与激励； 8. 配合公司人力资源的各项举措提出本系统、本部门的解决方案； 9. 参与人员的招募与人才选拔； 10. 营造良好的企业团队文化氛围； 11. 发现并推荐优秀人才。
人力资源管理部门	1. 参与制定公司战略与推进企业文化； 2. 系统规划与构建人力资源管理体系并推进实施； 3. 提供人事服务，促进组织内的沟通交流，营造内部和谐氛围，提供心理咨询； 4. 与业务经理共同承担组织的绩效目标，使人力资源管理流程、活动与业务流程相适应、相匹配，为业务经理提供合适有效的人力资源解决方案； 5. 主动参与变革，引导变革中员工的理念和行为，营造变革的文化氛围，提供变革中人力资源问题的系统解决方案； 6. 推进企业内部的知识共享，创建学习型组织。
员工	1. 由他律到自律； 2. 自我开发与管理； 3. 积极参与。

（二）人力资源管理部门的角色定位①

（1）战略伙伴。人力资源管理部门应该是企业的战略伙伴，是企业战略决策的参与者，提供基于战略的人力资源规划及系统解决方案，使人力资源和企业战略相结合。

① 郭洪林．企业人力资源管理．北京：清华大学出版社，2005.

(2)职能管理者角色。人力资源管理部门在战略规划、战略执行和战略评价中应该被赋予职能职权，运用人力资源管理的专业知识和技术工具，确定人力资源管理的方针、政策、制度，和直线部门协调配合进行人力资源规划、人员招聘、薪酬制定、绩效管理等各项活动，保障企业战略和直线部门的工作顺利实施。

(3)监督控制者的角色。根据组织的价值评价标准，评估部门绩效，监控各部门人力资源管理和开发状况，并提出改进意见。

(4)服务者角色。人力资源部门要以专业技能为其他部门提供支持服务，如人力资源管理工具的开发，为人力资源问题的解决提供咨询等。

(5)协调者的角色。人力资源管理者承担组织内部各部门之间、上下级之间、组织和外部环境之间的信息沟通工作。

(6)变革的推动者。有些时候，如在并购与重组、组织裁员、业务流程再造等变革活动中，人力资源管理部门往往要先行一步，成为变革的推动者，提高员工对变革的适应性，妥善处理组织变革过程中的人力资源管理实践问题，推动组织的变革。

第三节　人力资源管理发展历史及未来发展趋势

一、人力资源管理发展历程

(一)西方的人力资源管理发展历史

1. 人事管理萌芽阶段

人力资源管理的前身称为人事管理，人事管理的出现是随着18世纪后半叶工业革命的到来而产生的。工业革命有三大特征：即机械设备的发展、人与机器的联系、需要雇佣大量人员的工厂建立。这样，当时的所有问题都归结为如何吸引农业劳动力放弃原有的生产和生活方式到工厂来工作，然后将工业生产所需要的一些基本技能传授给他们，同时使他们能够适应工业文明的行为规则，从而最大限度地发挥劳动分工和生产协作所带来的巨大生产率潜力。这场革命导致两种现象：一是劳动专业化提高；二是工人生产能力的提高，工厂生产的产品剧增。人事管理萌芽阶段的管理思想有以下几个特点，如：把人视为经济人；确立了工资支付制度和劳动分工；初步有了智力劳动和体力劳动的区别；“雇佣管理”主要功能用于招聘，其管理以“事”为中心。

2. 科学管理阶段

著名的科学管理之父弗雷德里克·泰勒在1878—1890年是位于费城的伯利恒钢铁公司的工程师。为解决他认为的工人消极怠工问题，他对工人的工作效率进行了研究，试图找到一种最好的、能最快完成工作的方法。这种工作方式最有效率：速度最快、成本最低。为此，需要将工作最基本的元素进行分析，然后再用最有效的方式重新组合起来，这一时期，劳动力从农村进入城市，从小作坊、小工厂走向大工厂。在当时的情况下，集中化、大型化、标准化为其特色。在这一时期，人力资源管理思想有以下几个特点，如：出现劳动定额、劳动定时工作制，并能合理地对劳动成果进行计算；企业根据标准方法有目的地对工人进行入职培训，并根据工作的特点分配给工人适当的工作；明确划分了管理职能和作业职能；已经能组织起各级的指挥体系，对人的管理灌输了下级服从上级的严格的等级观念。

3. 人际关系运动阶段

1924—1932 年，哈佛大学商学院乔治·埃尔顿·梅奥和罗特利斯伯格等人在芝加哥的西方电器公司霍桑工厂进行的霍桑实验提供了一个有史以来最著名的行为研究成果。霍桑实验的研究结果启发人们进一步研究与工作有关的社会因素的作用。这些研究的结果导致了所谓的人际关系运动，它强调组织要理解员工的需要，这样才能让员工满意并提高生产效率。这一时期，人力资源管理有以下几个特点，如：承认人是社会人，人除了物质、金钱的需要外，还有社会、心理、精神等方面的需要；在管理形式上，承认非正式组织的存在，承认法定的组织存在之外，另有权威人物的存在；在管理方法上，承认领导是一门艺术，而且应以人为核心改善管理的方法；重视对个体的心理和行为、群体的心理和行为的管理。

4. 人力资源管理阶段

人力资源管理的概念产生于 20 世纪五六十年代，然而，它在 80 年代中后期才受到企业的普遍重视。人力资源管理的出现标志着人事管理职能发展到了一个新的阶段。它的内容已经全面覆盖了人力资源规划、工作分析、员工招募与甄选、绩效评估与管理、培训与开发、薪酬福利与激励计划、员工关系与劳资关系等各项职能。人力资源管理这一概念对人事管理概念的取代，并不仅仅是名称上的改变和内容上的进一步丰富，更是一种管理观念上的根本性变革。这一阶段有以下几个特点，如：管理转为以“人”为中心，重视个体需要，尊重隐私权；以管理为主转为以开发为主，培训员工的技能和自觉性；管理刚性转为管理柔性，实现个性化管理和人性化管理；重视团队建设、员工的协作和沟通，员工参与管理企业中的事务。

5. 战略性人力资源管理阶段

进入 80 年代以后，企业在发展过程中一个突出的现象就是兼并，为了适应兼并的需要，企业必须制定出明确的发展战略，因而战略管理渐渐成为企业管理的重点，而人力资源管理对企业战略的实现有着重要的支撑作用，所以需要从战略的角度思考人力资源管理的问题。战略性人力资源管理就是指有计划的人力资源使用模式以及旨在提升组织绩效、实现组织战略和具体的经营目标的各种活动。战略性人力资源管理阶段有如下几个特点，如：认为人力资源是组织获得竞争优势的重要源泉；企业在制定战略时，考虑未来五年至十年的人力资源配置，从战略角度来研究人力资源的开发、培养与使用；企业为了获得竞争优势，将人力资源管理的政策、实践、方法及手段等构成一种战略系统，将人力资源管理的各个部分有机地结合起来，进行系统化管理；从企业的战略高度，主动分析和诊断人力资源现状，为决策者准确、及时地提供各种有价值的人力资源相关数据，协助决策者制定具体的人力资源行动计划，支持企业战略目标实现。

（二）中国的人力资源管理发展历史

改革开放近 40 年来，中国经济、社会等各个方面都实现了空前的发展，人力资源管理更是经历了从计划经济体制下的劳动人事管理向现代人力资源管理的转变。尤其是进入21世纪以来，“以人为本”，“人才资源是第一资源”等理念已成共识，作为国家竞争力来源的人力资源已上升至国家战略层面的高度。中国人力资源管理的发展经历了理念导入、实践探索、系统深化的过程。20世纪80年代前，中国基本处于传统计划经济体制下的“劳动人事管理”阶段。从80年代中后期开始，“人力资源管理”的基本理念被逐步引入中国，但人力资源管理实践尚未大规模地应用，这与当时中国社会经济管理体制改革的情况基本相一致。到了20世纪90年代中后期，全社会已经意识到人力资源管理需要不断改革和发展创新，人力资源管理实践在中国开始得到普遍运用，但当时企业管理体制和劳动力市场经济体制的改革尚不能够有力地支持现代人力资源管理制度规章的建立和健全。进入21世纪后，随着外部环境的重大变革，人力资源管理改革进一步深化，正朝着国际化、市场化、职业化、知识化的方面发展。

1. 人力资源管理理念的导入期

人力资源管理领域在美国兴起于20世纪80年代初期，是当时美国管理研究的前沿领域之一。然而在80年代中期的中国，大众对“人力资源管理”一词非常陌生，甚至误以为“人力资源管理”就等同于“人事管理”，此时对人员的管理仍属于计划经济体制下的行政命令式管理。当时，劳动者只是生产关系的主体，而非和土地、资本等其他资源一样被看作是生产力的基本要素。人们对人力资源管理的认识仍停留在员工只是管理和控制的工具这种固有观念上，人事管理部门的工作仅仅是如人事考核、工资发放、人事档案管理等日常的事务性工作。用工管理主要依靠行政调配的方式，工作岗位缺乏有效的考核、劳动合同的执行流于形式，缺乏有效的激励作用和竞争性用人机制。

2. 人力资源管理的探索期

20世纪90年代中期开始，中国开始探索人力资源管理在实践中的运用，人力资源管理实践已开始应用到企业和政府的人事管理工作中。越来越多的企业开始试图从招聘、培训、绩效考核、薪酬管理等方面完善人力资源管理的各项职能，人力资源管理的各项专业技术也有一定程度的提高。尤其是部分企业通过实施年薪制加大了对企业家激励的力度，强化企业家经营行为的约束，并且在一定程度上限定企业家年薪收入的范围。而对于一般员工已基本实现基于绩效的付酬。然而，此一阶段企业薪酬制度的改革还主要停留在分配方式改革的层面上，真正的薪酬管理体系还没有完善建立，企业薪酬管理的依据和基础还不明确，岗位分析、绩效考核体系、薪酬体系还没有系统建立起来。需要指出的是，由于市场发育程度不高，这一时期人力资源管理存在许多弊端。如，模糊的企业产权制度导致企业内部管理权责不明确、国有企业内部管理机制的行政化和干部化、专业化的人力资源市场管理机制尚未建立等问题。

3. 人力资源管理的系统深化期

20世纪90年代末至今，人力资源管理改革得到了系统性的深化，国家对人力资源管理的重视程度日益提高。企业对人力资源管理的认识已经发生本质变化，人力资源的管理与开发水平大为提高。此阶段，中国劳动力市场发育较为充分，劳动法律逐步健全；政府人力资源管理水平提高，企业拥有了用人自主权，越来越重视人力资源管理实践。人力资源管理已经成为企业管理的重要内容，人力资源管理部门的职能正在由传统的人事行政管理职能转变为战略性人力资源管理职能，人力资源管理部门成为企业发展战略的参谋部、执行部和支持部。而随着基础管理模式的深刻变革以及人力资源作为核心资源，以人为本的思想得到了广泛的认同。在此背景下，以人才测评、绩效评估和薪资激励制度为核心的人力资源管理模型得以确立。

【知识拓展】

人力资源管理与企业经营

中欧国际工商学院发布的《2012 中国企业调查报告》指出，人力资源管理仍然是企业面临的首要挑战。参加调查者是 602 位来自不同岗位的高管人员。其中 228 位是首席执行官、总经理和企业主，其余的人来自不同企业的人力资源、财务、市场、销售、研发等领域。被调查者中男性占 78%，女性占 22%，平均工龄 14 年。

报告指出，尽管受访公司在中国的业务总体上是增长的，但大部分公司在 2011 年面临的挑战与上年类似：人力资源管理仍是首要问题(216 人选择)，其重要性远远超过竞争环境(161 人)、公司治理(137 人)、劳动力成本上升(98 人)、融资(71 人)、政府政策(69 人)等其他挑战。受访公司表示很难找到称职的中层管理人员及工程技术人员，他们不是缺少必要的技能，就是对薪酬期望太高。由于员工流动率较高，他们符合岗位要求有一定难度，对新进员工经常进行培训的需求很大。这些都给公司带来了额外的负担。受访公司采用多种不同方式挽留人才，降低各层次人员的流动率，其中最有效的三种方式是提高公司认同感和归属感，提供良好的职业发展路径，支付高于平均水平的薪酬。此外，企业在 2012 年面临的最大风险之一是劳动力成本上升(172 人选择)，仅次于中国经济增长放缓(189 人选择)。

调查表明，大多数公司认为在中国取得经营成功的关键因素还是人。确保经营取得成功的因素按照重要性排序分别为优秀的管理团队(155 人)、创新和研发(129 人)、有效的绩效和激励体系(120 人)、公司形象和声誉(20 人)、非常强的企业文化和价值观(112 人)、选拔、培训、留住人才等(82 人)、政府关系(54 人)、生产效率(53 人)。这表明人力资源及其管理问题对于企业在中国取得经营成功有着至关重要的影响。

资料来源：中欧国际工商学院网站，http//www. ceibs. edu/media_c/archive/70362. shtml.

二、人力资源管理的未来发展趋势

(一)人力资源管理的全球化

现如今企业竞争领域扩展到全球，越来越多的企业已经实现了全球化。组织的全球化必然要求人力资源管理策略的全球化。全球化企业的人力资源管理要求企业具有全球化思维、具有创新意识等特点。首先，具有全球化人力资源管理的理念，企业进入全球化已经成为趋势，我们面对的已经是无国界的人力资源市场，所以我们要以全球的视野来选拔人才，看待人才的流动；其次，人才市场竞争的全球化，全球化的人才交流市场已经出现，并将成为一种主要形式，人才的价值就不仅仅是在一个区域市场内体现，而更多的是按照国际市场的要求来看待；最后，人力资源管理的对象全球化，企业的全球化布局由全球范围内的人力资源保证，人力资源管理的对象由一国为主扩展到全球，全球化人力资源管理涉及不同文化背景、不同种族、不同地域、不同信仰的员工的管理，以及并购过程中不同的劳动制度、不同的人力资源管理制度、不同的企业文化的整合管理。

（二）人力资源管理的虚拟化

信息化时代和低碳经济时代使得家庭办公、网络办公、协同工作等工作方式逐渐流行，对应的人力资源管理虚拟化也成为一种趋势。信息化时代的人力资源管理借助计算机和网络工作，一方面事务性管理活动虚拟化，比如人力资源信息管理、薪酬与福利管理、考勤管理等；另一方面常规性管理活动虚拟化，比如网络招聘、网络培训、网络学习、网络考评、网络沟通等。未来人力资源信息化管理将在系统整合的基础上实现自上而下的战略性人力资源管理的信息化，即 EHR。EHR 不仅能够极大地降低管理成本，提高管理效率，更重要的是能够提升管理活动的价值，它能够使人力资源管理者从低价值的事务性工作中解脱出来，投入更多的时间和精力从事高价值的战略性人力资源管理活动。

（三）人力资源管理的职业化

人力资源管理已经成为一种职业，在全球正朝向更为职业化与专业化的方向发展。中国推出了注册人力资源管理师（CHRP）和企业人力资源管理师国家职业标准。2010 年全国有超过 360 所高校开设了人力资源管理本科专业，中国人民大学劳动人事学院在 2003 年率先开设人力资源管理硕士和博士学位授予点，其他高校也陆陆续续开设了人力资源管理专业硕士和博士授予点，人力资源管理的专业化培养在中国逐渐形成。人力资源专业与其他任何专业一样，有成熟的知识结构体系以及对行为解释的规范和准则，人力资源职业中更有胜任力的从业人员人数将会大大增加，到时将不会再有非人力资源管理专业且只靠管理经验的人力资源从业者的存在和发展空间。组织面临的来自全球市场的激烈竞争使传统的人力资源部门面临重新思考、重新定义和重新认识自身角色的巨大压力。人力资源管理人员担负了更重要的使命，如为企业塑造领导标杆、创造企业能力、加强知识的可推广、推动科技发展等，最终为企业创造价值。

（四）人力资源价值链管理

人力资源管理的核心是如何通过价值链的管理，来促进人力资本价值的实现及其价值的增值。人力资源价值链是指人力资源在企业中的价值发现、价值创造、价值评价和价值分配一体化的环节。价值链本身就是对人才激励和创新的过程，人力资源管理通过组织战略和人力资源战略的准确定位，构建以核心人才为主的竞争优势，打造核心竞争力，为组织创造价值。价值链管理由此成为未来人力资源管理的趋势。价值发现建立在清晰的人力资源战略规划流程的基础上，将人力资源管理投资与组织业务目标有效结合起来，营造人力资源的独特优势，发掘人力资源管理的战略价值；价值创造就是要营建出良好的人力资源环境，以实现价值创造，这一目标需要借助职位分析和设计、员工调配、培训与开发、员工激励等职能活动来实现；价值评价问题是人力资源管理的核心问题，其内容是指通过价值评价体系及评价机制的确定，使人才的贡献得到承认，使真正优秀的、企业所需要的人才脱颖而出，使企业形成凭能力和业绩吃饭，而不是凭政治技巧吃饭的人力资源管理机制；价值分配是通过价值分配体系的建立，满足员工的需求，从而有效地激励员工，这就需要提供多元的价值分配形式，包括职权、机会、工资、奖金、福利、股权的分配等。

(五)流程化人力资源管理

流程管理包括两个方面：一是人力资源管理的流程化，二是适应流程优化的人力资源管理模式。人力资源管理的流程化体现为在有效管理组织的同时，实现人力资源管理程序的标准化，确保每位员工都受到相同而公平的对待。几乎每一道人力资源流程都牵涉到组织内最少一个其他部门的经理与员工的参与。例如，招聘新员工并让他准备就绪开始工作，其中包括完成所有人力资源部门所要求的必要文件；新员工需要一间设备完善的办公室，再加上能够使用的计算机网络与电子邮件账号。这些安排都必须在员工入职日与员工开始上班期间准备就绪，这些问题都可以靠流程自动化来解决。人力资源管理流程化的实质是适应企业面临的各种环境，对人力资源管理的职能进行程序化运作。

(六)突显人力资源管理的战略地位

在新经济时代和创业经济时代，知识型人才成为企业重要的战略资源。人力资源真正成为企业的战略性资源，人力资源管理对于企业来说也将会变得越来越重要，人力资源管理要为企业战略目标的实现承担责任。战略人力资源管理需要跨界思维，应逐渐由传统的“职能事务性”向“职能战略性”转变，从作业性、行政性事务中解放出来，转变为关心组织发展和管理者能力的战略角色并站在越来越战略性的角度来规划人力资源，引导人力资源行为，管理人力资源活动，不断碰触和影响企业战略，成为战略伙伴和变革推动者。

(七)人力资源管理的客户价值导向

员工就是企业的客户，企业人力资源管理的新职能就是向员工提供持续客户化的人力资源产品和服务，人力资源视员工为客户服务对象。新经济时代，企业要以新的思维来对待员工，要以营销的视角来开发组织中的人力资源。从某种意义来说，人力资源管理也是一种营销工作，即企业要站在员工需求的角度，通过提供令顾客满意的人力资源产品与服务来吸纳、留住、激励、开发企业所需要的人才。人力资源管理者要扮演工程师+销售员+客户经理的角色。人力资源管理者一方面要具有专业的知识与技能，另一方面要具有向管理者及员工推销人力资源产品与服务方案的技能。人力资源经理也是客户经理，向企业员工提供人力资源产品与服务。

(八)向人力资源外包方向发展

人力资源外包主要是指企业根据自身人力资源管理特点，逐步将一些事务性的工作，如重复度高的、没有涉及企业核心机密的人力资源工作外包给其他相应的专业性机构组织，并对其支付服务报酬。这也是企业人力资源部门在日益竞争的社会里自身角色定位变化后所发生的改变。对于一般企业来讲，企业人力资源外包主要有企业培训外包、企业福利津贴外包、企业招聘外包等方面。这种方式可以让企业集中自身优势特点做自身的核心业务，使人力资源发挥最大效用；可以相对减少企业人力资源成本开支，缩小企业管理机构组织；可以让优秀的员工长期留下来，和企业一起向前发展。

【知识拓展】

人才国际化的表现形式

(1)人才定义国际化。长期以来，各国、各地对人才的标准不尽相同。进入人才国际化社会首先要求对人才的定义国际化。国际化的人才定义应包含4个基本点：一是人才的内在素质好；二是人才的劳动离不开一定的条件；三是人才必须具有创造性劳动成果；四是人才的贡献要大于一般人，其作用和影响直接推动社会的进步和发展。简而言之，人才应该是指那些具有良好的内在素质，能够在一定条件下通过取得创造性劳动成果，对社会的进步和发展产生较大影响的人。

(2)人才观念国际化。一是尊重劳动、尊重人才、尊重知识、尊重创造的观念在世界范围普遍形成，人们对人才在经济建设和社会发展中的重要地位和作用达成共识。二是人才的价值观念趋向一致，市场经济的价值观念在世界范围内广为人们所接受，已经成为人才价值观念的基础。

(3)人才使用国际化。人才的活动空间越来越大，已经拓展到全球范围，人才的跨国流动，既有人员流动，又有智力流动。随着国际经济技术交流合作的日益广泛，国际人才与智力的交流合作也日益深入。几乎所有的国家都既有大量的人才去其他国家工作，也有大批的外国人才来本国提供服务。最近20年来，人才占移民总量的比例不断攀升，许多优秀人才远离故土去国外长期工作。这种现象无论是在发展中国家还是发达国家，都普遍存在。

(4)人才评价国际化。长期以来，对人才水平和业绩的评价，常常局限于一国一地。目前这种状况正在改变，在学术、科研、文化等领域，正越来越多地将国际标准和水平作为衡量人才成果的尺度。由于经济全球化的各国市场同时面临国内外同行的竞争，人才在经济社会领域内取得的成果的最终评价也应该是国际化的。

(5)人才培养国际化。一是培养目标的全球化，能否适应国际经济社会发展的需要，已成为人才培养的出发点和落脚点；二是教育体制的多样化，特别是国内外联合办学表现出方兴未艾的态势；三是课程设置的综合化，更加着眼于复合型人才的培养；四是教育手段的现代化。

(6)人才素质国际化。经济全球化对人才的知识结构提出了新的要求，人才培养和使用的国际化加剧了人才在素质方面的竞争。复合型、高层次、具备跨文化操作能力以及通晓国际市场“游戏规则”等素质，将成为国际上普遍认同的人才衡量标准。

(7)人才待遇国际化。人才待遇国际化是人才国际化的重要内容。如果人才待遇不能国际化，那么人才流动空间的国际化就不能实现。哪个地方人才待遇与国际接轨工作做得好，哪个地方人才的聚集力就强。人才待遇国际化是人才流动和竞争中自然形成的趋势。

(8)人才竞争国际化。随着经济竞争的加剧和信息技术的发展，人才的竞争已经突破国界，国与国之间出现了“零距离”竞争的态势。同时，外资企业、跨国公司大量使用本土人才，这就使得“国内竞争国际化，国际竞争国内化”的现象非常普遍。国界一经打破，人才竞争的国际化就成为必然，挑战与机遇并存。

资料来源：改编自中华品牌管理网，http：//www. cnbm. net. cn.

【知识巩固训练】

1. 人力资源的含义是什么？
2. 如何理解人力资源管理的数量和质量？
3. 人力资源和人口资源、人才资源是什么关系？
4. 人力资源的特征有哪些？
5. 人力资源管理的含义是什么？
6. 人力资源管理的功能和内容各有哪些？
7. 如何理解人力资源管理的目标？
8. 人力资源管理中决策层、直线经理和人力资源管理部门各承担什么职责？
9. 人力资源管理部门的角色定位是什么？
10. 简述我国人力资源管理的发展历程。
11. 人力资源管理未来的发展趋势是怎样的？

【技能提升训练】

1. 案例分析：揭秘百度如何管理人才

随着互联网行业在中国的快速发展，本土高科技公司在人力资源管理上面临着诸多共同挑战。管理上，中层管理者普遍年轻化，以70后、80后居多，而且多出身技术岗位，导致管理经验等软技能欠缺，角色转化困难。业务上，科技企业创新性强，组织结构调整频繁，岗位轮替变化很大，对人才的选用育留构成挑战。员工方面，科技人才市值高，流动快，个性强，如何形成合理机制，让管理跟上企业飞速发展，同时让核心人才形成凝聚力，也成为企业亟待解决的难题。

作为中国互联网行业的领军企业，百度充分发挥其在人工智能和大数据方面的天然优势，为应对上述问题做出了很多具有前瞻性的探索。百度组建了面向智能化人才管理的专业复合型团队——“百度人才智库”(Baidu Talent Intelligence Center，后文中简称TIC)。在没有模板或先例的情况下，为了开发出能够切实解决科技公司人才管理痛点的实用工具，TIC团队从业务场景入手，与人才管理专家以及不同背景的百度员工反复沟通，以超过10万名内部员工数据(历史+在职)与海量多源外部公开数据为基础，在近一年内从无到有创建并提供了国内首套智能化人才管理综合解决方案。目前该套解决方案已经在公司内部投入使用，在智能选拔、匹配人才、舆情掌握和预测等方面卓有成效。凭借TIC科学的理论模型，百度能以更加量化客观的衡量手段，从人才、组织和文化三方面来践行“让优秀人才脱颖而出”的人才管理理念。

(1)管理的“易与不易”

传统人才管理主要依靠管理者个人积累的经验与简单的统计分析，不同经验背景的管理者对同一问题往往会得出截然不同的判断。由于不同管理者只能获取一部分信息，对不同问题的决策要么出现重复，要么会随着问题复杂程度的提高趋于模糊。

而智能人才管理通过对数据的综合分析，给出明确的分析指标，能够让人力资源管理更加客观、完整、清晰。更重要的是，传统人才管理须通过大量实践才能总结出合理规则，永远在解决问题，相对滞后。而百度人才智库通过数据挖掘提供预测性分析，预判问题从而做到未雨绸缪。

以大数据驱动人工智能进行人才管理，不仅彰显了百度崇尚尖端技术的DNA，也反映了该企业对未来跨学科合作趋势的准确判断。只有将数据分析、算法和编程等技术知识和人力资源等领域知识有机结合，才能提升该领域工作的准确性、效率和成功几率。

数据分析首先是过滤器能够屏蔽干扰管理的杂质和噪声；然后是雷达帮助管理者更好定位价值所在；最后真正做决定的还是人。然而，技术水平和数据本身决定了人力资源领域中哪些管理需求能够满足，哪些无法满足。百度具有强大的大数据挖掘团队、对人力资源业务的长期了解，以及积累到一定水平的内外部ERP和舆情系统等数据，让百度人才智库在智能管理行业爆发的前夜应运而生。

就管理而言，不易的三个方面是对人才、组织和文化的管理，自人类历史有组织以来，对这三个层面的管理都是不变的。小企业的成功主要在于领导者的能力，即领导者是否优秀；中型企业的成功主要在于组织的高效管理，即是否有合理的强大团队；大型企业的成功主要在于文化的建设，即是否有合理的价值观、方向和团队的使命感。

(2)智能管理人才、组织和文化

百度人才智库主要作用于人才、组织和文化三大方面，包含“智·管理”、“智·来往”、“智·族谱”、“智·舆情”、“智·人物”和“智·选才”等六个功能模块。人才方面，TIC能够极大提升招聘效率，科学识别优秀管理者与人才潜力，预判员工离职倾向和离职后影响，并为有针对性的人才获取、培养与保留提供智能支持。组织方面，TIC能通过分析部门活力、人才结构和部门圈子，科学评估组织稳定性，揭示组织间人才流动规律，为组织优化调整、高效人才激励与促进人才流动提供智能化支持。文化方面，TIC能及时呈现组织内外部舆情热点，智能分析外部人才市场状况，为管理者提升公司口碑，提振员工士气，为公司预先进行人才储备提供智能支持。

智能招聘系统。TIC带来的最大的变化之一，就是实现“人才”与“岗位”的智能双向自动匹配。从候选人搜寻(Sourcing)角度改变了以前依靠人力从海量简历中大海捞针的模式，通过人工智能实现从“百里挑一”到“十里挑一”的转变。以前部门管理者在向HR部门提出人才需求时，描述可能主观且模糊，而HR经理去市面上大海捞针寻找简历，招聘结果还不尽如人意，须反复寻找、匹配，过程繁琐耗时漫长。而

TIC可以在整个百度招聘系统里自动搜索排列某个岗位最具价值的人才资源。比如，HR部门提出招聘C语言工程师的岗位需求，TIC系统能通过分析百度系统中所有相关员工的简历信息和工作绩效数据，立刻把市面上最符合要求的前10位人选资源直接搜索出来，省略了很多不必要的招聘中间环节。

离职预测和分析。通过收集公司内外的数据，包括来自社交媒体和互联网的舆论信息和文本，TIC建立了包含经济、职业发展和个人家庭原因等数百个动态特征的90天离职预测模型，预测准确度达到了90%以上。例如，在2015年进行的一项离职预测中，TIC分析出了离职指数最高的前30名百度员工，3个月内其中29人向人力部门提出离职申请。相应地，TIC还能计算出员工的离职影响有多大，并分析出离职的各项原因。如果离职指数高的员工达到一定的重要程度或者不可或缺，且离职原因在公司可控范围内，百度就能够及时进行干预，采取适当的激励挽留手段。

人员、人才和人物。过去的企业注重的是"人员"比如早期的福特公司等制造业，强调人员的高效性和严格的组织纪律性。现在的高科技企业注重的是"人才"，强调一技之长和人才的团队组织协作能力。而未来企业一定注重的是"人物"，需要的是卓越的领导力及创新力。如何挖掘和寻找"人物"，是如今及未来HR部门面临的一个重大挑战。TIC从企业中的核心地位、业务桥梁、开放交流、组织框架和广泛合作五个维度打造量化模型，以业务往来邮件、在公司平台上编写程序等客观真实的数据和文本为依据，对员工进行打分。

组织人才管理风险指数。除了前五个维度之外，领导力还须从组织层面来进行衡量。当面对新的形式和新的业务挑战，应该如何从平级管理者中挑选能够胜任高风险的新岗位人才？TIC也给出了相应的解决方案——人才管理风险指数。通过该指数，可以及时识别管理者在各个时期面临的管理复杂性和困难程度，并清晰比较不同管理者职业生涯中的风险变化。

人才圈子雷达。TIC不仅能应用于公司内部的人才和组织管理预测，还能够预测市场上人才招聘的热点，建立人才圈子。从感性上来说，人才圈子反映出的事实就是：找工作也须"门当户对"。比如TIC通过数据挖掘发现，美国在线(AOL)所招聘的编程人员和媒体人才，呈现出截然不同的层次特点。AOL的程序员大多来自比较二线的IT公司，没有谷歌、Facebook这种一线公司的员工。而其媒体人才相对来自更高端的圈子，比如《华尔街日报》《金融时报》等。通过构造这样的社交职业生涯网络，以及对数百万份人才档案和招聘广告进行智能建模，TIC就可以预测出特定行业和市场圈层的招聘热点，让企业HR部门能针对大趋势做好准备和调整。

(3)智能人才管理的蓝海

互联网行业重视发展人才、关怀人才，是以人为本的体现。但该行业的快速发展决定了人才和组织管理的特殊性：快速的晋升通道、多元的业务结构、精英化的人员构成，这给许多以往传统经验型管理带来了难题。

员工很难获得所需要的成长和发展支持，也很难获得多元化、个性化的关怀。百度TIC的创立，给百度的年轻员工群体提供科学化、个性化的成长和发展指导，给百度的年轻管理群体提供大数据驱动的智能管理工具，从科学技术入手，做到真正的以人为本的管理。

人工智能技术不仅让年轻员工更加了解自己的需求和所处位置，也让管理者能更有针对性地帮助员工成长，从根本上消除年轻化团队和经验型管理之间的矛盾。现在，百度不再仅仅通过日常少量沟通所建立的印象结合经验去评价、引导和培养一名员工，而是通过员工本人、同事以及整个行业其他同类人才的行为等来智能分析员工如何实现自我发展和提升，同时更早地预测行业动态来调整知识结构，为全新的业务模式做好准备。

资料来源：环球人力资源智库，http：//www. ghrlib. com.

讨论：

(1)百度的人才管理有何特色？

(2)百度的人才管理对现代企业人力资源管理体系建设有什么启示？

2. 课后项目训练

请将4~6人组成一个小组，选出1名小组组长，由组长进行领导与协调，小组成员进行分工与协作。找一家企业并对该企业人力资源管理部门进行深入了解，搜集该企业的比较全面的资料，完成以下小组任务，并撰写书面报告。

(1)对该企业进行简单介绍；

(2)对该企业人力资源管理部门人员分布情况进行介绍；

(3)对该企业人力资源管理部门各岗位的工作职责进行简单描述；

(4)绘制该企业人力资源管理部门的工作流程图；

(5)分析该企业人力资源管理的优势和存在的问题。

第二章　人力资源规划

【学习目标】

❖ 了解人力资源规划的流程和内容

❖ 了解人力资源规划的编制与实施

❖ 理解人力资源供需平衡的政策和措施

❖ 掌握人力资源规划的概念与作用

❖ 掌握人力资源供需预测的影响因素及常用预测方法

【基本概念】

人力资源规划　人力资源需求预测　人力资源供给预测　人力资源供需平衡

人员接替法　马尔科夫转换矩阵法　人力资源信息系统

【导读案例】

手忙脚乱的人力资源经理

1. 背景

D集团在短短5年之内由一家手工作坊发展成为国内著名的食品制造商，企业最初没有制订什么计划，缺人了，就去人才市场招聘。企业日益正规后，开始每年年初制订计划：收入多少，利润多少，产量多少，员工定编人数多少等等，人数少的可以新招聘，人数超编的就要求减人，一般在年初招聘新员工。可是，因为一年中不时地有人升职、有人平调、有人降职、有人辞职，年初又有编制限制不能多招，而且人力资源部也不知道应当招多少人或者招什么样的人，结果人力资源经理一年到头地往人才市场跑。

2. 问题

近来由于3名高级技术工人退休，2名跳槽，生产线立即瘫痪，集团总经理召开紧急会议，命令人力资源经理3天之内招到合适的人员顶替空缺，恢复生产。人力资源经理两个晚上没睡觉，频繁奔走于全国各地人才市场和面试现场之间，最后勉强招到2名已经退休的高级技术工人，使生产线重新开始了运转。人力资源经理刚刚喘口气，地区经理又打电话给他说自己公司已经超编了，不能接收前几天分过去的5名大学生，人力资源经理不由得怒气冲冲地说："是你自己说缺人，我才招来的，现在你又不要了！"地区经理说："是啊，我2个月前缺人，你现在才给我，现在早就不缺了。"人力资源经理争辩道："招人也是需要时间的，我又不是孙悟空，你一说缺人，我就变出一个给你……”

3. 评析

很多企业出现过这种情况，以前没觉得缺人是什么大事情，什么时候缺人了，什么时候再去招聘，虽然招来的人不是十分满意，但对企业的发展也没什么大的影响，所以从来没把时间和金钱花在这上面。即使是在企业规模日益扩大以后，也只是每年年初做人力资源定编计划，而对于人力资源战略性储备或者人员培养都没有给以足够的重视，认为中国人多的是，不可能缺人。造成这种现象的原因是中国市场在20世纪90年代以前处于机会主义时期，企业的成功往往不需要战略，抓机会、抓资源、抢速度、快节奏成为中国企业的制胜之道。中国企业的这种战略无意识状态，使其不需要对组织的人力资源进行长远的规划，即使有战略，竞争战略的模糊性和易变性也使规划无从进行。因此，企业并不需要人力资源规划。

凡事预则立，不预则废，对人力资源管理工作来说更是如此，在现代企业中，人力资源成为企业的核心资源，任何企业的发展都必须有与发展目标相适应的人力资源配置。但是，不断变化的企业外部环境和内部条件，可能会使现有的人资源数量、质量、结构与企业的发展不相适应，因此，企业必须进行人力资源规划，减少未来的不确定性，以实现人力资源状况的动态匹配，从而最终实现企业健康持续发展。

资料来源：彭剑锋．人力资源管理概论·2版．上海：复旦大学出版社，2011.

第一节　人力资源规划概述

一、人力资源规划概念

人力资源规划(human resource planning)是指在依据企业的战略目标、明确企业现有的人力资源状况、科学地预测企业未来的人力资源供需状况的基础上，制定相应的政策和措施，以确保企业的人力资源不断适应企业经营和发展的需要，使企业和员工都能获得长远的利益。

要准确理解人力资源规划的概念，必须把握以下五个要点：

(1)人力资源规划是在组织发展战略和目标的基础上进行的。企业的战略目标是人力资源规划的基础，人力资源管理是组织管理系统中的一个子系统，要为组织发展提供人力资源支持，因此人力资源规划必须以组织的最高战略为坐标，否则人力资源规划将无从谈起。

(2)人力资源规划应充分考虑组织外部和内部环境的变化。一方面，企业外部的政治、经济、法律、技术、文化等一系列因素的变化导致企业外部环境总是处于动态的变化中，企业的战略目标可能会随之不断发生变化和调整，从而必然会引起企业内人力资源需求的变动。另一方面，在企业的发展过程中，不可避免地会出现员工的流出或工作岗位的变化，这可能会引起企业人力资源状况的内部变化。因此，需要对这些变化进行科学的分析和预测，使组织的人力资源管理处于主动地位，确保企业发展对人力资源的需求。

(3)人力资源规划的前提是对现有人力资源状况进行盘点。进行人力资源规划，首先要立足于企业现有的人力资源状况，从员工数量、年龄结构、知识结构、素质水平、发展潜力和流动规律等几个方面，对现有的人力资源进行盘点，并运用科学的方法，找出目前的人力资源状况与未来需要达到的人力资源状况之间的差距，为人力资源规划的制订奠定基础。

(4)人力资源规划的目标是制定人力资源政策和措施。例如，为了适应企业发展需要，要对内部人员进行调动补缺，就必须有晋升和降职、外部招聘和培训，以及奖惩等方面的切实可行的政策和措施来加以协调和保障，才能保证人力资源规划目标的实现。

(5)人力资源规划最终目的是要使企业和员工都获得长期的利益。企业的人力资源规划不仅要关注企业的战略目标，还要切实关心企业中每位员工在个人发展方面的需要，帮助员工在实现企业目标的同时实现个人目标。只有这样，企业才能留住人才，充分发挥每个人的积极性和创造性，提高每个人的工作绩效；企业才能吸引、招聘到合格的人才，从而最终提高企业的竞争能力，实现企业的战略目标。

通过人力资源规划，要解决下面几个基本问题：

(1)目标是什么？回答这一问题的目的是在明确组织目标的基础上，衡量目标和现状之间的差异，其中最大的和最重要的差异就成为组织人力资源管理的目标。确定目标需要考虑有哪些条件需要改变，需要采取什么标准来衡量成功与否等。

(2)如何才能实现目标？为了缩小现实与目标之间的差距，需要花费资源从事人力资源管理活动，这也是人力资源管理工作的主要内容。人力资源规划就是要选择手段并把它们整合起来，建立一个体系。

(3)做得如何？在花费人力资源并实施了规划的人力资源管理活动之后，我们需要考察企业是否已经达到了既定的目标。然后再回到人力资源规划的第一个问题上，并重新制订新一轮的规划。

【管理故事】

少年与老板间的距离

一位成功商人到一个偏僻的山村度假，遇见一个敦厚的少年，决定带他出去闯一闯。商人问少年想不想将来当大老板，少年说不想，因为他不知道什么是老板。商人耐心地解释什么是老板，并循循善诱，说了许多当老板的好处。少年心动，随商人离开了小山村。过了半年，少年说自己想当老板，商人问他知不知道老板要做什么，少年回答在“大办公室里签字，坐高级轿车去吃饭”。商人觉得很失败，认为是自己教导不够，从此让少年跟随自己，亲眼目睹老板要做些什么。又过半年，少年再次提出想自己当老板，商人又问了同样的问题，少年朗朗而答：“老板就是BOSS，要分析信息、进行决策、制订计划、组织资源、领导员工、监督执行、协调内部、联系外界、处理突发事件……”少年足足说上半小时，商人认为少年已很清楚一个老板的工作内容，便将一个子公司交给少年经营管理。然而不到一年，子公司不得不宣布停业整顿。商人质问少年，你不是知道应该做些什么吗？少年怯懦地说：“我只知道要做什么，但我并不知道该如何去做呀。”商人顿时醒悟，要将一个无知少年变成一个成功的老板，必须让他知道老板是什么、要做什么以及如何去做。

世间道理相通，如果想成功地制订一个人力资源规划，就需要先了解这三个方面——人力资源规划是什么，人力资源规划要做什么，如何开展人力资源规划。

资料来源：管理原创，http//hr. onjobedu. com/jpzl/10936. html.

二、人力资源规划的作用

人力资源规划不仅在企业的人力资源管理活动中具有先导性和战略性，而且在实施企业总体规划中具有核心的地位。具体而言，人力资源规划的作用体现在以下几个方面。

(一)有利于组织制定战略目标和发展规划

一个组织在制定战略目标、发展规划以及选择决策方案时，要考虑到自身资源，特别是人力资源的状况。人力资源规划是组织发展战略的重要组成部分，也是实现组织战略目标的重要保证。人力资源规划促使企业了解与分析目前组织内部人力资源余缺的情况，以及未来一定时期内的人员晋升、培训或对外招聘的可能性，有助于目标决策与战略规划。

(二)确保企业在发展过程中对人力资源的需求

企业内部和外部环境总是处在不断发展变化中，这就要求企业对其人力资源的数量、质量和结构等方面不断进行调整，以保证工作对人的需要和人对工作的适应。企业如果不能事先对人力资源状况进行系统的分析，并采取有效措施，就会不可避免地受到人力资源问题的困扰。虽然较低技能的一般员工可以短时间内通过劳动力市场获得，但是对企业经营起决定性作用的技术人员和管理人员一旦出现短缺，则无法立即找到替代人员。因此，人力资源部门必须注意分析企业人力资源需求和供给之间的差距，制订各种规划，不断满足企业对人力资源多样化的需要。

(三)有利于人力资源管理工作的有序进行

人力资源规划作为一种计划功能，是人力资源管理的出发点，是任何一项人力资源管理工作得以成功实施的重要步骤。人力资源规划具有先导性和战略性，是组织人力资源管理活动的基础，它由总体规划和各种业务计划构成，可以在为实现组织目标进行规划的过程中，为人力资源管理活动，如人员的招聘、晋升、培训等提供可靠的信息和依据，从而保证人力资源管理活动的有序进行。

(四)控制企业的人工成本和提高人力资源的利用效率

现代企业的成本中最大的是人力资源成本，而人力资源成本在很大程度上取决于人员的数量和分布情况。在一个企业成立初期，低工资的人员较多，人力资源成本相对较低；随着企业规模的扩大，员工数量增加，员工职位升高，工资水平上涨，人力资源成本有所增加。如果没有科学的人力资源规划，难免会出现人力资源成本上升，人力资源利用效率下降的情况。因此，人力资源规划可以有计划地调整人员数量和分布状况，把人工成本控制在合理的范围内，提高人力资源的利用效率。

(五)调动员工的积极性和创造性

人力资源规划不仅是面向组织的计划，也是面向员工的计划。许多企业面临着源源不断的员工跳槽，表面上看来是因为企业无法给员工提供优厚的待遇或者晋升渠道。其实是人力资源规划的空白或不足，因为并不是每个企业都能提供有诱惑力的薪金和福利来吸引人才，许多缺乏资金、处于发展初期的中小企业照样可以吸引到优秀人才并迅速成长。它们的成功之处不外乎立足企业自身情况，营造企业与员工共同成长的组织氛围。组织应在人力资源规划的基础上，引导员工进行职业生涯设计和发展，让员工清晰地了解自己未来的发展方向，看到自己的发展前景，从而去积极、努力争取，调动其工作积极性和创造性，共同实现组织的目标。

三、人力资源规划的分类

(一)按照规划的时间长短划分

人力资源规划按时间的长短可以分为长期规划、中期规划和短期规划①。

(1)长期人力资源规划。长期人力资源规划期限一般为5年以上，对应于企业的长期总体发展目标，是对企业人力资源开发与管理的总目标、总方针和总战略进行系统的谋划。其特点是具有战略性和指导性，没有十分具体的行动方案和措施，只是方向性的描述。

(2)中期人力资源规划。中期人力资源规划期限一般在1年以上5年以下，对应于企业中长期发展目标，包括对未来发展趋势的判断和对发展的总体要求。其特点是方针、政策和措施的内容较多和比较明确，但没有短期人力资源规划那样具体。

(3)短期人力资源规划。短期人力资源规划是指1年或1年以内的规划，一般表现为年度、季度人力资源的规划，主要是具体的工作规划，这类规划的特点是目的明确、内容具体，有明确的具体行动方案和措施，具有一定的灵活性。

这种划分期限的长短并不是绝对的。对于一些企业来说，长期人力资源规划、中期人力资源规划和短期人力资源规划的期限可能比前述的更长，而对于另一些企业来说期限可能会更短。这取决于企业所在行业性质和企业生命周期等因素。

(二)按照规划的范围划分

人力资源规划按照范围的大小可以划分为整体规划、部门规划和项目规划。

(1)整体规划。整体规划关系到整个企业的人力资源管理活动，是属于企业层面的，在人力资源规划中居于首要地位。

(2)部门规划。部门规划是指企业各个业务部门的人力资源规划。部门规划在整体规

① 赵继新，郑强国. 人力资源管理——基本理论、操作实务、精选案例. 北京：清华大学出版社，北京交通大学出版社，2011.

划的基础上制订，内容专一性强，是整体规划的子规划。

(3)项目规划。项目规划是指某项具体任务的计划。它是指对人力资源管理特定课题的计划，如项目经理培训计划。项目规划与部门规划不同，部门规划只是单个部门的业务，而项目规划是为某种特定的任务而制订的。

(三)按照规划的性质划分

人力资源规划按照性质的不同可以划分为战略性人力资源规划和战术性人力资源规划。

(1)战略性人力资源规划。战略性人力资源规划着重于总的、概括性的战略和方针、政策和原则，具有全局性和长远性，通常是人力资源战略的表现形式。

(2)战术性人力资源规划。战术性人力资源规划一般指具体的、短期的、具有专业针对性的业务规划。战术性人力资源规划具有内容具体、要求明确、措施落实和容易操作等特点。

【管理故事】

一口井的规划

有两个和尚他们分别住在相邻的两座山上的庙里。这两座山之间有一条小溪，这两个和尚每天都会在同一时间下山去溪边挑水，久而久之他们便成为了好朋友。就这样，时间在每天挑水中不知不觉过去了五年。突然有一天左边这座山上的和尚没有下山挑水，右边那座山上的和尚心想："他大概睡过头了。"便不以为然。哪知道第二天左边这座山上的和尚还是没有下山挑水，第三天也一样。过了一个星期还是一样，直到过了一个月右边那座山上的和尚终于受不了了，他心想："我的朋友可能生病了，我要过去拜访他，看看能帮上什么忙。"于是他便爬上了左边这座山，去探望他的老朋友。等他到了左边这座山上的庙里，看到他的老友之后大吃一惊，因为他的老友正在庙前打太极拳，一点也不像一个月没喝水的人。他很好奇地问："你已经一个月没有下山挑水了，难道你可以不喝水吗?"左边这座山上的和尚说："来来来，我带你去看。"于是他带着右边那座山上的和尚走到庙的后院，指着一口井说："这五年来，我每天做完功课后都会抽空挖这口井，即使有时很忙，能挖多少就算多少。如今终于让我挖出井水，我就不用再下山挑水，我可以有更多时间练我喜欢的太极拳。"

上述故事中，左边那座山上的和尚用五年的时间为自己挖了一口井，再也不用下山挑水喝了，这说明人生需要规划。企业在经营时，同样需要为自己"挖一口井"，也就是提前做好规划，只有这样，企业才会在市场竞争中立于不败之地。

资料来源：肖琳．人力资源管理．大连：东北财经大学出版社，2016.

四、人力资源规划的内容

(一)人力资源总体规划

人力资源总体规划是对计划期内人力资源规划结果的总体描述，包括预测的需求和供给分别是多少，做出这些预测的依据是什么，供给和需求的比较结果是什么，企业平衡需求与供给的指导原则和总体政策是什么等，人力资源总体规划具体包括三个方面的内容，分别是人力资源数量规划、人力资源素质规划和人力资源结构规划。

1. 人力资源数量规划

人力资源数量规划主要解决企业人力资源配置标准的问题，它为企业未来的人力资源配置提供了依据和指明了方向。人力资源数量规划是指依据企业未来业务模式、业务流程、组织结构等因素来确定未来企业各部门人力资源编制以及各类职位人员配比关系，并在此基础上制订企业未来人力资源的需求计划和供给计划。

2. 人力资源素质规划

人力资源素质规划是依据企业战略、业务模式、业务流程和组织对员工的行为要求，设计各类人员的任职资格。人力资源素质规划是企业选人、育人、用人和留人活动的基础和前提。人力资源素质规划包括企业人员的基本素质要求、人员基本素质提升计划以及关键人才招聘、培养和激励计划等。

3. 人力资源结构规划

人力资源结构规划是指依据行业特点、企业规模、战略重点发展的业务及业务模式，对企业人力资源进行分层分类、设计和定义企业职位种类与职位责权界限的综合计划。通过人力资源结构规划，理顺各层次、各种类职位上人员在企业发展中的地位、作用和相互关系。

人力资源数量规划和人力资源结构规划以及人力资源素质规划是同时进行的，数量规划和素质规划都是依据结构规划所确定的结构进行的，因此人力资源结构规划是关键。

(二)人力资源业务规划

人力资源业务规划包括人员配备计划、人员补充计划、人员使用计划、培训开发计划、薪酬激励计划、劳动关系计划和退休解聘计划等①。

(1)人员配备计划。人员配备计划是指根据组织发展规划，结合组织人力资源盘点报告，来制订人员配备计划。企业中每一个职位、每一个部门的人力资源需求都存在一个适合的规模，并且这个规模会随着企业外部环境和内部条件的变化而改变。人员配备计划就是为了确定在一定的时期内与职位、部门相适合的人员规模和人员结构。

(2)人员补充计划。人员补充计划即拟定人员补充政策，目的是使企业能够合理地、有目标地填补组织中可能产生的空缺。在组织中，常常会由于各种原因出现空缺或新职位，例如，企业规模扩大，进入新的产品领域，员工的晋升、离职、退休等情况都会产生新职位或空缺职位。为了保证企业出现的空缺职位和新职位得到及时而又经济的补充，企业就需要制订人员补充计划。

(3)人员使用计划。人员使用计划包括人员晋升计划和人员轮换计划。晋升计划实质上是企业内部晋升政策的一种表达方式，根据企业的人员分布状况和层级结构，拟定人员

---

① 赵继新，郑强国．人力资源管理——基本理论、操作实务、精选案例. 北京：清华大学出版社，北京交通大学出版社，2011.

晋升政策。对企业来说，有计划地提升有能力的人员，不仅是人力资源规划的重要职能，更重要的是体现了对员工的激励。晋升计划一般由晋升比率、平均年资、晋升时间等指标来表达。某一级别(如招聘主管)未来的晋升计划如表 2-1 所示。

表 2-1　**晋升计划范例**

晋升到某级别的年资	1	2	3	4	5	6	7	8
晋升比率(%)	0	0	10	20	40	5	0	0
累计晋升比率(%)	0	0	10	30	70	75	75	75

从上表可以看出，晋升到某级别的最低年资是 3 年，年资为 3 年的晋升比率为 10%，4 年的为 20%，5 年的为 40%，其他年资获得晋升的比率很小或为 0。因此，调整各种指标会使晋升计划发生改变，会对员工的心理产生不同的影响。例如，向上晋升的年资延长，就意味着员工在目前的级别上待的时间更长；降低晋升的比率则表明不能获得晋升机会的人数增多。

人员轮换计划是为了使员工的工作丰富化、培养员工多方面的技能、激励员工的创造性而制订的在大范围内对员工的工作岗位进行定期轮换的计划。

(4)培训开发计划。培训开发计划是为了满足企业的可持续发展，在对需要的知识和技能进行评估的基础上，有目的、有计划地对不同人员进行的培养和开发。企业实施培训开发计划，一方面可以使员工更好地胜任工作，另一方面，也有助于企业吸引和留住人才。

(5)薪酬激励计划。对企业来说，制订薪酬激励计划，一方面是为了保证企业的人力资源成本与经营状况保持适当的比例关系；另一方面是为了充分发挥薪酬的激励作用。企业通过薪酬激励计划可以在预测企业发展的基础上，对未来的薪资总额进行预测，并设计未来的人力资源政策，如激励对象、激励方式的选择等，以调动员工的积极性。薪酬激励计划一般包括薪资结构、薪资水平和薪资策略等。

(6)劳动关系计划。劳动关系计划是关于减少和预防劳动争议、改进企业和员工关系的重要人力资源业务计划。劳动关系计划在提高员工的满意度、降低人员流动率、减少企业的法律纠纷、维护企业的社会形象、保障社会的稳定等方面正发挥着越来越不可估量的作用。

(7)退休解聘计划。退休解聘计划是企业对员工的淘汰退出机制，现代企业都已经不再是终身雇佣制，但有的企业依然存在大量冗余人员。出现这样的现象是因为企业只设计了向上晋升的通道，未设计向下退出的通道，退休解聘计划就是设计向下退出的通道。晋升计划和退休解聘计划使企业的员工能上能下，能出能进，保证了企业人力资源的可持续健康发展。

人力资源业务计划是人力资源总体规划的展开和具体化，它们分别从不同的角度保证了人力资源工作规划目标的实现。各项人力资源业务计划是相辅相成的，在制订人力资源业务计划时，应当注意各项业务计划之间的相互配合。例如，培训计划、使用计划和薪酬计划之间需要相互配合：当某些员工通过培训提高了能力，但企业在员工使用和薪酬制度方面没有相应的配套，就可能挫伤员工接受培训的积极性，甚至可能导致培训后的员工流失。

【管理实践】

欧莱雅人员补充计划

2003年9月，虽然2004届毕业生距离毕业还有近一年的时间，但南京的“准”毕业生们已经吸引了欧莱雅的注意，其主办的一场“工业设计大赛”已经让学生们真实了解到了欧莱雅的文化。

此次大赛主题是请大学生做一套环保化妆的方案，获奖者分别有10000元、5000元和2000元的奖励，除了高额奖金以外，冠军可获得在欧莱雅实习6个月的机会。对于这样的活动，很多企业在搞，但是它们收到的效果却是非常有限的，因为常规的企业并没有把活动放进自己企业的人才管理体系，最多是为了推广自己的产品。与这些企业不同，欧莱雅的校园活动现在已经是欧莱雅人力资源战略的一个重要部分，校园活动只是为吸引人才做热身运动罢了。

通过商业策略大赛，欧莱雅一箭双雕。一方面，商业策略大赛给欧莱雅提供了一个与全球各地学生交流的绝佳机会，欧莱雅因此与这个年轻和富有活力的群体保持联系，让他们成了欧莱雅的潜在客户；另一方面，欧莱雅还因此发现了人才，通过运用这种国际化的招聘工具，吸引来自全球的精英。欧莱雅明确表示，也许他们不能仅仅通过一次比赛就决定是否录用一位参赛者，但比赛确实为他们与潜在的雇员之间建立了一座互相发现、增进了解的桥梁。欧莱雅对优秀的选手很感兴趣，比赛结束后，欧莱雅会主动和他们联系，共同探讨他们在欧莱雅可能的职业发展机会。通过几轮比赛后，人力资源部门就能对选手的表现有一个大致的了解，欧莱雅一般都会给在商业策略竞赛中取得优异成绩的学生优先面试机会。

欧莱雅人力资源部保留了所有曾经参加竞赛学生的资料，如果其中有人来欧莱雅应聘，且他们曾经在往年的比赛中有出色表现，这对公司与人才的沟通来说显然是一个好的开始。通过商业策略大赛这种形式，欧莱雅建立了一个丰富的人才资源库，以保证欧莱雅能持续地招募到全球的优秀人才。

资料来源：改编自百度文库，http：//wenku. baidu. com/view/.

五、人力资源规划的程序

人力资源规划的制订是一个复杂的过程，涉及的内容比较多、人员范围比较广，需要多方面的支持与协作。因此，规范和科学的人力资源规划程序是提高企业人力资源规划质量的制度保证。人力资源规划的过程一般分为五个阶段，即准备阶段、预测阶段、制订阶段、执行阶段和评估阶段，如图2-1所示。下面结合这五个阶段对人力资源规划的整个过程进行简要的说明。

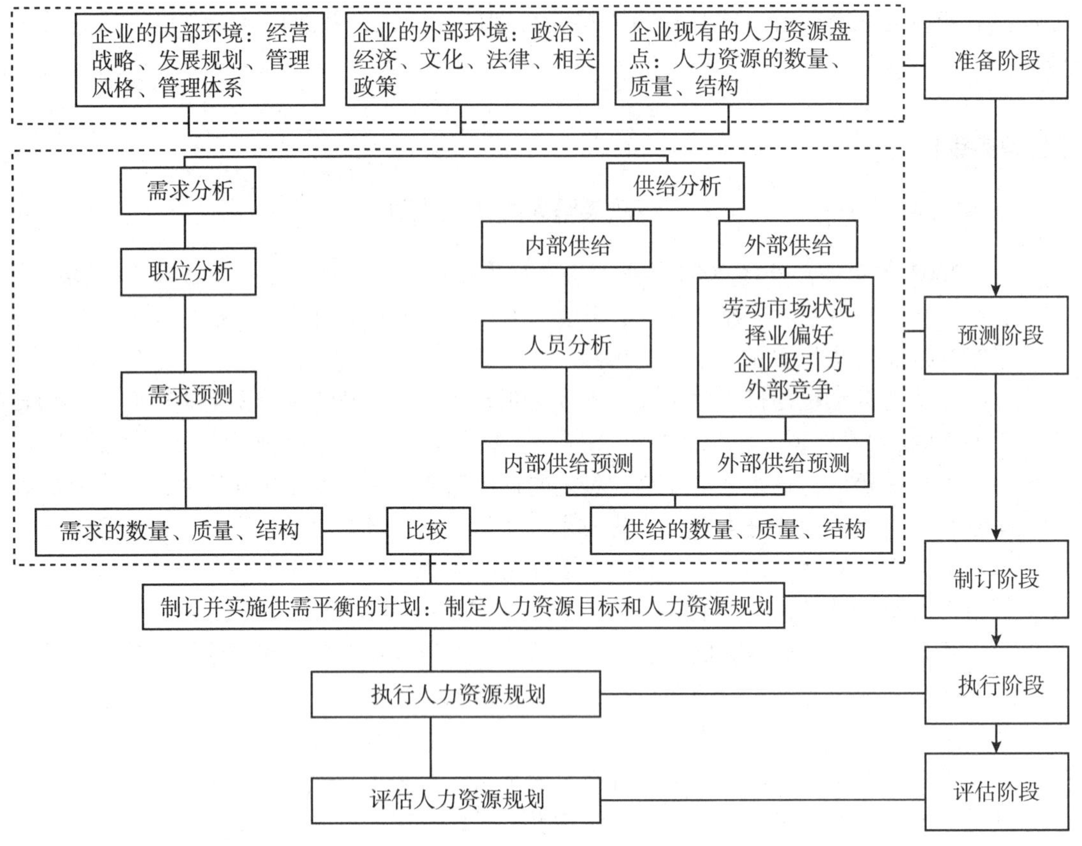

图 2-1 人力资源规划的程序

(一)准备阶段

每一项规划要想做好都必须充分收集相关信息，人力资源规划也不例外。由于影响企业人力资源供给和需求的因素有很多，为了能够比较准确地做出预测，就需要收集有关的各种信息，这些信息主要包括以下几方面内容。

(1)外部环境的信息。外部环境对人力资源规划的影响主要是两个方面。一方面企业面对的大环境对人力资源规划的影响，如社会的政治、经济、文化、法律、人口、交通状况等；另一方面劳动力市场的供求状况、人们的择业偏好、企业所在地区的平均工资水平、政府的职业培训政策、国家的教育政策以及竞争对手的人力资源管理政策等，这类企业外部的小环境同样对人力资源规划产生一定的影响。

(2)内部环境的信息。这类信息也包括两个方面，一是组织环境的信息，如企业的发展规划、经营战略、生产技术以及产品结构等；二是管理环境的信息，如公司的组织结构、企业文化、管理风格、管理体系以及人力资源管理政策等，这些因素都直接决定着企业人力资源的供给和需求。

(3)现有人力资源的信息。制订人力资源规划，要立足于人力资源现状，只有及时准确地掌握企业现有人力资源的状况，人力资源规划才有意义。为此需要借助人力资源信息管理系统，以便能够及时和准确地提供企业现有人力资源的相关信息。盘点现有的人力资源信息主要包括：①个人自然情况；②录用资料；③教育和培训资料；④工资资料；⑤工作执行评价；⑥工作经历；⑦服务与离职资料；⑧工作态度调查；⑨安全与事故资料；⑩工作环境资料，以及工作与职务的历史资料等。

（二）预测阶段

人力资源预测阶段分为人力资源需求预测和人力资源供给预测，这个阶段的主要任务是在充分掌握信息的基础上，选择有效的人力资源需求预测和供给预测的方法，分析与判断不同类型的人力资源供给和需求状况。在整个人力资源规划中，这是最关键也是难度最大的一部分，直接决定了人力资源规划的成败，只有准确地预测出供给与需求，才能采取有效的平衡措施。

（1）人力资源需求预测。人力资源需求预测主要是根据企业的发展战略和本企业的内外部条件选择预测技术，然后对人力资源的数量、质量和结构进行预测。在预测过程中，预测者及其管理判断能力与预测的准确与否关系重大。一般来说，商业因素是影响员工需要类型、数量的重要变量，预测者通过分析这些因素，并且收集历史资料以此作为预测的基础。从逻辑上讲，人力资源需求是产量、销量、税收等的函数，但对不同的企业或组织，每一因素的影响并不相同。

（2）人力资源供给预测。人力资源供给预测也称为人员拥有量预测，只有进行人员拥有量预测并把它与人员需求量相对比之后，才能制订各种具体的规划。人力资源供给预测包括两部分：一部分是内部拥有量预测，即根据现有人力资源及其未来变动情况，预测出规划各时间点上的人员拥有量；另一部分是对外部人力资源供给量进行预测，确定在规划各时间点上的各类人员的可供量。

（3）确定人员净需求。人力资源需求预测和人力资源供给预测之后，需要把组织中的人力资源需求与组织内部人力资源供给进行对比分析，可以从比较分析中测算出各类人员的净需求数。若这个净需求数是正数，则表明企业要招聘新的员工或对现有员工进行有针对性的培训；若这个净需求数是负数，则表明组织在这方面的人员是过剩的，应该精简或对员工进行调配。这里所说的“人数净需求”包括人员的数量、人员的质量和人员的结构，这样就可以有针对性地制定人力资源目标和人力资源规划。

（三）制订阶段

在收集相关信息和分析了人力资源供需的基础上，就可以制订人力资源规划了。人力资源规划的制订阶段是人力资源规划整个过程的实质性阶段，包括制定人力资源目标和人力资源规划的内容两个方面。

1. 人力资源目标的确定

人力资源目标是企业经营发展战略的重要组成部分，并支撑企业的长期规划和经营计划。人力资源目标以企业的长期规划和经营规划为基础，从全局和长期的角度来考虑企业在人力资源方面的发展和要求，为企业的持续发展提供人力资源保证。人力资源目标应该是多方面的，涉及人力资源管理各项活动，人力资源目标应该满足 SMART 原则：①目标必须是具体的(Specific)；②目标必须是可以衡量的(Measurable)；③目标必须是可以达到的(Attainable)；④目标必须和其他目标具有相关性(Relevant)；⑤目标必须具有明确的截止期限(Time-based)。例如：在今后 3 年内将从事生产操作的人员减少 30%，从事销售的人员增加 20%；在本年度，每位中层人员接受培训的时间要达到 40 小时以上；通过为期两周的脱产培训，使操作工人掌握这项技能，生产的产品合格率达到 99%以上等。

2. 人力资源规划内容的制定

人力资源规划内容的制定，包括制订人力资源总体规划和人力资源业务规划。关于人力资源总体规划和人力资源业务规划前文已经有所陈述，人力资源总体规划包括：人力资源数量规划、人力资源素质规划和人力资源结构规划；人力资源业务规划包括：人员配备计划、人员补充计划、人员使用计划、培训开发计划、薪酬激励计划、劳动关系计划和退休解聘计划等。在制定人力资源业务规划内容时，应该注意两个问题。第一，应该具体明确，具有可操作性。如一项人员补充计划应该包括，根据企业的发展战略需要引进人才的数量和质量，引进人才的时间和需要增加的预算，其他相关问题等。第二，业务性人力资源规划涉及人力资源管理的各个方面，如人员补充计划、人员使用计划、人员培训计划等，由于这些计划是相互影响的，在制订时要充分考虑到各项计划的综合平衡问题。例如，人员培训计划会使员工的素质通过培训得到提高，工作绩效有所改善，但如果其报酬没有改变，就会使员工觉得培训是浪费时间，从而挫伤其参加培训的积极性。制订人员培训计划时应同时考虑人员使用计划和薪酬激励计划相关之间的协调，因此，各项人力资源业务计划应该相互协调，避免出现不一致甚至冲突。

(四)执行阶段

制订人力资源规划并不是企业的最终目的，最终目的是执行人力资源规划。人力资源规划的执行是企业人力资源规划的一项重要工作，人力资源规划执行是否到位，决定整个人力资源规划是否成功。人力资源规划一经制订出来，就要付诸实施，在人力资源规划的实施阶段，需要注意两个方面的问题：一方面，确保有具体的人员来负责既定目标的达成，同时还要确保实施人力资源规划方案的人拥有达成这些目标所必要的权力和资源；另一方面，还需要重视的是，定期得到关于人力资源规划执行情况的进展报告，以保证所有的方案都能够在既定的时间里执行到位，以及在这些方案执行的早期所产生的一些收益与预测的情况是一致的，保证方案的执行是按当初制订的各项人力资源规划进行的。

(五)评估阶段

对人力资源规划实施的效果进行评估是整个规划过程的最后一步，由于预测不可能做到完全准确，人力资源规划也不是一成不变的，它是一个开放的动态系统。人力资源规划的评估包括两层含义：一是指在实施的过程中，要随时根据内外部环境的变化来修正供给和需求的预测结果，并对平衡供需的措施做出调整；二是指要对预测的结果以及制定的措施进行评估，对预测的准确性和措施的有效性做出衡量，找出其中存在的问题以及有益的经验，为以后的规划提供借鉴和帮助。人力资源规划进行评估应注意以下几个问题：①预测所依据信息的质量、广泛性、详尽性、可靠性；②预测所选择的主要因素的影响与人力资源需求的相关度；③人力资源规划者熟悉人事问题的程度以及对它们的重视程度；④人力资源规划者与提供数据和使用人力资源规划的人事、财务部门以及各业务部门经理之间的工作关系；⑤在有关部门之间信息交流的难易程度；⑥决策者对人力资源规划中提出的预测结果、行动方案和建议的利用程度；⑦人力资源规划在决策者心目中的价值；⑧人力资源各项业务规划实施的可行性。

第二节　人力资源的供需预测

人力资源供需预测是人力资源规划的基础。它是一项技术性较强的工作，其中涉及许多专门的技术和方法。同时，人力资源供需预测也是企业人力资源规划的核心内容。本节将对这一核心内容进行比较详细的探讨，其中，预测方法的介绍将成为本节的重点。

一、人力资源需求预测

人力资源需求预测就是为了实现企业的战略目标，根据企业所处的外部环境和内部条件，选择适当的预测技术，对未来一定时期内企业所需人力资源的数量、质量和结构进行预测。在进行人力资源需求预测之前，先要确定岗位将来是否确实有必要存在，该工作的定员数量是否合理，现有工作人员是否具备该工作所要求的条件，未来的生产任务、生产能力是否可能发生变化等。

（一）影响企业人力资源需求的因素

企业对人力资源的需求受到诸多因素的影响，归结起来主要分为两类：企业内部因素和企业外部环境。

1. 企业内部因素

（1）企业规模的变化。企业规模的变化主要来自两个方面：一是在原有的业务范围内扩大或压缩规模；二是增加新的业务或放弃旧的业务。这两个方面的变化都会对人力资源需求的数量和结构产生影响。企业规模扩大，则需要的人力就会增加，新的业务更需要掌握新技能的人员；企业规模缩小，则需要的人力也将减少，于是就会发生裁员、员工失业。

（2）企业经营方向的变化。企业经营方向的调整，有时并不一定导致企业规模的变化，但对人力资源的需求会发生改变。比如，军工产业转为生产民用产品，就必须增加市场销售人员，否则将无法适应多变的民用市场。

（3）技术、设备条件的变化。企业生产技术水平的提高、设备的更新，一方面会使企业所需人员的数量减少；另一方面，对人员的知识、技能的要求会随之提高，也就是所需人员的质量提高。

（4）管理手段的变化。如果企业采用先进的管理手段，会使企业的生产率和管理效率提高，从而引起企业人力资源需求的变化。比如，企业使用计算机信息系统来管理企业的数据库，企业的工作流程必定会简化，人力资源的需求也会随之减少。

(5)人力资源自身状况。企业人力资源状况对人力资源需求也存在重要的影响。例如，人员流动比率的大小会直接影响企业对人力资源的需求。人员流动比率反映企业中由于辞职、解聘、退休及合同期满而终止合同等原因引起的职位空缺规模。此外，企业人员的劳动生产率、工作积极性、人才的培训开发等也会影响企业对人力资源的需求。

2. 企业外部环境

外部环境对企业人力资源需求的影响，多是通过企业内部因素起作用的。影响企业人力资源需求的外部环境主要包括经济、政治、法律、技术和竞争对手、顾客需求等。例如，经济的周期性波动，会引起企业战略或规模的变化，进而引起人力资源需求的变化；竞争对手之间的人才竞争，会直接导致企业人才的流失；顾客的需求偏好发生改变，会引起企业经营方向的改变，进而也会引起人力资源需求的变动。

(二)人力资源需求预测的方法

人力资源需求预测方法包括定性预测法和定量预测法两大类。

1. 定性预测法

(1)管理人员经验预测法。管理人员经验预测法是凭借企业的管理者所拥有的丰富经验甚至是个人的直觉，来预测企业未来的人力资源需求。例如，根据前期工作任务的完成情况，结合下一期的工作任务量，管理人员就可以预测未来的人员需求。它是一种比较简单的方法，完全依靠管理者的经验和个人能力，预测结果的准确性不能保证，通常用于短期预测。同时，当企业所处的环境较为稳定、组织规模较小时，单独使用此方法，可以迅速得出预测结论，获得满意的效果；在企业所处环境复杂、组织规模较大的情况下，往往需要与其他预测方法结合使用。

(2)分合预测法。分合预测法是一种较为常用的人力资源需求的预测方法，包括自上而下、自下而上两种方式：①自上而下方式，是由企业的高层管理者先初步拟定组织的总体用人目标和计划，然后逐级下达到各部门和单位，在各个部门和单位内进行讨论和修改，再将各自修改之后的意见逐级汇总后反馈回企业高层，高层管理者据此对总体计划做出修正，最后公布正式的用人计划；②自下而上的方式，是企业的高层管理者首先要求各个部门和单位根据各自的工作任务、技术设备的状况等，对本部门将来对各种人员的需求进行预测，然后，在此基础上对各部门、单位提供的预测数进行综合平衡，从中预测出整个组织将来一定时期的人员需求状况。

通常情况下，是将两种方式结合运用。分合预测法能够使企业各层管理者参与人力资源规划的制订，根据本部门的实际情况确定较为合理的人力资源规划，调动他们的积极性。但是，这种方法由于受企业各层管理者的知识、经验、能力、心理成熟度的限制，长期的人员需求预测不是很准确。因此，分合预测法是一种中短期的人力资源需求预测的方法。

(3)德尔菲法。德尔菲法，又称专家预测法，最早由美国兰德公司在20世纪40年代末创立。德尔菲法在创立之初被专门用于技术预测，后来才逐渐扩展到了其他领域，成了一种专家们对影响组织发展的某一问题的看法达成一致意见的结构化方法。德尔菲法的特征体现在几个方面：①吸引专家参与预测，充分利用专家的经验和学识；②采用匿名或背靠背的方式，使每一位专家独立、自由地做出自己的判断；③预测过程多次反馈，使专家的意见逐渐趋同。

德尔菲法用于企业人力资源需求预测的具体操作步骤如下：

①确定预测的目标，由主持预测的人力资源管理部门确定关键的预测方向、相关变量和难点，列举出必须回答的有关人力资源预测的具体问题；

②挑选各个方面的专家，每位专家都要拥有人力资源预测方面的某种知识或专长；

③人力资源部门向专家们发出问卷和相关材料，使他们在背靠背、互不通气的情况下，独立发表看法；

④人力资源部门将专家的意见集中、归纳，并将归纳的结果反馈给他们；

⑤专家们根据归纳的结果进行重新思考，修改自己的看法；

⑥重复进行第四步和第五步，直到专家们的意见趋于一致，通常这一过程需要 3~4 轮，如图 2-2 所示。

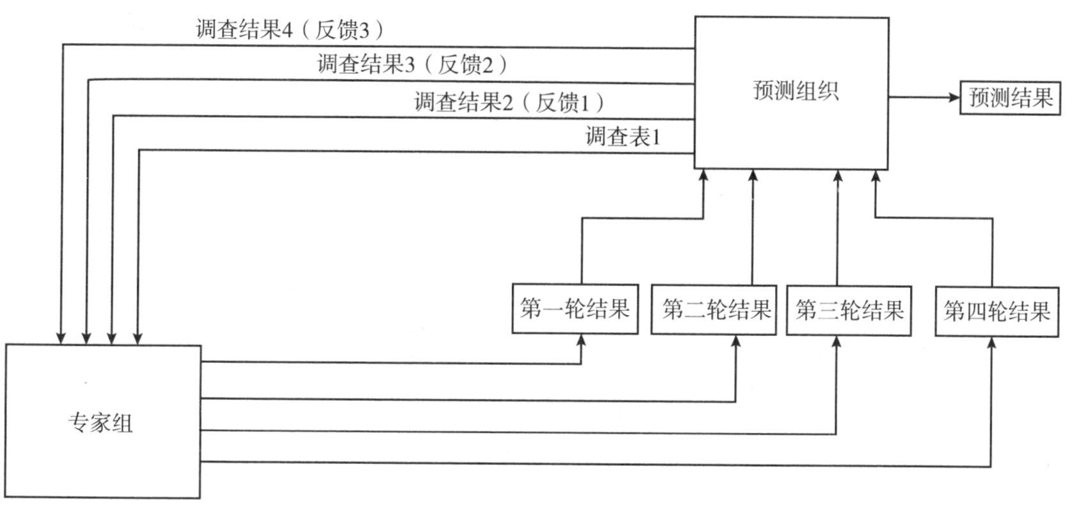

图 2-2　德尔菲法预测过程

德尔菲法的优点是可以集思广益，并且可以避免群体压力和某些人的特殊影响力，对影响人力资源需求各个方面的因素可以有比较全面、综合的考虑；缺点是花费时间较长、费用较大。所以这种方法适用于长期的、趋势性的预测，不适用于短期的、日常的和比较精确的人力资源需求预测。

2. 定量预测法

(1)趋势分析法。趋势分析法是利用组织的历史资料，根据某个因素的变化趋势预测相应的人力资源需求。如根据一个公司的销售以及历史上销售额与人力资源需求的比例关系，确定一个相对合理的未来比例，然后根据未来销售额的变化趋势来预测人力资源需求。这种方法有两个假定前提：第一，假定企业的生产技术构成基本不变，这样单位产品的人工成本才大致保持不变，并以产品数量的增减为根据来推测人员需求数量；第二，假定市场需求基本不变，在市场需求变化不大的情况下，人员数量与其他变量如产量的关系才容易分析出来。

趋势分析法的操作步骤如下：

①选择相关变量。确定一种与劳动力数量和结构的相关性最强的因素为相关变量，通常选择销售额或生产率等；

②分析相关变量与人力资源需求的关系。分析此因素与所需员工数量的比率，形成一种劳动率指标，例如，生产量/每人时等；

③计算生产率指标。根据以往 5 年或 5 年以上的生产率指标，求出均值；

④计算所需人数。用相关变量除以劳动生产率得出所需人数。

例 2-1　某空调生产企业，2012—2020 年的产量、劳动生产率和员工需求量，如表2-2所示。

表 2-2　**趋势分析法范例**

年　份	产量(万台)	劳动生产率(台/人)	员工需求量(人)
2012	30	55	5455
2013	40	55	7273
2014	60	50	12000
2015	70	50	14000
2016	80	60	13333
2017	90	55	16364
2018	100(预测值)	54(以上平均值)	18519
2019	110(预测值)	54(同上)	20370
2020	120(预测值)	54(同上)	22222

产量、劳动生产率和员工需求量之间数量关系的计算公式为：

$$\frac{\text{产量}}{\text{劳动生产}}=\text{员工需求量}$$

根据历史数据，算出 2012—2017 年的平均生产率为 54 台/人，根据公司对未来几年的产量预测，可以分析出未来几年的员工需求量：

2018 年的员工需求量为：$\frac{1000000}{54}=18519$(人)；

2019 年的员工需求量为：$\frac{1100000}{54}=20370$(人)；

2020 年的员工需求量为：$\frac{1200000}{54}=22222$(人)。

(2)转换比率分析法。转换比率分析法是根据过去的经验，把企业未来的业务量转化为人力资源需求量的预测方法。转换比率分析法的操作步骤如下：

①确定企业未来的业务量，根据以往的经验估计与企业的业务规模相适应的关键技能员工的数量；

②再根据关键技能员工的数量估计辅助人员的数量；

③加总得出企业人力资源总需求量。

使用转换比率法将企业的业务量转换为人力资源需求量时，通常要以组织已有的人力资源的数量与某个影响因素之间的相互关系为依据，来对人力资源的需求进行预测，以一所医院为例，当医院的病床数量增加一定的百分比时，护士的数量也要增加相应的百分比，否则难以保证医院的医疗服务质量。类似的还有，根据过去的销售额和销售人员数量之间的比例关系，预测未来的销售业务量对销售人员的需求量。

需要指出的是，转换比率分析法有一个隐含的假设，即假设组织的生产率保持不变，如果考虑到生产率的变化对员工需求量的影响，可使用以下的计算公式：

$$\text{计划期所需员工数量}=\frac{\text{目前业务量}+\text{计划期业务量}}{\text{目前人均业务量}\times(1+\text{生产率增长率})}$$

例 2-2　某企业 2017 年的销售额为 2000 万元，人均销售额为 50 万元，计划 2018 年销售额增长 500 万元，同时，每个销售人员的销售额提高 10%。假设该企业销售人员未流失，那么 2018 年企业将需要多少销售人员？

根据公式，得出：

$$\text{2018 年企业所需要员工数量}=\frac{2000+500}{50\times(1+10\%)}=45(\text{人})$$

使用转换比率分析法进行人力资源需求预测时，需要对未来的业务量、人均的生产效率及其变化做出准确预测，这样对未来人力资源需求的预测才会比较符合实际。

(3)回归分析法。由于人力资源的需求总受到某些因素的影响，回归预测法的基本思路就是要找出那些与人力资源需求关系密切的因素，并依据过去的相关资料确定出它们之间的数量关系，建立一个回归方程，然后再根据这些因素的变化以及确定的回归方程来预测未来的人力资源需求。使用回归预测法的关键是要找出那些与人力资源需求高度相关的变量，才能建立起回归方程预测。

根据回归方程中变量的数目，可以将回归预测分为一元回归预测和多元回归预测两种。一元回归由于涉及一个变量，建立回归方程时相对比较简单；而多元回归由于涉及的变量较多，所以建立方程时要复杂得多，但是它考虑的因素也比较全面，预测的准确度往往要高于前者。由于曲线关系的回归方程建立起来比较复杂，为了方便操作，在实践中经常采用线性回归方程来进行预测。下面我们来看一个一元线性回归预测的例子。

例 2-3　某家医院要预测明年所需的护士数量，如果使用回归预测法，首先就要找出护士的需求量与哪些因素关系比较密切，对相关数据进行统计分析后可以发现，病床数与护士的需求量之间相关程度比较高，接下来就要分析它们之间到底是一种什么样的关系，医院的病床数以及护士数的数据，如表 2-3 所示。

表 2-3　**病床数与护士数范例**

病床数	200	300	400	500	600	700	800
护士数	180	270	345	460	550	620	710

将病床数设为自变量 x，护士数设为因变量 y，两者之间的线性关系可以表示为 $y=a+bx$，其中计算 a 和 b 的方法和趋势预测法中使用的方法一样，经过计算得出 $a=2.321$，$b=0.891$，回归方程就是 $y=2.321+0.891x$，也就是说每增加一个床位，就要增加 0.891 个护士。

由于医院准备明年将病床数增加到 1000 个，需要的护士数就是 894 人（$2.321+0.891\times1000=893.321\approx894$）。

二、人力资源供给预测

人力资源供给预测也称为人员拥有量预测，是预测在某一未来时期组织内部所能供应的或经培训可能补充的，以及外部劳动力市场所提供的一定数量、质量和结构的人员，以满足企业为实现目标而产生的人员需求。

人力资源供给预测与人力资源需求预测存在重要的差别：人力资源需求预测只研究企业内部对人力资源的需求，而人力资源供给预测必须同时考虑企业内部供给和外部供给两个方面。对人力资源的需求作出了预测之后，就要对企业的人力资源可得性进行确认。

(一)企业内部人力资源供给

企业内部人力资源供给预测主要分析计划期内将有多少员工留在目前的岗位上，有多少员工流动到其他的岗位上，又有多少员工会流出组织。

1. 影响企业内部人力资源供给的因素

(1)现有人力资源的运用情况。企业现有人力资源的运用情况包括：员工的工作负荷饱满程度、员工出勤状况、工时利用状况，以及部门之间的分工是否平衡等。例如，员工的缺勤情况严重而不能有效改善，就会影响企业内部人力资源的供给。

(2)企业人员流动状况。在收集和分析有关内部劳动力供应数据时，企业内部人员流动率将对劳动力供给产生很大影响。这些人员流动率的数据包括：晋升率、降职率、轮岗率、离职率，企业人员的流动率可以根据历史数据与人力资源管理经验来预测，通过分析规划期内可能流出和流入的人数与相应类型及企业内部劳动力市场的变动情况，判断未来某个时点或时期内部可提供的人力资源数量。

(3)员工的培训开发状况。根据企业的经营战略，针对企业未来可能需要的不同技能类型的员工提供有效的员工开发和培训，可以改善企业目前的人力资源状况，使企业人力资源的质量、结构更能适应企业未来发展的需要。这从人力资源满足企业发展的有效性来看，通过减少企业冗余的人力资源可以增加人力资源的内部供给。

2. 内部人力资源供给预测的方法

(1)人员接替法。人员接替法就是对组织现有人员的状况做出评价，然后对他们晋升或者调动的可能性做出判断，以此来预测组织潜在的内部供给，这样当某一职位出现空缺时，就可以及时地进行补充。在置换图中，要给出职位名称、现任员工姓名、年龄、业绩评价、职位晋升或转移的可能性。人员接替法的操作步骤如下：①确定人员接替计划包括的岗位范围；②确定各个岗位上的接替人选；③评价接替人选当前的工作绩效和晋升潜力；④了解接替人选本人的职业发展需要，并引导其将个人目标与组织目标结合起来。具体的人员接替置换图如图 2-3 所示。

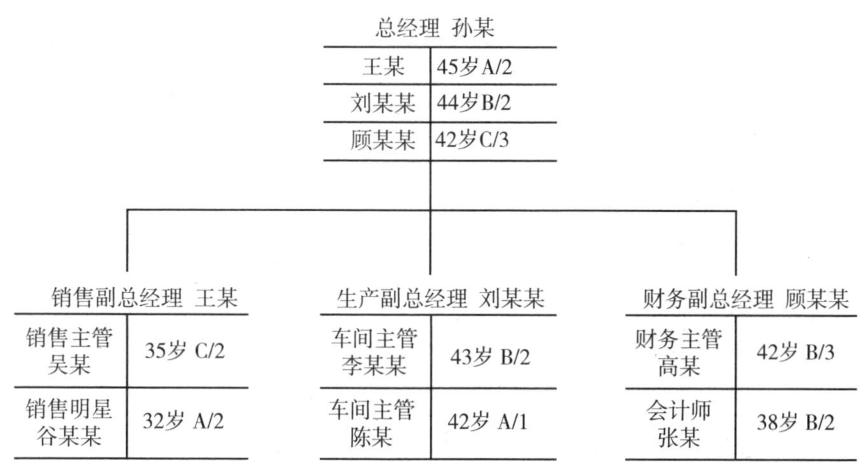

图 2-3　人员接替置换图

注：A 表示可以提升；B 表示需要少量的培训；C 表示问题较多。1 表示绩效突出；2 表示绩效优秀；3 表示绩效一般；4 表示绩效较差。

根据人员接替置换图可以看出某一具体职位的继任者有哪些。例如，从图 2-3 中可以看出，总经理孙某的继任者有 3 个：王某、刘某某和顾某某。但只有王某具备继任的资格和能力，刘某某需要继续锻炼和培训，而顾某某连现在的工作都不能很好地胜任。还可以继续向下延伸，通过人员接替置换图可以清楚地看到组织中职位的空缺及员工补充的情况，从而为内部人力资源供给预测提供依据。

(2)人力资源“水池”模型。该模型是在预测组织内部人员流动的基础上来预测人力资源的内部供给，它与人员接替法有些类似，不同的是人员接替法是从员工出发来进行分析，而且预测的是一种潜在的供给。“水池”模型则是从职位出发进行分析，预测的是未来某一时间现实的供给，并且涉及的面更广。这种方法一般要针对具体的部门、职位层次或职位类别来进行，由于它要在现有人员的基础上通过计算流入量和流出量来预测未来的供给，这就好比是计算一个水池未来的蓄水量，因此称为“水池”模型。人力资源“水池模型”的操作步骤如下：

①明确每个职位层次对员工的要求和需要的员工人数；

②确定达到职位要求的候选人，或者经过培训后能胜任职位的人；

③把各职位的候选人情况与企业员工的流动情况综合起来考虑，控制好员工流动方式与不同职位人员接替方式之间的关系，对企业人力资源进行动态管理。

对企业中各职位层次员工的供给预测，可以使用以下公式：

未来内部供给量=现有员工数量+流入总量-流出总量

对每一层次的职位来说，人员流入的原因有平行调入、上级职位降职和下级职位晋升；流出的原因有向上级职位晋升、向下级职位降职、平行调出、离职和退休。对所有层次分析完之后，将它们合并在一张图中，就可以得出组织未来各个层次职位的内部供给量以及总的供给量。人力资源水池模型范例如图 2-4 所示。

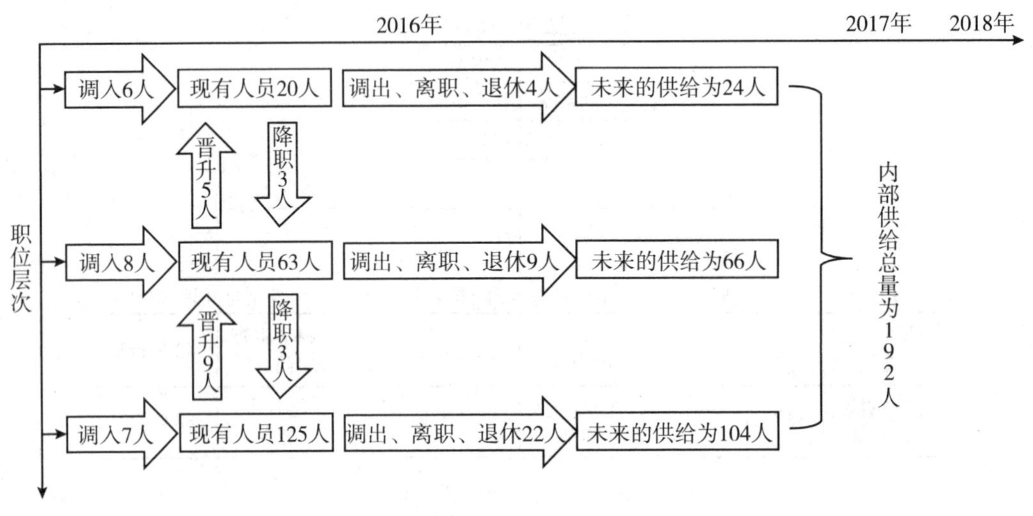

图 2-4 人力资源“水池模型”范例

(3)马尔科夫转换矩阵法。马尔科夫转换矩阵法是一种运用统计学原理预测组织内部人力资源供给的方法。马尔科夫转换矩阵法的基本思想是找出过去人员流动的规律，以此推测未来的人员流动趋势，其基本假设是过去内部人员流动的模式和概率与未来大致相同。运用这种方法预测人员供给时，首先需要建立人员变动矩阵表，它主要是指某个人在某段时间内，由一个职位调到另一个职位(或离职)的概率，马尔科夫转换矩阵可以清楚地分析企业现有人员的流动(如晋升、调换岗位和离职)情况。

假如某公司有四类职位，从低到高依次是 A、B、C、D，各类人员的分布情况如表 2-4所示。

表 2-4 **某公司各类人员分布情况**

职位	A	B	C	D
人数	40	80	100	150

在预测时，首先我们要确定出各类职位的人员转移率，这一转移率可以表示为一个矩阵变动表，如表 2-5 所示。

表 2-5 **第一年企业人员分布和迁移情况**

	A	B	C	D	离职率
A	0.9	—	—	—	0.1
B	0.1	0.7	—	—	0.2

续表

	A	B	C	D	离职率
C	—	0. 1	0. 75	0. 05	0. 1
D	—	—	0. 2	0. 6	0. 2

表 2-5 中的每一个数字都表示在固定的时期(通常为 1 年)内同类职位之间转移的员工数量。例如，表 2-5 表示在一年内，A 类职位中 90%员工留在原职位，10%员工离职；B 类职位中 70 的员工留在原职位，10%的员工晋升，20%的员工离职；C 类职位中 75%员工留在原职位，10%的员工晋升，5%的员工降职，10%的员工离职；D 类职位中 60%的员工留在原职位，20%的员工晋升，20%的员工离职。这样有了各类人员原始的人数和转移率，就可以预测出未来的人力资源供给情况，将初期的人数与每类的转移率相乘，然后再纵向相加，就得到每类职位的人员供应量，如表 2-6 所示。

表 2-6　　**预测第二年企业人员的供给情况**

	初期人数	A	B	C	D	离职人数
A	40	36	—	—	—	4
B	80	8	56	—	—	16
C	100	—	10	75	5	10
D	150	—	—	30	90	30
预测的供给	—	44	66	105	95	60

由表 2-6 可以看出，在第二年中，A 类职位的供给量为 44，B 类职位的供给量为 66，C 类职位的供给量为 105，D 类职位的供给量为 95，整个企业的供给量为 310，将这一供给的预测和需求预测进行比较，就可以得出企业在明年的净需求。如果要对第三年做出预测，只需以第二年预测的数据作为初期数据就可以了。

(二)企业外部人力资源供给

当企业内部的人力资源供给无法满足需要时，企业就需要从外部获取人力资源。企业外部人力资源供给预测，主要是预测未来一定时期，外部劳动力市场上企业所需人力资源的供给情况。企业外部人力资源供给依赖于劳动力市场的状况，其影响因素主要考虑以下几个方面：

1. 影响企业外部人力资源供给的因素①

(1)宏观经济形势。劳动力市场的供给状况与宏观经济形势息息相关。宏观经济形势越好，失业率越低，劳动力供给越紧张，企业招募越困难；反之亦然。

① 赵继新，郑强国. 人力资源管理——基本理论、操作实务、精选案例. 北京：清华大学出版社，北京交通大学出版社，2011.

(2)全国或本地区的人口状况。影响人力资源供给的人口状况包括：①人口总量和人力资源率，人口总量越大、人力资源率越高，人力资源的供给就越充足；②人力资源的总体构成，这是指人力资源在性别、年龄、教育、技能、经验等方面的构成，它决定了不同层次和类别上可以提供的人力资源数量和质量。

(3)劳动力的市场化发育程度。劳动力市场化程度越高，越有利于劳动力自由进入市场，以及市场工资率导向的劳动力合理流动，从而消除人为因素对劳动力流动的限制，增强人力资源供给预测的客观性和准确性。

(4)政府的政策和法规。政府的政策和法规是影响外部人力资源供给的一个不可忽视的因素，如关于公平就业机会的法规、保护残疾人就业的法规、严禁童工就业的法规、教育制度变革等。

(5)地域特点。公司所在地或公司本身对人们的吸引力，也是影响人力资源供给的重要因素。例如：中国北京、上海、广州等大城市的公司和世界500强企业吸引人才会更容易。

2. 外部人力资源供给预测的方法

(1)文献法。文献法是指根据国家的统计数据或有关权威机构的统计资料进行分析的方法。企业可以通过国家和地区的统计部门、劳动人事部门出版的年鉴、发布的报告，以及利用互联网来获得这些数据或资料。同时，企业还应及时关注国家和地区的有关法律、政策的变化情况。

(2)市场调查法。企业可以就自身所关注的人力资源状况直接进行调查。企业可以与猎头公司、人才中介公司等专门机构建立长期的联系，还可以与相关院校建立合作关系，跟踪目标生源的情况等。

(3)对应聘人员进行分析。企业可以通过对应聘人员和已雇用的人员进行分析得到未来外部人力资源供给的相关信息。

三、人力资源供需平衡

组织人力资源需求与人力资源供给相等时，称为人力资源供需平衡；若两者不等时，称为人力资源供需不平衡。人力资源供需不平衡存在三种情况：人力资源供大于求，出现预期人力资源过剩的情况；人力资源供小于求，出现预期人力资源短缺的情况；人力资源供需数量平衡，结构不平衡的情况。人力资源供需之间三种不平衡的情况，都会给企业带来相应的问题。例如，当人力资源供大于求时，会导致企业内人浮于事，内耗严重，生产成本上升而工作效率下降；当人力资源供小于求时，企业设备闲置，固定资产利用率低。这些问题都会影响企业战略目标的实现，削弱企业的竞争优势，最终影响到企业的持续发展。人力资源供需平衡就是根据人力资源供需之间可能出现的缺口，采取相应的人力资源政策措施，实现企业未来的人力资源供需之间的平衡。

(一)预期人力资源短缺时的政策

1. 外部招聘

外部招聘是最常用的人力资源缺乏的调整方法。当人力资源总量缺乏时，采用此种方法比较有效。根据组织的具体情况，面向社会招聘所需人员，如果企业需求是长期的，一般招聘一些全职员工；如果需求是暂时的，就可以招聘一些兼职员工和临时员工，以补充企业人力资源短缺的现象。

2. 延长工作时间

在符合国家劳动法律法规的前提下，延长员工的工作时间，让员工加班和加点，并支付相应的报酬，以应对人力资源的短期不足。延长工作时间可有效地节约福利开支，减少招聘成本，而且可以保证工作质量。但是延长工作时间只是补充短期的人力资源不足，而不能长期使用此政策，如果长期使用会导致员工过度劳累而增加员工的工作压力和疲劳程度，反而会降低工作效率。

3. 培训后转岗

对组织现有员工进行必要的技能培训，使之不仅能适应当前的工作，还能进行转岗或适应更高层次的工作，能够将企业现有的人力资源充分利用起来，以补充人力资源不足；此外，如果企业即将出现经营转型，向员工培训新的工作知识和工作技能，以便在企业转型后，保证原有的员工能够胜任新的岗位。

4. 业务外包

根据组织自身的情况，将较大范围的工作或业务承包给外部的组织去完成。通过外包，组织可以将任务交给那些更有比较优势的外部代理人去做，从而提高效率，减少成本，减少组织内部对人力资源的需求。

5. 技术创新

组织可以通过改进生产技术、增添新设备、调整工作方式等，以提高劳动生产率，比如企业引进机器人参与生产流水线工作，可以大大降低对人力资源的需求；还比如企业使用计算机信息系统来管理企业的数据库，企业的工作流程必定会简化，人力资源的需求也会随之减少。

预期人力资源短缺时的政策在实际的使用过程中，其解决问题的程度和可撤回的程度都会不一样，本书在这里进行了比较，如表 2-7 所示。

表 2-7 **预期人力资源短缺时的政策比较**

预期人力资源短缺时的政策	解决问题的程度	可撤回的程度
外部招聘	慢	低
延长工作时间	快	高
培训后转岗	慢	高
业务外包	快	高
技术创新	慢	低

【知识拓展】

关于加班加点的法律规定

加班是指职工根据用人单位的要求，在法定节日或公休假日从事生产或工作；加点是指职工根据用人单位的要求，在标准工作日以外继续从事生产或工作。用人单位依法安排劳动者在标准工作时间以外工作的，应当按照下列标准支付加班加点工资：

(1)在日标准工作时间以外延长工作时间的，应按照不低于小时工资基数的150%支付加班工资；

(2)在休息日工作的，应当安排其同等时间的补休，不能安排补休的，按照不低于日或者小时工资基数的200%支付加班工资；

(3)在法定节假日工作的，应当按照不低于日或者小时工资基数的300%支付加班工资。

另外，我国《劳动法》第四十一条规定，用人单位由于生产经营需要，经与工会和劳动者协商后可以延长工作时间，一般每日不得超过1小时；因特殊原因需要延长工作时间的，在保障劳动者身体健康的条件下延长工作时间每日不得超过3小时，但是每月不得超过36小时。

(二)预期人力资源过剩时的政策

1. 提前退休

组织可以适当地放宽退休的年龄和条件限制，促使更多的员工提前退休。如果将退休的条件修改得足够有吸引力，会有更多的员工愿意接受提前退休。提前退休使组织减少员工比较容易，但组织也会由此背上比较重的包袱。而且，退休也可能受到政府政策法规的限制。

2. 自然减员

自然减员指的是当出现员工退休、离职等情况时，对空闲的岗位不进行人员补充而达到自然减少员工的目的。这样做可以通过不紧张的气氛减少组织内部的人员供给，从而达到人力资源供求平衡。

3. 临时解雇

临时解雇指的是企业的一部分员工暂时停止或离开工作岗位，企业这段时间里不向这部分员工支付工资的行为。当企业的经营状况改善后，被临时解雇的员工再重新回到企业工作。如果企业所处的行业经济态势遭受周期性的下滑时，临时解雇是一种合理的缩减人员规模的策略。

4. 裁员

裁员是一种最无奈，但最有效的方式。一般裁减那些主动希望离职的员工和工作考核绩效低下的员工。但是，要注意的是，即使在西方市场经济国家，采取这种方法也是十分谨慎的，因为它不仅涉及员工本人及其家庭的利益，而且也会对整个社会产生影响。在进行裁员时，企业除了要遵守劳动法律法规对企业裁员的规定外，还要做好被裁员工离职的后续安抚工作。

5. 工作分担

工作分担指的是由两个人分担一份工作，比如一个员工周一至周三工作，另一个员工周四至周五工作。这种情况一般是由于企业临时性的经营状况不佳，在不裁员的情况下实行工作分担制，待企业经营状况好转时，再恢复正常的工作时间。例如，美的公司在2008年受金融危机的影响，企业的产品出口暂时受到了影响，美的公司就使用工作分担制，在不裁员的情况下，平稳地度过了人力资源过剩的时期。

6. 重新培训

当企业人力资源过剩时，企业组织员工进行重新培训，可以避免员工因为没有工作做而无所事事，待企业经营状况好转或经营方向转变时，能够有充分的人力资源可以利用。

预期人力资源过剩时的政策在实际的使用过程中，其解决问题的程度和员工受到伤害的程度也不一样。例如，裁员比自然减员解决问题的速度要快得多，但对于员工来说，裁员带来的经济和心理方面的损害要比自然减员严重得多。本书在这里进行了比较，如表2-8所示。

表 2-8 **预期人力资源过剩时的政策比较**

预期人力资源过剩时的政策	解决问题的程度	员工受到伤害的程度
提前退休	慢	低
自然减员	慢	低
临时解雇	快	中
裁员	快	高
工作分担	快	中
重新培训	慢	低

【知识拓展】

关于裁员的法律规定

我国劳动法律法规对裁员的条件做了如下规定：裁员不同于一般情况下用工单位解除劳动合同，我们所称的裁员指的是经济性裁员，在裁员人数上，规定为用人单位的裁减人数达到20人以上或者裁减不足20人但占企业职工总数10%以上属于经济性裁员。用工单位进行裁员，要满足下列条件之一：①依照企业破产法规定进行重整；②生产经营发生严重困难。③企业转产、重大技术革新或者经营方式调整，经变更劳动合同后，仍需裁减人员；④其他因劳动合同订立时所依据的客观经济情况发生重大变化，致使劳动合同无法履行。

另外，还对不得裁员的情形做了如下规定：①从事接触职业病危害作业的劳动者未进行离岗前职业健康检查，或者疑似职业病病人在诊断或者医学观察期间的；②在本单位患职业病或者因工负伤并被确认丧失或者部分丧失劳动能力的；③患病或者非因工负伤，在规定的医疗期内的；④女职工在孕期、产期、哺乳期的；⑤在本单位连续工作满十五年，且距法定退休年龄不足五年的。

（三）预期人力资源总量平衡而结构不平衡时的政策

人力资源总量平衡而结构不平衡是指预测的未来一定时期内企业人力资源的总需求量与总供给量基本吻合，但是存在着某些职位的人员过剩，而另一些职位的人员短缺，或者某些技能的人员过剩，而另一些技能的人员短缺等情况。对于这种形式的人力资源供求失衡，企业可以考虑采用以下政策和措施进行调节。

（1）通过企业人员的内部流动，如晋升和调任，以补充那些空缺职位，满足这部分人力资源的需求。

（2）对于过剩的普通人力资源，进行有针对性的培训，提高他们的工作技能，使他们转变为企业人员短缺岗位上的人才，从而补充到空缺的岗位上去。

（3）招聘和裁员并举，补充企业急需的人力资源，释放一些过剩的人力资源。

第三节　人力资源规划的执行与控制

一、人力资源规划的执行

人力资源规划过程中所制定的各项政策和方案，最终都要付诸实施，以指导企业具体的人力资源管理实践，这才是完整的人力资源规划职能。

（一）规划任务的落实

人力资源规划的实施成功与否取决于组织全体部门和员工参与的积极性。因此，通过规划目标和方案的分解与细化，可以使每个部门和员工明确自己在规划运行过程中的地位、任务和责任，从而争取每个部门和员工的支持而顺利实施。

1. 分解人力资源规划的阶段性任务

通过设定中长期目标，使人力资源规划目标具体到每一阶段、每一年应该完成的任务，并且必须定期形成执行过程进展情况报告，以确保所有的方案都能够在既定的时间执行到，也使规划容易实现，有利于规划在实施过程中的监督、控制和检查。

2. 人力资源规划任务分解到责任人

人力资源规划的各项任务必须有具体的人来实施，使每一个部门和员工都能够了解本部门在人力资源规划中所处的地位、所承担的角色，从而积极主动地配合人力资源管理部门。现代人力资源管理工作不仅仅是人力资源管理部门的任务，也是各部门经理的责任，人力资源规划也是如此。人力资源规划应有具体的部门或团队负责，可以考虑以下几种方式。

（1）由人力资源部门负责办理，其他部门与之配合；

（2）由某个具有部分人事职能的部门与人力资源部门协同负责；

(3)由各部门选出代表组成跨职能团队负责。

在人力资源规划执行过程中各部门必须通力合作而不是仅靠负责规划的部门推动，人力资源规划同样也是各级管理者的责任，如图 2-5 所示。

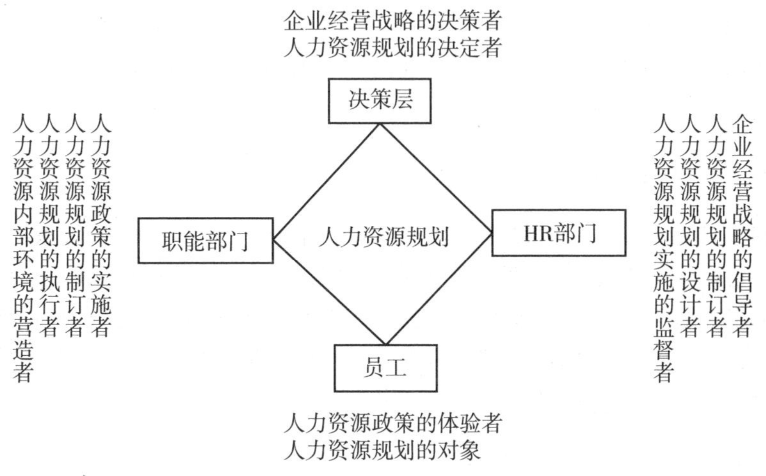

图 2-5　人力资源规划执行的分工

(二)资源的优化配置

人力资源规划的顺利实施，必须确保组织人员(培训人员和被培训人员)、财力(培训费用、培训人员脱岗培训时对生产的影响)、物力(培训设备、培训场地)发挥最大效益，这就必须对不同的人力资源进行合理配置，从而促进资源的开发利用，并通过规划的实施使资源能够优化配置，提高资源的使用效率。

二、人力资源规划实施的控制

为了能够及时应对人力资源规划实施过程中出现的问题，确保人力资源规划能够正确实施，有效地避免潜在劳动力短缺或劳动力过剩，需要有序地按照规划的实施控制进程。

(一)确定控制目标

为了能对规划实施过程进行有效控制，首先需要确定控制的目标。设定控制目标时要注意：控制目标既能反映组织总体发展战略目标，又能与人力资源规划目标对接，反映组织人力资源规划实施的实际效果。在确定人力资源规划控制目标时，应该注意控制一个体系，通常由总目标、分目标和具体目标组成。

(二)制定控制标准

控制标准是一个完整的体系，包含定性控制标准和定量控制标准两种。定性控制标准必须与规划目标相一致，能够进行总体评价，例如，人力资源的工作条件、生活待遇、培训机会、对组织战略发展的支持程度等；定量控制标准应该能够计量和比较，例如，人力资源的发展规模、结构、速度等。

（三）建立控制体系

有效地实施人力资源规划控制，必须有一个完整、可以及时反馈、准确评价和及时纠正的体系。该体系能够从规划实施的具体部门和个人那里获得规划实施情况的信息，并迅速传递到规划实施管理控制部门。

（四）衡量评价实施成果

该阶段的主要任务是将处理结果与控制标准进行衡量评价，解决问题的方式主要有：一是提出完善现有规划的条件，使规划目标得以实现；二是对规划方案进行修正。当实施结果与控制标准一致时，无须采取纠正措施；实施结果超过控制标准时，提前完成人力资源规划的任务，应该采取措施防止人力资源浪费现象的发生；当实施结果低于控制标准时，需要及时采取措施进行纠正。

（五）采取调整措施

当通过对规划实施结果的衡量、评价，发现结果与控制标准有偏差时，就需要采取措施进行纠正。该阶段的主要工作是找出引发规划问题的原因，例如，规划实施的条件不够，实施规划的资源配置不力等，然后根据实际情况做出相应的调整。

三、人力资源信息系统的建立

人力资源规划作为一项分析与预测工作，需要大量的信息支持，有效的信息收集和处理，会大大提高人力资源规划的质量和效率。因此，企业进行人力资源信息管理工作具有重要的意义。

（一）人力资源信息系统概述

1. 人力资源信息系统的概念

人力资源信息系统（human resource information system，HRIS）是企业进行有关员工的基本信息及工作方面的信息收集、保存、整理、分析和报告的工作系统，为人力资源管理决策的制订和实施服务。人力资源信息系统对于人力资源规划的制订是非常重要的，而且，人力资源规划的执行同样离不开人力资源信息系统①。

随着企业人力资源管理工作的日益复杂，人力资源信息系统涉及的范围越来越广，信息量也越来越大，并与企业经营管理其他方面的信息管理工作相联系，成为一个结构复杂的管理系统。企业的人力资源信息系统主要有两个目标。第一个目标是通过对人力资源信息的收集和整理提高人力资源管理的效率；第二个目标是有利于人力资源规划。人力资源

---

① 赵继新，郑强国．人力资源管理——基本理论、操作实务、精选案例．北京：清华大学出版社，北京交通大学出版社，2011.

信息系统可以为人力资源规划和管理决策提供大量的相关信息，而不是仅仅依靠管理人员的经验和直觉。

2. 人力资源信息系统的内容

(1)完备的组织内部人力资源数据库。这其中包括企业战略、经营目标、常规经营信息，以及组织现有人力资源的信息。根据这些内容可以确定人力资源规划的框架。

(2)企业外部的人力资源供求信息和影响这些信息的变化因素。例如，外部劳动力市场的行情和发展趋势、各类资格考试的变化信息、政府对劳动用工制度的政策和法规等，这些信息的记录有利于分析企业外部的人力资源供给。

(3)相关的软硬件设施。这包括专业的技术管理人员、若干适合人力资源管理的软件和计量模型、高效的计算机系统和相关的网络设施等，这些是现代化的人力资源信息系统的物质基础。

3. 人力资源信息系统的功能

(1)为人力资源规划建立人力资源档案。利用人力资源信息系统的统计分析功能，组织能够及时、准确地掌握组织内部员工的相关信息，如员工数量和质量、员工结构、人工成本、培训支出及员工离职率等，确保员工数据信息的真实性，从而有利于更科学地开发与管理组织人力资源。

(2)通过人力资源档案制定人力资源政策和进行人力资源管理的决策。例如，晋升人选的确定、对特殊项目的工作分配、工作调动、培训，以及工资奖励计划、职业生涯规划和组织结构分析。

(3)达到组织与员工之间建立无缝协作关系的目的。以信息技术为平台的人力资源信息系统，更着眼于实现组织员工关系管理的自动化和协调化，该系统使组织各层级、各部门间的信息交流更为直接、及时、有效。

(二)人力资源信息系统的建立

1. 对系统进行全面的规划

首先，要使企业的全体员工对人力资源信息系统的概念有一个充分的了解，保证人力资源管理部门对人力资源管理流程有一个清晰完整的把握；其次，考虑人事资料的设计和处理方案；最后，做好系统开发的进度安排，建立完备的责任制度和规范条例等。

2. 系统的设计

人力资源信息系统的设计包括分析现有的记录、表格和报告，明确对人力资源信息系统中数据的要求；确定最终的数据库内容和编排结构；说明用于产生和更新数据的文件保存与计算过程；规定人事报告的要求和格式；决定人力资源信息系统技术档案的结构、形式和内容；提出员工工资福利表的形式和内容要求；确定企业其他系统与人力资源信息系统的接口要求。需要单独强调的是，在进行人力资源信息系统设计时，必须考虑企业的发展对系统的可扩展性和可修改性的要求。

3. 系统的实施

考察目前及以后系统的使用环境，找出潜在的问题；检查计算机硬件结构和影响系统设计的软件约束条件；确定输入/输出条件要求、运行次数和处理量；提供有关实际处理量、对操作过程的要求、使用者的教育状况及所需设施的资料；设计数据输入文件、事务处理程序和对人力资源信息系统的输入控制。

4. 系统的评价

从以下几个方面对人力资源信息系统进行评价估计：改进人力资源管理的成本；各部门对信息资料要求的满足程度；对与人力资源信息系统有关的组织问题提出建议的情况；机密资料安全保护的状况。

【管理实践】

资生堂人力资源管理信息系统解析

资生堂是化妆品生产和销售型企业，其性质也决定了它分支机构众多、分布广泛，各分支机构主要从事销售工作，人员变化很大，给公司的人力资源管理带来很多困难。现有的网络条件是仅在北京总部有公司局域网，外地办事处均通过拨号接入公司总部局域网。要在这样的条件下实现企业的集中化人力资源管理，所采用的人力资源信息系统必须从网络环境、运行效率、安全性、易维护性等几个方面加以考虑。

1. 应用方案

在北京总部建立完全集中化的数据库，存放公司全体员工的人力资源数据；在北京总部安装 eHRsoft2000 系统软件；各分支机构拨号上网，通过浏览器直接进入人力资源管理系统(无须安装任何客户端程序)；保证参与人力资源信息系统管理工作的管理人员有独立的电脑，或用于资料输入的公用电脑。

通过实施上述方案，系统将达到一些目标：总部人力资源部的管理人员进行各个功能模块的管理操作，包括人事管理工作的各个方面，如人事、休假、福利、薪资、绩效评估(员工评价)、考勤及辅助功能模块。各办事处负责人和部门部长进行日常的管理及最新资料的更新，如管理所辖部门或地区的人员进出、人事资料、考勤、评估等，同时在系统中通过不同的权限设置实现二级审批流程。

2. 人力资源信息系统管理流程(以业绩评估为例)

在资生堂，部门需每月给每一位员工作出客观、公正的评价，它是员工半年评价、年终评价、升级升职、合同签订与否的重要基础资料。针对其员工评价的管理规定而设计的人力资源信息系统管理流程及规定如下：

①录入人：部门经理、办事处负责人或指定输入员；

②录入时间：每月规定的时间；

③一级审批人：经营管理本部及工厂本部各部门经理、市场营销本部北方地区负责人/南方地区负责人；

④一级审批时间：每月规定的时间；

⑤二级审批人：经营管理本部部长、工厂本部部长、市场营销本部部长；

⑥二级审批时间：每月规定的时间。

北京本部有局域网，因此使用者可以随时进入 eHRsoft2000 系统进行相关的操作，外地办事处采用拨号的方式进入公司 eHRsoft2000 系统。资生堂为全国各地的办事处上网专门设立了一个拨号服务器，现在通过该服务器使外地办事处的人员可以方便地使用 eHRsoft2000 系统。每个操作人员和审批人员的所有工作都是在浏览器端直接进行的，根据权限设定区分和控制每个人员的操作权限和操作对象范围。通过网络，加密数据可直接提交到后台数据库。人力资源部人员可以随时获取最新的各种人事信息。按照上述的权限区分和时间段划分的方式解决了不能随时在线沟通的问题，利用有限的资源达到了比较理想的效果。

3. 使用效果

由于资生堂合资的中日双方都对此次系统的选择工作十分重视和谨慎，他们为这个项目花了很长时间做前期的市场调查。他们表示选择一套 eHR 系统不仅要考虑它的功能性、稳定性、安全性、扩展性等各方面的因素，也需要考虑供应商实施 eHR 系统的经验、自身技术力量以及售后服务体系等综合因素。企业领导层对实施 eHR 系统的重视，为该项目的顺利实施提供了充分的保障。资生堂选用的万古科技的 eHRsoft2000 是一套比较成熟的 eHR 管理系统。万古科技也结合资生堂的管理特色和现有的网络条件，提出了“为人力资源部的管理人员提供专业的 HR 管理工具，为直线经理提供便捷的流程管理平台”的解决方案。这一解决方案得到了资生堂的认可。

以前由于没有使用电子化的管理手段，资生堂对全国各地销售机构的各项管理如人事资料、评估、考勤等都是通过书面或邮件进行传递的。这样做根本不能保证数据的准确性、即时性、唯一性。有时因为数据的延误还会影响总部每月的薪酬计算。总部没有实时而完整的人力资源信息，也就无法对其内部的人力资源状况进行必要的统计和分析。eHRsoft2000 系统的使用不仅实现了企业人力资源信息统一的流程化管理，也极大提高了人力资源部和各直线经理的工作效率。例如，各分支机构聘用新员工后，在录入个人信息后其相应的福利政策、薪资等级和休假政策就会全部自动生成。薪资子系统为资生堂 58 个分支机构设定了 58 套不同的薪酬福利政策。其人力资源信息、绩效考核的结果、考勤的记录等资料都自动与薪酬系统相连。系统高度集成的后台处理，使以前近半个月的工作在一天内就可完成。eHRsoft2000 自身强大的报表功能及其与财务系统的高度兼容，也为人力资源管理融入企业整体管理提供了理想的解决方案。

此次资生堂在全国范围内引进 eHR 人力资源管理系统，使企业通过 eHRsoft2000 系统拥有了一个及时、准确、完整的企业人力资源数据库和网上管理流程（HR Management Flow on Web），为企业实现战略性人力资源管理奠定了良好的基础。

资料来源：MBA 智库文档，http：//doc. mbalib. com/view/d8aad9a3c7ac958c6685acc59f2df49b. html.

【知识巩固训练】

1. 人力资源规划的含义是什么？
2. 人力资源规划有哪些类型？
3. 人力资源规划的主要内容是什么？

4. 人力资源规划的一般程序是什么？
5. 影响人力资源需求的因素有哪些？
6. 人力资源需求预测方法有哪些？它们的基本思路分别是什么？
7. 影响人力资源供给的因素有哪些？
8. 人力资源供给预测方法哪些？它们的基本思路分别是什么？
9. 人力资源短缺时可采用哪些策略？它们各自的优缺点有哪些？
10. 人力资源过剩时可采用哪些策略？它们各自的优缺点有哪些？
11. 人力资源规划实施的控制有哪几个方面？

【技能提升训练】

1. 案例分析：B 小家电制造公司的人力资源规划

王某几天前才应聘到地处广州的 B 小家电制造公司的人力资源部当经理，就接受了项紧迫的任务，公司要求他的部门在 10 天内提交一份本公司未来 3 年的人力资源规划。虽然王某从事人力资源管理工作已经多年，但因为不熟悉情况，时间又紧，所以面对桌上那一大堆文件、报表，不免有点压力。他告诫自己一定要静下心来，经过两天的整理和苦思，他觉得要编制好这个规划，必须考虑下列各项关键因素。

首先是本公司人力资源现状。公司共有生产与维修工人 825 人，行政和文秘性白领职员 143 人，基层与中层管理干部 79 人，技术人员 48 人，销售员 33 人。此外，据统计，近 5 年来职工的平均离职率为 4%，预计未来也不会有多大的改变。不过，不同类别职工的离职率并不一样，生产工人离职率高达 15%，而技术人员和管理干部则只有 3%。再者，按照既定的扩产计划，销售员要新增 10%～15%，工程技术人员要增加 5%～6%，生产与维修的蓝领工人要增加 5%。鉴于要精简行政机构，公司的政策是虽然公司的规模不断扩大，但是中、基层干部只能增加 1%。还有一点特殊情况要考虑：最近本地政府颁布了一项政策，要求当地企业招收新职工时优先照顾女性和下岗职工，这样会享受税收优惠或补贴政策。公司一直未曾有意排斥女性或下岗职工，企业目前的状况是，销售员除一人是女性外其他全部为男性；中、基层管理干部除两人是女性外，其余也都是男性；工程师里只有 3 个是女性；蓝领工人中约有 11% 是女性或下岗职工，而且都集中在最底层的劳动岗位上。

为了更好地了解公司的人力资源质量，王某觉得应该去下面的部门看一看。联想到生产工人流失率高的问题，他就先来到了第一生产车间，他发现生产车间不如他以前所在的那个公司情况好。虽然公司的厂房宽敞，但是不够整洁，员工工作漫不经心，工具随处放、随地扔，在他停留的 2 分钟内，就发现好像是车间主任在训斥一个工人的产品不合格。看到这种情况，王某就问生产主任怎么回事，生产主任解释说因为员工流动率大，部分员工是才来不到 10 天的新手，所以做事不熟练，产品次品率比较多，有些工人嫌公司给的工资低，技术一旦达到一定水平就跳槽走了。因此，公司不愿花钱进行更多的培训，都是简单培训后就上岗，师傅带徒弟慢慢成长。

同时，在访谈过程中，王某还发现了一些问题。有些部门经理，虽然配备了助理，但是他们往往是重使用轻培养，这些助理都是公司最近几年陆陆续续通过校园招聘的方式选拔出来的有潜力的大学生，吸纳他们的目的就是想增加后备人才。但现在看来没有达到这样的目的，这些大学生助理们很有怨言，有的已经有了离开的想法。王某想，这些部门经理是时候需要改变了。

王某还有5天就得交出计划，其中包括各类干部和职工的人数预测、从外界招收的各类人员的人数，以及如何贯彻本地政府关于照顾女性员工与下岗人员政策的计划。此外，公司刚开发出几种有高技术含量的新产品，所以预计公司销售额5年内会翻一番，王某还得提出一项应变计划以应对这类快速增长。另外，王某还注意到，最近几年所谓的“民工荒”日趋明显，必须考虑如何稳定这些员工以防企业出现招不来工人的情况。

资料来源：https://wenku.baidu.com.

讨论：

(1)王某在编制公司的人力资源规划时应考虑哪些情况和因素？

(2)在预测公司人力资源需求时，应该采用哪些预测技术？

(3)该公司应该采取什么人力资源政策和措施？

2. 课后项目训练

在班上组织一次辩论赛，时间为40分钟，辩论赛的题目为《提前退休好 or 延迟退休好》。在班上选出8位思维敏捷、口齿伶俐并自愿参加辩论赛的学生，一组为正方，另一组为反方，并将每组一辩、二辩等角色确定好。

(1)两个小组成员应充分了解自己在此次辩论赛中承担的角色和规则；

(2)由一辩进行领导和协调，根据各成员承担的角色各自提前收集资料；

(3)自学关于辩论赛的流程、方法、技巧等；

(4)提前以小组为单位在宿舍练习。

3. 操作题

(1)某企业2017年的销售额为1000万元，人均销售额为40万元，计划2018年销售额增长600万元，同时，每个销售人员的销售额提高10%。假设该企业销售人员未流失，那么2018年企业将需要多少销售人员？

(2)南方公司有四类工作人员：高级管理人员、中层管理人员、班组长和操作工。已知2017年初这四类人员的数量分别为80人、180人、300人和600人。假设四类人员2017年的流动情况为高级管理人员有80%留下，其余的离职；中层管理人员有70%留下，10%成为高级管理人员，有20%离职；班组长有80%留下，5%成为中层管理人员，5%成为操作工，10%离职；操作工有65%留下，15%成为班组长，20%离职。

请根据马尔科夫模型预测法编制转换矩阵表，并计算出2017年南方公司四类人员的供给总数。

第三章　工作分析与评价

【学习目标】

❖ 了解工作分析的作用和原则

❖ 理解工作分析的流程

❖ 理解工作分析的各种方法

❖ 掌握工作分析的基本概念及相关术语

❖ 掌握工作说明书的编写程序和方法

【基本概念】

行动　职位　职责　任务　工作　工作分析　工作评价　观察法　访谈法　问卷调查法　工作日志法　工作标志　工作关系　职位概要

【导读案例】

为什么A公司的管理如此混乱

1. 背景

A公司是我国中部省份的一家房地产开发公司。近年来，随着当地经济的迅速增长，房产需求强劲，公司有了飞速的发展，规模持续扩大，逐步发展为一家中型房地产开发公司。随着公司的发展和壮大，员工人数大量增加，众多的组织和人力资源管理问题逐步凸显出来。公司现有的组织机构，是基于创业时的公司规划，随着业务扩张的需要逐渐扩充而形成的。

2. 问题

在运行的过程中，组织与业务上的矛盾已经逐步凸显出来。部门之间、职位之间的职责与权限缺乏明确的界定，扯皮推诿的现象不断发生；有的部门抱怨事情太多，人手不够，任务不能按时、按质、按量完成；有的部门又觉得人员冗杂，人浮于事，效率低下。公司的人员招聘方面，用人部门给出的招聘标准往往比较含糊，招聘主管无法准确地加以理解，使得招来的人大多不尽如人意。同时目前的许多岗位往往不能做到人事匹配，员工的能力不能得以充分发挥，严重挫伤了士气，并影响了工作的效果。公司员工的晋升以前由总经理直接做出。现在公司规模大了，总经理已经几乎没有时间来与基层员工和部门主管打交道，基层员工和部门主管的晋升只能根据部门经理的意见来做出。而在晋升中，上级和下属之间的私人感情成为决定性的因素，有才干的人往往却并不能获得提升。因此，许多优秀的员工由于看不到自己未来的前途而另寻高就。在激励机制方面，公司缺乏科学的绩效考核和薪酬制度，考核中的主观性和随意性非常严重，员工的报酬不能体现其价值与能力，人力资源部经常可以听到大家对薪酬的抱怨和不满，这也是人才流失的重要原因。

3. 评析

上述问题的关键是各岗位的工作职责界定不清，出现了职责交叉和职责真空的现象，一旦出现问题，员工之间就相互推卸责任。同时，作为后续工作的员工招聘、绩效考核和薪酬制定的建立，由于没有工作分析而缺乏相应参照和衡量的标准，实际操作中的主观性和随意大，致使员工士气低下，组织凝聚力低。实际上，类似的情况经常在企业中出现，解决这类问题的一个重要途径就是进行有效的工作分析。有效的工作分析能让员工明白自己的工作内容有哪些，能为员工招聘、绩效考核和薪酬制定等提供标准。那么，对于企业来说，工作分析是什么呢？如何做好工作分析呢？本章将围绕这些内容进行讲述。

资料来源：彭剑锋．人力资源管理概论·2版．上海：复旦大学出版社，2011.

第一节　工作分析概述

一、工作分析的概念

一个组织的建立最终会导致一批工作的出现，而这些工作需要由特定的人来承担。工作分析就是与此相关的一道程序。通过对工作内容与工作责任的资料汇集、研究和分析，可以确定该项工作的任务、性质和相对价值以及哪些类型的人适合从事这一工作。工作分析的过程主要是调研完成工作的要求、周期和范围，并着眼于工作本身的特点，而不是工作者的状况。工作分析的直接结果是工作说明书。为此，我们给工作分析定义如下：

工作分析（job analysis）又称职位分析、职务分析或岗位分析，是指应用系统方法对组织中某一特定的工作或职位的任务、职责、权利、隶属关系、工作条件等相关信息进行收集和分析，作出明确规定，并确认完成工作所需要的能力和资质的过程，是组织人力资源规划及其他一切人力资源管理活动的基础①。

工作分析包括工作说明和工作规范两个方面的基本内容。工作说明也称职位描述，是指以书面形式描述一项工作的任务和职责，是对职位要素信息和职位特征的直接概括分析；工作规范也称任职者说明，主要阐述从事某项工作的人员必须具备的能力、资质和其他特性的要求。

二、工作分析中的相关术语

在进行工作分析时，会有若干专门术语在分析过程中反复出现，必须在进行工作分析之前充分理解。

---

① 赵继新，郑强国．人力资源管理——基本理论、操作实务、精选案例. 北京：清华大学出版社，北京交通大学出版社，2011.

(一)行动

行动也称工作要素，是工作中不能再继续分解的最小动作单位，如操作工人拿起钳子、秘书接听电话前拿起电话、司机启动汽车前插入钥匙等。

(二)任务

任务是指为了达到某种目的所从事的一系列活动，它由一个或多个工作要素组成。例如，招聘专员为了完成招聘员工的任务，需要对组织中的招聘需求进行分析，明确岗位职责和岗位规范，发布招聘信息，收集和筛选应聘材料，组织选拔过程，录用合格人员。

(三)职责

职责是指在特定的工作岗位上所负责承担的某类工作任务的集合。它可以由一个或多个任务组成。例如，某大学经济管理学院院长的职责是全面负责学院工作，具体包括负责制订和实施学院的发展规划、学院人才队伍建设、学院制度建设和学院的学术建设等多个方面的任务。

(四)职权

职权是依法赋予完成特定任务所需要的权力。职责往往与职权是有密切联系的，特定的职责要赋予特定的职权，甚至是特定的职责等同于特定的职权。例如，审计员对公司财务的审计，既是审计员的职责，也是他的职权。

(五)职位

职位即岗位，是组织要求个体完成的一项或多项任务以及为此赋予个体权力的总和。职位的数量是有限的，职位的数量又称为编制。职位与个体是一一匹配的，也就是有多少职位就有多少人，两者的数量相等。

(六)职务

职务指主要职责在重要性与数量上相当的一组职位的集合或统称。例如，财务部设有两个副经理的职位，一个主要分管会计，另一个主要分管出纳。虽然这两个职位的工作职责并不完全相同，但是就整个财务部而言，这两个职位的职责重要性一致，因此，这两个职位可以统称为副经理职务。职位应与员工一一对应，但职务与员工不是一一对应的，一个职务可能由几个职位组成，如上所述，副经理职务就有两个职位与之相对应。

(七)职业

职业由不同时间内不同组织中的相似工作组成。例如会计、工程师、医生等。虽然在不同单位的会计、工程师，不同医院科室的医生具体工作内容与数量不尽相同，但他们承担的职责及任职要求是相似的。

有关工作分析基本术语及其关系如图 3-1 所示。

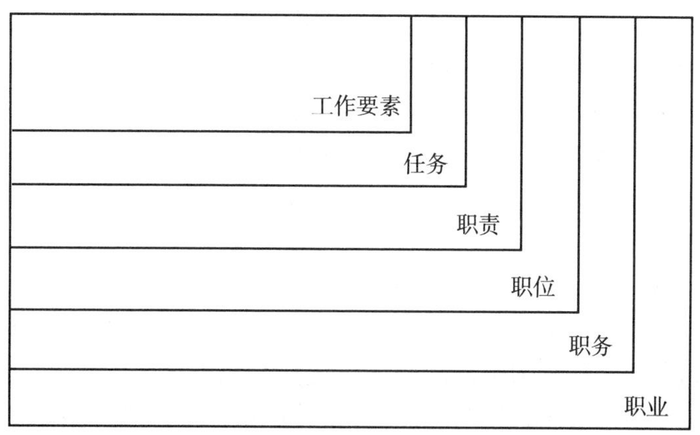

图 3-1　工作分析基本术语及其关系

【管理故事】

福特汽车公司 T 型轿车的秘密

20 世纪初，美国福特汽车公司的产品 T 型轿车创造了一个奇迹，曾连续生产 20 年，最高年产量达到 200 万辆，成为世界上第一种产量最高、销路最广的车型，福特公司也因此成为当时世界最大的汽车公司。亨利·福特在他的传记《我的生活和工作》一书中揭露了 T 型轿车的秘密，他详细地叙述了近 8000 道工序对工人的要求：

949 道工序需要强壮、灵活、身体各方面都非常好的成年男子；

3338 道工序需要普通身体的男工；

剩下的工序可由女工或年龄稍大的儿童承担。其中，

50 道工序由没有腿的人来完成；

2637 道工序由一条腿的人来完成；

2 道工序由没有手的人来完成；

715 道工序由一只手的人完成；

10 道工序由失明的人完成。

相信任何一个人力资源工作者都会感叹亨利·福特先生对工作内容和任职者的精确分析，正是这些分析有效地帮助福特组建了当时远远领先于同行的严密的工作流程和组织架构。

资料来源：肖琳．人力资源管理．大连：东北财经大学出版社，2016.

三、工作分析中的作用

(一)工作分析在人力资源管理中的作用

1. 工作分析与岗位定编

通过工作分析可以科学地衡量出企业工作岗位人员配备的数量。依据客观的组织工作任务量和在职员工的平均绩效水平，岗位定编可以合理地确定出某种类型的工作岗位人员配备的数量。要准确、有效地为工作岗位配备适当数量的员工，就要分析工作岗位承担工作量的大小、员工承担的工作负担、正常情况下的产出标准。过多的岗位定编会产生浪费，给企业增加不必要的负担，过少的岗位定编会增加员工的工作负担，加大工作压力，可能造成不当的职业病或因工作负荷太重而引发人员流失。无论哪种结果，均对组织不利。

2. 工作分析与人力资源规划

工作分析可以为企业人力资源规划提供基本的信息，如组织中有哪些工作任务，有多少个工作岗位，这些岗位的权力传递链条及汇报关系如何，每一岗位目前是否取得了理想的结果。根据岗位职责的要求，组织应配备员工的年龄结构、知识结构、能力结构怎样，在岗员工与岗位要求的差距多大，由此确定培训需求和工作岗位的调整等。如果没有进行翔实的工作分析，就没有对企业人力资源现状的充分认知，不可能制订出适合企业发展的人力资源规划。

3. 工作分析与员工招聘

工作分析可以提供一项工作的任职者资格信息，从而为人力资源招募、甄选决策提供依据，大大提高人员甄选技术的信度和效度，把不合格的人员排除于组织之外。在本书的开篇案例中，由于没有工作分析而缺乏相应的用人衡量标准，导致招聘的员工不尽如人意，不仅会因为招错人而增加人力资源成本，而且会影响公司的正常运转。

4. 工作分析与培训开发

培训工作遵循有效性和低成本的双向要求，培训的内容、方法必须与工作内容及岗位所需要的工作能力和操作技能相关。通过工作分析，可以明确任职者必备的技能、知识和各种心理条件的要求。按照工作分析的结果，准确地进行培训需求分析，并根据实际工作的要求和所聘用人员的不同情况，有针对性地安排培训内容、选择培训的方式和方法，就可以大大降低培训工作成本，提高培训工作的绩效。

5. 工作分析与绩效管理

工作分析可以为绩效评价提供明确的绩效标准，从而使绩效评价有据可依，大大减少绩效评价的主观性和随意性，使其真正能为员工的报酬决策和员工晋升决策提供依据，并且为从事该工作的员工设立一个标杆，使其能有目标地改进自己的工作，提高工作绩效。

6. 工作分析与薪酬设计

企业可以通过工作分析对一个工作岗位的工作职责、技能要求、教育水平要求、工作环境等有明确的了解和认识，根据这些因素判断这个岗位对于企业的重要程度，从而形成一种岗位相对重要程度的排序，并通过工作评价的量化形式来帮助组织确定每个岗位的报酬水平。因此，工作分析是工作评价的前提，有效的工作评价又是建立岗位职能工资制的基础，从而有利于优化组织内部的工资结构，提高报酬的内部公平性。

7. 工作分析与职业生涯规划

从员工的职业生涯规划的角度来看，为了满足员工在组织中的成长、发展需要，工作分析可以为员工的职业咨询和职业指导提供可靠与有效的信息，为员工在组织内的发展指明合适的职业发展路径。

(二)工作分析在组织战略管理中的作用

1. 实现了战略传递

通过工作分析，可以明确工作设置的目的，从而找到该工作如何为组织整体创造价值，如何支持企业的战略目标与部门目标，从而使组织的战略能够得以落实。

2. 明确了职位边界

通过工作分析，可以明确界定职位的职责和权限，消除职位之间在职责上的相互重叠，从而尽可能地避免职位边界不清导致的相互冲突、扯皮推诿所造成的内耗，并且防止职位之间的职责真空，使组织的每一项工作都能够得以落实，提高整个组织的运作效率。

3. 提高了流程效率

通过工作分析，可以理顺职位与其流程上下游环节的关系，明确职位在流程中的角色和和权限，消除职位设置或者职位界定的原因所导致的流程不畅、效率低下等现象。

4. 实现了权责对等

通过工作分析，在明确职位的职责、权限、任职资格等的基础上，形成该职位的基本工作规范，有利于根据职位的职责来确定或者调整组织的授权与权力的分配体系，从而在职位层面上实现权责一致。

第二节　工作分析的实施

一、工作分析的原则

工作分析作为人力资源管理的基础性工作，它的好坏将直接影响人力资源管理其他工作的效果。因此，开展工作分析工作，必须科学合理，遵循以下原则。

(一)系统原则

工作分析不是对岗位职责、业绩标准、任职资格等要素的简单罗列，而是要在分析的基础上对其加以系统的把握。在对某一工作岗位进行分析时，要注意该岗位与其他岗位的关系，以及该岗位在整个组织中所处的地位，从总体上把握该岗位的特点及其对人员的要求，从而完成对该工作岗位的全方位而富有逻辑的系统思考。

(二)动态原则

工作分析是一项常规性工作。一方面，要根据企业战略意图、环境变化、技术变革、组织与流程再造、业务调整，不断地对工作分析进行调整；另一方面，工作分析也要以岗位的现实状况为基础进行调整。

(三)目的原则

在工作分析中要明确工作分析的目的，目的不同其工作分析的侧重点也不一样。比如，如果工作分析是为了招聘甄选，那么分析的重点为在于任职资格的界定；如果工作分析是为了优化组织管理，那么分析的重点在于工作职责和权限的界定，强调岗位边界的明晰化等。根据工作分析目前在中国企业管理实践中的主要用途，我们可以将工作分析的不同目标导向及其侧重点概括如表 3-1 所示。

表 3-1　**工作分析的目的与侧重点**

岗位分析的目的	工作分析的重点
组织优化	1. 强调对工作职责、权限的明确界定； 2. 强调将工作置于流程与战略分解体系中来重新思考该岗位的定位； 3. 强调职位边界的明晰化。
招聘甄选	1. 强调对工作所需教育程度、工作经验、知识、技能与能力水平的界定； 2. 确定各项任职资格要求的具体等级与水平； 3. 确定该工作对任职者的心理要求和生理要求。
培训开发	1. 强调工作典型样本、工作难点的识别； 2. 强调对工作中常见错误的分析； 3. 强调任职资格中可培训部分的界定。
绩效考核	1. 强调对工作职责及责任细分的准确界定； 2. 收集工作对组织的贡献程度信息； 3. 收集工作对组织的过失损害信息。
薪酬管理	1. 收集岗位在组织中的地位及其对组织战略的贡献； 2. 强调工作所需要的知识、技能与能力水平、工作职责与任务复杂性及难度； 3. 收集有关工作环境条件、工作负荷与强度的大小等信息。

（四）经济原则

任何组织都需要以有限的资源最有效地实现组织目标。因此，在工作分析过程中，必须分析组织目前的工作设置是否能以最有效的方法、合理的成本实现组织预定目标。成本包括时间、物质资源、人力资源等一切为实现组织目标的有形和无形投入。同时，工作分析过程中要本着经济性原则，要根据工作分析的目的采取合理的方法。

（五）岗位原则

岗位原则的出发点是从工作岗位出发，分析岗位的内容、性质、关系、环境以及人员胜任特征，即完成这个岗位工作的从业人员需具备什么样的资格与条件，而不是分析在岗的人员如何。工作分析并不关注任职者的业绩、风格、特性、职业历史或任何其他事情。

（六）应用原则

应用原则是指工作分析的结果，工作描述与工作规范要即时应用，在形成工作说明书后，管理者就应该把它应用于企业管理的各个方面。无论是人员招聘选拔、培训开发，还是绩效考核、激励都需要严格按工作说明书的要求来做。

二、工作分析的流程

工作分析是一项十分复杂、繁重、系统的工作，因此安排好工作分析的步骤，使之有条不紊地进行，对于提高工作分析的质量，减少资源耗费十分重要。工作分析要经过以下几个步骤：准备阶段、调查阶段、分析阶段、完成阶段，如图 3-2 所示。

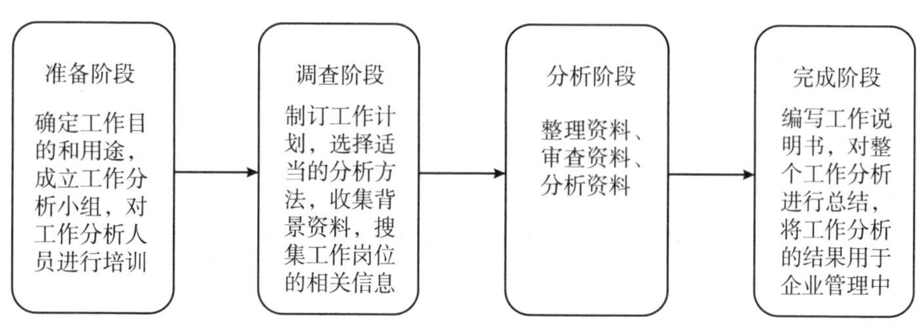

图 3-2　工作分析的流程图

(一)准备阶段

(1)确定工作分析的目的和用途。因为一项工作包含很多信息，一次工作分析不能收集所有的信息，因此，要事先确定工作分析的目的和用途，目的不同，所要收集的信息和使用方法也会不同。

(2)成立工作分析小组。工作分析小组成员一般由以下几类人员组成：①企业的高层领导，高层领导的任务是发布相关政策，并动员全体员工配合该项工作，为工作分析活动顺利进行铺平道路；②本岗位任职者，本岗位任职者能尽可能多地提供全面、详尽的岗位资料；③任职者的上级主管，一方面，任职者上级主管有很多机会观察任职者的工作，能提供较多的工作信息；另一方面，主管可以动员员工配合工作岗位信息调查，并协调人力资源部门编写工作说明书；④工作分析专家，工作分析专家可以来自组织内部，如人力资源部门的工作人员，也可以从组织外部聘请工作分析专家。工作分析专家主要负责策划工作分析的方案和设计工作分析的相关工具，并对工作分析活动提供技术上的支持。

(3)对工作分析人员进行培训。为了保证工作分析的效果，还要由工作分析专家对企业参加工作分析小组的人进行业务上的培训。培训的内容主要有：①关于整个工作分析流程的安排；②关于对工作分析对象背景知识的培训；③关于工作分析理论知识的培训；④对工作分析工具的使用。

(4)其他必要的准备。例如，由各部门抽调参加工作分析小组的人员，部门经理应对其工作进行适当的调整，以保证他们有充足的时间进行这项工作；在企业内部对这项工作进行宣传，比如组织有关工作分析工作的动员会，消除员工不必要的误解和紧张。

（二）调查阶段

（1）制订工作分析的时间计划进度表，以保证这项工作能够按部就班地进行。工作分析的时间进度表如表3-2所示。

表3-2 **工作分析的时间进度表**

工作项目	日期（月日）	工作日
1. 建立工作分析项目小组并组织学习	7.1—7.3	3
2. 编写工作计划并明确小组成员分工	7.3—7.4	1
3. 收集工作分析背景资料	7.5—7.8	4
4. 小组讨论确定需要分析的岗位名称	7.9	1
5. 各地召集所有内勤人员召开大会说明工作分析的目的、作用及各级主管应配合的工作	7.9	1
6. 所有分析对象填写《工作分析问卷》	7.10—7.14	5
7. 收集工作日志、关键事件、观察记录	7.10—7.15	6
8. 整理汇总填写《工作分析问卷汇总表》	7.15—7.18	4
9. 和岗位任职者确认	7.19	1
10. 和岗位任职者的直接上级确认	7.19	1
11. 整理所有资料，录入计算机	7.19—23	5
12. 撰写《工作说明书》并反复检查	7.24—25	2
13. 项目小组组长检查《工作说明书》	7.26—29	4
14. 和岗位任职者的直接上级签认《工作说明书》	7.30	1

（2）根据工作分析的目的，选择收集工作内容及相关信息的方法。组织在选择工作分析方法时，关键是要考虑工作分析方法和目的的匹配性、成本可行性，以及该方法对所分析的工作岗位的适用性。一般来说，工作分析方法的选择要考虑五个因素，包括工作分析的目的、成本、工作性质、待分析的工作样本量及分析客体。

（3）收集岗位相关的资料。工作分析需要收集的信息包括三个方面：工作的背景资料、与工作相关的信息、与任职者相关的信息。具体如表3-3所示。

表3-3 **工作分析需要收集的信息**

工作的背景资料	1. 国家职业分类大典； 2. 组织结构图和工作流程图； 3. 部门职能说明书和原有工作说明书。

续表

与工作相关的信息	1. 工作职责、工作任务、工作活动； 2. 绩效标准、关键事件、工作成果； 3. 岗位对企业的贡献与过失损害、所承担的风险、工作的独立性和创新性。
与任职者相关的信息	1. 教育程度和专业知识； 2. 工作经验、培训水平、各种技能和能力倾向； 3. 性格要求、工作态度、敬业精神、健康状况、体能要求等。

以上工作信息，一般可以从以下几个渠道来获取：工作执行者本人、管理监督者、顾客、分析专家、国家职业分类大典，以及以往的分析资料。从不同的方式和渠道获取的信息有效性不一样。

（三）分析阶段

（1）整理资料，将收集到的信息按照工作说明书的各项要求进行归类整理，看是否有遗漏的项目，如果有的话要返回到上一个步骤，继续进行调查收集。

（2）审查资料。资料进行归类整理以后，工作分析小组的成员要一起对所获工作信息的准确性进行审查，如有疑问，就需要找相关的人员进行核实，或者返回到上一个步骤，重新进行调查。

（3）分析资料。如果收集的资料没有遗漏，也没有错误，那么接下来就要对这些资料进行深入的分析，也就是说要归纳总结工作分析必需的材料和要素，揭示出各个职位的主要成分和关键因素。在分析的过程中，一般要遵循以下几项基本原则。

①对工作活动是分析而不是罗列。工作分析是反映职位上的工作情况，但却不是一种直接的反映，而要经过一定的加工。分析时应当将某项职责分解为几个重要的组成部分，然后再将其重新进行组合，而不是对任务或活动的简单列举和罗列。

②针对的是职位而不是人。工作分析并不关心任职者的任何情况，它只关心职位的情况。目前的任职者被涉及的原因，仅仅是因为其通常最了解情况。例如，某一职位本来需要本科学历的人来从事，但由于各种原因，现在只是由一名专科生担任这一职位，那么在分析这一职位的任职资格时就要规定为本科，而不能根据现在的状况将学历要求规定为专科。

③分析要以当前的工作为依据。工作分析的任务是为了获取某一特定时间内的职位情况，因此应当以目前的工作现状为基础来进行分析，而不能把自己或别人对这一职位的工作设想加到分析中去，只有如实地反映出职位目前的工作状况，才能据此进行分析判断，发现职位设置或职责分配上的问题。

（四）完成阶段

（1）编写工作说明书。根据对资料的分析，首先要按照一定的格式编写工作说明书的初稿；然后反馈给相关的人员进行核实，意见不一致的地方要重点进行讨论，无法达成一致的还要返回到第二个阶段，重新进行分析；最后，形成工作说明书的定稿。

(2)对整个工作分析过程进行总结，找出其中成功的经验和存在的问题，以利于以后更好地进行工作分析。

(3)将工作分析的结果运用于人力资源管理，以及企业管理的相关方面，真正发挥工作分析的作用。近几年，随着企业对人力资源管理的重视，很多企业投入了大量的人力和物力来进行工作分析，但是在这项工作结束以后，却将形成的职位说明书束之高阁，根本没有加以利用，这无疑违背了工作分析的初衷。

三、工作分析中实施过程控制

在工作分析过程中，经常会由于种种原因人力资源工作人员在进行工作分析的实践过程中障碍重重，妨碍了工作分析的顺利进行，影响了工作分析的效果，最终也将影响人力资源管理甚至是影响组织的发展。工作分析要做好以下几个方面的控制工作。

(一)消除员工戒备心理

员工由于害怕工作分析会给自己的工作环境或自身利益带来威胁，如减员降薪、增加工作负荷和强度，所以对工作分析小组成员采取不配合或敌视的态度，表现出态度冷淡、言语讥讽，或者在接受访谈、填写问卷、接受观察时故意向工作分析人员提供虚假的或与实际情况存在较大出入的信息资料。而工作分析人员在这些虚假的信息的基础上对工作所作出的具体分析，也难免错误，最终产生的工作说明书和工作规范的可信度也值得怀疑。如果在员工培训中，根据这些不符合实际的工作说明书中有关员工知识、技术、能力的要求而安排培训计划，那么培训项目很可能并不能给组织带来预想的培训效果。另外，如果采用这些虚假信息作为绩效考核的依据，那么评估结果的真实性和可信性也有问题，最终以评估结果来决定员工的升降奖惩，后果将不堪设想。

工作分析人员应提前向员工介绍工作分析对于开展工作的意义，对于组织管理工作和员工个人发展的重要性，以澄清他们对工作分析的认识，消除其内心的顾虑和压力，争取广大员工在实际信息收集和工作分析过程中的支持与配合，保证工作分析工作的顺利进行。

(二)合理安排工作时间

在工作分析的过程中，很多方面需要员工的参与和配合，如填写问卷、参加访谈、工作时成为被观察者，这都需要占用员工大量的工作时间。很多情况下，员工不愿配合工作分析的原因，是它占用了很多日常工作时间。不少员工这样认为：工作分析是人力资源部的工作，和我的工作没有任何关系，又浪费我的时间，干脆草草应付一下就行了。所以，一方面，工作分析小组应提前与员工的直线主管进行沟通，为了配合工作分析的工作，请直线主管在安排日常工作时预留一些时间；另一方面，工作分析人员要明确工作分析活动大致需要多长时间，大概的时间进度是怎样的。工作分析活动时间安排的合理化和清晰化，可以使员工清楚自己在什么时间做什么工作，方便其事先做好时间规划，留出足够的时间配合和支持工作分析活动。

（三）采用适当的分析程序和分析方法

工作分析人员在正式执行工作分析时，应该采取适合工作分析小组人员能力构成和组织实际情况的分析程序，并把工作分析的具体步骤告知参与的员工，使参与的员工能够积极配合，最终使工作分析活动得以协调、顺利进行。另外，让参加工作分析的员工初步了解工作分析过程中可能会使用到的方法，以及工作分析方法正确的操作要点和注意事项，可以使各类人员明白自己要如何配合工作分析工作，最终使工作分析方法的运用更加有效。

（四）重视工作分析的结果在企业的应用

重视工作分析的结果在企业的应用，提高员工的参与性。工作分析的直接结果是形成工作说明书，但企业不能仅停留在该层面上，而应及时跟进，重视工作分析的结果在制定规范的考核标准和制订合理的员工培训、发展规划中的应用，以及在提供科学的职业生涯发展咨询中的重要应用，竭力避免企业的工作说明书在制定和使用中出现的“两张皮”现象。工作分析之后千万不能没有下文，否则员工会因为感觉不到工作分析之后带来的相应变化和改进，而怀疑工作分析的作用和意义，也很难在今后的工作中再度配合人力资源部的工作。

【管理实践】

事后大地震

人力资源经理 Luna，刚从某外企跳槽到一家民营企业，发现企业管理有些混乱，员工职责不清，工作流程也不科学。她希望进行工作分析，重新安排组织架构。一听是外企的管理做法，老板马上点头答应，还很配合地做了宣传和动员。

Luna 和工作分析小组的成员，积极筹备一番后开始行动。不料，员工的反应和态度出乎意料地不配合。“我们部门可是最忙的部门了，我一个人就要干 3 个人的活。”“我每天都要加班到 9 点以后才回去，你们可别再给我加工作量了。”

多方了解后，Luna 才知道，她的前任也做过工作分析。不但做了工作分析，还立即根据分析结果进行了大调整。不但删减了大量的人员和岗位，还对员工的工作量都作了调整，几乎每个人都被分配到更多活。有了前车之鉴，大家忙不迭地夸大自己的工作量，生怕工作分析把自己“分析掉了”。

第三节　工作分析的方法

一、观察法

观察法是指工作分析人员在工作现场运用感觉器官或其他工具，观察特定对象的实际工作动作和工作方式，并以文字或图标、图像等形式记录下来的收集工作信息的方法。观察法适用于体力工作者和事务性工作者，如搬运员、操作员、文秘等职位，而不适用于主要是脑力劳动的工作。

(一)观察法的分类

(1)直接观察法。工作分析人员直接对员工工作的全过程进行观察，直接观察法适用于工作周期较短的岗位，比如保洁员。

(2)阶段观察法。当工作具有较长周期性时，为了完整观察员工的工作，需要分阶段进行观察。

(3)工作表演法。适用于工作周期很长、突发性事件较多的工作，请员工表演工作的关键事件，并进行观察，比如保安人员的工作、消防人员的工作。

(二)观察法的优缺点

(1)观察法的优点。通过观察员工的工作，分析人员能够比较全面、深入地了解工作要求，适应那些工作内容主要是由身体活动来完成的工作。而且采用这种方法收集到的多为第一手资料，排除了主观因素的影响，比较准确。

(2)观察法的缺点。①观察法不适用于工作周期较长和以脑力劳动为主的工作，如设计师、研发工作人员等；②观察法工作量太大，要耗费大量的人力、财力和时间；③有关任职资格方面的信息，通过观察法无法获取；④有些员工不接受观察法，认为他们自己被监视，所以对工作分析工作存在抵触情绪，同时，也存在工作的表面性。

(三)采用观察法的注意事项

在采用观察法时应注意几个问题：第一，对工作分析人员进行培训，包括观察能力、沟通能力、总结和记录的能力；第二，预先确定好观察的内容、时间、场所等，并与员工事先进行沟通，消除员工的抵触情绪；第三，工作分析人员应事先准备好观察表格(如表3-4所示)，以便随时进行记录；第四，避免机械记录，应主动反映工作的全面信息，对信息进行提炼。

表3-4 **工作分析观察提纲**

观察者姓名		观察时间	
被观察者姓名		工作部门	
工作岗位		观察地点	

观察内容：

1. 什么时候开始正式工作？ ________________

2. 上午工作多长时间？ ________________

续表

3. 上午休息几次？________________
4. 第一次休息时间从________________到________________
5. 第二次休息时间从________________到________________
6. 上午完成产品几件？________________
7. 平均多少时间完成一件产品？________________
8. 与同事交谈几次？________________
9. 每次交谈约多长时间？________________
10. 室内温度多少度？________________
11. 抽了几支香烟？________________
12. 喝了几次水？________________
13. 什么时候开始午休？________________
14. 生产了多少次品？________________
15. 搬了多少原材料？________________
16. 噪音分贝是多少？________________
……

二、访谈法

访谈法指工作分析人员面对面地与岗位任职者或主管人员进行交谈，通过访问任职者，了解他们所做的工作内容，从而获得有关岗位信息的调查研究方法。访谈法适用面较广，通过与岗位任职者面谈，员工可以提供从其他途径都无法获取的资料，特别是平常不易观察到的情况，使分析人员了解到员工的工作态度和工作动机等较深层次的内容。

(一)访谈法的分类

(1)对岗位任职者进行的个人访谈；
(2)对做同种工作的岗位任职者进行的群体访谈；
(3)对岗位任职者的直线主管进行的主管人员访谈。

(二)访谈法的优缺点

(1)访谈法的优点：①可以对岗位任职者的工作态度和工作动机等较深层次的内容有比较详细的了解；②运用面较广，能够简单而迅速地收集多方面的工作资料；③有助于与岗位任职者进行沟通，缓解工作压力，减少敌对情绪；④当面进行沟通，能及时修改获得的信息。

(2)访谈法的缺点：①访谈法要有专门的技巧，需要受过专门训练的工作分析的专业人员；②比较费精力和时间，工作成本较高；③收集的信息往往已经扭曲和失真，因为岗位任职者认为它们是其工作业绩考核或薪酬调整的依据，所以他们会故意夸大或弱化某些职责；④不能进行定量分析。

(三)工作分析访谈的注意事项

采用访谈法，应注意以下问题：第一，事先与岗位任职者本人或直线主管进行沟通，明确访谈的目的和意义；第二，在无人打扰的场所进行访谈，并消除岗位任职者的紧张情绪，建立融洽的气氛；第三，准备完整的问题提纲表格(如表 3-5 所示)，所提问题必须清楚、明确，不能模糊不清；第三，访谈过程中注意谈话技巧，由浅至深地提问，并鼓励岗位任职者真实、客观地回答问题；第四，在访谈结束时请岗位任职者确认谈话记录并签字。

表 3-5　**工作分析访谈提纲**

访谈人员		岗位任职者	
工作岗位		工作部门	
访谈时间		访谈地点	
1. 请您用一句话概括您的职位完成的主要工作内容和要达成的目标。 2. 请问与您进行工作联系的主要人员有哪些？ 3. 您认为您的主要工作职责是什么？ 4. 对于这些职责您是怎样完成的？在执行过程中碰到的主要困难和问题是什么？ 5. 请您谈谈以上各项职责在工作总时间中所占的百分比重。 6. 请您谈谈您的以上工作职责中最为重要的工作是什么。 7. 组织所赋予您的最主要的权限有哪些？ 8. 您认为在工作中您需要其他部门、其他职位为您提供哪些方面的配合、支持与服务？ 9. 您认为要出色地完成以上各项职责需要什么样的学历和专业背景、工作经验？ 10. 您认为要出色地完成以上各项职责需要具备哪些专业知识和技能、个性品质？ 11. 请问您工作中自主决策的机会有多大？ 12. 工作中是否经常加班？工作繁忙是否具有很大的不均衡性？ 13. 工作中是否要求精力高度集中？工作负荷有多大？			

三、问卷调查法

问卷调查法是最常用的一种方法，指的是根据工作分析的目的、内容等编写调查问卷，通过让岗位任职者、直线主管及其他相关人员填写调查问卷，由工作分析人员回收整理获取工作相关信息的研究方法。

(一)问卷调查法的分类

(1)结构化问卷。结构化问卷是由工作分析人员事先准备好的项目组成，代表了工作分析人员希望了解的信息，问卷回答者只需要在问卷项目后填空、选择或对各个项目进行分数评定即可。

(2)开放式问卷。开放式问卷是由工作分析人员事先设计好问题，由问卷回答者针对问题作出主观的陈述性表达。

(二)问卷调查法的优缺点

(1)问卷调查法的优点：①费用低，速度快，节省时间，可以在工作之余填写，不会影响正常工作；②调查范围广，可用于多种目的、多样用途的工作分析；③调查样本量很大，适用于需要对很多工作者进行调查的情况；④调查的资料可以量化，适合于用计算机对结果进行统计分析。

(2)问卷调查法的缺点：①设计合格的调查问卷要花费较多时间、人力、物力，费用成本高；②在问卷使用前，应进行测试，以了解员工对问卷中所提问题的理解程度，为避免误解，还经常需要工作分析人员亲自解释和说明，这降低了工作效率；③填写调查问卷是由工作者单独进行，缺少交流和沟通，因此被调查者可能不积极配合，不认真填写，从而影响调查的质量。

(三)采用调查问卷法的注意事项

第一，请专业人士设计合格的问卷，在发放问卷前做问卷测试，对表中的信息进行认真鉴定，结合实际情况，做出必要的调整；第二，在调查时，应由工作分析人员现场对调查项目进行必要的解释和说明；第三，敦促员工及时填写并回收，避免员工遗忘或不认真填写而影响问卷调查的质量。

四、工作日志法

工作日志法是要求任职者在一段时间内实时记录自己每天发生的工作，按工作日的时间记录下自己工作的实际内容，形成某一工作岗位一段时间以来发生的工作活动的全景描述，使工作分析人员能根据工作日志的内容对工作进行分析。

(一)工作日志法的优缺点

(1)工作日志法的优点：①可以长期对工作进行全面的记录，提供一个完整的工作图景，不至于漏掉一些工作细节；②能准确地收集关于工作职责、工作内容、工作关系、劳动强度、工作时间等方面的信息；③操作方法简单，节省费用。

(2)工作日志法的缺点：①对于岗位任职者来说，每天记录活动缺乏长久的动力，难以坚持，或可能出现马虎或应付的情况；②员工可能会夸大或忽略某些活动，导致收集的信息可能存在一些误差；③岗位任职者每天填写日志会影响正常的工作；④信息整理的工作量大，归纳较繁琐。

（二）使用工作日志法的注意事项

第一，向岗位任职者说明填写工作日志对工作分析的重要性，请岗位任职者认真并坚持填写；第二，合理安排工作时间，给予岗位任职者填写工作日志的时间，避免员工担心填写工作日志而影响工作；第三，尽量设计标准的工作日志表格（如表 3-6 所示），方便员工填写和工作分析人员整理信息。

表 3-6　　工作日志表示例

姓名		岗位		所属部门	
直接上级		工岗位任职时间		填写时间	

填写说明：

1. 请按每天的工作活动发生的顺序填写，不要遗漏任何工作；
2. 请填写真实的信息，以免损害您的利益；
3. 请注意保管工作日志，以免遗失。

序号	工作活动名称	工作活动内容	工作活动结果	时间消耗	备注
1	复印	协议文件	4 张	6 分钟	存档
2	起草公文	贸易代理委托书	800 字	1.25 小时	参与
3	贸易洽谈	玩具出口	1 次	4 小时	参与
4	布景工作	对日出口业务	1 次	20 分钟	承办
5	会议	讨论欧洲贸易	1 次	1.5 小时	参与
6	请示	佣金数额	1 次	20 分钟	报批
…					
17	计算机录入	经营数据	2 屏	1 小时	承办
18	接待	参观	3 人	35 分钟	承办

五、关键事件法

关键事件法就是由工作分析人员向一些对某工作各方面情况比较了解的人进行调查，要求他们描述该岗位一段时间内能够观察到并能反映其绩效好坏的一系列事件来获得工作信息，从而达到工作分析目的的方法。

关键事件法的优点：通过关键事件可以很好地了解人员素质，建立的行为标准更准确，能找出使有效绩效和无效绩效产生区别的因素。关键事件法的缺点：要花费很多时间和人力对事件进行归纳，并且难以把握整个工作全貌。

这一方法的主要特点在于通过记录关键事件描述出他们在工作中遇到的最具有决定性作用的事件，比如在顾客服务、鼓励创新、团队合作、处理危机、分析问题等方面使工作成功或失败的行为特征或事件。关键事件记录示例如表 3-7 所示。

表 3-7　**关键事件记录示例**

行为者	李某	地点	公司市场部
记录者	市场部经理	时间	2017 年 5 月 17 日
有效行为	事情发生的背景	李某给买了产品的客户打电话，询问客户使用产品的情况如何	
	行为者采取的行动	李某询问客户："您觉得用起来怎么样啊?""您觉得我们的产品还有哪些需要改进的方面吗?""除了我们的产品，您还用过其他品牌的产品吗？他们在哪些方面比我们好?"并认真地记录下客户的意见	
	行为后果	李某详细地对客户使用产品的意见进行了总结和归类，整理成一份完好的客户意见调查报告，并且有自己的分析意见，这些意见对于产品的改进很有帮助	

第四节　工作说明书的编写

一、工作说明书编写的内容

(一)工作标志

关于职位的基本信息，是某一职位区别于其他职位的基本标志，通过工作标志，可以向职位描述的阅读者传递关于该职位的基本信息，使其能够获得对该职位的基本认识。工作标志一般包括以下内容：职位名称、职位编号、职位薪点、所属部门、职位类型、直接上级、直接下级、定员人数等。

(1)职位名称确定时应当简洁明确，尽可能地反映该职位的主要职责内容，让人一看就能大概知道这一职位主要是干什么的，比如销售部总经理、人力资源经理、招聘主管、培训专员等。在确定职位名称时，最好按照社会上通行的做法来做，这样既便于人们理解，也便于在薪资调查时进行比较。

(2)职位编号主要是为了方便职位的管理，企业可以根据自己的实际情况来决定应包含的信息。例如在某企业里，有一个职位编号为 HR-03-06，其中 HR 表示人力资源部，03 表示主管级，06 表示人力资源部全体员工的顺序编号；再比如，MS-04-TS-08，其中 MS 表示市场销售部，04 表示普通员工，TS 表示职位属于技术支持类，08 表示市场销售部全部员工的顺序号。

(3)职位薪点是工作评价做得到的结果，反映这一职位在企业内部的相对重要性，是确定这一职位基本工资标准的基础。

(4)所属部门是指该职位属于哪个部门，一般以"公司名称+部门名称"表示，例如：×××公司人力资源部，也能以"公司名称+部门名称+分组"表示，例如：×××公司人力资源部招聘组。

(5)职位类型是指该职位的性质，一般分为管理类(如人力资源部经理、销售部经理)、专业类(如工程人员、IT人员、财务人员、人力资源人员、行政管理人员、收银人员、保安主管)、营运类(如客服人员、拓展人员、策划人员、商品管理人员)、采购类(如新产品开发、采购人员)、配送类(如收货人员、仓储人员、发货人员)、销售类(如自营店长、柜组长、售货员、加盟区域经理、店长)、辅助类(如文员、保安员、票据员)。

(二)职位概要

职位概要又称工作目的，就是用一句或几句比较简练的话来说明这一职位的主要工作职责，要让一个对这个职位毫无了解的人一看职位概要就知道它大致要承担哪些职责。例如销售部经理的职位概要可以这样描述："为了促进公司经营销售目标实现，根据公司的销售战略，利用和调动销售资源，管理销售过程、销售组织、联系开拓和维护市场。"而公司前台的职位概要则要这样描述："承担公司前台服务工作，接待安排客户的来电、来访，负责员工午餐券以及报纸杂志的发放和管理等行政服务工作，维护公司的良好形象。"职位概要的书写格式为"工作依据+工作行动+工作对象+工作目的"，如图3-3所示。

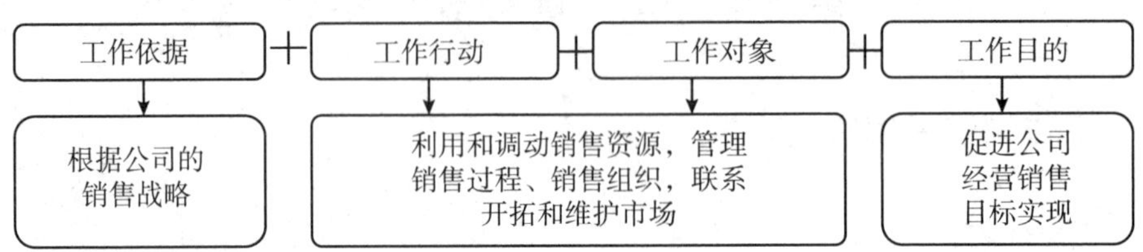

图3-3　工作概要书写格式示例

(三)履行职责

是指该职位通过一系列什么样的活动来实现组织的目标，并取得什么样的工作成果，它是以工作标志和工作概要为基础的。在实践过程中，这一部分是相对较难的，要经过反复的实践才能准确地把握。首先，要将职位所有的工作活动划分为几项职责，然后再将每项职责进一步细化，分解为不同的任务。这一过程可以用图3-4来表示。

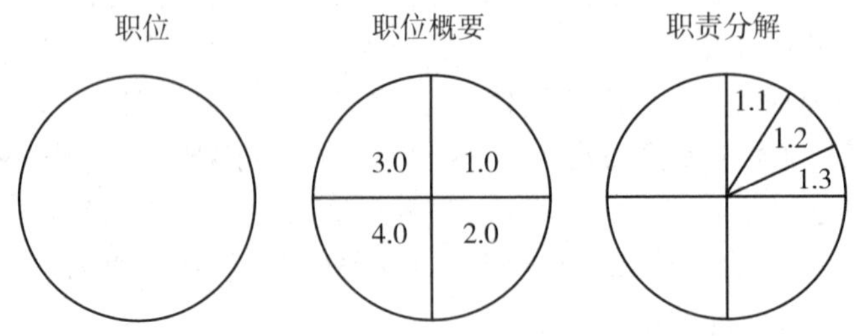

图3-4　职位履行职责的分解示意图

例如人力资源部经理这个职位，下面看看这一职位的职责是如何分解的。首先，要将人力资源部经理从事的活动划分成几项职责，可以划分为人力资源规划、招聘培训管理、绩效管理、薪酬福利管理、员工关系管理等。然后，继续对每项职责进行细分。例如人力资源规划这项职责可以细分为：①组织对人力资源现状的统计分析，为人力资源的优化提供决策支持；②审核各部门人力资源需求计划，保证各部门人力资源的合理配置；③组织公司人力资源规划的实施，并根据变化调整人力资源规划方案；④主持对公司组织结构设计、人员需求结构提出改进方案等几项任务。

1. 任务描述

将职位的活动分解之后，就要针对每一项任务来进行描述。描述时一般要注意下面两个问题。

（1）要按照动宾短语的格式来描述，即按照“动词+宾语+目的状语”的格式来进行描述。动词表明这项任务是怎样进行的；宾语表明活动实施的对象，可以是人也可以是事情；目的状语则表明这项任务要取得什么样的结果。例如“组织拟订、修改和实施公司的人力资源管理政策、制度，以提高公司的人力资源管理水平”，其中，“组织拟订、修改和实施”是动词；“公司的人力资源管理政策、制度”是宾语；“以提高公司的人力资源管理水平”是目的状语。任务描述书写格式示例如图 3-5 所示。

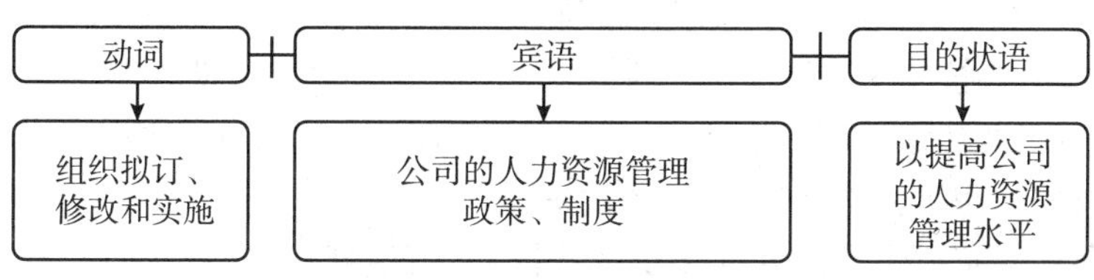

图 3-5 任务描述书写格式示例

（2）要准确使用动词。使用动宾短语进行描述时，动词的使用是最为关键的部分，一定要能够准确地表示员工是如何进行该项任务的，以及在这项任务上的权限，而不能过于笼统。

先来看几个例子。“负责公司的预算工作……”、“负责公司的培训工作……”、“负责公司的保卫工作……”，这是国内大多数企业在编写工作说明书时常用的语句，虽然也使用了动宾短语的格式，但是由于动词的使用不准确，没有清楚地揭示任务应当如何来完成。“负责”这个动词表面上看起来比较清楚，但是深究起来问题很多，拿“负责公司的培训工作”来说，什么是负责？是指导别人来完成培训叫负责，还是自己亲自完成培训叫负责？根本没有说清楚，因此要尽量避免使用“负责”这类模糊不清的动词，要根据实际情况来准确地选择和使用动词。还拿这个例子来说，如果是人力资源经理，可以这样描述：“制订公司的培训计划……”；如果是培训主管，则可以这样描述：“具体实施培训计划……”。通过使用“制定”、“实施”这样的动词，就清楚地表明经理和主管分别是如何来完成培训这项任务的。在工作分析中，针对不同的任务和主体应当选择不同的动词，如表 3-8 所示。

表 3-8　　**工作分析中常见的动词举例**

对象或主体	动　词
针对计划、制度	编制、制定、拟定、起草、审定、审查、转呈、转交、提交、呈报、存档、提出意见
针对信息、资料	调查、收集、整理、分析、归纳、总结、提供、汇报、通知、发布、维护管理
思考行为	研究、分析、评估、发展、建议、参与、推荐、计划
直接行动	组织、实行、执行、指导、控制、采用、生产、参与、提供、协助
上级行为	主持、组织、指导、协调、指示、监督、控制、牵头、审批、审定、批准
下级行为	核对、收集、获得、提交、制作
其他	维持、保持、建立、开发、准备、处理、翻译、操作、保证、预防、解决

2. 职责排列原则

在履行职责部分，有个问题需要注意，如果某职位是由多项职责组成的，那么要将这些职责按照一定的顺序进行排列，而不能胡乱堆砌。在排列职责时有两个原则。

(1)按照这些职责的内在逻辑顺序进行排列，也就是说如果某职位的职责具有逻辑上的先后顺序，那么要按照这一顺序进行排列。例如人力资源部培训主管，这一职位由拟订培训计划、实施培训计划、评估培训效果和总结培训经验等几项职责组成，这些职责在时间上有个先后顺序，因此在排列时就要依次进行。

(2)按照各项职责所占用时间的多少进行排列。有些职位的职责并没有逻辑顺序，就要按照完成各项职责所用的时间多少来排列。当然这一时间比例并不需要非常准确，只是一个大概的估计。履行职责描述示例如表 3-9 所示。

表 3-9　　**履行职责描述示例**

职责	时间占比	任　务
设备保养	40%	1. 根据保养时间要求更换零部件以及添加润滑剂； 2. 保持对机器设备所做保养的所有记录； 3. 定期检查机器设备上的量器和负荷指示器，以发现可能表明设备出现问题的不正常现象； 4. 根据要求完成非常规性保养任务； 5. 承担对执行维护任务的操作工进行有效监督和培训的任务。
设备修理	30%	1. 对设备进行检查并提出报废或修理某一零部件的建议； 2. 如果设备需要修理，则采取任何必要的措施来使该零部件恢复正常工作，其中包括使用各种手工工具和设备来对该零部件进行部分或者全部的重组，最主要的是内燃机和水压机的全面大修以及故障排除。

续表

职责	时间占比	任　　务
测试与批准	15%	1. 确保所有要求完成的保养和维修工作均已完成，并且必须是按照设备生产商提供的说明书来进行保养和维修； 2. 批准或否决某设备已经达到在某工作中被使用的条件。
库存保持	10%	1. 保持设备保养和维修所需要的库存零部件； 2. 以最低的成本采购令人满意的零部件。
其他职责	5%	上级分配的其他临时性任务。

(四)业绩标准

业绩标准就是职位上每项职责的工作业绩衡量要素和衡量标准。衡量要素指对于每项职责，应当从哪些方面来衡量它是完成得好还是完成得不好；衡量标准则指这些要素必须达到的最低要求，这一标准可以是具体的数字，也可以是百分比。例如，对于人力资源部经理这一职位，工作完成的好坏主要表现在员工对企业人力资源管理的满意度、企业人员流动情况、企业人员工作素质和工作技能满足工作岗位要求的情况等。至于满意度达到多少、人员流动率多少如何表示就是衡量标准的范畴了，可以规定员工对企业人力资源管理的满意度不低于80%；企业人员月流动率控制在2%以内，年流动率控制在20%以内；企业人员工作素质和工作技能满足工作岗位的要求不低于80%。

(五)工作关系

指某职位在正常工作情况下，主要与企业内部哪些部门和职位发生工作关系，以及需要与企业外部哪些部门和人员发生工作关系。主要的工作关系有：报告工作对象、监督对象、内部的关联对象、外部的关联对象。比如人力资源部门经理主要与人力资源总监、各部门经理、人力资源部各主管等内部部门和职位产生工作联系；与劳动就业局、劳动监察部门、社会保障局、各种猎头公司或招聘平台等外部部门产生工作联系。这个问题比较简单，需要注意的问题是，偶尔发生联系的部门和职位一般不列入工作关系的范围之内。

(六)工作权限

工作权限是指根据该职位的工作目标与工作职责，组织赋予该职位的决策范围、层级与控制力度。工作权限主要应用于管理人员的职位，以确定职位“对企业的影响大小”和“过失损害程度”。另外，通过在工作说明书中对该职位拥有的工作权限的明确表达，可以进一步强化组织的规范化，提升任职者的职业化意识，并有助于其职业化能力的培养。在实际的工作说明书中，工作权限一般包括三个部分：人事权限、财务权限、业务权限。如人力资源部经理的权限：①对本部门员工晋升有提名权；②对部门下属员工有工作指导权和监督权；③对各部门的培训和考核工作有监督权和检查权；④对公司人力资源政策有建议权；⑤对各部门及员工的违规行为有制止权和处罚权。

(七)工作特征

工作特征指该岗位在工作中所处的环境、所使用的设备及时间要求等。工作环境是指该岗位在工作中所处的环境，是在室内还是室外；工作环境是否舒适；工作环境的特殊性及危险性，是否需要在高温、高湿度、高噪音、震动、粉尘、辐射等环境下工作，是否需要接触有害气体或物质，任职者在这样的环境下工作的时间等；工作的危险性，如可能发生的事故、对身体的哪些部分易造成危害以及危害程度，易患的职业病、患病率、劳动强度等；工作地点的生活方便程度、环境的变化程度、环境的孤独程度、与他人交往的程度等。工作设备是指该岗位在工作中需经常接触的设备，如电脑、传真机、音响器材、表演道具等。工作时间是指工作的时间要求，是否需要经常出差，是否需要上夜班等情况。

(八)任职资格

一般来说，任职资格应包括以下几项内容：正式教育程度、工作经验、工作技能、培训要求、工作能力及知识要求、身体素质要求等。需要强调的是，不管任职资格包括什么内容，其要求都是最基本的，也就是说是承担这一职位工作的最低要求。

1. 正式教育程度

正式教育程度包含两个方面，一是完成正式教育的年限，就是我们常理解的学历水平，二是正规教育的专业。比如，对于人力资源经理这一职位，一般就需要人力资源管理专业的相应学历。

2. 工作经验

对于工作经验的度量可以采用两种不同的尺度：一是社会工作经验，包括过去从事同类工作的时间和成绩以及完成有关工作活动的经历等；二是司龄与公司内部的职业生涯。

3. 工作技能

工作技能是指对与工作相关的工具、技术、方法的运用。不同的职位所要求的工作技能有很大的差异，但在工作说明书中，为了便于对不同职位的技能要求进行比较，一般只关注几项对所有职位通用的技能，包括：计算机技能、外语技能、公文处理技能等。

4. 培训要求

培训要求主要指作为该职位的一般任职者的培训需求，即每年需要多长时间的培训，培训的内容和培训的方式如何等。培训要求时间的度量一般以周为单位，培训方法的界定主要分为在岗培训、脱岗培训和自我培训三种。

5. 能力及知识要求

能力要求包括从事该职位的工作所需的注意力、协调能力、判断力、组织能力、创造能力、决策能力、沟通能力、进取心、责任心、团队合作等；知识要求包括有关理论知识和技术的最低要求，如机器设备的使用方法、工艺流程、材料性能、安全知识、管理知识和技能等，对有关政策、法令规定或文件的了解和拿捏程度等。

6. 身体素质要求

工作任职者从事该职位应具备的行走、跑步、攀登、站立、平衡、旋转、弯腰、举重、推拉、握力、耐力、手指与手臂的灵巧性、手眼协调性、感觉辨别等方面的身体素质要求。

任职资格要求的规定，有些内容是强制性的，必须遵守国家和行业的有关规定。例如电焊工，必须持有劳动部门颁发的焊工证书；再比如司机，不能是色盲，同时还必须持有相应车型的驾驶执照。

二、工作说明书范例

在编写工作说明书，一般要按照一定的格式来进行撰写，工作说明书的范文如表 3-10 所示。

表 3-10　**工作说明书范例**

职位名称		职位编号	
所属部门		职位类型	
直接上级		直接下级	
定员人数		编制日期	
职位概要：			
履行职责及考核要点			
工作职责		占用时间	考核标准
工作关系	内部主要关系		
	外部主要关系		
工作条件	工作场所		
	工作时间		
	使用设备		
职位关系	可转换的职位	部门：	职位：
		部门：	职位：
	可晋升的职位	部门：	职位：
		部门：	职位：
	职位关系图		
任职资格要求			
一般条件	学历及最低学历		
	专业要求		
	资格证书		
	年龄及性别要求		

续表

知识及工作经验要求	必要知识	
	外语要求	
	计算机要求	
	工作经验要求	
必要的业务培训要求		
必要的能力和态度要求	能力要求	
	态度要求	
其他事项		

【知识拓展】

编写职位说明书的误区

(1)功能错位。在谈及岗位描述时，很多企业都能捧出厚厚一叠的文案，但细读后，就会发现，他们并不是岗位说明书，而仅仅是岗位职责制。企业的岗位职责制并不是岗位说明书。岗位职责制侧重于岗位任职人应该完成的职责，并不能全面反映岗位的信息，并没有其行为或工作活动的结果。但是岗位说明书则全面反映了岗位和岗位任职人的全面信息。

(2)职责交叉。为适应外部竞争环境，许多企业以团队来设计工作任务，即同一项工作任务需要几个部门或几个岗位共同完成，这就出现了职责交叉。正确地处理职责交叉有助于发挥协作效应，取长补短，提高工作效率。但很多企业在撰写岗位说明书时对这些职责交叉的工作没有明确各岗位的职责权限，以及对工作结果应承担的责任，反而导致工作中岗位职责不清、多头领导，工作中出现问题各部门间又互相推诿，降低了工作的效率。例如某企业，其员工福利工作在人力资源部由薪酬及福利主管负责，在后勤部由福利管理员负责，那么，当新员工对公司福利制度不了解时，他究竟应该找人力资源部还是应该找后勤部的福利管理员咨询呢?

(3)职责重叠。在企业的实际中，对于工作任务性质相同、工作任务量较大的工作，有的岗位不可避免会出现了一岗多人的现象。在岗位描述时是否只需编制一份岗位说明书呢?很多企业在描述此类岗位时，采取了简单的一刀切的方法，归纳出该岗位的共同特征，定义了岗位的共同要求，却忽视了该岗位的不同任职者之间工作任务的差别，以及由此导致的对任职人资格的差异，这显然是一种不可取的方法。如果是对岗位进行描述，应该采取“一岗一份”描述书的方式，每个任职人持有一份。

(4)闭门造车。目前，不少企业已经认识到岗位说明书的作用，纷纷在企业开展工作分析的工作。但编写出来的岗位说明书却未真正起作用。有的企业在追求管理科学化、现代化对工作分析缺乏正确认识的情况下，就盲目随大流，要各个岗位上的任职人自己编写岗位说明书；有的企业，由人力资源部自己闭门造车，使描述脱离本企业的实际，尤其是对任职人资格的界定缺乏客观的标准，结果岗位说明书无法在实际工作中使用，成为案头摆设，只好被束之高阁。

(5)不成体系。岗位说明书编写的过程，其实是对企业业务流程重新认识的过程。一套科学、规范的岗位说明书能对企业的各项工作及人力资源管理的其他工作提供依据。但是，不少企业的岗位描述都有不完整、夸大职责或缩小职责、任职资格主观性强等问题。有的为了节约成本，甚至只对关键岗位或部门进行岗位描述，导致后续的岗位评价、招聘等工作缺乏客观、统一的尺度，科学的人力资源管理工作也无从谈起。

资料来源：赵继新，郑强国．人力资源管理——基本理论、操作实务、精选案例. 北京：清华大学出版社，北京交通大学出版社，2011.

第五节　工作评价

一、工作评价的含义

工作评价(job evaluation)是指评定各项工作在实现企业目标中的价值，并据此确定各项工作的等级，进而制定各项工作的报酬，为最后构建薪酬结构提供依据。因此，工作评价是工作分析的逻辑结果，其目的是提供工资结构调整的标准程序。岗位评价是执行岗位工资制最关键的一环，因为对岗位评价的等级高低与岗位工资额是直接对应的。

二、工作评价方法

(一)岗位排序法

它是从整体价值上，将各个工作岗位进行相互比较，最后将岗位分为若干等级的方法。排序法包括三种基本的类型，即直接排序法、交替排序法和配对排序法。直接排序法如图 3-6 所示，配对排序法如表 3-11 所示。

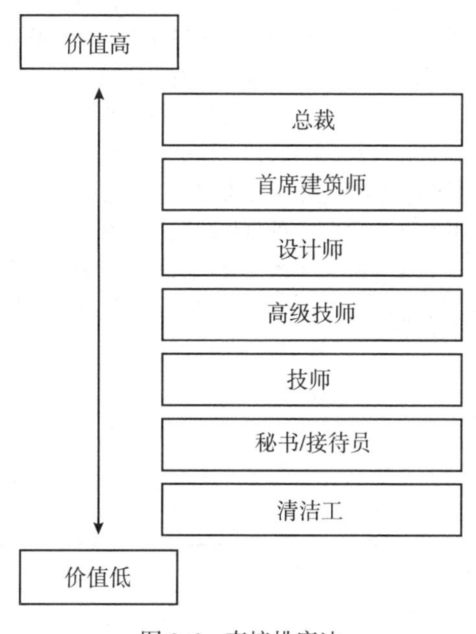

图 3-6　直接排序法

表 3-11　　配对排序法

	经理助理	程序员	档案员	系统分析员	排序
经理助理		—	+	—	3
程序员	+		+	—	2
档案员	—	—		—	4
系统分析员	+	+	+		1

（二）岗位分类法

岗位分类法又称等级描述法，它是排序法的改进，根据事先确定的类别等级，参考岗位的内容进行分等。分类法的主要特点是各种级别及其结构在岗位被排列之前就已建立起来。对所有的岗位评估只需参照级别的定义把被评估的岗位套进合适的级别里面。岗位分类法如表 3-12 所示。

表 3-12　　岗位分类法

<table>
<tr><td>职位等级</td><td>职位类型</td><td rowspan="17">等级分类定义举例：
一般情况下，办公室一般支持职位向一线主管人员或者是部门管理人员汇报工作。这些职位通过完成以下任务对其他职位提供综合性支持服务：操纵办公室中的一些常规设备（如传真机、复印机、装订机等）；文件存档以及邮件的归类和传递。这些职位通常要遵守标准的办事程序，同时处理一些日常的事务。一些非常规性的事件以及问题往往交给主管人员或者相关人员来处理。要求从事这些职位的人具备基本的办事设备知识，并且了解一般性的办事程序。这些职位包括邮件处理职员以及传真操作员</td></tr>
<tr><td>10 级</td><td>首席执行官</td></tr>
<tr><td>9 级</td><td>副总裁</td></tr>
<tr><td>8 级</td><td>高级经理</td></tr>
<tr><td>7 级</td><td>中层经理</td></tr>
<tr><td>6 级</td><td>专业 3 级</td></tr>
<tr><td rowspan="2">5 级</td><td>专业 2 级</td></tr>
<tr><td>主管级职位</td></tr>
<tr><td rowspan="3">4 级</td><td>专业 1 级</td></tr>
<tr><td>技术 3 级</td></tr>
<tr><td>职员/行政事务 3 级</td></tr>
<tr><td rowspan="2">3 级</td><td>技术 2 级</td></tr>
<tr><td>职员 2 级</td></tr>
<tr><td rowspan="2">2 级</td><td>技术 1 级</td></tr>
<tr><td>职员 1 级</td></tr>
<tr><td>1 级</td><td>办公室一般支持职位</td></tr>
</table>

（1）岗位分类法的实施步骤：①确定适合的岗位等级数目。岗位等级一般分成两种类型，分层式等级类型和宽泛式等级类型；②明确等级定义，给建立起来的岗位等级做出岗

位分类说明，它通常是对岗位内涵一种较为宽泛的描述。等级定义是在选定要素的基础上进行的；③进行评价与分类。这个阶段是评价岗位，并与所设定的等级标准进行比较，将它们定在适合的岗位等级中恰当的级别上。

(2)岗位分类法的优点有：①费用少、容易理解，不会花费很多的时间，也不需要复杂的技术；②克服了适用小型组织、少量岗位的局限性，可以对组织规模较大、较多的岗位进行评估；③灵活性较强，尤其适用于组织中岗位发生变化的情况，可以迅速地将组织中新出现的岗位归类到合适的类别中。

(3)岗位分类法的缺点有：不能清楚地定义等级，因而造成主观地判断岗位的等级。对岗位的评估比较粗糙，只能得出一个岗位归在哪个等级中，岗位之间的价值量化关系不清楚，因此在用到薪酬体系中时会遇到一定困难。

(三)要素计点法

该法首先是选定岗位的主要影响因素，并采用一定点数(分值)表示每一个因素，然后按预先规定的衡量标准，对现有岗位的各个因素逐一评比、估价，求得点数，经过加权求和，得到各个岗位的总点数，最后根据每个岗位的总点数大小对所有岗位进行排序，即可完成工作评价过程，分别如表3-13和表3-14所示。

表3-13　**要素计点法的薪酬点数等级确定**

薪酬要素	等级分数					权重
	第一级	第二级	第三级	第四级	第五级	
知识	40	80	120	160	200	20%
技能	10	20	30	40	50	5%
责任	50	100	150	200	250	25%
决策	30	60	90	120	150	15%
体力要求	20	40	60	80	100	10%
沟通	20	40	60	80	100	10%
自主性	20	40	60	80	100	10%
工作条件	10	20	30	40	50	5%

表3-14　**职位分数与工资级别转换表**

点数范围	工资级别	月工资(元)
200~300	1	2000~3000
301~400	2	3000~4000
401~500	3	4000~5000
501~600	4	5000~6000

续表

点数范围	工资级别	月工资(元)
601~700	5	6000~7000
701~800	6	7000~8000
801~900	7	8000~9000
901~1000	8	9000~10000

(1)要素计点法的实施步骤：①进行工作分类。根据组织中各岗位工作性质的差异，对各岗位进行归类；②确定工作评价的薪酬要素，如工作本身、组织的战略和价值观。薪酬要素必须能够让利益相关者接受，并且能够清晰界定和衡量，对岗位进行评价的人应该能够一致性地得到类似的结果，薪酬要素之间不能出现交叉和重叠；③确定薪酬要素的等级数量并界定各等级水平；④确定各薪酬要素的相对价值；⑤确定各要素及各要素不同等级的点值；⑥评价待评岗位；⑦建立岗位等级结构。

(2)要素计点法的优点是可以较为精确地反映岗位之间的相对价值关系。

(3)要素计点法的缺点是操作比较复杂。

【知识巩固训练】

1. 什么是工作分析及工作分析相关术语？
2. 工作分析的作用是什么？
3. 工作分析的原则有哪些？
4. 工作分析的程序有哪些？
5. 什么是观察法？观察法的优缺点各有哪些？
6. 什么是访谈法？访谈法的优缺点各有哪些？
7. 什么是问卷调查法？问卷调查法的优缺点各有哪些？
8. 什么是工作日志法？工作日志法优缺点各有哪些？
9. 工作说明书由哪几个部分组成？
10. 撰写工作说明书中的工作职责时有哪些注意事项？
11. 工作评价的方法有哪些？各种工作评价方法的优缺点各有哪些？

【技能提升训练】

1. 案例分析：如此工作分析有用吗

某企业管理层发现组织中人员冗杂、人浮于事、效率低下，职位之间扯皮推诿的现象不断发生，招聘的员工总是不尽如人意。管理层决定进行改革，要求人力资源部首先从进行工作分析开始着手。

首先，人力资源部开始寻找进行工作分析的工具与技术。在阅读了国内目前流行的基本工作分析书籍之后，他们从其中选取了一份工作分析问卷，来作为收集职位信息的工具。然后，人力资源部将问卷发放到了各个部门经理手中，同时他们还在公司的内部网也上发了一份关于开展问卷调查的通知，要求各部门配合人力资源部的问卷调查。

据反映，问卷在下发到各部门之后，却一直搁置在各部门经理手中，而没有发下去。很多部门是直到人力资源部开始催收时才把问卷发放到每个人手中。同时，由于大家都很忙，很多人在拿到问卷之后没有时间仔细思考，草草填写完事。还有很多人在外地出差，或者任务缠身，自己无法填写，而由同事代笔，此外，据一些较为重视这次调查的员工反映，大家都不了解这次问卷调查的意图，也不理解问卷中那些陌生的管理术语，何为职责，何为工作目的，许多人对此并不理解。很多人想就疑难问题向人力资源部进行询问，可是也不知道具体该找谁。因此，在回答问卷时只能凭借自己个人的理解来进行填写，无法把握填写的规范和标准。

一个星期之后，人力资源部收回了问卷。但他们发现，问卷填写的效果不太理想，有一部分问卷填写不全，一部分问卷答非所问，还有一部分问卷根本没有收上来。辛苦调查的结果却没有发挥它应有的价值。

与此同时，人力资源部也着手选取一些职位进行访谈。但在试着访谈了几个职位之后，他们发现访谈的效果并不好。因为，在人力资源部，能够对部门经理进行访谈的人只有人力资源部经理一人，主管和一般员工都无法与其他部门经理进行沟通。同时，由于经理们都很忙，能够把双方的时间凑一块，实在不容易。因此，两个星期时间过去之后，只访谈了两个部门经理。

人力资源部的几位主管负责对经理级以下的人员进行访谈，但在访谈中，出现的情况却出乎意料。大部分时间是被访谈的人在发牢骚，指责公司的管理问题，抱怨自己的待遇不公等。而在谈到与工作分析相关的内容时，被访谈人往往又言辞闪烁，顾左右而言他，似乎对人力资源部这次访谈不太信任。访谈结束之后，访谈人都反映对该职位的认识还是停留在模糊的阶段。这样持续了两个星期，访谈了大概1/3的职位。人力资源部经理认为时间不能拖延下去了，因此决定开始进入项目的下一个阶段——撰写职位说明书。

可这时，各职位的信息收集却还不完全。怎么办呢？人力资源部在无奈之中，不得不另觅他途。于是，他们通过各种途径从其他公司中收集了许多职位说明书，试图以此作为参照，结合问卷和访谈收集到一些信息来撰写职位说明书。

在撰写阶段，人力资源部还成立了几个小组，每个小组专门负责起草某一部门的职位说明书，并且还要求各组在两个星期内完成任务。在起草职位说明书的过程中，人力资源部的员工都颇感为难，一方面不了解别的部门的工作，问卷和访谈提供的信息又不准确；另一方面，大家又缺乏写职位说明书的经验，因此，写起来都感觉很费劲。规定的时间快到了，很多人为了交稿，不得不急急忙忙，东拼西凑了一些材料，再结合自己的判断，最后成稿。

最后，职位说明书终于出台了。然后，人力资源部将成稿的职位说明书下发到了各部门，同时，还下发了一份文件，要求各部门按照新的职位说明书来界定工作范围，并按照其中规定的任职条件来进行人员的招聘、选拔和任用。但这却引起了其他部门的强烈反对，很多直线部门的管理人员甚至公开指责人力资源部，说人力资源部的职位说明书是一堆垃圾文件，完全不符合实际情况。

于是，人力资源部专门与相关部门召开了一次会议来推动职位说明书的应用。人力资源部经理本来想通过这次会议来说服各部门支持这个项目。但结果却恰恰相反，在会上，人力资源部遭到了各部门的一致批评。同时，人力资源部由于对其他部门不了解，对于其他部门所提的很多问题，也无法进行解释和反驳。因此，会议的最终结论是，让人力资源部重新编写职位说明书。后来，经过多次重写与修改，职位说明书始终无法令人满意。最后，工作分析项目不了了之。

人力资源部的员工在经历了这次失败的项目后，对工作分析彻底失去了信心。他们开始认为，工作分析只不过是"雾里看花，水中望月"的东西，说起来挺好，实际上却没有什么大用，而且认为工作分析只能针对西方国家那些管理先进的大公司，拿到中国的企业中来，根本就行不通。原来雄心勃勃的人力资源部经理也变得灰心丧气，但他却一直对这次失败耿耿于怀，对项目失败的原因也是百思不得其解。

资料来源：https：//wenku. baidu. com/view/c3e8f682b9d528ea81c779ac. html？ from=search.

讨论：

(1)在工作分析项目的整个组织与实施过程中，该公司存在哪些问题？

(2)该公司采用的工作分析工具和方法主要存在哪些问题？

(3)你认为该公司的工作分析应如何组织和实施？

2. 课后项目训练

请将4~6人组成一个小组，选出1名小组组长，由组长进行领导与协调，小组成员进行分工与协作。假设小组成员是学校人力资源部的工作人员，针对学校的辅导员、清洁员、宿舍管理员这些工作人员进行工作分析调查，并完成以下工作。

(1)请结合实际情况，设计针对辅导员的访谈提纲和调查问卷，并实施访谈和问卷调查；

(2)使用观察法对辅导员、清洁员和宿舍管理员的工作进行观察，并做好记录；

(3)将以上岗位的信息收集之后，在进行深入分析与总结的基础上，编制三个岗位的工作说明书；

(4)针对以上三个岗位，对其进行工作评价并计算出每个岗位的点值。

第四章 员工招聘

【学习目标】

❖ 了解员工招聘的流程
❖ 理解员工招聘的渠道和方法
❖ 理解评价中心的主要方法
❖ 掌握员工招聘的概念和作用及原则
❖ 掌握员工招聘甄选的工具

【基本概念】

招聘　笔试　面试　结构化面试　非结构化面试　半结构化面试　一对一面试　陪审团面试　压力面试　非压力面试　评价中心

【导读案例】

一次失败的招聘

A公司是一家生产电动汽车的公司，由于受国家政策的扶持，鼓励消费者使用电动汽车，仅仅三四年时间，A公司便从一家不知名的小企业发展成为国内较大的电动汽车生产企业。A公司在北京、上海等各大城市都设有销售机构，生产基地设在一家地级市的开发区。随着市场份额的增加，2010年初，全国各地订单像雪片一样不断飞来，各生产车间是一片热火朝天的繁忙景象，工人们每天加班，但还是完成不了订单任务。最后公司决定扩大生产规模，首先是新上两个车间，截至5月底，新车间已完工，只等待新设备购进安装调试后投产，预计半个月内可以完成。

在6月2日这一天，公司领导召集各部门召开了例会，决定要新招150名技术工人，其中焊工100人，车工、钳工、打砂工、喷涂工和剪板机操作工各10名。会后，人力资源部经过协商，制订以下计划：采取在周围5个城市的电视台以电视广告的形式发布招聘信息。招聘信息明确说明了招聘的工种、人数，并且就薪资简要说明如下：实行计件工资，每月不低于4000元。6月3日晚，招聘广告在周围五个城市的电视台同时播出。

6月4日，人力资源部的电话便成了热线，一个接一个，几乎全部是外市人员的咨询电话，咨询的内容大致相同：你们公司主要生产什么？你们公司在什么地方？一天上几个小时班？食宿如何安排？……同时，现场报名的人员也是接连不断，全是本市人员。由于报名人员太多，车间又忙于生产，没法进行实践测试，只是简单地询问了一下工作经验，然后介绍了公司的产品及作息时间，如果应聘人员没有意见，就可以办理入职手续。

接连五六天，每天电话咨询、现场报名人员不少于20个。截至6月10日，办理入职手续的人员已达到100多人，并且90%是本市人员。人力资源部的员工每天忙得嘴都上火了，本以为可以稍微休息一下。但是，另一种情况又发生了。每天都有新招进来的员工抱怨并要求离职。当询问原因时，所得到的回复，无非就是以下几条：你们招聘的是技术工，为什么我们在车间里只做一些零活？你们不是说计件工资吗？我们做零活如何计件？你们广告上不是说工资不低于4000元，为什么老员工们都说新来的员工月工资2000元？工作环境不像你们说的那么好，太差劲，适应不了。技术要求太高，做不了。就这样，仅两三天的时间，新招的人员走了一半多，到6月25日时，仅留下49个人，全部是本市人员。

一看这个情况，人力资源部感觉不妙，便与车间联系，给新员工召开一个座谈会。会上有关负责人向新工人说明了相关情况，其内容如下：这一次招聘的新工人是为新车间储备的，但是目前新车间设备尚未购进，所以，你们只能先暂时在一车间过渡一下，做些零活，等新车间设备一到，马上把你们调入新车间，从事你们的专业工作。为此，第一个月，也就不能实行计件工资了，但是，工资绝对不会是2000元。我们会尽快对你们进行测试，然后根据技术水平，给你们定级别，保证让你们拿到满意的工资。同时，工人工资每月15日之前一定打到你们的工资卡上，你们现在还没有拿到工资，一定不要听车间工人乱说……

到7月5日，车间对新聘人员进行了测试，结果，真正能达到技术要求的人不到一半，留下来的49人中，有25人不能胜任技工岗位，或转为不需要技术的岗位或自己走人。而为了本次招聘仅广告费用就花了24000元，还不包括招聘中的其他人力、物力费用。情况反馈给人力资源部，人力资源部只能再发布招聘广告，继续招聘。

评析：在如今作为人力资源部门的招聘负责人，最为头痛的事也许就是如何才能及时招聘到合适的人。当人才进入公司之后我们又当如何留住他们？员工招聘是企业一项重要的工作，它的有效实施不仅是人力资源管理系统正常运转的前提，也是整个组织正常运转的重要保证。如何制订招聘计划？如何选择招聘渠道？如何进行员工甄选？如何进行录用和招聘评估等？如何组织一场有效的招聘，避免案例中出现的花费了大量的人力物力财力，却是一次失败的招聘的现象？这些是我们这一章要介绍的内容。

资料来源：改编自赵继新，郑强国．人力资源管理——基本理论、操作实务、精选案例．北京：清华大学出版社，北京交通大学出版社，2011.

第一节　员工招聘概述

一、员工招聘的概念

员工招聘是指组织为了实现经营目标与业务要求，在人力资源规划的指导下，根据工作说明书的要求，按照一定的程序和方法，招募、甄选、录用合适的员工担任一定职位工作的一系列活动①。

准确理解员工招聘的定义，应当把握以下几个要点。

(1)人力资源规划和工作分析是确保招聘科学有效的两个前提。人力资源规划决定了预计要招聘的部门、职位、数量、专业和人员类型。工作分析为招聘提供了参考依据，同时也为应聘者提供了关于该职位的基本信息。人力资源规划和职位分析使得企业招聘能够建立在比较科学的基础上。

(2)员工招聘工作主要包括招募、甄选和录用。人员招聘必须发布招聘信息，通过信息发布，让所有具备条件的人员知晓并吸引他们前来应聘。除了发布信息寻求潜在职位候选人之外，招聘工作还包括人员甄选和人员录用等内容。招募、甄选、录用是员工招聘工作的基本流程。

(3)人岗匹配是员工招聘的重要原则。成功的招聘活动应该实现人员与岗位的匹配，既不能出现大材小用，也不能出现小材大用。

(4)招聘的最终目标是满足组织生存和发展的需要。招聘是人力资源管理的重要职能活动之一，招聘工作和其他的人力资源管理模块一样，都必须服从和服务于组织的战略和目标需要。

二、员工招聘的目标②

(1)恰当的时间(right time)，就是要在适当的时间完成招聘工作，以及时补充企业所需的人员，这也是对招聘活动最基本的要求。

(2)恰当的范围(right area)，就是要在恰当的空间范围内进行招聘活动，这一空间范围只要能够吸引到足够数量的合格人员即可。

(3)恰当的来源(right source)，就是要通过适当的渠道来寻求目标人员，不同的职位对人员的要求是不同的，因此要针对那些与空缺职位匹配程度较高的目标群体进行招聘。

(4)恰当的信息(right information)，就是在招聘之前要对空缺职位的工作职责内容、任职资格要求以及企业的相关情况做出全面而准确的描述，使应聘者能够充分了解有关信息，以便对自己的应聘活动做出判断。

(5)恰当的成本(right cost)，就是要以最低的成本来完成招聘工作，当然这是以保证招聘质量为前提条件的，在同样的招聘质量下，应当选择费用最少的方法。

(6)恰当的人选(right people)，就是要把最合适的人员吸引过来参加企业的招聘，并通过甄选挑选出最合适的人选。

三、员工招聘的原则

(一)公平公正原则

员工招聘必须遵循国家的法律、法规和政策的规定，坚持平等就业、双向选择、公平

① 赵继新，郑强国．人力资源管理——基本理论、操作实务、精选案例．北京：清华大学出版社，北京交通大学出版社，2011.

② 董克用．人力资源管理．北京：人民大学出版社，2016.

竞争，在一定范围内面向社会公开招聘条件，对应聘者进行全面考核，公开考核的结果，通过竞争择优录用。企业对所有应聘者应该一视同仁，不得有民族、种族、性别、宗教信仰、身体状况等方面的歧视。这种公平公正原则是保证用人单位招聘到高素质人员和实现招聘活动高效率的基础，是招聘的一项基本原则。国家关于平等就业的相关法律、法规和政策规范和制约着企业的招募、甄选和录用活动。

(二)因事择人原则

因事择人就是以事业的需要、岗位的空缺为出发点，根据岗位对任职者的资格要求来选用人员。只有这样，才可以做到事得其人，人适其事，防止因人设事，人浮于事的现象。

(三)人岗匹配原则

人岗匹配是招聘工作的重要目标，也是指导组织招聘活动的重要原则。人岗匹配意味着岗位的要求与员工的素质、能力、性格等相匹配。要从专业、技能、特长爱好、个性特征等方面衡量人员与岗位之间的匹配度。另外，人岗匹配也要求岗位提供的报酬与员工的动机、需求匹配，只有岗位能满足应聘者个人的需要，才能吸引、激励和留住人才。

(四)德才兼备原则

德才兼备是我们历来的用人标准。司马光说过一个千古不灭的道理：德才兼备者重用，有才无德者慎用，无德无才者不用。通用电气公司前总裁韦尔奇在他的“框架理论”中也说过此事。他以文化亲和度(品德)为横坐标，以能力为纵坐标，坐标内画十字，这样就把员工分成四类。在谈到对这四类不同员工的政策时，韦尔奇唯独对有能力但缺少文化亲和度(品德)的人提出了警告。因为无德无才的人没有市场和力量，并不可怕，唯独有才无德的人是最有迷惑力和破坏力的，许多企业失败与用错这种人有关。为此，在招聘选用工作中，必须对有才无德的人坚持不用。

(五)效率优先原则

效率优先是市场经济条件下一切经济活动的内在准则，员工招聘工作也不例外。招聘过程中发生的成本主要包括广告费用、宣传资料费用、招聘人员工资补助等。效率优先要求企业在招聘过程中以效率为中心，力争用最少的招聘成本获得最适合组织需要的员工。这就需要人力资源部门和其他部门密切配合，在招聘时采取灵活的方式，利用适当的渠道，作出合理的安排，以提高招聘工作的效率。

四、员工招聘的作用

(一)招聘工作保证企业正常的经营与发展

招聘是企业能够正常运作的前提，一方面，如果没有招聘到合适的员工，企业的研发、生产、销售等工作无法进行，因为这些工作都是由人的活动来完成的；另一方面，在组织中，人员的流动如离职、晋升、降职、退休都是正常和频繁的现象，通过开展招聘活动，可以及时补充人力资源的不足，同时促进企业人力资源的新陈代谢，确保企业正常的经营与发展。

(二)招聘工作为企业注入新的活力，决定了企业竞争力的大小

企业通过招聘工作为企业引进新的员工，新员工将新的管理思想、工作模式和新的观念带到工作中，既为企业增添了新生力量，弥补了企业内部现有人力资源的不足，又给企业带来了更多的新思维、新观念及新技术。如今，企业间的竞争越来越表现为人的竞争，对优秀人才的争夺也成为企业间较量的一个重要方面。有效的招聘可以为企业赢得组织发展所需要的人才，获得比竞争对手更优秀的人力资源，从而增强企业的竞争力。

(三)招聘工作能提升企业知名度，为企业树立良好的形象

企业通过各种渠道发布招聘信息可以提升企业的知名度，让社会各界更加了解企业，招聘活动是企业对外宣传的一条有效途径。因为企业在招聘的过程中要向外部发布企业的基本情况、发展方向、方针政策、企业文化、产品特征等各项信息，这些都有助于企业更好地展现自身的风貌，使社会更加了解企业，营造良好的外部环境，从而有利于企业的发展。研究表明，公司招聘过程的质量高低明显地影响应聘者对企业的看法，招聘人员的素质和招聘工作的质量在一定程度上被视为公司管理水平和公司效率的标志。正因为如此，现在很多外企对校园招聘给予高度的重视，一方面是要吸引优秀的人才，另一方面也是在为企业做形象宣传。

(四)招聘工作影响着人力资源管理的成本

作为人力资源管理的一项基本职能，招聘活动的成本构成了人力资源管理成本的重要组成部分，招聘成本主要包括广告的费用、宣传资料的费用、招聘人员的工资等，全部的费用加起来一般是比较高的，比如在美国，每雇用一个员工的招聘成本通常等于这名员工年薪的1/3。因此，招聘活动的有效进行能够大大降低它的成本，从而降低人力资源管理的成本。

第二节　员工招聘的程序

员工招聘是一个复杂、完整和连续的程序化操作过程，也是一项极具科学性和艺术性的工作。为了保证员工招聘工作的科学规范，提高招聘的效果，员工招聘活动一般要按照下面的几个步骤来进行：准备工作、员工招募、员工甄选、人员录用、招聘效果评估，如图4-1所示。

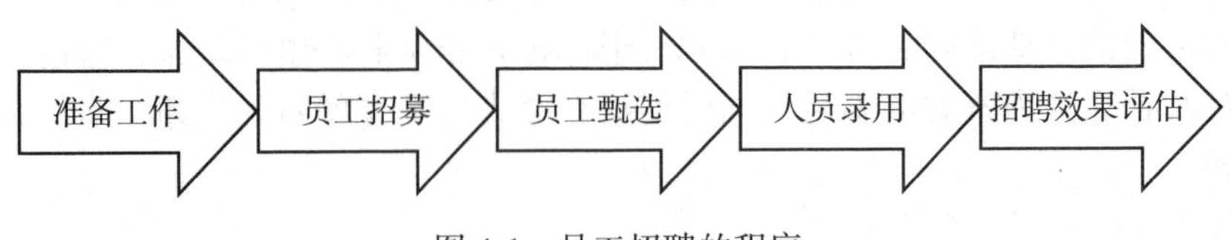

图 4-1　员工招聘的程序

一、准备工作

（一）确定招聘需求

确定招聘需求是整个招聘活动的起点，招聘需求包括招聘的数量和招聘的质量，招聘的数量是指空缺的岗位人数，招聘的质量是岗位需要具备的任职资格。招聘需求一般由用工部门提出并向人力资源部提交人员需求表，人力资源部门再根据组织的人力资源规划，与用人部门共同讨论并确定哪些职位确实需要补充人员，哪些职位能通过内部调剂或加班的方式解决。只有明确招聘需求，才能开始进行招聘工作。

（二）组建招聘团队

人力资源的有关工作不是全部由人力资源部门负责，需要其他部门分工协作共同完成，招聘工作也是如此。一般来说，招聘团队应由人力资源部门和具体的用人部门挑选出来的成员组成，由具体的用人部门共同参与招聘工作，这是因为用人部门从专业的角度出发，能多方面、多角度、深层次地测试出应聘者的真实水平，减少招聘失误，以免耽误时机和浪费人力资源成本。而人力资源部门更多地承担组织、协调、建议等辅助角色，如表 4-1 所示。

表 4-1　**招聘过程中人力资源部门和用人部门的职责分工**

人力资源部门	用人部门
1. 招聘信息的发布	1. 负责增员计划的编制与报批
2. 应聘者申请登记，资格审查	2. 招聘工作说明书及录用标准的提出
3. 通知参加面试的人员	3. 应聘者初选，确定参加面试人员的名单
4. 甄选工作的组织	4. 负责应聘者甄选工作
5. 应聘人员个人资料的核实和体检	5. 确定录用人员名单，人员工作安排
6. 发出录用通知	6. 负责员工试用期工作的管理
7. 试用合同的签订	7. 员工入职培训的决策
8. 试用人员报到及生活安置	8. 正式录用的决策
9. 招聘活动的评估	9. 协助招聘活动的评估
10. 人力资源规划的修订	10. 协助人力资源规划的修订

（三）选择招聘渠道

招聘渠道可分为内部招聘渠道和外部招聘渠道，内部招聘是从组织内部发掘人才以填补职位空缺的方法，外部招聘是指从组织外部获取人才以填补组织内部职位空缺的方法。内部招聘渠道和外部招聘渠道各有利弊，企业应根据空缺的职位特点权衡利弊，选择恰当的招聘渠道，保证招聘的有效性。本章第三节将对招聘渠道做详细介绍，具体参见第三节。

（四）制订招聘计划

在正式开展招聘工作以前，须制订详细的招聘计划，以确保招聘工作有条不紊地进行。一般来说，招聘计划包括招聘的规模、招聘的范围、招聘的时间和招聘的预算。

1. 招聘的规模

招聘的规模是指企业准备通过招聘活动吸引应聘者的数量，招聘规模不能太大也不能太小，招聘规模太大会增加企业招聘的工作量和招聘成本；招聘规模太小，又不利于企业获取所需的人才，所以企业的招聘规模应适中。一般来说，企业是通过招聘录用的金字塔模型来确定招聘规模的，也就是说将整个招聘录用过程分为若干个阶段，以每个阶段参加的人数和通过的人数的比例来确定招聘规模。如图 4-2 所示。

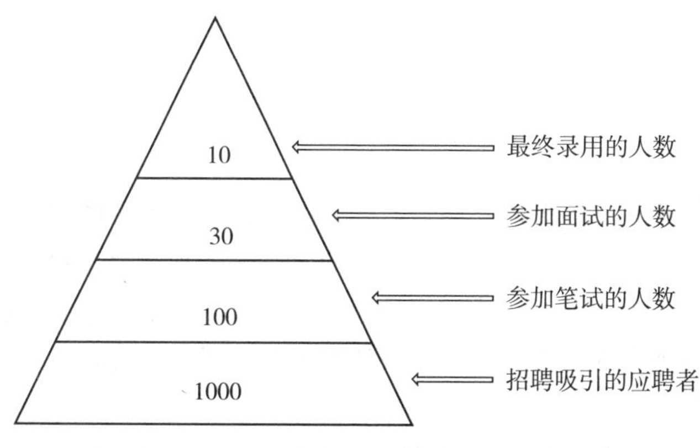

图 4-2　招聘录用金字塔模型

在金字塔模型中，当企业的职位空缺为 10 个人时，如果确定面试与录用的比例为 3∶1，则需要 30 人来参加面试；当笔试与面试的比例为 10∶3 时，所需要参加笔试的人为 100 人；应聘者与参加笔试者的比例为 10∶1 时，需要有 1000 人来参加应聘，也就是说企业的招聘规模为 1000 人。招聘录用金字塔模型可以帮助企业的人力资源部门很好地策划招聘活动，同时估算招聘所需要的费用。

2. 招聘的范围

一般来说，招聘活动的地域范围越大，越有可能招聘到合适的人才，但相应的成本也会越高，因此，招聘须在适当的范围内进行。首先，要视空缺职位的类型而定。对于技能要求较低或比较普通的职位来说，企业从当地的劳动力市场上就可获得所需人员；随着职位层次的提高，由于符合要求的人员比例降低，招聘范围也应随之扩大，有时需要超出本地劳动力市场范围才能找到合适的人选。某企业招聘范围示意图如图 4-3 所示。其次，还要考虑当地的劳动力市场状况，如果当地劳动力较为富余，则依靠本地劳动力市场即可解决问题；相反，如果当地劳动力市场比较紧张，则须将招聘范围扩大至本地区以外的劳动力市场以弥补空缺。所以，企业必须权衡招聘成本与招聘效果，视自身情况控制招聘范围。

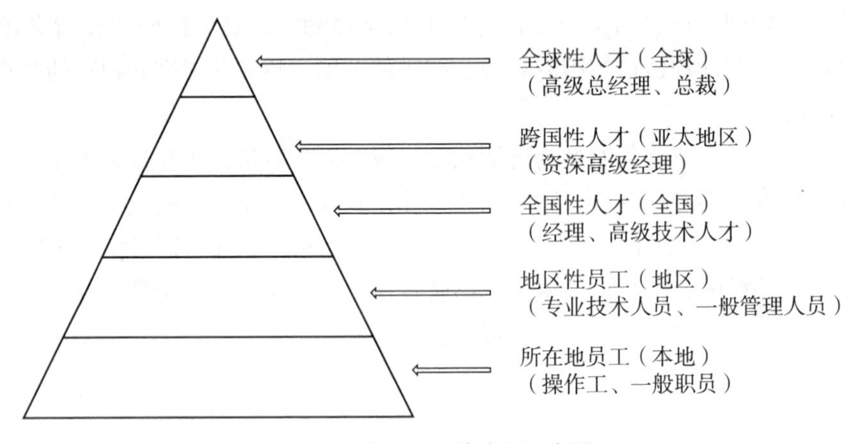

图 4-3　某企业招聘范围示意图

3. 招聘的时间

招聘工作需要花费一定的时间，而且时间越宽裕，招聘效果通常会越好。但企业是因为有人员需求才进行招聘，如果不能及时填补职位空缺，则会影响到企业的正常运转。所以，企业应合理确定招聘时间。在确定招聘时间时，企业应全面考虑可能发生的情况，如通知的邮寄时间、应聘者的行程时间等，以使规定的期限符合实际。一般来说，招聘时间可用以下公式来表示：

招聘时间＝用人时间－招聘周期－培训周期

4. 招聘的预算

招聘需要一定的成本，因此在招聘工作开始前，要对招聘的预算进行估计，以保证招聘工作的顺利进行，以及日后对招聘效果进行评估。招聘过程中发生的费用通常包括人工费用、广告费用、业务费用等，有的企业还为应聘者报销食宿及往返路费，这些都要包含在招聘预算中。在计算招聘费用时，应当仔细分析各种费用的来源，并归入相应的类别中，以免出现遗漏或重复计算。表 4-2 是某公司招聘费用预算表。

表 4-2　　**某公司招聘费用预算表**

制表人：　　　　　　　　　　　　　　　　　　　　制表日期：　　年　　月　　日

招聘时间		招聘地点		招聘日期	
招聘人员数量		招聘部门		具体负责人	

招聘费用预算			
序号	费用名称	费用金额(元)	备注
1	材料制作费用	1200	企业广告制作费用、宣传材料制作费用等
2	报刊广告费用	1500	在报纸上刊登招聘广告的费用
3	网络广告费用	1000	在招聘网站上发布职位信息的费用
4	招聘会参展费用	500	参加大型现场招聘会的费用
5	办公费用	500	办公用品、办公设备、水电费用等费用
6	人工成本	800	招聘人员的工资、福利、补助等
7	交通费用	100	招聘人员的交通费用
8	住宿费用	400	外地求职者的住宿费用
9	其他费用	300	其他各项费用开支及不可预见费用
	费用合计	6300	
	人均招聘费用		
预算审核人：（签字）		公司主管领导审批（签字）：	

【**知识拓展**】

招聘与招募的区别

招募是企业招聘的一部分，是指组织寻找员工的可能来源，以及吸引他们前来应聘的过程，其目的是让潜在的合格人员对企业的相关职位产生兴趣并吸引他们前来应聘这些职位。而招聘大致可分招募、选拔、录用。选拔是对企业招募来的人员使用各种测评技术进行选择，而录用就是利用甄选的结果作出决策的过程。

二、员工招募

招聘准备工作就绪后，就进入员工招募环节。所谓员工招募，就是指寻找员工可能的来源和吸引他们到组织应征的过程。

在这一阶段，企业要将招聘信息通过多种渠道向社会发布，向社会公众告知用人计划和要求，确保有更多符合要求的人员前来应聘以供筛选。一般来说，信息发布面越广、越及时，接收到信息的人越多，应聘者就越多，组织选择范围也越大，但相应的信息发布的费用就越高。发布招聘信息要注意两个方面的问题，一是招聘信息包含的内容，二是发布招聘信息应遵循的原则。

(一)招聘信息应包含的内容

为了使应聘者能客观地了解企业和所需应聘的岗位，做出正确的选择，发布的招聘信息至少应包含以下内容：①该工作岗位的名称及工作内容；②必备的任职资格；③应聘的程序；④招聘的截止日期；⑤有关招聘组织的描述性信息；⑥薪金和福利的相关信息；⑦工作条件、工作时间、工作地点等信息；⑧对求职信或个人简历的要求。

(二)发布招聘信息应遵循的原则

(1)广泛原则。发布招聘信息的面越广，接收到该信息的人就会越多，则应聘人员中符合职位要求的人比例就会越大。

(2)及时原则。在条件允许的情况下，招聘信息应该尽早地向社会公众发布，这样有利于缩短招聘进程，而且有利于使更多的人获知信息。

(3)层次原则。由于潜在的应聘人员都处在社会的某一层次，应根据空缺职位的特点，通过特定渠道向特定的人员发布招聘信息，以提高招聘的有效性。

(4)真实原则。在向外界发布招聘信息时，一定要客观真实。在招聘过程中，企业和员工是双向选择，员工只有通过招聘信息真实地了解企业，才能正确地选择，避免因企业发布虚假信息而误导求职者，导致其成功应聘进入企业后不久便离职的现象。

三、员工甄选

员工甄选是指组织根据一定的条件和标准，运用科学的方法和手段，对应聘者进行严格的审查、比较和选择，发现和获得组织所需要员工的过程。甄选是员工招聘过程中最关键的一个环节，甄选质量的高低直接决定选拔出来的应聘者是否能达到组织的要求；甄选的最终目的是将不符合要求的应聘者淘汰，挑选出符合要求的应聘者供企业进一步筛选。常用的方法有哪些，如何应用这些方法，将在本章第 4 节做详细介绍。

四、人员录用

应聘者经过层层筛选，最后一个步骤就是录用。人员录用是指对从招聘选拔阶段层层筛选出来的候选中选择出的符合组织需要的人做出最终录用决定，通知其报到并办理就职手续的过程。人员录用对组织来说至关重要，如果有失误则可能使整个招聘过程功亏一篑。人员录用主要包含以下几个方面的内容：

(一)录用决策

录用决策主要是对甄选过程中产生的信息进行综合评价与分析，明确每个求职者的胜任素质和能力特点等，根据预先设计的人员录用标准对所有候选人进行客观、公正的评价，确定最符合企业要求的人选。

(二)通知应聘者

1. 录用通知

作出录用决策后，企业应及时通过正式信函、电话、邮件等方式通知录用者，让录用者了解具体的职位、职责、薪酬等，并知会报到时间、地点、方法及报到应携带的资料与注意事项等。在通知报到录用时，最重要的是及时原则，如果通知不及时可能会失去优秀人才，并影响了企业的形象。表 4-3 为录用通知书示例。

表 4-3　**员工录用通知书**

录用通知书

尊敬的________先生/小姐：

感谢您诚意应聘本公司________职位，经过沟通和了解，依本公司任用规定给予录取，竭诚欢迎您加入本公司行列。相信本公司有您，我们会更精彩。

有关报到事项如下，敬请参照办理。

一、报到日期：______年______月______日(星期______)____时____分之前。

二、报到地点：__________________________________。

三、携带资料：

1. 录用通知书；

2. 居民身份证、学历证明、英语四/六级证书、专业/执业资格证书、职称证正本(影印后退还)；

3. 中国________银行卡原件、复印件(本人必须签上名字)；

4. 体检表或身体健康证明表；

5. 最近三个月内正面半身一寸照片四张；

6. 待业证或原工作单位终止劳动合同的证明(应届毕业生除外)。

四、入职办理：

1. 薪资(以下描述包含绩效薪资在内，为税前薪资)

按公司规定新进员工必须签订劳动合同并先行试用________个月，试用期薪资____________元，表现优异者可以申请提前转正，转正后月薪__________元(该薪资由若干薪资结构组合而成)。

2. 福利

(1)班长级以上人员公司提供宿舍________元/月(个人需承担宿舍的水电费)，个人用品自理；

(2)工作日公司提供午餐；

(3)每年体检一次；

(4)公司将按国家及地方规定为您缴纳社会保险和住房公积金。

五、前列事项若有疑问或困难，请尽快与我联系。我的联系电话是____________。期望尽快得到您的答复。

此致

人力资源部经理____________

______年____月____日

2. 辞谢通知

除了通知录用者，企业还应该在第一时间以礼貌的方式通知未录用者，让他们了解到最终的结果，避免盲目等待。其实，对未被录用的应聘者进行答复是有必要的，因为它有助于提升企业的形象，还可能对以后的招聘产生有利的影响。企业在答复未被录用的应聘者时最好采用书信或邮件等书面形式，在措辞上，要尽量坦率、礼貌、简洁，同时应该具有鼓励性。表 4-4 为辞谢通知书示例。

表 4-4　**员工辞谢通知书**

辞谢通知书
尊敬的________先生/小姐： 十分感谢您对我们企业的__________职位感兴趣。您对我们企业的支持，我们不胜感激。您在应聘时的良好表现，给我们留下良好的印象。但是由于名额有限，这次只能割爱。我们已经将您的有关资料备案，并保留半年，如果有新的空缺，我们将优先考虑您。 感谢您能够理解我们的决定，祝您早日找到理想的工作。再次表示感谢！ 此致 人力资源部经理____________ ______年____月____日

（三）员工入职

在这一阶段员工需要完成繁琐的入职手续。第一，新员工要到人力资源管理部门报到，填写新员工档案登记表，签订劳动合同，办理各项福利转移手续；第二，新员工所在部门的管理者还需要帮助新员工熟悉与工作相关的各类事情；第三，企业还应该开展新员工培训，使其了解企业的基本情况和企业文化，还应该培训与工作岗位相关的知识与技能，满足工作岗位的需要；第四，新员工要到相关部门办理各类手续，比如，领取办公用品和设备、工作服、门卡、饭卡等。

（四）试用与正式录用

新入职的员工在签订劳动合同后，企业如果要求有试用期的，根据劳动合同法的规定实行试用期。试用合格后，试用期满需要根据劳动合同法办理转正手续，办理转正手续后，员工就成为企业的正式员工，开始承担正式员工的责任与义务，同时也开始享受正式员工的各种权利。

五、招聘效果评估

招聘效果评估是招聘过程中必不可少的一个环节。对这一点很多企业不重视，招聘效果评估通过成本与效率的核算，可以帮助企业发现招聘过程中存在的问题，对招聘计划、发布招聘信息、甄选方法、招聘的来源等进行优化，提高以后招聘的效果。对招聘效果进行评估，一般要从招聘的时间、招聘的成本、应聘比率、录用比率几个方面进行。

（一）招聘的时间

在招聘计划中一般都会对招聘时间进行估计，在招聘活动结束后，要将招聘过程中各阶段所用的时间与计划的时间进行对比，对计划的准确性进行评估，为以后更加准确地制定招聘时间提供依据。

（二）招聘的成本

招聘成本评估是指对招聘过程中的费用进行调查、核实，并对照预算进行评价的过程。招聘成本是鉴定招聘效率的一个重要指标，具体可以划分为两个方面：

（1）前期招聘成本。包括员工招募成本和员工甄选成本，招募成本包括发布信息、办公、劳务、食宿等费用，甄选成本包括对员工进行甄选过程中产生的各种费用。

（2）后期招聘成本。包括录用成本、安置成本、离职成本。录用成本是指录取的手续费、调动补偿费、搬迁费和旅途补助费等由录用引起的相关费用；安置成本是指安排新员工到新岗位所产生的各种行政管理费用、为新员工提供工作场所需要的装备费用；离职成本是指因招聘不慎，员工入职不久就离职而给企业带来的损失。

对招聘成本进行评估之后，与招聘预算进行对比，以利于下次更精准地制定预算。

（三）应聘比率

这是对招聘效果数量方面的评估，说明员工招聘的挑选余地和信息发布的状况。该比率越大，说明组织的招聘信息发布得越广泛、越有效，组织的挑选余地也就越大，招聘信息发布效果也越好。应聘比率可以通过下面的公式计算：

$$\text{应聘比率} = \frac{\text{应聘人数}}{\text{计划招聘人数}} \times 100\%$$

（四）录用比率

这是对招聘效果质量方面的评估，该比率越小，表明对企业来说可供选择的人越多，实际录用者的素质可能越高；反之，说明企业可供筛选的人越少，则实际录用者的素质较低可能性越大。录用比率可以通过下面的公式计算：

$$\text{录用比率} = \frac{\text{录用人数}}{\text{应聘总人数}} \times 100\%$$

【管理实践】

保洁公司招聘的流程

宝洁公司每年都要在全国重点大学举办大规模的招聘会，通过严格有序的招聘，来吸引大批富有才干的年轻人。因此，宝洁的招聘工作主要是校园招聘。宝洁招聘主要包括以下步骤：

一、前期的广告宣传。

二、邀请大学生参加其校园招聘介绍会。

三、网上申请。毕业生通过访问宝洁中国的网站，点击“网上申请”来填写自传式申请表及回答相关问题。这实际上是宝洁的一次筛选考试。

四、笔试。笔试主要包括 3 部分：解难能力测试、英文测试、专业技能测试。

(1)解难能力测试。这是宝洁对人才素质考察的最基本的一关。在中国，使用的是宝洁全球通用试题的中文版本。

(2)英文测试。这个测试主要用于考核母语不是英语的人的英文能力。

(3)专业技能测试。并不是申请任何部门的申请者都需经过该项测试，它主要是考核申请公司一些有专业限制的部门的同学。这些部门包括研究开发部、信息技术部和财务部等。宝洁公司的研发部门招聘的程序之一是要求应聘者就某些专题进行学术报告，并请公司资深科研人员加以评审，用以考察其专业功底。对于申请公司其他部门的同学，则无须进行该项测试，如市场部、人力资源部等。

五、面试。宝洁的面试分为两轮。第一轮为初试，一位面试经理对一个求职者面试，一般都用中文进行。面试人通常是有一定经验并受过专门面试技能培训的公司部门高级经理。一般这个经理是被面试者所报部门的经理，面试时间在 30~45 分钟。通过第一轮面试的学生，宝洁公司将出资请应聘学生来广州宝洁中国公司总部参加第二轮面试，也是最后一轮面试。为了表示宝洁对应聘学生的诚意，除免费往返机票外，面试全过程在广州最好的酒店或宝洁中国总部进行。第二轮面试大约需要 60 分钟，面试官至少是 3 人，为确保招聘到的人才真正是用人单位(部门)所需要和经过亲自审核的，第二轮面试都是由各部门高层经理来亲自面试。如果面试官是外方经理，宝洁还会提供翻译。

六、公司发出录用通知书给本人及学校。通常，宝洁公司在校园的招聘时间持续两周左右，而从应聘者参加校园招聘会到最后被通知录用有 1 个月左右。

资料来源：百度文库，https：//wenku. baidu. com/view/9e513f265901020207409c93. html.

第三节　招聘的渠道与方法

一、员工招聘的渠道

如果组织出现空缺职位，如何招聘到合适人员对于组织来说非常重要，人员招聘渠道分为两种：内部招聘和外部招聘。内部招聘是指当企业出现了职位空缺的时候，优先考虑企业内部员工并将其调整到该岗位的方法。外部招聘是根据一定的标准和程序，从企业外部的众多候选人中选拔符合空缺职位工作要求的人员。无论是外部招聘还是内部招聘都取决于组织的内部晋升和内部调动战略。内部招聘和外部招聘对组织来说各有利弊，每一种招聘方法并非完美，要求组织权衡利弊进行选择。

(一)内部招聘

内部招聘就是从组织内部选拔合适的人才来补充空缺或新增的职位。内部招聘具有很明显的优点：第一，从选拔的有效性和可信度来看，管理者和员工之间的信息是对称的，不存在“逆向选择”(员工为了入选而夸大长处，弱化缺点)问题，也不存在道德风险的问题。因为内部员工的历史资料有案可查，管理者对其工作态度、素质能力以及发展潜能等方面有比较准确的认识和把握。第二，从企业文化角度来分析，员工与企业在同一个目标基础上形成的共有价值观、信任感和创造力，体现了企业员工和企业的集体责任及整体关系。员工在组织中工作过较长一段时间，已融入企业文化中，视企业为他们的事业和命运的共同体，认同组织的价值观念和行为规范，因而对组织的忠诚度较高。第三，从组织的运行效率来看，现有的员工更容易接受指挥和领导，易于沟通和协调，易于消除边际摩擦，易于贯彻执行方针决策，易于发挥组织效能。第四，从激励方面来分析，内部选拔能够给员工提供一系列晋升机会，使员工的成长与组织的成长同步，容易鼓舞员工士气，形成积极进取、追求成功的气氛，达成美好的愿景。

但是，内部选拔本身也存在着明显的不足。比如，内部员工竞争的结果必然是有胜有败，可能影响组织的内部团结；组织内的“近亲繁殖”“团体思维”“长官意志”现象，可能不利于个体创新；内部选拔可能因领导好恶而导致优秀人才外流或被埋没；也可能出现“裙带关系”，滋生组织中的“小帮派”“小团体”，削弱组织效能。

(二)外部招聘

外部招聘则是从组织外部招聘德才兼备的人加盟进来。外部招聘具有如下优点：第一，外部招聘是一种有效的与外部信息交流的方式，企业同时可借机树立良好的外部形象。新员工能够带给企业不同的经验、理念、方法以及新的资源，使得企业在管理和技术方面能够得到完善和改进，避免了“近亲繁殖”带来的弊端。第二，外聘人才可以在无形当中给组织原有员工施加压力，使其形成危机意识，激发斗志和潜能，从而产生“鲶鱼效应”。第三，外部挑选的余地很大，能招聘到许多优秀人才，尤其是一些稀缺的复合型人才，这样还可以节省大量内部培养和培训的费用，并促进社会化的合理人才流动，加速全国性的人才市场和职业经理人市场的形成。第四，外部招聘也是一种很有效的信息交流方式，企业可以借此树立良好形象。

外部招聘也不可避免地存在着不足。比如，信息不对称，往往造成筛选难度大，成本高，甚至出现“逆向选择”；外部招聘的员工需要花费较长时间来进行培训和磨合，学习成本较高；可能挫伤有上进心、有事业心的内部员工的积极性和自信心，或者引发内外部人才之间的冲突；“外部人员”有可能出现“水土不服”的现象，无法融入企业文化氛围中；可能使企业沦为外聘员工的“中转站”等等。

(三)企业在选择招聘渠道时应遵循的原则

(1)在高级管理人才的选拔过程中应当遵循内部优先的原则。高级管理人才能够很好地为企业服务，一方面是依靠自身的专业技能、素质和经验，能够为企业服务；另一方面更重要的是对企业文化和价值观念的认同，愿意为企业贡献自己全部的能力和知识，而后者是无法在短期内完成和实现的。

(2)外部环境剧烈变化时企业必须采取内外结合的原则。当外部环境发生剧烈变化时，行业的经济技术基础、竞争态势和整体游戏规则发生根本性的变化，知识老化周期缩短，原有的特长、经验成为学习新事物新知识的一种包袱，企业会受到直接的影响。这种情况下，从企业外部、行业外部吸纳人才和寻求新的资源，成为企业生存的必要条件之一。不仅因为企业内部缺乏所缺的专业人才，同时时间也不允许坐等企业内部人才的培养成熟，因此必须采取内部招聘与外部招聘相结合的方式进行人才选拔。

(3)企业快速成长时应当广开外部招聘渠道的原则。对于处于成长期的企业，由于发展速度较快，仅仅依靠内部选拔与培养无法跟上企业的发展。同时由于企业人员规模的限制，选择余地相对较小，无法得到最佳的人选。这种情况下，企业应当采取更为灵活的措施，广开渠道，吸引和接纳需要的各类人才。

(4)企业文化类型的变化决定选拔方式的原则。如果组织要维持现有的强势企业文化，不妨从内部选拔，因为内部的员工在思想、核心价值观念、行为方式等方面对于企业有更多的认同，而外部的人员要接受这些需要较长的时间，而且可能存在风险；如果企业想改善或重塑现有的企业文化，可以尝试从外部招聘，新的人员带来的新思想、新观念可以对企业原有的东西造成冲击，促进企业文化的变化和改进完善。

二、员工招聘的方法

内部招聘主要通过企业内部人力资源信息系统搜寻、主管或员工推荐、职位公告等方法来进行；外部招聘主要通过广告招聘、推荐或自我推荐、人才介绍机构、人才交流会、校园招聘、网络招聘等方法来进行。

(一)内部招聘的方法

1. 企业内部人力资源管理信息系统

一个完整的企业内部人力资源管理信息系统必须对企业内部员工的三类信息进行完整的收集与整理：个人基本资料，包括年龄、性别、学历、专业、主要经历等；个人特征资料，包括特长、性格、兴趣爱好、职业期望等；个人绩效资料，包括从事的工作与担任的职务、工作业绩、工作态度、绩效评价等。当企业出现职位空缺时，可根据职位对人员任职资格的要求，在企业内部的人力资源信息系统进行搜寻。根据搜寻所获得的信息，找出若干个职位候选人，再通过人力资源部与这个应聘者进行面谈，结合应聘者本人的意愿和期望选择适岗的人选。

2. 主管或员工推荐

是由本组织主管或员工根据组织的需要推荐其熟悉的合适人员，供人力资源部门进行选择和考核。推荐人对组织和被推荐者都比较了解，所以成功的概率较大，是企业经常采用的一种方法。一般来说，组织内部最常见的是主管推荐，因为主管一般比较了解潜在的候选人的能力，由主管提名的人选具有一定的可靠性，而且主管也会因此感到自己有一定的决策权，满意度比较高。但主管推荐可能会因为个人因素的影响，出现任人唯亲而不是任人唯贤的局面。

3. 职位公告

职位公告是指在组织内将职位空缺公之于众，通常要列出有关空缺职位的工作性质、人员要求、上下级监督方式，以及工作时间、薪资等级等。同时应附以公告日期和申请截止的日期、申请的程序、联系电话、联系地点和时间等。将公告放在组织内所有员工都可以看见的地方，比如企业的公告栏、内部报刊、公司网站等。表4-5为职位公告示例。

表4-5 **职位公告示例**

内部招聘职位公告

编号_____

公告日期：____年____月____日

结束日期：____年____月____日

在本公司的________部门有一个全日制职位________可供申请。此职位对/不对外部候选人开放。

一、薪酬支付水平

最低：________元；中间点：________元；最高：______元

二、职责(略)

三、该职位所要求的技术或能力

1. 在现在/过去的工作岗位上表现出良好的工作绩效(候选人必须具备此职位所要求的所有技术和能力，否则不予考虑)，其中包括：

(1)有能力完整、准确地完成任务

(2)能够及时地完成工作并能够坚持到底

(3)有同其他人合作共事的良好能力

(4)能进行有效的沟通

(5)可信、良好的出勤率

(6)比较强的组织能力

(7)积极的解决问题的态度和正确的解决问题的方法

(8)积极的工作态度：热心、自信、开放、乐于助人和献身精神

2. 可优先考虑的技术和能力(这些技术和能力将使候选人更具有竞争力)

(1)____________________________

(2)____________________________

(3)____________________________

(4)____________________________

四、员工申请程序

(1)电话申请请打号码____________，每天上午______点至______点，下午______点至______点。

(2)确保在同一天将已经填好的内部职位申请表连同截至目前的履历表一同交到______________。

(3)申请者也可以通过公司内部网络进行申请，申请表可以从网上下载。机会对每个人都是一样的。我们将根据上述的资格和能力要求对所有提交申请者进行初步审查。

该项工作由人力资源管理部负责，联系人：____________________

(二)外部招聘的方法

1. 广告招聘

广告招聘一般是由人力资源部门按照组织的员工招聘规划，选择合适的广告媒体或宣传媒介，通过发布由自己或专业部门制作的招聘广告吸引外部人才前来应聘的方法。企业通过媒体广告发布招聘信息时，应注意两个问题，一是广告媒体的选择；二是广告的

设计。

(1)广告媒体的选择

通常，可采用的广告媒体主要有报纸杂志、广播电视、互联网、印刷品等。组织在选择广告媒体的时候，应考虑媒体本身的信息承载能力、传播范围及各自的优缺点。各种媒体的优缺点及适用范围比较如表4-6所示。

表4-6 **各种媒体的优缺点及适用范围比较**

媒体类型	优点	缺点	适用范围
报纸	成本低；大小可灵活选择，发行广泛；分类广告便于查找	制作质量差；没有针对性；容易出现招聘竞争；容易被忽视	潜在的应聘者集中在某一地区并且通过报纸找工作
杂志	印刷质量好；保存时间长；针对性强；大小也可以灵活选择	发行时间较长；发行地域太广；见效期较长	招聘的职位比较专业；没有时间限制；招聘的范围较大
广播电视	容易引起注意；灵活性强；传递信息更主动直接	费用高；传递信息简单；持续时间不长；不能选择特定的应聘者	需要迅速引起人们的注意；无法适用印刷广告；某一地区有多种类型的潜在应聘者
互联网	费用低；速度快；传播范围广；信息容量大	信息过多容易被忽视；有些人不具备上网的条件	全球范围的招聘
印刷品	容易引起应聘者的兴趣，并引发他们的行动	宣传力度有限，某些印刷品会被人随意扔弃	在特殊场合比较适用，如展示会、招募会等

(2)广告的设计

好的招聘广告能吸引更多的求职者关注，而且设计精良的招聘广告有利于树立和提升组织的良好形象，因此广告的设计就显得尤为重要。招聘广告的设计要注意以下几个问题。

①广告的形式和内容要能够引起人们的注意，激发求职者的兴趣，一般来说，招聘广告应遵循“AIDA”的原则：

A——Attention，指的是广告能引起求职者的注意；

I——Interest，指的是广告要能激起人们对空缺职位的兴趣；

D——Desire，指的是广告要唤起人们应聘的愿望；

A——Action，指的是广告要能够促使人们采取行动。

②广告传递的信息要客观准确。企业所发布的招聘信息，包括组织情况介绍、薪酬福利、晋升机会等信息要客观真实，同时不要以不能兑现的承诺来误导大家。

③招聘广告的设计还要避免出现歧视性的内容，比如应避免在招聘条件中对性别、身高、年龄、健康状况、地域、民族、宗教信仰等进行歧视性的限制，以免给企业带来不必要的法律纠纷。

2. 推荐或自我推荐

通过企业的员工、客户以及合伙人等推荐人选，这种招聘方式最大的优点是企业和应聘者双方掌握的信息较为对称。介绍人会将应聘者真实的情况向企业介绍，免去了企业对应聘者进行真实性的考察，同时应聘者也可以通过介绍人了解企业各方面的内部情况，从而做出理性选择。目前已经有许多企业采用这种招聘方式，如高露洁公司就鼓励员工推荐并设置了一些激励手段，如果应聘者被录取，介绍人将会得到一定的奖金。

自我推荐指组织收到那些对公司工作感兴趣的人主动提出的申请或者简历。这种方式通常在薪酬政策、组织氛围、工作条件、发展前景等方面都有较好声誉的组织中盛行。许多组织会将这些主动提供的信息存入人力资源信息系统中，并在出现职位空缺时通过该系统获取自荐人的信息。

3. 人才介绍机构

这种机构一方面为企业寻找人才，另一方面也帮助人才找到合适的雇主。一般包括针对中低端人才的职业介绍机构以及针对高端人才的猎头公司。企业通过这种方式招聘是最为便捷的，因为企业只需把招聘需求提交给人才介绍机构，人才介绍机构就会根据自身掌握的资源和信息寻找和考核人才，并将合适的人员推荐给企业。但是这种方式所需的费用也相对较高，猎头公司一般会收取人才年薪的30%左右作为猎头费用。

4. 人才交流会

相对于职业中介机构来说，人才交流会可以为企业与求职者提供相互交流的平台，使企业能够获取大量应聘者的相关信息。在条件允许的情况下，甚至可以对其进行现场面试，极大提高招聘的成功率。而且这种招聘是在信息公开、竞争公平的条件下进行，便于树立企业的良好形象。

5. 校园招聘

校园招聘是许多企业采用的一种招聘渠道，企业到学校张贴海报，进行宣讲会，吸引即将毕业的学生前来应聘，对于部分优秀的学生，可以由学校推荐，对于一些较为特殊的职位也可通过学校委托培养后，企业直接录用。通过校园招聘的学生可塑性较强，充满活力，素质较高。但是这些学生没有实际工作经验，需要进行一定的培训才能真正开始工作，且不少学生由于刚步入社会对自己定位还不清楚，工作的流动性也可能较大。

6. 网络招聘

网络招聘一般包括企业在网上发布招聘信息甚至进行简历筛选、笔试、面试。企业通常可以通过两种方式进行网络招聘，一是在企业自身网站上发布招聘信息，搭建招聘系统，二是与专业招聘网站合作，如中华英才网，前程无忧，智联招聘等，通过这些网站发布招聘信息，利用专业网站已有的系统进行招聘活动。网络招聘没有地域限制，受众人数大，覆盖面广，而且时效较长，可以在较短时间内获取大量应聘者信息，但是随之而来的是其中充斥着许多虚假信息和无用信息，因此网络招聘对简历筛选的要求比较高。

以上讲述的几种外部招聘的方法各有优缺点，企业可以根据实际情况选择运用。表4-7为各种外部招聘方法的详细比较。

表 4-7　**外部招聘方法的比较**

招聘方法	招聘速度	招聘成本	招聘来源	招聘符合程度
广告招聘	快	中	多	不高
推荐或自我推荐	中	低	少	高
人才介绍机构	中	中、高	一般	高
人才交流会	慢	低	一般	较高
校园招聘	慢	高	多	一般
网络招聘	快	低	多	一般

【知识拓展】

新媒体时代企业新招聘方法

时代变迁，互联网的出现和信息技术的普及，为现代企业招聘提供了更加宽泛的渠道。新媒体，英文全称：Newmedia，其本质是数字化媒体。当前新媒体时代下出现的新兴招聘方式主要有各大招聘网站、社交软件，比如微博、SNS、微信、QQ、电视媒体招聘等。

各种新媒体招聘方式层出不穷，为企业招聘提供了前所未有的渠道宽度。目前，国内大型招聘网站经过近几年的高速发展，已开始拓展新的招聘方向，比如中华英才网、智联招聘、前程无忧等招聘网站纷纷开始转向社交软件 SNS。SNS，英文全称 Social Networking Services，即社会性网络服务，作用是帮助人们建立社会性网络的互联网应用服务。SNS 拥有在线供求，在线招聘等功能，既能够为企业营销又提供了互动性招聘平台，使企业以低廉的成本实现产品销售和人才招募。供需双方通过发布信息，评论、聊天等功能达到时时互动，直接对话的目的。SNS 交流平台未来还会开发视频功能，面对面应聘。让复杂的人际关系和商务关系变得简单、随性、自由。企业通过 SNS 进行网络招聘是新媒体时代下一种很便捷高效的招聘方式。

电视媒体招聘也是新媒体时代下一种很高效的招聘方式。比如，天津卫视的求职节目《非你莫属》，很多嘉宾企业通过应聘者临场的综合表现，高效沟通招聘到了合适的人才；同时，也通过电视媒体向广大观众展示了自己的企业，达到比电视广告更加有效的推广目的。电视媒体招聘以其具有的透明化、公开化、大众化、专业化、高效化等优势，在招聘制度日新月异的新媒体时代扮演了重要角色，这种高效便捷的招聘模式对于应聘者和企业双方来说都是有利的，可以说是两全其美。但其弊端在于企业支出的招聘费用过于昂贵，并且登上求职节目的应聘者屈指可数。此外，参与求职节目一定程度上暴露了个人隐私，可能会给求职者以及企业领导带来不必要的麻烦和困扰。

相对国内，国外的人力资源发展更为久远，招聘模式也更为成熟，科学。据统计，美国宾夕法尼亚州的数十家大型企业招聘时仅有 16% 的企业计划将大量招聘经费用于传统招聘渠道，几乎 60% 的企业计划将大部分招聘经费用于网络社交或者电视媒体招聘上。除此之外，有相当一部分企业拥有专业的人力资源测评师，测评师负责根据各个社交软件的特点和适用范围制定合适的招聘策略。社交软件招聘无疑是当今新媒体时代下前所未有的最有吸引力的招聘渠道。

资料来源：朱俊洁．新媒体时代下企业招聘新渠道研究．北京：对外经济贸易大学，2012.

第四节 员 工 甄 选

甄选即为甄别和选择之意，也称为筛选和选拔。在现代人力资源管理中，它是指通过运用一定的工具和手段对已经招募到的求职者进行鉴别和考察，区分他们的人格特点与知识技能水平，预测他们未来的工作绩效，从而最终挑选出最符合组织需要的、最为恰当的职位填补者的过程。甄选过程的复杂性在于，组织需要在较短的时间内，在信息不对称的情况下，正确地判断出求职者能否胜任所应聘的岗位，以及求职者能否认同本组织的企业文化与价值观，从而在未来的岗位上达成优良的绩效。在甄选的过程中，组织需要解决如何挑选合适的人，然后将他们正确地配置在合适的岗位上。总的来说，所有的甄选方案都是要努力找出那些最有可能达到组织绩效的人，但不是说一定要挑选出那些非常优秀的人才是最合适的，相反，甄选的目的在于谋求职位与求职者最优匹配。

员工甄选工作对一个组织来说是非常重要的。首先，组织的总体绩效在很大程度上是以员工个人的绩效为基础的，能否找到合适的员工是确保组织战略目标实现的最大保障；其次，如果甄选工作失误，组织将付出较高的直接成本和机会成本，直接成本包括招募成本、甄选成本、录用成本、安置成本、离职成本，机会成本是指因为用人不当，可能会使组织错失良好时机而给组织带来损害甚至是毁灭性的打击；最后，甄选失误可能会对员工本人造成伤害，错误甄选代价不只由组织来承担，同样会给员工造成损失和伤害。

【知识拓展】

员工招聘是企业竞争面临的最大风险

招聘是人力资源管理的第一环节，是与绩效考评平齐的世界性管理难题。一是寻找人才的源头难，即在什么地方、用什么方式找到所需要的优秀人才，真正的人才是可遇而不可求的；二是吸引人才难，条件与待遇常常并不能吸引好的人才；三是识别人才难。种种难题下面是无穷无尽的风险，选择不当，企业将需对新员工花费更多的培训费用和时间或新聘员工潜力小，可培养性差或使用价值小，人力成本高于人力产出。因此招聘风险堪称企业面临的最大风险。

(1)招聘成本的回报风险：一方面是人员甄选的高昂费用，据估计，在美国每甄选一名雇员其全部费用平均高达50000美元，而且空缺职位等级越高，如果甄选出的人员不合格，则不但甄选成本无法收回，还会随年限的推移而产生持续的负面效应。另一方面，用人单位忽视人力资源成本，招聘条件与岗位的实际要求相脱节。招聘单位一味拔高应聘条件，忽视岗位的实际需求，只能加大企业的管理成本，得不偿失，也造成了社会本来就紧缺的人才资源的浪费。

(2)招聘渠道的选取风险：企业通过普通招聘方式(如刊登报纸广告、参加招聘会等)很难找到合适的人才，这是因为真正成熟的优秀人才一般都会被自己的老板重用，不会特别关注广告中的职位，也不会轻易到招聘会去找工作。他们即使需要跳槽，也会通过业界的朋友引荐、猎头公司推荐或者竞争对手直接挖掘。

(3)人才判别的测评风险：真正进行测评的企业屈指可数，现代技术几乎无人问津，传统的、主观的面试却大行其道，令人深思。在对不同招聘方式的准确性、成本、竞争价值的研究中发现，企业在招聘员工过程中常犯以下错误：依赖面试评价应聘者、用成功员工做榜样、评价依据个性。

(4)招聘回复的速度风险：在 IT 行业进行招聘，时间成为关键。“过了这个村，就没那个店”恰如其分地描述了很多求职市场的状况。公司在吸引求职者申请上已经遇到足够多的麻烦，所以他们不会马上与申请人取得联系。目前，摩托罗拉从收到求职信到最后进入摩托罗拉的完整招募过程，最快 1 个月，平均速度是 3 个月。

资料来源：胡慧平．招聘风险：企业竞争面临的最大风险[J]．企业导报，2004(Z1)：28-29.

一、审查求职简历和求职申请表

(一)求职简历

求职简历又称为履历表，是求职者向组织提供背景资料和进行自我陈述的一种文件。简历的内容一般包含个人基础信息、教育背景、工作经历、个人技能、求职意向、自我评价等。简历是求职者一种自我宣传的手段，通常没有严格统一的规格，形式灵活，随意性大，便于求职者充分进行自我表达。在筛选简历时应该注意简历信息的真实性问题，比如，一份简历在描述求职者的工作经历时，列举了一些知名企业和高级职位，而他所应聘的却是一个普通职位，这就要引起注意，这份简历可能存在工作经历造假。简历中造假的现象有很多，比如学历造假、工作经历造假、荣誉造假等。对于有疑惑的简历要避免个人主观臆断，要将这些存在疑惑的地方标出，面试时可询问应聘者或在录用前进行背景调查。

(二)求职申请表

求职申请表是由企业人力资源部门设计的由求职者填写的一种规范化的表格(见表 4-8)。求职申请表主要用于收集应聘者背景和现状的基本信息，以评价应聘者是否能满足最基本的职位要求。有些需要经常性、大量招聘的企业往往会要求求职者填写本企业编制的电子求职申请表，以此来收集企业感兴趣的信息，并运用电子化申请表筛选系统，将不符合条件的电子申请表直接淘汰出局，这些都为初步的筛选工作提供了很大的便利。

求职简历和求职申请表的筛选主要是对求职者进行初步过滤，把明显不合格的求职者剔除出去，以免让这部分求职者进行后续的甄选程序，给组织带来不必要的成本负担。

表 4-8　　**×××公司的求职申请表**

1. 个人资料

<table>
<tr><td>姓名</td><td></td><td>性别</td><td></td><td>婚否</td><td></td><td rowspan="5">照片</td></tr>
<tr><td>学历</td><td></td><td>身高</td><td></td><td>体重</td><td></td></tr>
<tr><td>出生年月</td><td></td><td>年龄</td><td></td><td>户籍地</td><td></td></tr>
<tr><td>身份证号码</td><td colspan="2"></td><td>手机号码</td><td colspan="2"></td></tr>
<tr><td>现居住地址</td><td colspan="2"></td><td>QQ/MSN</td><td colspan="2"></td></tr>
<tr><td>紧急联系人</td><td></td><td>关系</td><td></td><td>紧急联系人电话</td><td colspan="2"></td></tr>
</table>

2. 教育背景

学校名称	起止时间	所学专业	所获证书	曾获奖励

3. 工作经历

单位名称	起止时间	职位	月薪	离职原因	上司姓名

4. 家庭成员

姓名	关系	年龄	工作单位	联系电话

5. 职位情况

申请职位：　　　　期望月薪：　　　　上岗情况：

6. 其　他

本人在该申请表中所填写的一切均属实且准确。如有隐瞒或虚报，自愿接受立即解除劳动合同。本人授权调查上述资料的真实性。

申请人：　　　　年　月　日

二、笔试

笔试是一种最古老而又最基本的选择方法，它是让应聘者在试卷上答事先拟好的试题，然后根据应聘者解答的正确程度评定成绩的一种选择方法。笔试可以有效地测试应聘者的基础知识、专业知识、管理知识、综合分析能力、文字表达能力等。

笔试的优点主要体现在以下几个方面：①笔试可以对大批应聘者同时进行，成本低，省时省力；②笔试可以涵盖较多的考试内容，能对应聘者的知识进行全面测试；③面对同样的测试题，体现了招聘的公平性；④应聘者在面对一张试题时心理压力相对较小，能够发挥真实水平；⑤笔试试题和考试结果可以长期保存，为综合评定提供依据，也可以为以后的招聘工作提供参考。

笔试方法同时也存在一定的局限性。首先，笔试要求应聘者以书面形式作答，所以无法考察应聘者的口头表达能力、灵活应变能力、操作能力、组织管理能力等；其次，可能会因为某些应聘者能力较低但善于考试而出现高分低能的情况；最后，考试过程中可能出现舞弊的情况，使考试成绩不能反映应聘者的真实水平。

三、面试

面试是现代企业实践中运用最广泛的一种员工甄选方法，几乎所有的企业在员工甄选过程中都要使用面试，而且有时还不止一次地在甄选的相关程序中使用。面试是指面试官通过与应聘者在指定的时间和地点，面对面地观察和交谈，了解应聘者的知识技能、个性特点、求职动机等，其目的是通过分析应聘者的回答及观察他们所作出的各种反应，考察应聘者是否具备相关职位的任职资格的一种人员测评技术。

面试具有简便快捷、容易操作、不需要复杂的专用测试工具和方法等优点，能对应聘者的表达能力、分析能力、判断能力、应变能力进行全面的考察。另外，也可以直观地了解应聘者的气质，修养，风度，仪表仪态等，所以面试这种甄选方法很自然地受到各种组织的普遍欢迎。但是，面试也有局限性，一方面，面试的结果是由面试小组或面试官个人通过主观判断得出的，因此判断的结果可能存在偏差；另一方面，面试的成本较高，包括时间成本和人工成本等。因此，任何组织都要重视采取相关措施来提高面试的有效性，同时也要将面试和其他甄选方法结合使用，将各种甄选方法的缺陷降至最低。

(一)面试的种类

1. 根据面试结构划分

(1)结构化面试

结构化面试又称标准化面试，是指按照事先设计好的面试内容、程序、评分结构等进行的面试。在这种面试中，面试考官手中会有一份对所有应聘者提出的标准化问题提纲，这些问题包括有关应试的工作经历、教育背景、专业知识、业余爱好、自我评价等方面。这种面试的优点是面试官根据事先设计好的问题提问，避免遗漏一些重要的问题，而且所有的应聘者回答的都是同样的问题，应聘者之间可以对照比较，比较公平也容易得出结论。但缺点是缺乏灵活性，面试官不能深入地了解应聘者。结构化面试提纲如表4-9所示。

表4-9　**结构化面试提纲**

一、语言表达能力
1. 请你先用3~5分钟介绍一下自己吧？
2. 可不可以谈谈你的求学经历？
3. 在你成长的过程中有没有一些让你难忘的事？可不可以说来听听？
4. 请详细叙述一下你的工作经历。

续表

5. 以前有没有参加过演讲，辩论赛之类的活动啊？
6. 可不可以叙述一下在你工作中最难忘的一件事？
二、人际关系和团队合作精神
1. 你是一个什么性格的人？
2. 你喜欢和什么样的人交朋友？朋友多吗？
3. 你喜欢和什么样性格的上司和同事相处？
4. 在你过去的工作中，什么样的人比较难以相处？
5. 如果你的工作能力比你的上司强，你有什么看法？
6. 对于那些喜欢在背后议论别人的同事，你有什么看法？
三、文化背景和性格、兴趣
1. 你的专业开设了哪些课程？你最感兴趣的是哪些？
2. 你认为你的学历对这份工作有什么作用吗？
3. 你的家人和同事是怎么评价你的？
4. 你觉得自己有哪些优点和缺点？关于这些优缺点，你朋友是怎么看待的？
5. 你下班之后大概在做些什么事情？
6. 你最崇拜的人是谁？为什么会崇拜他？
四、工作经历和工作待遇
1. 当初是怎么进入这家公司的？
2. 你以前是什么职位？手下有多少人？
3. 你认为从事这份工作哪些资格是最重要的？
4. 你觉得你在这个岗位上有哪些突出的技能？
5. 请问你以前在这个岗位上出现过哪些失误？
6. 可不可以谈谈你过去的工资待遇？
7. 公司有没有给你提供什么培训的机会？
8. 你觉得你的工作经历对于现在的工作有什么样的帮助吗？
五、求职动机和工作稳定性
1. 请问你对我们公司了解吗？有没有上网看过我们公司的简介？
2. 这段时间都找了哪些工作？为什么没有成功？
3. 你最看重我们公司这个岗位的哪些方面？
4. 离开公司的原因是什么？当时发生了什么事情？
5. 对于这些离职的原因，你有没有和上级领导沟通过？
6. 上家公司存在一些什么问题？
7. 可不可以谈谈你今后的职业规划？
8. 你觉得自己在这份工作中会得到什么？
9. 有没有继续求学深造或创意的想法？

(2)非结构化面试

非结构化面试是指在面试的过程中，不存在结构化的面试或必须遵循的格式，面试官可就与工作有关的问题向应聘者随意提问，没有事先设计的问题提纲，而且可以根据应聘者的回答进行追问。非结构化面试的优点是比较灵活，面试官与应聘者之间的谈话会显得比较流畅和自然，针对不同的应聘者可以提出不同的问题，收集的信息更有针对性，而且可以对应聘者进行深入了解。但是这种面试方法也有不利之处，首先，没有事先设计问题提纲，很容易遗漏一些重要的问题；其次，由于面试官是自由提问，面试的问题很容易受到面试官个人兴趣或工作背景的影响；最后，由于对不同的应聘者提出的问题不同，可能对不同的应聘者提出的问题难易程度不同，而导致不公平的现象存在。

(3)半结构化面试

半结构化面试是介于结构化面试与非结构化面试之间的一种面试方法。面试官根据事先设计好的问题提纲进行提问，然后可以根据应聘者的回答进行追问，以达到对应聘者进一步了解的目的。半结构化面试结合了结构化面试和非结构化面试的优点，使得面试官在面试过程中有一定的自主权而又不偏离主题，可以做到面试的结构性与灵活性相结合。因而半结构化面试在许多企业广泛使用。

2. 根据面试组织形式划分

(1)单独面试

单独面试又称一对一面试，是由一个面试官对一个应聘者进行单独面试，面试官进行口头引导或询问，应聘者作出回答。这种方式比较省时，但单独依靠一个面试官得出的面试结论作出的甄选决策，可能难以确保决策的准确性。

(2)小组面试

小组面试又称陪审团式面试，是指由多个面试官对一个应聘者进行面试，若干个面试官可以从不同的角度对应聘者发问，可以使各位面试官在提出问题时相互补充并层层递进地深入挖掘，最后收集到的信息比较全面，得到的结果也更加可靠。但是这个小组面试的形式使应聘者感觉压力比较大，因而可能影响其正常发挥。

(3)集体面试

集体面试是指多位面试官同时对多个应聘者进行面试的方法。这种面试方法可以节省面试官的时间，同时可以对多个应聘者回答同一个问题的不同反应作出比较评价。在这种面试中，面试官往往会提出一个问题后，由大家自由发表意见，而面试官们在旁边注意观察每一个应聘者的回答和作出的反应，这样有助于考察应聘者在群体当中的思维方式和行为方式，评价他们的人际交往能力和语言表达能力等。

【管理实践】

跨国公司的特殊面试

1. 美国电报电话公司——整理文件筐

先给应聘者一个文件筐，要求应聘者将所有杂乱无章的文件存放于文件筐中，规定在10分钟内完成。一般情况下不可能完成，公司只是借此观察员工是否具有应变处理能力，是否分得清轻重缓急，以及在办理具体事务时是否条理分明，那些临危不乱、作风干练者自然能获高分。

2. 统一公司——先去扫厕所

统一公司要求员工有吃苦精神以及脚踏实地的作风，凡来公司应聘者，公司会先给你一个拖把叫你去扫厕所，不接受此项工作或只把表面洗干净者均不予录用。他们认为一切利润都是从艰苦劳动中得来的，不敬业，就是隐藏在公司内部的“敌人”。

3. 松下电器——70 分以上我不要

到松下应聘，该公司都要求应聘者据实给自己打分，那些给自己打 70 分以上者公司一般不予录用，该公司认为自认为优秀的人员，或者眼高手低，不服管教；或者跳槽率高。因为公司要的是“适当”的人才，70 分就已足够。

4. 通用电器——木板过河游戏

公司将应聘者分为两组，开展“木板过河”游戏比赛，内容为每组有一个“病人”需要送到“河”对岸，要求用手中的木板搭成“桥”将“病人”送到河对岸，谁先送到“河”对岸则录用谁。实际上“桥”的长度不可能达到“河”对岸，公司设计此考题的目的就是观察此两组应聘者是否有团队意识，因为只有当两组木板合并起来才能过“河”，如果两组应聘者都只想着自己过“河”，则没有达到公司所提出的人才要求，都将不予录用。

5. 摩托罗拉——拒答隐私方录用

摩托罗拉公司会故意问你几个难堪的问题，如结婚否？啥时要小孩？男朋友标准？以问题为个人隐私为由拒答者，公司持赞赏态度，他们认为这些应聘者不会因个人的眼前利益而屈服压力。有个性，有尊严，表现在工作上就会少受诱惑，坚持原则，始终以公司利益为先。

6. IBM——没有缺点请离开

IBM 公司充分尊重员工个性，同时也承认人性中不可避免会有弱点，他们不信任一个自称没有缺点的人，也不欣赏一个不敢承认自己缺点的人，因此对于此道必答题，应聘者不说自己缺点或将缺点“技术处理”为优点的人，他们会毫不手软地予以排除。

资料来源：百度文库，https：//wenku. baidu. com/view/ca862bba524de518964b7db1. html.

（二）面试的基本程序

1. 面试准备

（1）选择面试官。选择面试官非常重要，作为面试官必须有较好的表达能力、观察能力、控制能力、总结归纳能力等，有经验的面试官能够很好地掌握面试进程，能够通过对应聘者的观察作出正确的甄选决策。面试官一般由人力资源部门和业务部门的人员组成。

（2）培训面试官。面试官是否具备基本的面试技巧，能否在作出评价时避免犯一些错误，对于面试的有效性有至关重要的影响。对于面试官的培训要关注几个方面：一是面试官在面试过程中的询问、交谈、引导、控制的各种技巧；二是面试官要学会与不同的面试者打交道；三是面试官在进行评价时应避免出现各种偏差，如晕轮效应、刻板效应、面试次序差异。

（3）明确面试时间。这不仅可以让应聘者充分做好准备，更重要的是可以让应聘者提前对自己的工作进行安排，避免与面试时间发生冲突，以保证面试的顺利进行。

(4)了解应聘者的情况。面试官应提前了解应聘者的相关资料，对应聘者的情况有基本的了解，做到心中有数，方便有面试的时候有针对性地进行提问，以提高面试的效率。

(5)准备面试材料。准备的面试材料包含工作说明书、面试问题提纲、面试评价表、应聘者的求职简历或求职申请表格等。面试评价表记录应聘者在面试过程中的表现和面试官对应聘者的评价(见表4-10)，注意对不同的岗位，面试评价表中的各项要素和权重要有所不同。

(6)安排面试场所。面试场所的选择影响着面试的效果，面试场所应该大小适中、明亮整洁、安静幽雅，为应聘者提供一个好的环境，同时也为企业树立良好形象。

表4-10 **某公司面试评价表**

序号		姓名	性别	年龄	学历	报考职位	
评价要素		语言表达	综合分析能力	应变能力	人际交往能力	计划组织协调能力	专业知识	举止仪表
权重		15	20	20	15	20	20	10
观察要点		语言表达准确、流畅、逻辑严密	思维活跃，富有创造性	对事物的变化反应敏捷，遇事沉着	具有人际交往的意识和技巧	计划组织周密，有条理	经验丰富，掌握工作技巧	仪表端正举止大方
评分	好	08~10	15~20	15~20	15~20	15~20	15~20	08~10
	中	04~07	07~14	07~14	07~14	07~14	07~14	04~07
	差	00~03	00~06	00~06	00~06	00~06	00~06	00~03
得分								
考官评语：								
						考官签字：		

2. 面试实施

(1)引入阶段。应聘者刚开始面试时，难免会比较紧张，此时作为考官应该问一些比较轻松的话题，消除应聘者的紧张情绪，营造轻松融洽的气氛。

(2)正题阶段，在这一阶段，考官应根据面试提纲和进程安排对应聘者提问，并同时观察和记录应聘者的反应。考官的提问要注意以下几个方面：①提问应当明确，不能含糊不清或存在在歧义，并且提问不宜太长；②提问时尽量避免应聘者用“是”或“否”回答问题；③对于应聘者回答的问题正确与否，不要做任何评价，要学会倾听并给予目光鼓励，尽量不要出现异常的肢体语言，以免影响应聘者发挥；④注意控制时间，不要被应聘者支配整个面试，遇到滔滔不绝的应聘者，应懂得转移话题进行引导。

(3)收尾阶段。相关问题提问完毕之后，考官可以鼓励应聘者提出一些与应聘岗位有关的问题并为其解答。同时，应提醒应聘者关注面试结果的通知，并对应聘者参加此次面试表示感谢。

3. 面试结束

面试结束以后，尽快地整理面试评价表、面试记录等文件，以便于全部面试结束后进行综合评定，做出录用决策。

【管理故事】

松下的招聘故事——“吃”与“被吃”

日本松下公司预备从新招的三名员工中选出一位做市场策划，于是，他们例行上岗前的“魔鬼练习”，予以考核。

公司将他们从东京送往广岛，让他们在那里生活 1 天，按最低标准给他们每人 1 天的生活费用 2000 日元，最后看他们谁剩的钱多。剩是不可能的，一罐乌龙茶的价格是 300 日元，一听可乐的价格是 200 日元，最便宜的旅馆一夜就需要 2000 日元……也就是说，他们手里的钱仅仅够在旅馆里住一夜，要么就别睡觉，要么就别吃饭，除非他们在天黑之前让这些钱生出更多的钱。而且他们必须单独生存，不能联手合作，更不能给人打工。

第一个先生非常聪明，他用 500 日元买了一副墨镜，用剩下的钱买了一把二手吉他，来到广岛最繁华的地段——新干线售票大厅外的广场上，演起了“盲人卖艺”，半天下来，他的大琴盒里已经是满满的钞票了。

第二个先生也非常聪明，他花 500 日元做了一个大箱子，上写：将核武器赶出地球——纪念广岛灾难 40 周年暨为加快广岛建设大募捐，也放在这最繁华的广场上。然后用剩下的钱雇了两个中学生做现场宣传讲演，还不到中午，他的大募捐箱就满了。

第三个先生真是个没头脑的家伙，或许他太累了，他做的第一件事就是找了个小餐馆，一杯清酒一份生鱼一碗米饭，好好地吃了一顿，一下子就消费了 1500 日元。然后钻进一辆被废弃的丰田汽车里美美地睡了一觉……

广岛的人真不错，两个先生的“生意”异常红火，一天下来，他们对自己的聪明和不菲的收入暗自窃喜。谁知，傍晚时分，厄运降临到他们头上，一名佩戴胸卡和袖标、腰挎手枪的城市稽查人员出现在广场上。他扔掉了“盲人”的墨镜，摔碎了“盲人”的吉他，撕破了募捐人的箱子并赶走了他雇的学生，没收了他们的“财产”，收缴了他们的身份证，还扬言要以欺诈罪起诉他们……

这下完了，别说赚钱，连老本都亏进去了。当他们想方设法借了点路费、狼狈不堪地返回松下公司时，已经比规定时间晚了一天，更让他们脸红的是，那个稽查人员正在公司恭候！是的，他就是那个在饭馆里吃饭在汽车里睡觉的第三个先生，他的投资是用 150 日元做了个袖标、一枚胸卡，花 350 日元从一个拾垃圾的老人那儿买了一把旧玩具手枪和一脸化妆用的络腮胡子。当然，还有就是花 1500 日元吃了顿饭。

这时，松下公司国际市场营销部课长宫地孝满走出来，一本正经地对站在那里怔怔发呆的“盲人”和“募捐人”说：“企业要生存发展，要获得丰厚的利润，不仅仅要会吃市场，最重要的是懂得怎样吃掉市场的人。”

资料来源：郑传斌．松下著名招聘故事三则．人才资源开发，2008(6)：54-55.

四、评价中心

评价中心(assessment centre)是将应聘者放在一个模拟的真实环境中，让应聘者解决某方面的一个“现实”问题或达成一个“现实”目标。考官通过观察应聘者的行为过程和行为效果来鉴别应聘者的工作能力、人际交往能力、语言表达能力等综合素质。

1929年德国的军队中建立的用以选拔军官的多项评价程序中包含的实际操作的作业成为评价中心发展的基础。后来英国、美国的军方借鉴了德军的这个程序，建立了自己的比较成功的评价中心。第二次世界大战后，这种方法被复员的军官带到了工业企业中。从1952年起美国电话电报公司实施了为时4年的“管理进步计划”，运用了小组活动、情境模拟、面试和心理测验，按照25条标准对公司的几百名员工进行了多次的评价和长期的评估，取得了比较理想的效果。从此，评价中心在工业组织中得到了迅速的传播，在德国、菲律宾、新加坡、南非、澳大利亚、英国、日本等不同文化的国家均被接受和广泛地使用。据估计，1980年仅美国就至少有2000个组织使用了评价中心。

(一)公文筐测试

公文筐测试(in-basket test)又称公文处理测试，是在假定的环境下实施，让应聘者以管理者的身份去处理该职位在真实的环境中需要处理的各类公文。这是评价中心中运用得最多的，也是最重要的测量方法之一。在模拟活动中，文件筐中装有各种文件和手稿：电话记录、留言条、办公室的备忘录、公司正式文件、客户的投诉信、上级的指示、人事方面的信息(如求职申请或晋升推荐信)等，这样的资料一般有10~25条，有来自上级的也有来自下级的，有组织内部的也有组织外部的，有日常的琐事，也有重大的紧急事件。公文筐测试示例如表4-11所示。

表4-11　**公文筐测试示例**

假定您是本公司人力资源部经理，本公司人力资源部下设招聘培训组、绩效与薪酬组、劳动关系组，主要处理招聘与培训、绩效与薪酬、劳动关系等工作。在1小时中请您查阅文件筐中的各种信函、电话录音以及电子邮件等，并用如下回复表作为样例，给出您对每个文件的处理意见。

1. 回复方式(请在相应选项前的“□”里画“✓”)

□信件/便函　□电子邮件　□电话　□面谈　□不予处理　□其他处理方式(请注明)

2. 回复内容(请做出准确、详细的回答)：

公文1(电话录音)

李经理，您好！我是××软件开发公司技术主管李某，我们为贵公司定制的人力资源管理软件系统的试运行正在进行。按照协议规定，在6月20日之前完成试运行。按照合同规定，7月份之前完成对于贵公司使用者的培训。由于贵公司一直无法安排时间进行培训，贵公司财务人员以此为由，拒绝支付剩余款项。我们希望，能否与您见面协商一下费用的支付问题及其他事宜，谢谢您。

××软件开发公司技术主管李某

2017年7月9日

续表

公文 2(电子邮件) 李经理，您好！我是国际事业部的刘某，去年 10 月中旬，人力资源部曾要求各部门上报 2017 年的大学生招聘计划。由于我部业务的特殊性，不仅要求较高的英语水平，而且要懂一定的专业知识，这类人员在校内招聘的难度很大。此外，由于我们公司薪酬水平较低，即使招聘来也很容易流失，过去几年的流失率高达 74%。为此我们国际事业部多次召开会议，并初步达成共识：公司需要制订中长期的人才规划以吸引并留住优秀人才。但是，到底该如何操作，尚无具体方案。我刚和总裁通过电话，他建议我直接与您沟通，不知您有何意见想法，请尽快告知。 国际事业部刘某 2017 年 7 月 8 日 公文 3(电话录音) 李经理，您好！我是王某，有件事情非常紧急，今早七点，我接到郑州交通管理局的电话，六点十分在郑州 203 国道上发生重大交通事故，我公司销售部的刘某某驾车与一辆大货车相撞，刘某某当场死亡，对方司机重伤，目前正在医院抢救，与刘某某同车的还有公司的销售员人员蔡某某、隋某和王某某、二人都不同程度受伤，但无生命危险。目前事故责任还不能确定，我准备立刻前往郑州处理相关事务，希望您能尽快和我联系，商量一下应对措施。 人力资源部劳动关系组王某 2017 年 7 月 10 日 公文 4(书面请示) 李经理，您好！我是张某，公司 4 月份在南非首次承接的 420 工程现已开工，工程部准备委派 6 名高级技术人员到南非提供技术服务。可是，这 6 名技术人员英语水平较差，虽经过为期半年的在岗英语培训，但效果不尽如人意。因此，工程部计划临时安排他们去英语学校参加封闭式培训，培训时间为 2 个月，费用为每个人 10000 元。该计划已经上报人力资源部。可是，昨天工程部来电称，财务部不同意支付培训费用，理由是该培训事先没有计划和预算，资金周转不过来，这几名员工原计划 10 月份赴南非，工程部担心如果不能按期派人提供技术支持，可能会影响合同的执行和公司的声誉。目前，工程部非常焦急，请求您出面协调，敬请尽快回复。 人力资源部招聘与培训组张某 2017 年 7 月 8 日 公文 5(总裁便函) 李经理，你好，10 号下午你是否有空？我刚刚看过上半年的绩效考评结果，综合过去两年来各部门运行情况，我觉得有必要对公司的中层干部进行调整。另外，公司明年要上一些项目，需要有针对性地补充一些管理人员，我想听听你的意见，请准备一下相关资料，并与我联系。 钱某 2017 年 7 月 8 日

（二）无领导小组讨论

无领导小组讨论，该方法是将几个应聘者（一般 6 个左右）组成一个临时的小组，让他们讨论一些精心设计的管理活动中比较复杂的问题，目的在于考察被测试者的表现，尤其是考察谁会成为自发的领导者。无领导小组除了考察应聘者的领导能力外，还能考察应聘者个人的主动性、宣传鼓动与说服力、口头表达能力、组织能力、人际协调能力、精力、自信、创造性、心理压力与承受性等。无领导小组讨论的题目从形式上而言，可以分为开放式问题、两难问题、多项选择问题、操作性问题和资源争夺性问题。以下是无领导小组讨论多项选择问题（见表 4-12）和资源争夺性问题（见表 4-13）的示例。

表 4-12　　**无领导小组讨论多项选择问题示例**

2017 年 1 月 14 日，你被调到某旅游饭店当总经理，上任后发现 2016 年第四季度没有完成上级下达的利润指标，其原因是该饭店存在着许多影响利润指标完成的问题，它们是：

①食堂伙食差、职工意见大，餐饮部饮食缺乏特色，服务又不好，对外宾缺乏吸引力，造成外宾到其他饭店就餐；

②分管组织人事工作的党委副书记调离一月余，人事安排无专人负责，不能调动职工积极性；

③客房、餐厅服务人员不懂外语，接待国外旅游者靠翻译；

④服务效率低，客房挂出“尽快打扫”门牌后，仍不能及时把房间整理干净，旅游外宾意见很大，纷纷投宿其他饭店；

⑤商品进货不当，造成有的商品脱销，有的商品积压；

⑥总服务台不能把市场信息、客房销售信息、财务收支信息、客人需求和意见等及时地传给总经理及客房部等有关部门；

⑦旅游旺季不敢超额订房，生怕发生纠纷而影响饭店声誉；

⑧饭店对上级的报告中有弄虚作假、夸大成绩、掩盖缺点的现象，而实际上确定的利润指标根本不符合本饭店实际情况；

⑨仓库管理混乱，吃大锅饭，物资堆放不规则，失窃严重；

⑩任人唯亲，有些局、公司干部的无能子女被安排到重要的工作岗位上。

请问：上述 10 项因素中，哪三项是去年第四季度利润指标不能完成的主要原因(只准列举三项)？请陈述你的理由

表 4-13　　**无领导小组讨论资源争夺性问题示例**

单位经费紧张，现只有 20 万元，要办的事情有下列几项：

(1)解决办公打电话难的问题。

(2)装修会议室大厅等以迎接上级单位委托承办的大型会议。

(3)支付职工的高额医疗费用。

(4)五一劳动节为单位职工发些福利。

很明显 20 万元无法将这四件事情都办圆满，如果你是这个单位的分管领导，将如何使用这笔钱

(三)角色扮演

角色扮演是由招聘人员设计一个模拟情境，在这个情境中会出现很多矛盾和冲突，应聘者要以某种角色进入该情境，去处理解决这些矛盾和冲突。该情境中的其他角色通常由招聘人员或其专门安排的人员扮演，这些人随时会为应聘者制造一些棘手的问题，并要求其在一定时间内解决。比如以招聘推销员为例，面试官会要求应聘者推销某一种产品，应聘者扮演推销员，而面试官扮演消费者，在推销的过程中，面试官会故意设计一些较难的问题，目的是要通过对应聘者在这样的情境下表现出来的行为进行观察和记录，评价其是否具备与拟招聘职位相符合的素质。该方法旨在考察应聘者的随机应变能力、解决问题能力、情绪控制能力，以及处理问题的方法和技巧等。

(四)模拟演讲

模拟演讲通常是由招聘人员出一个题目或提供一些材料，应聘人员在拿到题目或材料后稍做准备，继而按照要求进行发言。题目的设置可以是做一次动员报告，可以是在集体活动上发表祝词，也可以是针对具体职位发表就职演说等形式，有时演讲结束后，招聘人员还可以针对演讲内容对应聘者进行提问和质疑。该方法主要考察应聘者的思维能力、语言组织能力、理解能力、反应速度、言谈举止、风度气质等方面的素质。

评价中心技术能够全方位地考查应聘者的各方面能力，包括语言表达能力、思维逻辑能力、反应能力、心理承受能力、领导能力、组织能力、人际协调能力、创造性等 20 多个项目，可以体现一个人的综合水平。由于应聘者在测试过程中面对的是以后工作经常会遇到的实际问题，解决这类问题的能力一般不易伪装，所以这种预测的准确率也较高，可以防止或减少对所需人员任用的错误。

相对于其他的方法来说，评价中心的成本比较高，需要花费较多的时间和人力资源成本等。另外，评价中心对面试官要求较多，需要其有较强的观察能力和分析判断能力等，最后，面试官在评价应聘者的表现时主观性较大。

五、心理测试

应聘者的素质结构中，心理素质是一项非常重要的内容，是个体发展和事业成功的关键因素。现在，在企业的人员招聘与选拔中，心理测试越来越被企业广泛使用。

心理测试(psychological test)是指用科学设计的量表来测量观察不到的人格结构，将人的某些心理特征数量化，来衡量个体心理因素水平和个体心理差异的一种科学测量方法。通过心理测试，可以了解个体的情绪、行为模式和人格特点。常见的心理测试包括智力测试、性格测试、职业兴趣测试、职业能力测试、心理健康测试等。以下主要介绍智力测试、性格测试和职业性向测试。

(一)智力测试

智力测试是对智力的科学测试，是指人类学习和适应环境的能力。智力包括观察能力、记忆能力、想象能力、思维能力等等。智力的高低直接影响到一个人在社会上是否成功。智力的高低以智商 IQ 来表示，不同的智力理论或者智力量表用不同的分数来评估智商，比如，在韦氏量表中，正常人的智力是 IQ 在 90~109 之间；110~119 是中上水平；120~139 是优秀水平；140 以上是非常优秀水平；而 80~89 是中下水平；70~79 是临界状态水平；69 以下是智力缺陷。一般来说，智商比较高的人，学习能力比较强，但这两者之间不一定完全正相关。因为智商还包括社会适应能力，有些人学习能力强，但其社会适应能力并不强。用来测试智力水平的工具有很多，包括比纳-西蒙智力量表、瑞文智力测试、韦克斯勒智力量表等。

(二)性格测试

性格指个人对现实的稳定态度和习惯的行为方式，对应聘者性格进行测试有助于判断他们是否能够胜任所应聘的职位。目前，对性格测试的方法很多，主要可以归结为两大类：一是自陈式测试，就是向被试者提出一组有关个人行为、态度方面的问题，被试者根据自己的实际情况回答，测试者将被试者的回答和标准进行比较，从而判断他们的性格。二是投射式测试，该测验将图片作为工具，测试人将一张意义含糊的图或照片出示给应聘者看，并不给其考虑的时间，要求被测试人很快说出对该图片的认识和解释。由于应聘者猝不及防，又无思考时间，就会把自己的心理倾向“投射”到对图片的解释上，结果较为可信。

（三）职业兴趣测试

职业兴趣测试是指人们对具有不同特点的各种职业的偏好以及从事这一职业的意愿。职业兴趣会影响人们对工作的投入程度，如果应聘者的职业兴趣与应聘的职位不符，就会影响他的工作热情；相反，如果应聘者的职业兴趣与应聘职位相符，他就会积极主动地工作。在职业选择以及人员甄选中具有重要影响的霍兰德职业兴趣测试或职业性向测试，是霍兰德在个人大量的咨询实践的基础上编制的。霍兰德在一系列关于人格与职业关系的假设基础之上，提出了六种基本的职业兴趣类型，即现实型、研究型、艺术型、社会型、企业型和常规型。

【知识拓展】

社交媒体在员工甄选中的应用

凯业必达（Career Builder）是北美最大的招聘网站运营商，也是全球流量最大的30家网站之一，仅在美国每年就有2.4亿人次的浏览量，它提供100万个职位和5000万份简历，在英国、加拿大、德国以及印度和中国等多个国家和地区设有分公司。该公司2013年曾对2100位雇用经理以及人力资源专业人员做过一次调查，结果表明，其中有39%（上年只有37%）的人会使用社交网站对求职者进行筛选。而在借助社交媒体对求职者进行甄选的这些雇用经理中，43%（比上年上升了9个百分点）的人在社交媒体找到了使他们不愿意雇用求职者的一些信息。

这些接受调查者指出，求职者个人在社交媒体上留下的以下几方面信息是最容易使他们把求职者筛选掉的：

1. 发布具有挑逗性的或不适当的照片或信息（50%）；
2. 发布酗酒或使用毒品的信息（48%）；
3. 说前雇主的坏话（33%）；
4. 表现出沟通能力比较糟糕（30%）；
5. 对种族、性别、宗教等发表歧视性评论（28%）；
6. 在个人任职资格条件方面撒谎（24%）。

19%的雇用经理指出了他们在社交媒体上发现下面这些信息会使他们倾向于雇用求职者：

1. 求职者展示出了一种良好的专业形象（57%）；

2. 对求职者的人格特点产生良好的感觉(50%)；
3. 求职者表现得多才多艺、兴趣广泛(50%)；
4. 求职者提供了对专业任职资格提供支持的背景性信息(49%)；
5. 求职者具有创新能力(46%)；
6. 求职者有良好的沟通能力(43%)；
7. 其他人在社交媒体上大量提到求职者(38%)。

资料来源：刘昕．人力资源管理．2版．北京：中国人民大学出版社，2015.

【知识巩固训练】

1. 员工招聘的概念和目标分别是什么？
2. 员工招聘的原则和作用分别是什么？
3. 简述员工招聘的程序。
4. 内外部招聘渠道各有哪些优缺点？
5. 内部招聘有哪些方法？
6. 外部招聘有哪些方法？
7. 员工甄选包含哪些方法？
8. 面试有哪些类型？
9. 面试的程序是怎样的？
10. 员工甄选中评价中心包含哪些内容？
11. 员工甄选中心理测试包含哪些内容？

【技能提升训练】

1. 案例分析：A公司失去的一笔财富

A公司是一家大型通信设备产业集团，拥有员工近2万人，年销售额达160亿元，与其他高科技组织一样，A公司也在高速发展，由此不断增加对人才的需求。2015年冬季，当王经理正在所住宾馆组织技术人员面试时，一位穿着普通的中年人走进面试房间：“请问，哪位负责招聘工作？我想和他谈谈。”王经理预感到这不是一位普通应聘者，很客气地把这位不速之客请到另外一个房间。一个小时的交谈，让王经理感到异常兴奋，果然，这位应聘者不同寻常。刘博士的个人情况如下：刘某，男，1975年生，博士学历，曾担任国家863项目数字信号处理CAD项目负责人，受聘教授职称。后来去英国，在一家公司设计IC，设计过数字收音机等产品。现在在朗讯公司Bell实验室，是ASIC/VHDL组负责人，曾负责组织完成了GMS基站。现正在研究第五代移动通信技术和专用芯片等。他在相关领域研发方面的国外关系网颇大，具有很高的无形资产价值。

刘博士多年漂流国外，一直希望回国创业，这次回来就是特意寻找适合自己的组织，得知A公司正在招聘，赶来了解情况，他愿意致力于公司第五代移动通信产品/系统研究开发的规划、组织、管理和指导工作。王经理在了解情况之后，马上告诉刘博士：“幸会，刘博士，谢谢您对我们公司的赏识，今天也很巧，参加选聘的技术人员，是我们公司一流的专家，其中有一位还是国内有名的计算机专家，您稍等一下，我把他们带过来与您谈谈，一定比跟我谈强似百倍。”说完之后，王经理到面试会场，招呼正在面试一位硕士生的潘教授和李高级工程师，并向其他应聘者道歉。

两位技术专家按照王经理的吩咐与刘博士聊起来，果然谈得很投机。之后王经理很客气地送走刘博士，并一再嘱咐刘博士要耐心等待公司的回信。王经理耐心地听取了两位技术专家的意见，评述之后的结论很简单。这是公司难得的人才，可能是公司又一个转折性人才。王经理立即起草一份报告，全面介绍了刘博士的情况，以及两位专家面谈后的意见，并提出以下建议：第一，请公司马上反馈意见；第二，请负责技术的董事长或总裁亲自到南京与刘博士会谈；第三，安排刘博士到公司参观。

传真发出一天后王经理收到总裁的传真，由于董事长和总裁都不得脱身，请王经理代表公司将刘博士带往总部。王经理马上与刘博士取得联系，刘博士答应第二天一早出发。王经理是这样安排的：先安排刘博士与技术出身的董事长见面，然后参观公司总部，最后与公司高层技术人员见面讨论有关技术问题。

第二天中午飞机准点到达 B 市，但迎接他们的是司机小丁，赶回公司的路上王经理给总裁打电话，总裁答复：“我现在有事脱不开身，董事长参加信息产业部的一个会议，不能见刘博士，你先带刘博士找一家宾馆住下来，到 B 市有特色的饭店吃午饭，下午带到我办公室。”王经理没有办法，只好好言解释，刘博士回答：“没关系，我们是要做点事情的，别在乎这些小事。”

按照总裁的意思，王经理按时把刘博士带到公司，但一路上并没有人迎接他们，走进总裁的办公室，总裁正在与一位高级副总谈事情，见到刘博士，总裁和高级副总裁站起身来迎接他，并与刘博士谈起来，谈的内容基本是刘博士在国外的工作情况，很少谈及技术内容。整个过程大约半小时，总裁很热情但始终没有离开那把老板椅。

会谈结束后，刘博士已经没有了初到 B 市时的热情，简单参观公司后回到宾馆的第一句话就是：“王经理，我已经对贵公司了解得差不多了，我这次回来有许多事做，就不耽搁了，麻烦您帮我订一张尽早回南京的机票。”

一年以后，王经理在一次国际电子产品展览会上偶然见到刘博士，当时，刘博士正在代表 A 公司的一家国内竞争对手公司向客户介绍由他研发出来的最新产品，这项产品后来为这家公司盈利 13 亿元，会场上刘博士很礼貌地递给王经理一张名片上面印着“某公司技术总监刘某”。

资料来源：改编自张德. 人力资源开发与管理. 5 版. 北京：清华大学出版社，2016.

讨论：

(1) 刘博士没有到 A 公司就职的主要原因是什么？

(2) 如果你是 A 公司的总裁，你会如何计划和行事，以便最终将刘博士留住？

2. 课后项目训练

在班上组织一次模拟招聘，时间为 90 分钟，先选出 10 名学生参加模拟招聘，其中 6 名学生扮演面试人员，4 名学生扮演应聘者。由扮演面试人员和应聘者的学生事先收集和准备资料，然后在课堂上进行现场模拟面试。扮演面试人员和应聘者的学生需要事先做以下准备工作：

(1)面试主持1名：现场面试主持、时间控制、人员抽签、人员组织安排等；

(2)面试助理1名：向应聘者发布招聘广告，现场计时和计分，收集简历，其他资料的收、发、印等；

(3)面试官4名：收集并熟悉招聘企业的背景资料，熟悉招聘岗位的工作职责和任职要求，熟悉应聘者简历，准备面试问题提纲，准备其他的面试事项；

(4)应聘者4名：收集并熟悉招聘企业的背景资料，精心准备求职申请表并提前一天交给面试助理，熟悉面试技巧。

第五章　员工培训与开发

【学习目标】

❖ 了解员工培训的作用与分类

❖ 理解培训需求分析的方法

❖ 理解培训效果评估的方法

❖ 掌握培训与开发的定义和程序

❖ 掌握培训与开发的方法

【基本概念】

员工培训　员工开发　培训需求分析　培训效果评估　培训成果转化　组织分析　人员分析　任务分析　案例分析法　角色扮演法　仿真模拟　行为示范

【导读案例】

卡斯尔公司的培训为何失败

卡斯尔公司是美国加州一家生产厨具和壁炉设备的小型企业，大约有140名员工，布朗是这家公司的人力资源主管。这个行业的竞争性很强，卡斯尔公司努力使成本保持在最低的水平上。

在过去的几个月中，公司因为产品不合格问题已经失去了3个主要客户。经过深入的调查发现次品率为12%，而行业平均水平为6%。副总裁史密斯和总经理内尔在一起讨论后认为问题不是出在工程技术上，而是因为操作员工缺乏适当的质量控制培训。内尔使史密斯相信实施一个质量控制的培训项目将使次品率降低到一个可以接受的水平上，并接受史密斯的授权负责设计和实施这一项目。史密斯很担心培训课程可能会引起生产进度问题，内尔强调说培训项目花费的时间不会超过8个工时，并且分解为4个单元、每个单元2个小时来进行，每周实施一个单元。然后，内尔向所有一线主管发出了一个通知，要求他们检查工作记录，确定哪些员工存在生产质量方面的问题，并安排他们参加培训项目。通知还附有一份讲授课程的大纲。在培训设计方案的最后，内尔为培训项目设定了培训目标：将次品率在6个月内降低到标准水平6%。

培训计划包括讲课、讨论、案例研讨和一部分电影。教员把他的讲义印发给每个学员，以便于学员准备每一章的内容。在培训过程中，学员花了相当多的时间来讨论教材中每章后面的案例。由于缺少场所，培训被安排在公司的餐厅中举办，时间安排在早餐与午餐之间，这也是餐厅的工作人员准备午餐和清洗早餐餐具的时间。本来应该有大约50名员工参加每个培训单元，但是平均只有30名左右出席。在培训检查过程中，很多主管人员向内尔强调生产的重要性。有些学员对内尔抱怨说，那些真正需要在这里参加培训的人已经回到车间去了。内尔认为评价这次培训最好的方法是看在培训项目结束后培训的目标是否能够达到。结果，产品的次品率在培训前后没有发生明显的变化。内尔对培训没有能够实现预定的目标感到非常失望。培训结束6个月之后，次品率水平与培训项目实施以前一样。内尔感到自己压力很大，他很不愿意与史密斯一起检查培训评估的结果。

评析：培训是一个系统工程，从培训需求分析到培训效果评估，任何环节都不能忽视，必须严格遵循培训的规律和原则，才能达到既定的培训目标，不至于花了钱而没有取得好的培训成效反而为企业带来较大的损失。现如今，企业面临的竞争环境异常激烈，企业必须保持持续学习的能力，加强对员工的培训与开发，提升员工素质，使人力资本持续增值，从而实现企业经营业绩和战略规划的持续提升。

资料来源：百度文库，https：//wenku. baidu. com/view/356d33297375a417866f8f65. html.

第一节　员工培训概述

一、员工培训与开发的概念和区别

(一)员工培训与开发的概念

员工培训(employee training)是向新员工或现有员工传授其完成本职工作所必需的相关知识、技能、价值观念、行为规范的过程①。

员工开发(employee development)又称员工发展，是依照员工需求与组织发展要求，对员工的潜能开发与职业发展进行设计与规划的过程。

员工培训和员工开发在定义上很难划分，因为二者实质都是一样的，最终的目的都是通过提升员工的能力实现员工与组织的共同成长。在实践中，员工培训与员工开发往往不做严格区分。但严格来说，二者其实是有区别的，员工培训根据实际工作的需要，通过提高员工的知识技能，帮助员工更好地完成目前所从事的工作，这关注的是满足当前的工作需要；而员工开发是组织为了满足未来发展需要，为员工提供的正规教育、在职体验、人际互助等活动，员工开发更多地关注组织和员工的未来发展需要以及为了满足组织和员工的未来发展需要而应提前储备的知识和技能。

(二)员工培训与开发的区别

员工培训与员工开发是既有重叠又有区别的，重叠在于出发点都是一样的，并且实施

① 冯光明．人力资源开发与管理．北京：机械工业出版社，2013.

的主体都是企业，接受者都是组织内部的员工；但是，两者的区别有以下几个方面：①接受对象不同。员工培训的对象侧重于全体员工或技术操作人员；员工开发侧重于管理人员等具有潜力的员工。②方法手段不同。员工培训采用固定的模式和方法，但现代培训方法日益灵活多样；而员工开发的手段则以教育为主，具有多样性和灵活性的特点。③侧重点不同。员工培训侧重于近期目标，重心放在增加员工的知识与技能上，目的是提高工作效率，弥补员工当前在工作绩效中的缺陷，它对改进工作的作用是直接的；员工开发则着眼于未来目标，是一个战略化的概念，主要为下一个工作做准备，要求员工学习与当前工作不直接相关的内容，提高其转向未来职位的能力和应对突发事件的能力。④员工参与程度不同。员工培训通常侧重当前的工作绩效，要求员工必须参加，因此具有一定的强制性。员工开发则可能只针对那些被认定有管理潜能的员工，大多数员工必须有参与员工开发的积极性。⑤工作经验的运用不同。尽管员工开发有时候需要好的培训项目加以强化，但它还是经常来自工作经验的积累。要将员工培养成为合格的管理人员，其还必须具备足够的经验积累，而员工培训则不必要求其有太多经验。表 5-1 介绍了培训与开发的主要区别。

表 5-1 **员工培训与员工开发的比较**

	员工培训	员工开发
接受对象不同	全体员工	管理人员
方法手段不同	固定化	多样化
侧重点不同	针对当前的工作	针对未来的工作
参与程度不同	强制参与	自愿参与
工作经验不同	不需要经验	需要经验

虽然员工培训与员工开发存在一定的区别，但从实施过程来看，并没有明显的差异。因此，在后面介绍员工培训与开发的流程与方法等内容时，没有刻意地区分开来，而是放在一起进行介绍。

二、员工培训的作用

现代企业面临的是一个变革与创新的时代，掌握先进的技术和拥有丰富的人力资源是企业核心竞争力的来源。企业要对人力资源这一核心资源进行培训与开发，才能增强企业的竞争优势。对于企业来说，建立学习型组织才能不被时代所淘汰，才能在激烈的竞争环境中生存和发展。企业之所以越来越重视培训与开发工作，是因为它具有非常重要的作用和意义，主要表现在以下几个方面。

1. 员工培训有助于改善企业的绩效

企业绩效的实现是以员工个人绩效的实现为前提和基础的，有效的培训与开发工作能够帮助员工提高他们的知识、技能，改变他们的态度，提升工作质量、产品质量和服务质量，减少工作失误和事故的发生，还能增进员工对企业战略、经营目标、规章制度、工作标准等的理解，不断提高工作积极性，从而有助于改善他们的工作业绩，进而改善企业的绩效。

2. 员工培训有助于增进企业的竞争优势

企业要在激烈的竞争中生存与发展，关键在于构建企业的竞争优势。当今时代，随着知识经济的迅猛发展和科学技术的突飞猛进，企业的经营环境日益复杂多变。彼得·圣吉曾经说过，未来唯一持久的竞争优势，就是有能力比你的竞争对手学习得更快。培训与开发，一方面可以使员工及时掌握新的知识、新的技术，确保企业拥有高素质的人才队伍；另一方面也可以营造出鼓励学习的良好氛围，这些都有助于提高企业的学习能力，增进企业的竞争优势。

3. 员工培训有助于提高员工的满意度

员工都有一种追求自身发展的需要，这种需要表现在希望学习新的知识和技能，希望接受具有挑战性的任务，对员工进行培训与开发，可以使他们感受到企业对自己的重视和关心，从而增加员工的满意度和忠诚度。另外，企业为员工提供培训和开发的机会，增加员工的知识和技能，员工能获得更高的薪酬和更多的晋升机会，进一步提高员工的满意度和忠诚度。

4. 员工培训有助于培育企业文化

优秀的企业文化对员工来说，有凝聚、规范、导向和激励作用，这些对企业来说有着非常重要的意义，因此很多企业在重视规章制度建设的同时也越来越重视企业文化的建设。而培训就是建立和传播企业文化的重要方式。企业文化的培训能够强化员工对企业价值观的认同感，有助于员工将个人目标与企业目标结合在一起，从而达到组织和员工共同发展的目的。

5. 员工培训有助于增强企业对优秀人才的吸引力

企业的竞争某种程度上来说就是人才的竞争，企业必须增强对优秀人才的吸引力，以形成在未来能够长期立足于社会的持续核心竞争力。目前，各类人才越来越注重自身的学习成长和发展的机会，以前企业仅凭薪酬福利的优势吸引人才已经不是最好的方法，而能够给员工提供良好的学习成长的机会和发展空间才能吸引和留住人才。

【管理故事】

培训——创造更大价值

湖边住着两只猫：一只花猫，一只黑猫。它们靠捕鱼为生，每天将捕获的鱼拿到市场上去卖，日子过得非常清苦。

一天，见多识广的兔子对这两只猫说，你们可以不必这样辛苦地打鱼，有一种鸟叫鸬鹚，它们会抓鱼，你们可以买一些鸬鹚来帮你们打鱼。花猫和黑猫听了觉得这个主意非常好，于是各自买了一群鸬鹚。从此，它们只要使唤鸬鹚就可以了，不用自己辛辛苦苦去打鱼了。

半个多月过去了，花猫打到的鱼总比黑猫打到的鱼多，大家都说花猫精明。又过了一段时间，黑猫打到的鱼越来越多，而且都是能卖好价钱的大鱼，而花猫打的鱼少了。花猫也觉得奇怪，就决定上门拜访黑猫，弄清这其中的原因。

花猫问黑猫："我们的鸬鹚数量一样多，又在同一个湖里打鱼，为什么刚开始我打的鱼多，后来却越来越少，而你恰恰相反呢？"

"我们的鸬鹚虽然一样多，但是我们的方法不一样，所以会有不同的结果啊。"黑猫回答。

"方法有什么不一样呢？我们不都是用鸬鹚捕的鱼吗？"花猫不解。

"你一买鸬鹚就急着每天让它们抓鱼，也不让它们休息。另外，不知道你有没有注意到，你的鸬鹚每天抓鱼，鱼学会了怎样躲避鸬鹚，而且你的鸬鹚却总是用老办法抓鱼，当然抓的鱼会大大减少了。"

"那你是怎么用鸬鹚抓鱼的呢？"花猫紧接着问道。

"刚买回来鸬鹚的时候，我并不着急赶鸬鹚去抓鱼，而是让它们用一段时间适应环境，等它们完全适应了，才让它们去抓鱼。当我发现鸬鹚很累的时候，就让它们休息。同时，我会根据湖里鱼的变化观察大鱼的生活习性，然后我再训练鸬鹚学习新的抓鱼方式。所以，我的鸬鹚抓到的鱼越来越多，越来越大。以后我还准备让一部分鸬鹚专门培育小鸬鹚，到了明年，我的鸬鹚数量预计会增加一倍，那时候我打到的鱼将会更多了。"黑猫胸有成竹地说道。

资料来源：肖琳．人力资源管理．大连：东北财经大学出版社，2016.

三、员工培训的原则

1. 战略原则

员工培训与开发作为人力资源管理系统的一个组成部分，要服从和服务于企业的战略和规划。员工培训与企业战略相符合，要求员工培训与开发不仅关注眼前的问题，更要立足于长远的发展，从未来发展的角度出发来进行培训与开发，制订出满足与企业发展相适应的培训计划，这样才能保证培训的有效性，而不是与企业的战略规划脱离。

2. 目标原则

目标对人们的行为是具有明确导向作用的，因此在培训与开发的过程中也应该注意目标原则。在培训之前为受训人员设置明确的目标不仅有助于在培训结束之后进行培训效果的衡量，而且有助于提高培训的效果，使受训人员可以在接受培训的过程中具有明确的方向并且有一定的学习压力和动力。为了使培训目标更有指导意义，目标的设置应当具有明确性、适度性和可衡量性。

3. 差异化原则

由于企业部门和岗位繁多，员工的年龄、知识结构、能力结构等也存在差异化，员工培训的过程中，除了企业文化和企业价值观等培训内容可以相同，其他的应根据培训的对象采用不同的培训方法和培训内容，这样员工培训才更有针对性。另外，因培训资源有限，所以培训中应当向关键职位进行倾斜，特别是中高层管理和技术人员。

4. 学以致用原则

由于员工培训的目的在于员工个人和企业的绩效改善，培训与开发应当讲究实效，不能只注重培训的形式。应根据企业和员工存在的问题，进行培训需求分析，提供有针对性的培训内容，使培训内容与实际问题结合。同时，要注重培训成果的转化，学以致用，培训结束后企业应当创造一切有利条件帮助员工实践培训的内容，要将培训和工作结合起来，不能只学习而不使用，这样不仅造成培训资源的严重浪费，而且也失去了员工培训本来的意义。

5. 激励原则

为了保证员工培训的效果，在培训过程中要坚持激励原则，这样才能更好地调动员工的积极性和主动性，使其以更大的热情参与到培训中来，提高培训的效果。这种激励的内容是广泛的，包括正激励和负激励，也就是说，在员工培训的过程中和培训结束后，对于积极参与培训并取得较好的成绩，工作绩效有较大改善的员工，给予奖励；对于不配合培训和考核成绩较差的员工给予一定的惩罚。只有使激励贯穿整个培训的过程，才能保证培训取得良好效果。

6. 效益原则

企业作为一种经济性组织，它从事任何活动都是讲求效益的，都要以最小的投入获得最大的收益，员工培训也是其中的一种投入，所以员工培训也要遵循效益原则，使培训收益最大化。因此，在实施培训活动过程中，在确保培训效果的前提下，必须考虑培训的方式方法，采取适当的培训措施，以期获得最佳的培训效果。

四、员工培训的分类

在企业进行员工培训的实践中，员工培训具有各种不同的形式，对这些类型的辨别有助于我们加深对员工培训的理解。按不同的标准，可以将员工培训划分成不同的类型。

(一)按照培训对象划分

(1)按照员工培训的对象不同，可以将员工培训划分为新员工的培训和在职员工的培训两大类，分别指对刚进入企业的新员工进行的入职培训和针对在职员工进行的提高与发展培训。新员工的培训主要是岗位职责、企业文化等基础方面的培训，而在职员工的培训主要是进行工作技能方面的培训。

(2)按照员工在企业中所处层次的不同，可以将员工培训划分为高层员工培训、中层员工培训和基层员工培训。不同层次的员工在企业中承担的责任和发挥的作用各不相同，因此在具体的培训中要侧重不同的培训内容和选择不同的培训方法。

(3)根据员工的岗位性质不同，可以将员工培训划分为管理人员培训、技术人员培训、营销人员培训、生产人员培训等。

(二)按照培训形式划分

按照不同的培训形式，可以将员工培训划分为在职培训和脱产培训，分别指员工在实际工作中接受培训和脱离工作岗位专门接受培训。企业可根据自身实际情况来具体选择使用哪一种形式。

（三）按照培训内容划分

按照不同的培训与开发内容，可以将培训与开发划分为知识性培训、技能性培训和态度性培训三大类，分别指以业务知识为主要内容的培训、以工作技术和工作能力为主要内容的培训以及以工作态度为主要内容的培训。这三方面的培训内容对企业绩效的改善来说都是至关重要的，任何一方面都不能忽视。

【管理实践】

腾讯公司的人才培养体系

腾讯向来视人才为第一财富，高度重视对人的培养。人才培养本着为公司战略、企业文化建设服务的理念，通过帮助员工提升工作绩效和个人能力，推动员工与公司的共同成长。2007 年 8 月成立的腾讯学院围绕为公司培养更多更好的人才的核心目标，致力于构建一个有腾讯特色的学习型组织。学院的使命是通过提供多样的学习与发展方式，成为员工实施 3A(Anytime，Anywhere，Anyway)学习的知识银行、经理人培养的黄埔军校以及公司知识管理的最佳平台。腾讯学院拥有超过百人的内部兼职培训师队伍、超过百门的自主研发课程以及上千门的网络课程。学院还与哈佛、中欧、长江商学院以及惠普商学院等建立了合作关系，员工可接触到外部顶尖的专家培训师和顾问。腾讯还引进了全球范围内领导行业标准的培训管理与在线学习系统(内部称 Q-learning 系统)。腾讯的人才培养体系主要包括三个部分：

一是新人培训。腾讯根据入职新人的不同特点安排了不同系列的新人培训：①校园招聘新人培养。新人进入岗位前首先进行为期 10 天的封闭培训。进入工作岗位后的 60 天或 90 天回顾营以及针对岗位量身定做的岗位培训，可以使新人得到来自公司和伙伴的支持。②社会招聘新人培训。每位通过社会招聘进入公司的新员工都有机会参加为期 3 天半的入职集训，以帮助这些新员工迅速了解腾讯，获得工作必需的知识，并建立起公司的第一笔人脉资源。③导师制。每一位新入职的员工都有一位资深员工担任导师。

二是职业培训。腾讯职业培训是针对不同专业或部门的，包括技术族培训、市场族培训、专业族培训、产品/项目族培训、通用基础类培训。每一种培训分为不同的等级，如技术族培训分为：技术 1 级培训、技术 2 级培训、技术 3 级培训。

三是干部培训。对基层、中层和高层干部的后备培养，腾讯也有各自的计划。中层干部后备计划叫“飞龙计划”——包括视野开拓(组织他们走出去，跟行业最优秀的企业交流)、岗位实践(将公司在战略、产品和管理方面最需要解决的课题交给他们)等，并为这些人配备优秀导师，每个项目的完成情况会定期汇报，总裁参与听取。基层干部后备计划叫“潜龙计划”，高层后备干部也有专门的培养计划。每到年底，公司会做全体干部的盘点，根据情况制订改进计划。

资料来源：改编自腾讯网站，http：//www. tencent. com/zh-cn/cc/culture. shtml.

第二节　员工培训的流程

员工培训工作是非常复杂的系统工程，培训效果的好坏，对组织和员工来说都有重要影响，为了保证培训活动得以顺利实施，在实践中应当遵循一定的步骤进行。一般来说，员工培训要按照下面的程序来进行：培训需求分析、培训计划制订、培训实施与管理、培训成果转化、培训效果评估，如图 5-1 所示。

图 5-1　员工培训的流程

一、培训需求分析

(一)培训需求分析的概念和作用

1. 培训需求分析的概念

所谓培训需求分析，是指在规划与设计每个培训项目之前，由培训部门、主管人员及相关工作人员采取各种方法和技术，对组织成员的目标、知识、技能等方面进行系统的鉴别与分析，从而确定培训的必要性及培训内容的过程。

2. 培训需求分析的作用

企业开展培训与开发工作不能盲目进行，只有当企业存在相应需求时，培训与开发才有必要实施，否则进行培训是没有意义的。培训需求分析决定着培训活动的方向，对培训的质量起着决定性的作用。培训需求分析是确定培训目标、制订培训计划、有效实施培训的前提，如果前期的培训需求分析出现了偏差，那么培训工作的实施可供就会“南辕北辙”达不到预期的培训目的。总的来说，培训需求分析有以下几个方面的作用。

(1)有利于明确员工培训的必要性。在组织中会出现很多问题，比如：员工业绩差、员工技能欠缺、新的工作要求等，有些问题可以通过培训来解决，如增长知识、提高技能、改变态度等，这些称为培训需求；有些问题不能过培训来解决，如增加资源、资金和人员设备、改变体制和标准、改变管理风格，这些称为非培训需求，需要寻找其他途径来解决。只有进行培训需求分析，经过深入的调查，才了解组织中哪些是培训需求，哪些是非培训需求，才能明确培训的必要性，避免不必要的浪费给组织带来损失。

(2)有利于确定员工培训的目标。培训需求分析的基本目的就是确认差异，即确认实际的绩效与理想绩效间的差距(如图 5-2 所示)。首先明确理想的知识和技能的标准是什么；其次对现实的或现实缺少的知识和技能进行分析；最后对理想的或所需要的知识和技能与现有的知识和技能之间的差距进行比较。这三个环节应独立有序地进行以保证培训的有效性。确认绩效差异并找出影响绩效问题的真正根源，有助于确定培训的目标。

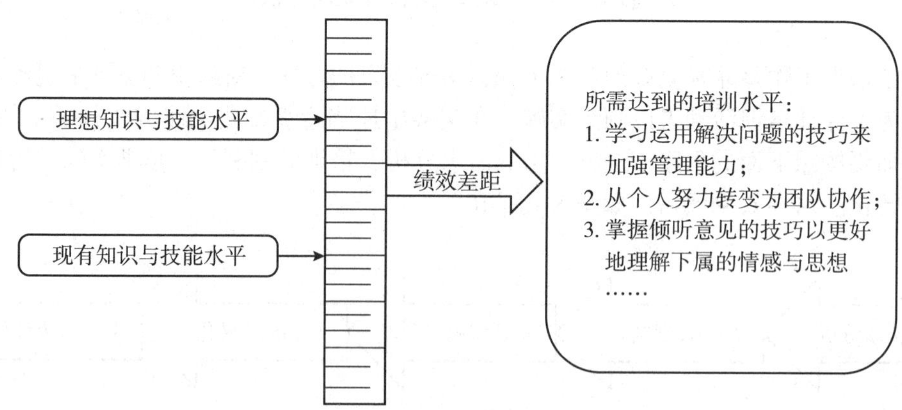

图 5-2　员工实际绩效与理想绩效的差距

(3)有利于制订员工培训计划。培训需求分析全面、客观、公正地收集培训需求的信息，包括培训的对象、培训方法、培训的时间、培训师和培训地点的选择等。只有利用培训需求分析收集到的信息，才能制订有针对性的培训计划，所以，培训需求分析是培训计划制订的前提。

(4)有利于做员工培训的预算。在员工培训需求分析阶段，可以对即将涉及的人、财、物等培训要素进行初步了解，包括参训的人数、聘用内部和外部培训师、培训所需要的场地与设备、培训时间的规划等。

(二)培训需求分析的内容

员工培训需求分析，最有代表性的观点是麦吉(McGehee)和塞耶(Thayer)于 1961 年提出的培训需求分析循环评估模型，此模型是通过组织分析、人员分析和任务分析三个方面来确定培训需求(如图 5-3 所示)。

1. 组织分析

所谓组织分析，是在给定的公司经营战略的条件下，对组织的目标、资源、特质、环境等因素进行分析，准确地找出组织中存在的问题与问题产生的根源，以明确培训需求的过程。

(1)组织目标分析。明确和清晰的组织目标决定了培训的目标，对员工培训起着决定性作用。比如企业合并或兼并通常要求员工扮演新的角色，承担新的工作任务，就需要进行培训；一些策略性因素同样会对培训需求产生重要影响，如机构重组、规模缩减、权力下放和团队合作等会立即产生培训需求。

(2)组织资源的分析。组织分析涵盖了对众多资源的分析，所有的分析都必须建立在资源分析的基础上，从而确定符合实际的培训目标。组织资源分析主要包括对组织的人力资源、时间、财务等方面进行分析。

(3)组织特质分析。组织特质主要是对组织文化、组织氛围、资讯传播情况的了解。

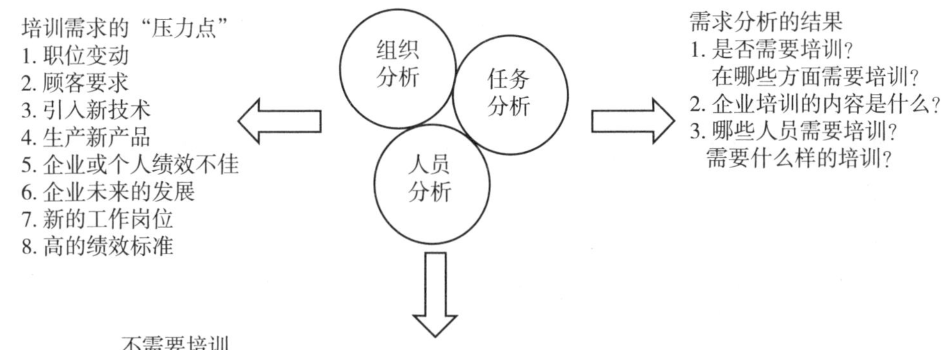

图 5-3　培训需求分析循环评估模型

资料来源：谌新民．员工培训成本效益分析．广州：广东经济出版社，2005.

培训计划与组织价值理念、组织环境氛围相一致时，则容易保证良好的培训效果。文化特质包括组织文化、经营理念、软硬件设施、规章制度、组织运营方式、成员沟通交流与待人处世的风格等。

(4)组织环境分析。组织的环境分析可分为外部的环境分析和内部的环境分析。外部环境包括国家的经济环境、行业的发展政策、市场的竞争态势、竞争对手的状况等。内部环境包括组织结构、人员流动情况、计划完成情况等。无论是外部环境还是内部环境的分析，对于企业来说都不可或缺。在分析的过程中，确认绩效问题产生的原因，寻找可能的解决办法，为培训部门提供参考。

2. 人员分析

人员分析是为了帮助组织确定哪些员工需要培训，通过分析员工目前实际的工作绩效与预期的工作绩效来判断是否有进行培训的必要。对员工的个人绩效做出评估，首先要设定出绩效考核的指标和标准，然后将员工当前的工作绩效和设定的绩效进行比较，当绩效水平低于标准或者下降时就要分析绩效不佳的原因，再根据分析出来的原因确定是否需要施加培训。

有学者认为影响员工绩效的因素主要有五个方面：

①个人特征——员工的知识、技能、能力和态度；

②投入——企业对员工工作给予的支持和资源；

③产出——工作的绩效标准；

④结果——为促使员工更好工作而施加的激励；

⑤反馈——员工在工作过程中获得的信息。

如果员工绩效不佳的原因是个人特征，其他四个方面都还令人满意，那么就要对员工进行培训；如果员工绩效不佳的原因不是个人特征，而是其他方面，那么对员工施加培训就不会取得应有的效果，需要采取其他措施以解决问题。

3. 任务分析

任务分析主要是明确员工需要完成哪些重要任务，以确定为帮助员工完成这些任务，应当在培训过程中强调哪些方面的知识、技能和能力。任务分析一般要分为以下几个步骤。

(1)选择需要分析的职位；

(2)观察和访谈有相关工作经验的员工和他们的直接上级以及专业人士，列出一份初步的工作任务清单；

(3)与专家讨论与工作任务有关的问题，验证这份初步列出的工作任务清单；

(4)通过访谈和问卷调查确定成功地执行每一项工作任务所需要的知识、技能或能力。

(三)培训需求分析的方法

进行培训需求分析的方法很多，其中常用的有四种：观察法、问卷调查法、资料查阅法和访谈法，每种方法都有各自的优缺点(如表5-2所示)，一般情况下，在进行培训需求分析时，要将两种或两种以上的方法结合使用，才能保证收集的信息的真实性和正确性。

表5-2　**员工培训需求分析方法的优缺点比较**

	优　点	缺　点
观察法	1. 可以得到有关工作环境的信息 2. 将分析活动对工作的干扰降至最低	1. 需要高水平的观察者 2. 员工的行为方式可能因为被观察受影响
问卷调查法	1. 费用低，可以从大量人员中收集信息 2. 易于对信息进行统计	1. 耗费时间、不够具体 2. 回收率可能低，有些信息可能不符合要求
资料查阅法	1. 有关工作程序的理想信息来源 2. 有关新的工作任务的理想信息来源	1. 材料可能过时 2. 需要具备专业知识才能查阅
访谈法	有利于发现培训需求的具体问题及其产生的原因和解决的办法	1. 耗费时间、分析难度大 2. 需要具有高水平访谈技巧的专家

二、培训计划的制订

员工培训计划涉及的内容大到企业战略、经营计划，小到确定培训内容，选择培训对象，运用学习原理设计切实可行的培训方案等。因此，培训计划需要结合培训需求分析制订，主要目的是保证培训工作的合理开展，提高培训效率和规范培训秩序等。

(一)培训计划的类型

从时间跨度来看，培训计划可以划分为长期培训计划、年度培训计划和项目培训计划。

(1)长期培训计划一般为3~5年，是考虑企业长远战略发展以人才种类进行粗略规划的培训计划。长期培训计划相对比较宏观，主要阐述组织的培训理念、培训投入政策、培训方针、原则以及未来培训方向等内容，更多地扮演一种组织培训政策的角色。

(2)年度培训计划是对企业在一年中的总体培训安排所做的计划，这种计划具有较强的约束性，基本决定了组织在当年的主要培训活动和培训开支计划(如表5-3所示)。

(3)项目培训计划则是针对某一次培训活动或培训项目所做的规划，强调可操作性，是某项培训活动的指南。

表5-3　　××××公司2017年公司员工培训计划汇总一览表

培训内容	负责和协助部门	培训对象	地点	时间安排	考核方式	费用预算(元)
新员工入职培训	人力资源部	新员工	公司大会议室	2个月1次 每次2天	试卷考核	10000
新员工上岗培训	人力资源部	新员工	新员工岗位	3个月	转正考核	无
分析化学理论知识培训	品质管理部 人力资源部	品质部 全体员工	品质部 办公室	1月份 2小时	试卷考核	1000
六西格玛基本知识培训	品质管理部 人力资源部	品质部 技术部	公司大会议室	1~2月份 每次4小时	试卷考核	20000
日常英语口语培训	行政管理部 人力资源部	全体员工	公司大会议室	1~2月份 每次4小时	现场演练	2000
公司产品、设备、技术相关专业英语培训	技术部 行政管理部 人力资源部	品质部 技术部 行政管理部	公司大会议室	1~2月份 每次4小时	试卷考试	5000
招聘面试技巧培训	人力资源部 行政管理部	主管级及以上员工	待定	2月份 2天	绩效考核	25000
机械制图、识图知识讲解	技术部 人力资源部	技术部 工程师	公司大会议室	2月份 1天	现场操作	1000
基本电脑故障判断及解决方法	行政管理部 人力资源部	所有感兴趣的员工	公司大会议室	2月份 2天	现场讨论	1000

(二)培训计划的内容

不同的企业，培训计划的内容可能会有所不同，但是一般来说，一个比较完备的培训计划应当涵盖以下几个方面的内容：即培训的目标是什么(Why)、内容是什么(What)、谁参加培训(Whom)、在何地提供培训(Where)、何时培训(When)、培训的方法(How)。下面详细介绍这几个方面的内容。

1. 培训目标

培训目标是培训活动的目的和预期成果，目的越清晰，目标越明确、越具体，对于今后培训效果评估工作的开展就越有利，可以直接在培训计划中列明培训所要达成的可衡量的效果。在确定培训目标的过程中，需要注意的是目标的设立与评价标准密切相关，因此培训目标的设定要注意三个方面：一是培训目标是具体的；二是培训目标是可衡量的；三是培训目标是可达到的。

2. 培训对象

培训计划需要确定的一个重要内容是谁来参与培训。在前面培训需求分析部分，我们已经有所涉及，这里只是需要强调，有时选择谁来接受培训是一目了然的，比如有些培训计划就是专门针对新员工接受入职培训而设计的。但是，在有些情况下，就必须非常谨慎地选择受训人员，比如，当接受培训的人很可能会因为培训而得到晋升或加薪的时候，选择学员的过程就与聘用的过程比较类似，需要慎重地筛选学员。

3. 培训的内容

培训计划中必须介绍培训内容，也就是确定培训什么的问题。不同的培训，由于其具体的目的、任务、培训对象不同，培训内容也就不同。比如说，企业中出现了产品质量的问题，那么就需要培训如何建立品质管理系统，如何建立全面质量管理等；如果是新员工入职培训，那么就需要培训企业文化、企业的基本情况、企业各项规章制度等。培训的内容选择应该注意两个方面：一是与组织目标相一致，二是学以致用。

4. 培训的时间

培训的时间主要取决于一个组织的经营活动特点和其他具体情况，比如，很多企业会选择生产淡季进行培训；有些组织则采取定期集中的方式对管理人员进行培训；但如果一个组织刚刚采用了一种信息技术或安装了一套新的生产设备，可能就需要马上进行培训。另外，培训的时长也是根据不同的培训内容来决定的，比如，新员工的培训时间可以是一周至一个月不等；而在职员工的培训，就需要根据学员的具体培训需求来决定，培训时间的确定应尽量不影响其工作。

5. 培训的地点

培训地点的选择主要取决于培训的目的、培训方法的要求等。比如，一些组织为了避免在公司办公地点对管理人员进行培训可能对学员造成的干扰，会将培训地点选择在远离工作场所的郊区度假村或会议中心；但是培训员工需要学习如何使用公司的某种机器设备时，培训往往必须在公司的工作现场进行。同时，培训地点选择又受培训方式的制约，比如采取讲授法需要在适当的教室；采用管理游戏法，则应当选择比较宽敞的地方。

6. 培训的方法

培训方法就是确定如何培训的问题，选择什么培训方法，是培训计划的主要内容之一，也是培训效果好坏的重要影响因素之一。培训的方法很多，不同的方法有不同的特点，也会产生不同的效果，企业要结合自身的情况和培训对象选择合适的培训方法。本章第 3 节会对培训方法作详细介绍。

7. 培训的预算

培训计划中往往还需要列明组织在培训项目上所需的经费预算，其中主要包括培训过程中需要支付的食宿费用、租用培训场地的费用、学习材料和设备费用、外聘师资费用、外购培训服务费用等各项与培训有关的直接开支项目。做好培训预算的目的是确保培训活动的有效性，同时将培训经费的开支控制在组织能够承受的范围之内。

三、培训实施与管理

培训实施就是把培训计划付诸实践的过程，这是达到预期培训目标的基本途径。培训计划设计得再好，如果在实践中不进行有效的管理，培训计划得不到贯彻执行，也将失去意义。

(一)做好培训前的准备工作

1. 选择培训师

随着国内企业界对员工培训需求的不断升温，培训师已经成为一个炙手可热的行业，同时对培训师的综合素质要求也很高，因为员工培训是否成功与所选择的培训师有着很大的关系。总的来说，一个培训师需要具备以下几个方面的素质：首先，要具备良好的品质与职业道德；其次，要有完备的知识体系和丰富的经验；最后，要具有良好的表达能力、应变能力、组织能力、观察能力和控场能力。

2. 培训场所的布置

培训场所的布置主要包含以下几个方面：房间面积要适合培训的需要；培训师的工作区要有足够大的空间放置材料、媒体工具或其他器材；检查邻近是否有干扰；检查休息室、饮用水、茶点的状况。

3. 签订员工培训协议书

目前有很多企业花费很多的金钱和精力为员工组织培训，但培训结束后员工却以此为资本跳槽，而企业却没有向员工提出任何条件加以约束，白白地为竞争对手做嫁衣。为了避免类似的情况发生，与员工签订培训协议书是完全有必要的。培训协议书的内容包含以下几个方面的内容：①培训费用的支付说明；②培训学习期限的说明；③纪律要求；④员工薪酬和福利规定；⑤奖惩规定；⑥违约责任。

(二)培训过程中的管理

1. 工作分配

由于培训涉及的事务繁多，所有具体的工作需要有具体的人负责，才能保证培训工作的顺利进行，而不至于因为培训工作的繁多而导致失误。行之有效的一种方法就是按照培训实施的时间和工作任务顺序，列出一个工作清单，内容包括工作任务、完成时间、执行人、检查人、检查时间等，这样工作清单能够起到提醒的作用，每做完一项并检查无误后打钩，直到培训工作完成。

2. 培训纪律

由于场地的局限和人员的相对集中，室内培训需要排除的干扰因素会较多，其中最主要的是人为因素。因此，为了保证培训的顺利进行，培训师要对学员在行为上进行约束，学员必须遵守课堂纪律。

3. 安全工作

在一定的空间里进行培训，无论是在室内上课还是在野外进行拓展训练，其实都存在着一些安全隐患，预防是最好的措施。良好的安全意识和预防措施，胜过所有的事后补救。室内培训最大的安全隐患就是火灾，所以在培训之前要告诉学生逃生通道，并保证逃生通道的畅通。室外培训的安全要注意以下几个方面：采用质量可靠的培训器材；采取保护措施；统一行动、严禁擅自行动；掌握一些具体的意外的应对措施。

四、培训成果转化

所谓培训成果转化，也称培训迁移，是指员工把在培训中获得的知识、技能、行为、态度应用到实际工作中的程度。学员在培训过程中的学习所得，如果没有通过培训成果转化这一过程，那么所有的培训投入将无法指向最终的目标，即无法提高员工的工作绩效，进而也无法提高公司的整体绩效。培训成果转化受以下几个方面的影响。

（一）培训成果转化的氛围

培训成果转化氛围是指学员对各种各样、能够促进或阻碍培训技能或行为应用的工作环境特征的感觉。这些特征包括上级和同事对自己在工作中运用培训内容的支持程度，在组织中是否存在运用所学技能或行为的机会，以及学员会因应用从培训中获得的新技能和行为方式而受到奖励，对使用从培训中获得的新技能和行为方式的学员不会公开责难等。

（二）管理者的支持

管理者的支持是指学员的管理者对参加培训项目的重视程度、对培训内容在工作中的应用的重视程度。管理者为学员的培训活动提供不同程度的支持，管理者对培训的支持程度越高，培训成果就越容易实现转化。管理者应尽可能地提供一些支持性的功能，比如与学员讨论培训进展情况，为他们提供练习的机会，促进学员运用在培训中所学的知识和技能等。此外，还应对学员进行追踪，以评价学员在培训内容运用方面所取得的进展。

（三）同事的支持

同事之间的相互支持不仅是培养良好人际关系的基础，同时也可以创造一种良好的学习和成果转化氛围，促进培训成果的转化。通过在学员之间建立一种支持性的网络也会有助于强化培训成果的转化，他们经常会面对面或通过电子邮件进行沟通，来讨论在培训成果方面取得的进展。组织还可以考虑将参加过同样的培训并且工作表现比较优秀的员工，配备给学员做导师，向学员提供建议和支持，告诉他们应当怎样将培训的内容成功地转化为自己的工作实践。

（四）运用培训内容的机会

运用培训内容的机会是指企业向学员提供或者学员主动寻找机会实践培训中学到的新知识、技能和行为方式。运用的机会一方面是由企业内部决定的，另一方面还受学员寻找运用机会的主动性影响。要想让学员运用在培训中所学到的知识和技能，最有效的方法是安排他们从事那些需要运用所学的知识和技能的工作任务或解决相关问题，学员的上级往往起着关键作用。此外，运用培训内容的机会还取决于学员是否愿意积极寻找使他们能够运用刚刚获得的新技能的工作任务。

(五)学员的自我管理能力

在培训过程中应当让学员制定在工作中运用培训内容的目标，明确在何种条件下可能无法达到既定目标，说明运用新技能和新行为的积极和消极后果，确定监督整个新技能和新行为运用过程的方案。此外，要让学员明白在运用培训内容的过程中遇到困难是不可避免的，不能轻易放弃转化培训成果的努力。

五、培训效果评估

培训效果评估：是指运用科学的理论、方法和程序，对培训工作的全过程及其效果进行系统评估的过程。

通过培训效果评估组织可以弄清楚这些问题：培训成本支出到底是否值得或其成本有效性如何？培训是否达到了预期的目标？学员对于培训项目的满意度程度如何？培训内容和组织管理情况如何？学员的工作行为是否发生了改变？这些改变是不是由培训引起的？这些变化是否有助于组织目标的实现？下一组的学员在完成相同的培训后是否会发生相似的变化？

培训效果评估的方法有很多，包括成本-收益分析法、效用评估法、柯克帕特里克模型、考曼夫五级评估模型、CIRO 模型等。本书在这里详细地介绍成本-收益分析法和柯克帕特里克模型。

(一)成本-收益分析法

成本效益分析是检验企业培训效果的有效途径，人力资源培训成本效益分析结果对企业未来员工培训方案、计划的制订有重要的参考价值。企业全部培训成本可分为两大类，即直接成本和间接成本。

1. 确定成本

可根据企业员工培训系统模型对培训不同阶段，包括培训项目设计、培训需求分析、培训实施与管理、培训成果转化等过程中，所需要的设备、设施、人员、材料等成本进行估算，具体可用会计方法计算成本。一般来说，员工培训需要计算的费用如表 5-4 所示。

表 5-4　**员工培训成本构成表**

1. 直接成本	
薪金和福利	学员、培训者、顾问、培训方案设计者的工资、奖金、福利等
材料费	向教师与学员提供的原材料费用及其他培训用品的费用
设备和硬件费	培训过程中使用教室、设备或硬件的租赁费、购置费等
差旅费	教师与学员及培训部门管理人员的交通、住宿费等
外聘教师费	从企业外部聘请教师所支付的授课费、差旅费、住宿费等
项目开发或购买	员工培训项目的开发成本或购买成本

续表

2. 间接成本	
设施费	一般性的办公用品、办公设施、设备及相关费用
薪资	培训部门管理人员、工作人员薪资等
其他费用	无法计入培训项目的各种费用

2. 确定收益

确定收益有许多方法，可以运用有关技术，研究确定与某特定培训计划有关的收益；也可以在组织大规模投入前，通过实验性培训来评价学员所获收益；还可以通过对成功工作者的观察，确定其与不成功工作者绩效的差别。具体公式为：

$$\mathrm{TE}=(E_2-E_1)\times \mathrm{TS}\times T-C$$

其中：TE——培训收益

E_1——培训前每个学员一年产生的效益

E_2——培训后每个学员一年产生的效益

TS——培训的人数

T——培训效益可持续的年限

C——培训成本

3. 计算投资回报率

投资回报率是指培训的单位投资所获取的收益，是衡量培训成果的重要指标，投资回报率和培训效果是成正比的。用公式表示培训的投资回报率为：

$$\mathrm{IR}=\mathrm{TE}/C\times 100\%$$

其中：IR——投资回报率

TE——培训收益

C——培训成本

例 5-1　科创公司举办了一次销售员的销售技巧的培训班，受训的销售员 30 人，为期一个星期，培训费 50 万元。受训前每位销售员一年的销售净利为 12 万元，受训后每位销售员一年的销售净利为 15 万元，培训效果可持续 3 年，请计算培训收益。根据上述公式可得：

$$培训收益=(15-12)\times 30\times 3-50=220(万元)$$

$$投资回报率=\frac{220}{50}\times 100\%=440\%$$

(二)柯克帕特里克模型

柯克帕特里克模型是威斯康星大学教授唐纳德·柯克帕特里克于 1959 年提出的，柯克帕特里克模型是迄今为止运用最广泛的培训效果评估模型。它按照评估的深度和难度递进的顺序，将培训效果分为 4 个层次：反应层、学习层、行为层和结果层。

(1)反应层，即一级评估。这是培训评估中最低的层次，可以通过对学员的情绪、注意力、兴趣等进行研究，得出学员对培训的看法和态度。这种反应性结果对于确定学员认为哪些因素有利于学习，而哪些因素又会阻碍学习是非常有用的。

(2)学习层，即二级评估。这个层次的评估主要是用于了解学员通过培训学到了什么，反映学员对培训内容的掌握程度。

(3)行为层，即三级评估。这个层次的评估是用于测定学员在日常工作之中是否自觉地运用了培训所学到的知识和技能。

(4)结果层，即四级评估。结果层的评估用于评估上述变化对组织发展带来的可预见的和积极的作用。此阶段的评估上升到组织的高度，所以评估需要大量的时间和费用，是组织培训效果评估的难点。

柯克帕特里克模型四个层次之间的关系有以下几个方面的特点：①评估的时间先后顺序，前者是后者的基础，比如，反应层和学习层在培训结束后就进行评估，但行为层需要在培训后3~6个月才进行评估(具体见表5-5所示)；②评估的难度逐渐加大，反应层评估一般使用问卷调查的形式进行，是比较简单的，但结束层的评估就需要大量的绩效指标来进行衡量，是比较复杂的；③评估的普遍性递减，反应层和学习层评估的对象较多，基本上所有的学员都要参与，但行为层和结果层只会选择部分学员参与；④评估的价值递增，反应层和学习层的评估价值相对于行为层和结果层对于组织来说要小得多。

表5-5 **柯克帕特里克培训效果评估模型**

反应层评估	评估目的：学员对培训的评价(包括培训师、培训管理过程、培训内容、培训方法等) 主要方法：问卷调查、评估访谈 评估时间：培训项目结束时
学习层评估	评估目的：检查学员的学习结果，测量学员对知识和技能的掌握程度 主要方法：笔试、技能操作、工作模拟、编写案例、撰写论文等 评估时间：培训项目结束时
行为层评估	评估目的：衡量学员培训前后的工作表现 主要方法：上级、同级、下级对学员的评价、受训人本人的自评 评估时间：培训前、培训结束后3~6个月
结果层评估	评估目的：衡量组织经营业绩的变化 主要方法：运用事故率、生产率、销售额、员工流动率、客户满意度等指标进行衡量 评估时间：培训结束后6~12个月

第三节 员工培训的方法

不同的培训方法适用于不同的培训目的和培训需求，培训方法的选择直接关系到培训的效果。在培训方法的选择上要充分考虑培训对象的特点，创造轻松、活跃的培训环境，选择培训对象容易接受和理解知识的培训方法。下面就详细地介绍一些组织培训的具体方法。

一、讲授法

讲授法是培训师用语言把知识、技能等内容系统地传授给学员，使学员能记住重要知识的培训方式。在这种培训方式中，学员只是单纯地吸收知识，培训师与学员之间是单向的沟通。现代讲授法已经应用了多种视听教材，比如录像、电脑和幻灯片等，画面优美、声音动听，学员很容易进入学习情景。根据讲授者对学员传授方式的不同，讲授法可以分为以下几种。

(1)注入式讲授。授课过程中信息输入完全来自讲授者，一切都在培训师的控制之下。培训师明确细致地讲解所有知识要点，学员只是被动接受信息，参与程度较低。

(2)启发式讲授。授课过程中培训师提供一些新的信息和结论，然后提一些问题让学员参与讨论，学员参与程度较高。

(3)发现式讲授。学员在培训师指导下进行学习，并得出自己的结论。这一类型的讲授要求学员独立探索新概念、新事实。学员的参与程度比启发式更高，培训师能及时收到良好的反馈。

(4)开放式讲授。这是一种讲授者和学员互动的方式，整个活动的主体是学员，培训实施者的作用是制定规则、检测鉴定。

讲授法的优点是：①易于安排整个讲授程序；能传递大量信息，成本低并最省时间；②适合任何数量的听众；③培训师能集中向学员介绍较新的研究成果，有较强的针对性。

讲授法的缺点是：①对学员和培训师的要求都较高；强调的是信息的聆听，学员处于被动的位置，不容易调动其积极性；②由于是单向沟通，学员的反馈有限，培训师很难迅速有效地把握学习者的理解程度，学习的成效并非很高。为克服这些问题，讲座法常常会附加问题、讨论和案例研究。

二、案例分析法

案例分析法又称为案例研究法或案例研讨法，是一种体验式培训方法。案例分析法是指把实际工作中出现的问题作为案例，交给学员研究、分析、评价，指出正确的行为，并提出其他可能的处理方式，以此培养学员们的分析能力、判断能力、解决问题及执行业务能力的培训方法。案例分析法由哈佛大学于1880年开发完成，后被哈佛商学院用于培养高级经理和管理精英的教育实践。该方法一般以会议讨论的方式进行，适用于新进员工、管理者、经营干部、后备人员等阶层员工，其培训目标主要是提高学员解决问题的综合能力，使他们在以后的工作中出色地解决各类问题。

案例分析法的优点：①案例分析的过程需要学员高度集中的参与，进行讨论，最终得出结论，所以参与性较强；②通过对个案的研究和学习，能够明显地增加员工对组织各项业务的了解，获得有关管理方面的知识和原则，提高员工解决问题的能力；③它是一种信息双向交流的培训方式，有助于培养员工良好的人际关系，增强企业内部的凝聚力。

案例分析法的缺点：①案例所提供的情境不是真实的情境，学员不能亲临其境，不可避免地存在失真性；②对案例的实用性要求很高，在案例的编写和收集时，不仅要注意其与培训内容的关联性，还要看其是否能激发学员的研究兴趣。

三、角色扮演法

角色扮演法是指在一个模拟的环境中，规定参加扮演某种角色，借助角色的演练来理解角色的内容，模拟性地处理工作事务，从而提高问题处理能力的一种培训方式。角色扮演法最常用于人际关系的培训，它可以展示人际沟通中的不同手段与观念，为体验各种行为并借此进行评价提供了一种有效的工具。另外，这种方法也可用于询问、电话应对、销售技术、业务会谈等基本技能的学习与训练。它与模拟的区别在于学员可选择的反应类型及情境信息的详尽程度不同。角色扮演提供的情境信息十分有限，而模拟所提供的情境信息通常比较详尽。

角色扮演法的优点：①学员的参与性强，学员与培训师之间的互动交流比较充分。这一点有助于提高学员的学习积极性，变被动为主动，使其积极参与到培训中；②特定的模拟环境和主题有助于训练基本技能，有利于增强培训的效果；③通过亲身体验和观察其他学员的扮演情况与行为，有助于学员发现问题，提高学员的观察能力和解决问题的能力并学习各种交流技能。

角色扮演法的缺点：①学员的角色扮演不一定是完全成功的，一次的失败可能会挫伤学员的积极性；②角色扮演法具有较强的人为性，符合培训目的的角色扮演往往对培训师和学员的水平有很高的要求。

四、游戏培训法

游戏培训法是运用先进的科学手段，综合心理学、行为科学、管理学几方面知识，积极调动学员的参与性，使原本枯燥的概念变得生动易懂。它把受训者组织起来，在讲师所给予的规则、程序、目标和输赢标准下，就一个模拟的情境进行竞争和对抗式的游戏。培训时，往往以小组形式进行，需要整组学员的通力合作才能够取得游戏的最终胜利，能够在不知不觉间提高他们的领导才能及团队精神。而且，由于学员在决策过程中会面临更多实际的矛盾，决策成功或失败的可能性都同时存在，需要学员积极地参与训练，运用有关的教育理论与原则、决策力与判断力对游戏中所设置的种种遭遇进行分析研究，采取必要的办法去解决问题，以争取游戏的胜利。

游戏培训法的优点：①教学方法生动具体，能够激发学员对于培训的积极性，不会因为感到枯燥乏味而减弱培训效果；②学员能够对所要培训的内容拥有比传统培训方法更加直观、更加具体的理解，认识也更加深入；③可以让参训者通过自己在游戏中的行为而联想现实中可能产生的后果，从而影响到学员今后对类似事件的思考方式与决策选择；④通过游戏的过程，可以改善学员之间的关系，也可以提高学员们的团队合作精神，让他们回到自己的工作岗位之后能够比以前工作得更加顺利。

游戏培训法的缺点：①从前期的游戏选择、道具准备到游戏的开始进行直至最后的结果和行为分析，都需要相当长的时间。而且在游戏设计、规则制定、胜负评判等方面，游戏培训法都有较大的难度，这对讲师把握游戏的能力有相当高的要求；②不论游戏如何生动具体，模拟的情况如何接近于现实，它毕竟不是真实的生活，即使在比赛中失败也没有相应的损失，也不用承担现实世界中所应承担的责任，所以也容易使学员在处理问题时没有足够的责任心；③模拟游戏对于学员在今后工作中的影响有多大的有效性在短时间内不能够得到证实。

五、仿真模拟

仿真模拟(simulation)是指把培训对象置于模拟的现实工作环境中，让他们依据模拟的情境做出及时的反应，分析、解决实际工作中可能出现的各种问题，为实际岗位的工作打下基础的一种培训方法①。仿真模拟培训针对特定的条件、环境及工作任务进行分析、决策和运作，可以让学员在一个人造的、无风险的环境下看清他们所做决策的影响，常常被用来传授生产和加工技能及管理和人际关系技能等，如培训飞行员的飞行模拟器。

仿真模拟可分为模拟设备和模拟情境两类。前者主要是以模拟设备为基础，对学员使用该设备的技能进行模拟训练。在模拟设备的操作训练过程中，学员可以反复练习，不怕失误会带来不良后果，也可以在训练过程中进行自我反馈和自我纠正。后者主要是根据培训的需求和实际的工作环境，模拟某一工作情境，让学员在一个现实的社会环境氛围中对未来的职业岗位有一个比较全面的理解，特别是某些行业特有的规范。

仿真模拟的优点：①复制了学员在实际工作中所使用的物理设备，不必担心错误的操作会带来不良的后果，可以用最少的成本支出确保培训时最大的安全性；②管理和人际关系技能训练的仿真模拟也不会真正地造成人际关系的破裂，学员可以放心进行模拟训练。

仿真模拟的缺点：①模拟训练的情况与现实情况之间始终会有一些差距，因此，模拟的解决方式不一定完全适用于现实情况；②模拟设备的关键在于要具有与工作环境相同的因素，而且随着外部环境和内部环境的变化发展，模拟设备必须及时更新，因此，其开发成本通常都比较高；③培训师必须对各项技能的训练熟悉在心，才能使学员通过仿真模拟得到真正的训练。

六、行为示范法

行为示范法(behavior modeling)是指让培训对象观摩行为标准样例或录像、幻灯片等，并进行实际操练的一种培训方法。行为示范法结合了几种不同的培训方法和学习原则，它主要包括以下四个步骤。

(1)明确重点。开展教学活动时，需要列举培训计划重要的目标和目的，指出学习的关键点所在。

(2)示范演示。通过观看示范者的标准样例或录像、幻灯片等，学员进行模拟训练。示范者主要展示应付相关情形的方法，并讲解学习的重点。

(3)反复练习。培训的大部分时间用于这一部分，即学员模拟示范者的行为，进行训练。

(4)进行强化。反馈可以向学员提供强化信息以表扬他们执行的正确行为，行为示范法以社会学习理论为依据，强调学习是通过观察示范者演示的行为及替代强化而发生的。

行为示范法的优点：更适合于学习某一种技能或行为，能够让参与者比较好地领会到

---

①　石金涛．培训与开发．北京：中国人民大学出版社，2013.

参与的目的，为他们创造了一个实践的良好机会，有利于员工在培训中学到人际关系的交往能力和特殊的工作技能。

行为示范法的缺点：行为示范法存在着不少不确定的结果和未验证的假设，特别是有关学员将培训内容应用于现实环境中的困惑。大多数培训师只依靠训练标准来评估该方法的培训效果，而没有评估这些行为的工作产出。另外，现存的行为示范模式太简单或冗长或不现实，其系统因缺少变化而缺乏吸引力。

七、头脑风暴法

头脑风暴法是一种通过小型会议的组织形式，让所有参加者在自由愉快、畅所欲言的气氛中，自由交换想法或点子，并以此激发与会者创意及灵感，使各种设想在相互碰撞中激起脑海的创造性“风暴”。采用头脑风暴法时，要集中相关专家召开专题会议，主持者向所有参与者阐明问题，说明会议的规则，尽力创造融洽轻松的会议气氛，一般不发表意见。头脑风暴法的参加者，都应具备较高的联想思维能力。在进行“头脑风暴”时，应尽可能提供一个有助于把注意力高度集中于所讨论问题的平台。有时某个人提出的设想，可能正是其他准备发言的人已经思考过的设想。其中一些非常有价值的设想，往往是在已提出设想的基础之上，经过“思维共振”的“头脑风暴”而迅速发展起来的设想或者是对两个或多个设想的综合设想。因此，头脑风暴法产生的结果，应当作为专家成员集体创造的成果，是专家组这个宏观智能结构相互感染的总体效应。为便于提供一个良好的进行创造性思维的环境，会议的人数和会议进行的时间十分重要。经验证明，专家小组规模以10~15人为宜，会议时间一般为20~60分钟效果最佳。

头脑风暴法的优点：头脑风暴法的心理基础是一种集体自由联想而获得创造性设想的方法，它可以创造知识互补、思维共振、相互激发、开拓思路的条件，因此，可收到思路流畅、思考领域扩大的效果。头脑风暴法可以剔除平庸的方案，对所讨论的问题进行客观、连续的分析，找到一组切实可行的方案。

头脑风暴法的缺点：受专家的主观素质条件限制，整理分析要花相当长的时间，甚至会延误决策。

八、在职培训

在职培训(on-the-job training，OJT)是指员工在不离开工作岗位的前提下，管理者在日常的工作中指导、开发下属技能、知识和态度的一种训练方法。在职培训是最好的培训方法之一，它在工作场所有计划、有组织地对员工进行培训。一般情况下，在职培训多用于在实际工作中培训新员工；帮助有经验的员工进行新技术升级培训；在统一单位或部门内进行交叉培训；岗位发生变化或得到晋升的员工的新工作适应培训。它尤其适用于发展员工在工作中所需的特定技能，特别是很容易上手，并有现成设备和设施供实际操作的技能。

在职培训的优点：①它在材料、培训师的工资或指导方案上投入的时间或资金相对较少；②某一领域内的专家和同事都可以作为指导者；③学员可以边工作边学习；④企业一般已具备在职培训所需的设备和设施，学员在实践中学习，培训师可以及时对学员的学习过程进行反馈。

在职培训的缺点：①在职培训不易得到经理人员的重视，常常得不到很好的设计，培训目标不明确，实施过程中并不指派训练有素的教员，结果是员工经过在职培训之后收获甚微；②潜在风险是新员工可能损坏机器设备，生产不合格产品，浪费原材料；③会影响指导老师的正常工作，可能导致指导老师随意敷衍。

【知识巩固训练】

1. 简述员工培训与开发的概念和区别。

2. 员工培训的作用和原则有哪些？

3. 员工培训有哪些类型？

4. 简述培训需求分析的概念和作用。

5. 培训需求分析的内容哪些？

6. 培训需求分析有哪些方法？各自的优缺点是什么？

7. 培训计划的类型有哪些？每种计划的重点是什么？

8. 培训计划的制订包含哪些内容？

9. 培训成果转化受哪些因素的影响？

10. 柯克帕特里克培训效果评估模型有几个层次？每个层次的评估目的、主要方法、评估时间分别是什么？

11. 员工培训方法有哪些？各自的优缺点是什么？

【技能提升训练】

1. 案例分析：京东是怎样培训6万多名员工的

京东商城，拥有6万多名员工，其中8成是基层蓝领员工。如何培训这样的员工群体？移动互联网时代，该如何利用互联网思维开创人才培养新模式？有两组数据可以印证京东的变化：过去我们用60%或更多的时间为管理者服务，开发他们喜欢的课程；如今，我们对管理者的服务可能只需要20%的精力，而把更多的时间、精力、力量放到了员工上。这就要求我们对员工的服务必须接地气，否则员工不买账，我们的工作就没有价值。京东目前有6万多名员工，有上千名的中高层，仅培训800名经理层就用了4个月的时间，费时费力，有时大家还没空参加，而这个定式现在要被颠覆，我们需要重新思考：第一，是不是一定要培养人？第二，一定要开发课程吗？第三，一定要上课培训吗？第四，如何让学习变得简单、快乐？互联网思维其实就是一种工具，能让我们用新的思维方式来反思和工作。传统企业的培训效果是“高大上，听不懂”，而互联网企业追求“接地气、讲干货、说人话”。互联网思维催生了种种堪称简单粗暴的方式，却往往能直击用户内心深处。

第一，京东培训的三种思维能力。谈到互联网思维，实际上就是要解决“三个点”和“三大能力”的问题。互联网思维的三个点，其实就是痛点、尖叫点、引爆点。痛点指的是用户思维能力，你对用户有没有读懂；尖叫点指的是产品思维的能力，你能不能够做出令人尖叫的产品，像微信就是这样的产品；引爆点需要有市场思维能力，也就是你的产品和服务能不能够引爆让粉丝誓死追随。

那么，如何将这三种思维模式，应用到人力资源和培训中？过去，培训的三大能力是讲课的能力、开发课程的能力和班级运营的能力。如今有新三样，首先就是社群运营能力，你会不会让粉丝玩起来；第二，是多媒体制作能力，让你想培训的内容成为可听、可视化的声光电合一的产品；第三，叫做爆点营销，你会不会引爆一个问题，比如“爆款”就能招人气，让客流量上来，之后让人不自觉地去传播。现在有一句话叫“饭前不拍照，臣妾做不到”。不是只有来吃饭的才叫用户，真正的用户是还没吃呢，就先把照片传出去了。圈里一百个人觉得这个店挺好，下回也要去，一个带一百，这种用户才是真正的用户。如果你要是能够把学习产品创造出这种引爆点，让大家能够帮着你传播，并且他还不觉得是在替你干活，这背后就是功夫。

第二，做“有用”的培训。互联网培训的特点是什么？我们的总结是做产品。什么叫产品？如果这门课程只能这个老师讲，不叫产品。产品是任何一个人去讲，质量都不会下降太多，它的传播范围更广大。而互联网思维，给培训带来了无限的想象空间：我们是不是能用一半的费用，一半的时间，得到的效果却不减？对此，我们有四个做法：第一个是有用，第二个是少花钱，第三个是少花时间，第四个是心甘情愿。先说说有用。最关键是你的客户(学员)和客户的领导觉得有没有用。如何评判他们的满意度，比如感谢信，包括具体哪里好、对自己及部门有哪些帮助以及是否有后续的行动计划等。我们在内部调研时发现，公司很多专业级人才中，有50%的人职业梦想是成为管理者。但作为要靠技术驱动未来的京东，需要更多安心做技术的人才。问到为什么要成为管理者，回答通常是：“成为管理者，才有更多的话语权。”再问：你们愿意做审批吗？愿意开各种会议吗？“不愿意，我就想让别人听我的。”这就太简单了，这就是痛点。于是，我们的培训可以围绕他们做一些尖叫的产品，其实就两点：给他们更大的舞台和更多展现的机会；让领导和员工都认识他，让他说话有人听。我们围绕这块做了两个产品，一个叫京东TALK，一个叫京东TV。京东TALK就是模仿美国的演讲秀模式，一个铺着红地毯的舞台和两块显示屏，一块显示倒计时(共18分钟)，还有一个用来放PPT。而这个舞台只允许专业人士上来，管理者一律免来。我们第一次请了一个曾经是研究无人机的博士程序员，他讲了自己的工作，叫“虚拟试衣”。讲完这个程序之后，他立刻就火了，很短时间内就成了公司的名人。

第三，做让人尖叫的培训产品。在设计领导力培训时，我们发现公司缺干部，管理者又抽不出时间上课。怎么使产品令人尖叫——不花时间又能达到效果？我们发现有一个一对一的情景测试很有用。以往是小组测试，很多人可以滥竽充数。而这个是要一对一面试、考试，谁都逃不过去的“以考代培”的培训方式，的确很具挑战性。而怎么让大家接受这个方式，引爆他们的热情？考试谁都不喜欢，但我们在培训中灌输了一个观点：管理者是磨出来的。而能够过关，说明你是一个好的管理者。对于京东内部近5万名的蓝领员工(配送员近两万名，其余是仓储、分拣、客服等)，这些一线员工的痛点到底在哪儿？我们调研后发现了四大痛点。第一个痛点是学历低，大部分人是高中学历，流失率高；第二是没有空调，他们的工作环境、学习环境较差；第三个是没有时间，工作压力大；第四个是没有茶歇，基层员工看到总部培训中有茶歇，有服装，而自己啥都没有。据此，我们怎么做尖叫的产品？我们尝试用开放大学的模式，让他们变成大专和本科学历，有机会鲤鱼跳龙门；进行硬件设施改善，在每个仓库配一个教室，改善学习环境；开发微信产品，让他们在手机上随时能进行碎片化的学习；统一标配，总部和一线员工同样标准，每天课程配备人均8元的茶歇。引爆点只给大家讲两个：第一个产品叫“我和东哥做校友”，第二个产品叫“我在京东上大学”。“我在京东上大学”是一个平台性的产品，我们跟北航等几所大学合作，开设了电商本科和大专的学历教育，鼓励学员自费来学。我们在动员会上特意说：很多人借钱结婚，借钱买房，甚至借钱生娃，能不能借钱读一个本科，让自己鲤鱼跳龙门？现在，已有400多员工报名。而我们的激励方式是，员工两年半后拿到了学历，会给他奖励；如果学习期间晋升了一级，减免1/3学费，晋升两级减免1/2，晋升三级整个课程全免费。用这样的产品去激励大家靠自我的动力来学习。

第四，“少花钱”也能做培训。培训一定要大投入吗？少花钱，并不等于质量不好，最关键在于你相不相信内部的资源比外部资源更有价值。我们曾在6·18店庆大促销时做过一个知识分享活动。活动为时1小时，第一步：员工间交换题目，形成联盟。我们共有35个题目，随机发给大家；与其他人交换主题，寻找自己擅长的主题；找到能够相互支撑的朋友，形成7~8人的联盟。第二步，活动开始安静的创作，也叫迪斯尼转盘。版主在问题旁写上自己的名字，认真填写第一帖；将自己的问题卡，传递给左边的同事；阅读前面同事的回复，写上自己认为更有价值的信息；不断传递，补充进去最有价值的信息。第三步：叫能量集市。所有人起立，拿着自己的主题，选择一张白板纸，将自己的问题和已经收集到的回复张贴到白板纸上；分享自己的成功经验和处理方法，而每人回帖不少于8个；版主最后选出3个最佳回帖，贴上红点，任务就算完成了。活动结束后，还有一项工作，是编辑把贴红点的答案往前放，其他参考答案往后放，这就形成了解决关键问题的小册子了。这对于对6·18了解不多的员工，是一个非常好的项目式培训。所以说，少花钱背后最关键的逻辑叫推手，在于你能不能推动公司内部专家帮你干活。我的梦想就是让这些专家们白天给公司干活，晚上给京东大学干活。而且，他们是心甘情愿帮你干。

第五，“心甘情愿”的攻心术。我们有一个产品叫“专业脱口秀”。我们在内部找了个能言善道的85后员工，让他围绕业务条线，以脱口秀的形式每周推出一档节目，介绍种种业务趋势和公司内部的变化，要讲得有趣。就像现在的相声，几乎是几十秒钟就抖一个包袱，因为客户已经越来越重口味。因此，他可以找编辑，也可以自编自演，我们每月给他一定的课程开发费。我们用这样的方式，更快速地推动公司内部知识的传递。再比如京东TV，是一个内部视频传播的培训方式。源起自“老刘有话说”，我们将刘强东的演讲视频，按主题切分成10分钟左右的若干个片段播出，反响很好。随后我就想，这些内容能不能由全员来创造？于是尝试做一个项目叫“快手酷拍”。我们发现许多配送员不喜欢培训，他们都是按单计酬，培训会占用时间。于是我们鼓励配送员用闲暇时间，用手机把他们工作中的重点记录下来，自编×××自传，通过海报邮件造势，再加之超值大奖激励，通过拉票赚人气和围观投票，最终有58个视频脱颖而出，有5000多张选票，数千条评论。最后，我们问这些人要什么奖品，原本打算奖励 iPhone 三件套，结果员工说："不要小的，要 50 寸以上的大彩电，并且直接京东配送到我的老家去。"这就是引爆点。过去培训就是要改变 A(态度)和 S(技能)，但我们认为这个逻辑要有新的调整，现在关注 knowledge 是更加符合互联网的模式。现在的假设都已经改变了，人才的储备率远高于 10 年前，同时 80 后、90 后的知识学习转化能力明显强于 70 后，学习是一种开启后自发延续并完成的过程，大量的知识会推动每个人自我成长。比如说满血复活的项目，它非常难做。很多课程是让大家痛哭流涕，自我更新，更新完之后继续折磨自己和折磨别人。我们想，能不能用简单的办法用两三个小时来解决实际问题。最近，我看到一篇文章，说快餐时代的人不需要用很复杂的方式去满血，你能不能尝试用 5 分钟吃一个葡萄干，闻一闻，看一看，捏一捏，嚼一口，感觉它在你身体里吸收的过程。5 分钟吃一个葡萄干，我相信，你如果能体验好，其实能达到旅游一个月的目的，现在的社会需要我们用更短的时间解决同样高质量的问题。事实上，解决情绪压力要大于培训内容本身。

第六，培训终极目的是绩效。最后，谈一下为什么个体和组织都能心甘情愿地投入培训。通过建立一种学习生态系统，让学员自动自发地学习，以知识习得为方法，而目的是提升能力。我们设计了"京东年级"这样的能力等级项目，用一种显性且易操控的方式，鉴别员工的成长与价值。京东年级能体现出员工的学习任务、知识贡献等。同时，用各个年龄层都喜欢的语言表达和宣传形式，引爆员工的热情。京东尝试搭建了一个灯笼模型的方式，底座叫小的 E-Learning，我们把它做成每个岗位，每个层级必修课程的平台，且考试都包含在这里；中间灯笼身是大的动态知识库，包括京东 TV、京东论坛、包括各部门的知识库，把它变成共享平台；灯笼帽是挖掘，往往是京东大学内或者行业专家，基于业务部门需要，从灯笼身里列出来叫知识列表，当知识列表出来之后，其实就形成了课程开发初步的蓝本。如果没有这个素材库，很多课程开发就是原创，有了这些积累就是二次开发，更简单，时间更快，这样就变成搜集、挖掘和应用的循环过程。现在的智能终端设备越来越多，会推动培训越来越快地从学习领域到绩效领域。培训能不能帮到绩效，有没有像顾问一样去帮助它，我们能不能做到用智能的系统去做推送，使人更轻松地工作，将决定人力资源工作的价值。

资料来源：网易财经，http：//money.163.com/16/0822/18/BV3FNGDA002557RH.html.

讨论：

(1)京东在培训中，采用了哪些方法？这些方法有什么优势？又有什么不足？

(2)京东的培训有什么特色？对你有什么启示？如果让你来优化京东的培训，你打算如何优化？

2. 课后项目训练

在班上组织一次管理游戏，时间为 20 分钟，选出 32 名学生在班上坐成 4 队(类似考试一样坐)，每个队 8 个人，每个队选一个组长坐在第一个座位上，每个组长准备一支笔和一张空白的纸，将事先准备好的 4 张纸条(上面写着一段消息)，在游戏开始后给每个队最后一个学生，让这 4 位学生用一分钟的时间把消息看完之后在心里默默地记下来，并马上把纸条交给老师，接着马上向前面的同学传递消息。

(1)游戏规则

①每次传递时只允许将消息说一遍；

②轻轻地将自己理解的消息告诉你前面的人，并依次向前传递，只有当轮到某个队某个学生时，他(她)才可以听；

③听到消息后，必须完全按照自己的理解告诉前面一名学生；

④消息只能由最后一位学生由后向前单向传递；

⑤消息只能口头传递，不能用其他工具记下来。

(2)考核标准

①时间控制在15分钟以内；

②传递消息最准确。

3. 操作题

某节能灯生产厂每天生产6000个节能灯，其产品次品率为3%，每个节能灯的出厂价为10元。为降低次品率，该厂对生产线上的60名员工进行培训，培训费用如下：项目购买费用10000元，材料费2000元，学员工资福利16000元，教师费用5000元，设备租赁费3000元，其他杂费3000元。经过培训，该厂次品率下降了1%，假定该厂的年工作日为240天，该培训效果持续两年时间。

(1)请计算总的培训成本和总的培训收益。

(2)请计算此次培训的投资回报率。

第六章　绩 效 管 理

【学习目标】

- ❖ 了解绩效管理与人力资源管理其他职能的关系
- ❖ 理解绩效反馈面谈与绩效改进计划
- ❖ 理解绩效辅导沟通与绩效信息记录
- ❖ 掌握绩效和绩效管理的概念
- ❖ 掌握绩效考核的方法

【基本概念】

绩效　绩效管理　绩效计划　绩效考核　绩效反馈面谈　行为关键事件法　目标管理法　平衡计分卡　关键绩效指标

【导读案例】

AAA 集团绩效管理的困惑

AAA 集团为一家民营企业，成立于 1989 年，靠着创始人的果敢敏锐和创业者们的共同努力，经历了不同时期的曲折，成长为一个综合性企业集团，主要投资领域是城市燃气、燃气机械、生命科技和地产开发，在国内和境外拥有 2 家上市公司，员工 8000 余人，总资产 50 多亿元。60 多个全资、控股公司和分支机构分布在内地 20 多个省市及中国香港、悉尼、伦敦等地。其中，AAA 燃气是 AAA 集团的支柱产业，以城市燃气运营为主业。除了少数新开发的项目外，AAA 燃气更多的是通过购并当地原有的经营不善的国有企业实现快速扩张。

应该说，AAA 集团是一个发展很快的企业。企业领导人感觉到如此之快的速度，管理必须跟上，于是建立了相对而言比较完备的管理体系。绩效考核作为人力资源管理最重要的内容自然也在其中。AAA 集团的员工考核分为年度考核、年中考核和月度考核，而且对于普通员工和管理者分开进行考核。相应的也设计了一系列表格来支持考核体系的实现。此外，考核结果与员工奖金挂钩的机制也确立了起来。

但是，实际情况是绩效考核最后变成了 AAA 集团管理者和员工的相互折磨。员工抱怨要填大量的表，而且老觉得管理者打分就凭个人印象，不公正。管理者们觉得下级老是应付，同时感觉要打出一个准确的分数真的很困难。双方在填表的问题上都很痛苦，在分数这个敏感问题上也都不愿意多谈。当然，最终的考核分数也打了出来，并与奖金挂了钩。但是对于很多管理者和员工来说，绩效考核变成了周期性的、繁重的、感觉“毫无意义”但是又不能不做的工作。之所以不得不做，是因为毕竟奖金发放和人员晋升还是需要依据。但是，绩效考核成了一件影响大家情绪的事情。对于集团领导者们来说，他们面临着困惑：设计得这么完备的一套体系，怎么就没有用呢？

对 AAA 集团进行系统分析后发现，重要的问题有以下几个方面：第一，考核指标的设置没有指导原则，到底怎么设各有各的说法和做法；第二，指标完成情况没有清晰的评价标准，比较模糊和笼统；第三，重形式走过场现象突出，为考核而考核；第四，考核结果集中趋势明显，使考核结果提供管理信息的作用大打折扣；第五，沟通反馈机制缺失，管理者甚至害怕和员工就考核结果进行沟通；第六，对考核制度的宣传培训以及考核方法的培训几乎没有。而且，从大的方面来说，AAA 集团的绩效考核与企业战略、发展方向没有什么关系。即使要营造一个公平的气氛，也没有办到。看上去很完备的考核体系，用起来却到处都是问题。

评析：应该说，AAA 集团面临的问题和困惑许多企业有体会。那么对于企业来说，绩效管理的根本目的是什么？如何消除和避免绩效管理中的这些问题？绩效考核就是绩效管理吗？我们应该使用哪些方法进行考核？这些就是我们所要探讨的主要问题。

资料来源：https：//wenku. baidu. com/view/a2724b1bfad6195f312ba68e. html？ re=view.

第一节　绩效管理概述

一、绩效的概述

(一)绩效的概念

绩效(performance)，也称为业绩、效绩、成效等，反映的是人们从事某一种活动所产生的成绩和成果。只要有需求和目标，就有绩效，所以，做任何事情都存在着绩效，绩效问题始终伴随在我们周围，也存在于与我们相关的各种组织、团体之中。

从不同的层面看绩效，得出的结论有所不同。

(1)从组织层面看，绩效就是利润，就是销售收入；绩效就是规模，就是市值，就是市场占有率；绩效就是企业可持续发展的能力；绩效就是价值创造或价值增值；绩效就是组织目标实现度，等等。

(2)从个体层面看，绩效就是个人工作中符合组织需要的行为；绩效就是个人表现出来的符合组织需要的素质；绩效就是符合组织需要的成果，等等。

(3)从内容层面看，又存在任务绩效和周边绩效之分。任务绩效是指工作的直接结果；周边绩效则包括人际、意志、动机、品质等。

(二)绩效的特点

1. 多因性

绩效的多因性是指员工绩效的好坏并不仅仅取决于单一因素，而是要受到员工个人以及工作环境、社会环境等多种因素的影响。这些因素共同作用于绩效，只是在不同的时间、不同的情境下某一种或某几种因素起着决定作用，表面上容易表现出单一性。这就要求人们在研究绩效问题时，要抓住目前影响绩效的众多因素中的关键因素，这样才能更有效地对绩效进行管理。

2. 多维性

绩效的多维性是指要从多个角度或方面去分析与评估绩效。例如考察生产线上工人的绩效，不仅要看产量，而且要综合考虑产品质量、原材料消耗、出勤情况、团队意识、服从意识、纪律意识等，通过综合评价得出最终结论。因此，在设计绩效评估指标体系时，往往要根据组织战略、文化以及岗位特征等方面的情况设计出一个由多维度评价指标、不同权重组成的评价指标体系。

3. 动态性

绩效的动态性是指员工的绩效会随着时间的推移而发生变化，即绩效的好坏并不固定，原来较差的绩效有可能变好，原来较好的绩效也有可能变差。绩效的这一特点要求我们在绩效管理中做到不要以一成不变的思维来看待绩效，要充分考虑到绩效的动态性，用发展的眼光和思维来掌握员工的绩效情况。

二、绩效管理的概念

绩效管理是管理者为确保员工的工作活动与产出与组织目标一致而实施管理的过程①，具体包括绩效计划制订、绩效实施与辅导、绩效考核评估、绩效反馈与改进等方面的内容。

绩效计划是绩效管理的第一个关键环节，它是指在绩效周期开始时，由上级和员工就员工在绩效考核期内的绩效目标、绩效过程和手段等进行讨论并达成一致，但是绩效计划并不是只在绩效周期开始时才会进行，实际上它往往会随着绩效周期的推进而不断做出相应的修改。绩效实施与辅导是指制订绩效计划后，管理者要根据员工的工作表现情况对员工进行绩效辅导和检查，这个环节就是绩效实施与辅导的部分，需要管理者进行动态、持续的绩效辅导与沟通，来预防或解决员工实现绩效时可能发生的各种问题。绩效考核是在绩效周期结束的时候，依据预先制订的绩效计划，主管人员对下级的绩效目标完成情况进行评价。绩效反馈与改进是指绩效周期结束时，上级和员工进行的绩效考核面谈，由上级将考核结果告诉员工，指出员工在工作中存在的不足，并和员工一起制订绩效改进的计划，绩效反馈在很大程度上决定了组织实现绩效管理目标的程度。

绩效管理不是一个阶段或一个时点的工作，而是一个封闭的循环，即通过管理者与员工之间持续不断地进行绩效管理的循环过程，实现绩效的改进。这个封闭的循环系统就是由上述的绩效计划制订、绩效实施与辅导、绩效考核评估、绩效反馈与改进四个部分组成(如图 6-1 所示)。

① 雷蒙德·A. 诺伊，约翰·R. 霍伦贝克，巴里·格哈特，等. 人力资源管理：赢得竞争优势. 5版. 刘昕，译. 北京：中国人民大学出版社，2005.

绩效计划（基础环节）
活动：与员工一起确定绩效目标、发展目标和行动计划
时间：一个绩效周期开始时

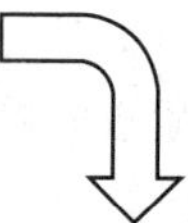

绩效反馈与改进（成效环节）
活动：主管人员就考核结果与员工进行面谈并制订改进计划
时间：一个绩效周期结束时

绩效管理循环

绩效实施与辅导（重要环节）
活动：观察、记录员工的工作情况及时提供建议和指导
时间：整个绩效周期期间

绩效考核（核心环节）
活动：针对不同的员工使用不同的考核方法对员工的绩效进行评价
时间：一个绩效周期结束时

图 6-1　绩效管理循环系统

三、绩效管理与绩效考核的联系与区别

（一）绩效管理与绩效考核的联系

绩效考核是对员工工作绩效进行评价，以便形成客观公正的决策的过程，它是绩效管理的一个不可或缺的组成部分，通过绩效考核可以为组织绩效管理的改善提供资料，绩效管理以绩效考核的结果作为衡量的参照，通过与标准的比较，找出存在的差距，提供相应的改进方案，并推动方案的实施。

（二）绩效管理和绩效考核的区别

人们往往把绩效管理等同于绩效考核，认为二者没什么区别。其实，绩效考核只是绩效管理的一个组成部分，是绩效管理的一个核心环节，代表不了绩效管理的全部内容，它们之间有很大的区别，如表 6-1 所示。

表 6-1　**绩效管理与绩效考核的区别**

绩效管理	绩效考核
是一个完整的管理过程	只是这个管理过程的组成部分
是一个循环系统	只是阶段性总结
是前瞻性地规划组织和员工未来绩效的提升	只是回顾过去阶段性的成果
是注重事先的沟通和承诺	只注重事后的评估
是完善的计划、监督、控制、反馈的手段和方法	只是一种考核方式
注重能力的培养	只注重成绩的总结
主管和员工是合作的关系	主管和员工是对立的关系

四、绩效管理的作用

(一)促进企业战略目标的实现

企业的战略目标，如果不能转化为日常的具体目标，就很容易变为一种形式。绩效管理循环系统能够把企业的战略目标转化为实际的具体目标。这些目标自上而下被层层分解，最终转化为各级部门和员工实际的行动计划，并在此基础上制定相应的绩效考核指标体系，设计相应的绩效评价和反馈系统。通过绩效管理，可以将组织战略目标和员工的日常工作紧密联系起来，并通过各类监控指标，使员工的努力与组织目标保持高度一致，促进组织战略的顺利实施。另外，绩效管理的各个环节都是为提高工作绩效这个目的服务的，绩效管理的目的不是把员工的绩效分出上下高低，而是针对员工工作过程中存在的问题，采取恰当的措施，提高员工的工作绩效，从而保证组织目标的实现。

(二)为组织人力资源管理决策提供依据

绩效管理可以为组织管理、人力资源管理提供重要的信息和依据。组织在多项管理决策中都要使用绩效管理信息，特别是绩效考核的信息。绩效考核的结果是组织进行薪酬决策、晋升决策、奖惩决策、录用决策等人力资源决策的重要依据。对员工的行为和绩效进行考核，适时给予相应的奖励以激励员工，其评价的结果也是人力资源管理其他活动实施的重要依据。

(三)绩效管理有助于提高员工的满意度

提高员工的满意度对于企业来说具有重要的意义，而满意度是和员工需要的满足程度联系在一起的。首先，每个员工都会内在地具有尊重和自我实现需要，通过有效的绩效管理，员工的工作绩效能够不断地得到改善，这可以提高他们的成就感，从而满足其自我实现需要；其次，通过完善的绩效管理，员工不仅可以参与到管理过程中，还可以得到绩效的反馈信息，这能够使他们感到自己在企业中受到了重视，从而可以满足尊重需要；最后，通过绩效辅导与绩效考核，能够了解员工工作过程中存在的问题，如员工知识与能力的不足，并有针对性地为员工进行培训，提高员工的知识与技能，从而增加员工的满意度。

五、绩效管理与人力资源管理其他职能的关系

(一)绩效管理与工作分析的关系

工作分析是绩效管理的重要基础。首先，员工在企业中需要根据工作分析得到的岗位描述来开展工作，岗位描述是直接影响员工工作行为绩效的因素。因此，有效的绩效管理的前提是必须有清晰的岗位描述信息。其次，绩效考核的方式受到岗位特点的直接影响，对岗位采取何种方式进行评估是企业为绩效考核而进行准备时所面临和必须解决的一个重要问题。基于岗位的特点，对不同类型的岗位采取的绩效考核方式有所不同，如由谁进行

评估，评估周期如何安排，绩效考核的信息如何收集，采取什么样的形式进行评估等，这些方面如何选择都取决于工作分析的信息。最后，岗位描述是设定绩效指标的基础，对某个岗位的任职者进行绩效管理需要确定关键绩效指标，这些绩效指标往往是由关键职责决定的。

（二）绩效管理和薪酬管理的关系

绩效管理与薪酬管理的关系是最为直接的，按照赫茨伯格的双因素理论，如果将员工的薪酬与他们的绩效挂起钩来，使薪酬成为工作绩效的一种反映，就可以将薪酬从保健因素转变为激励因素，从而可以使薪酬发挥更大的激励作用。此外，按照公平理论的解释，支付给员工的薪酬应当具有公平性，这样才可以更好地调动他们的积极性，为此就要对员工的绩效做出准确的评价，一方面，使他们的付出能够得到相应的回报，实现薪酬的自我公平；另一方面，也使绩效不同的员工得到不同的报酬，实现薪酬的内部公平。

（三）绩效管理和员工培训的关系

通过绩效管理可以了解员工的工作态度、工作行为和工作产出等绩效的状态，了解员工绩效状况中的优势与不足，进而改进和提高工作绩效。培训开发是绩效考核后的重要工作，是企业经常被用来实现绩效改进的重要方面。绩效考核之后，主管人员往往要根据被评价者的绩效现状，结合其个人发展意愿，共同制订绩效改进计划和未来发展计划。人力资源部门则根据员工目前绩效中有待改进的方面，设计整体的培训开发计划，并帮助主管和员工共同实施培训开发。

总之，绩效管理在组织人力资源管理这个有机系统中占据着核心地位，与人力资源管理的其他职能模块均有着密切的关系，通过发挥员工绩效管理的纽带作用，人力资源管理的各大职能可以被有机地联结起来，形成一种相互促进的互动关系。

第二节　绩 效 计 划

一、绩效计划的概念

绩效计划是整个绩效管理过程的开始，它是指在绩效周期开始时，由上级和员工共同讨论，确定员工的绩效考核目标、绩效考核周期及员工要达到绩效目标所需要采取的措施等。对于绩效计划的定义，我们可以做如下理解：

（1）绩效计划是对整个绩效管理过程的工作的指导和规划，是一种前瞻性的思考；

（2）绩效计划包含如下三部分内容：员工在考核周期内的绩效目标、绩效考核周期、为实现最终绩效目标员工在绩效考核周期内应从事的工作和采取的措施等；

（3）绩效计划必须由员工和管理者双方共同参与，绩效计划中有关员工绩效考核的事项，如绩效目标等，需经双方沟通后共同确认（如表 6-2 所示）；

（4）既然是前瞻性思考，就有可能出现无法预料的事情，所以绩效计划应该随着外界环境和企业战略的变化而随时进行调整，不能墨守成规。

表 6-2 绩效计划制订中的双向沟通

管理者向员工说明的内容	员工向管理者说明的内容
1. 组织整体的目标是什么？ 2. 为了完成这样的整体目标，我们所处的业务单元的目标是什么？ 3. 为了达到这样的目标，对被管理者的期望是什么？ 4. 对被管理者的工作应该制定什么样的标准？完成工作的期限应该如何制定？	1. 自己对工作目标和如何完成工作的认识。 2. 自己所存在的对工作的疑惑和不理解之处 3. 自己对工作的计划和打算。 4. 在完成工作中可能遇到的问题和需要申请的资源。

二、绩效目标的制定

绩效目标又叫绩效考核目标，是对员工在绩效考核期间工作任务和工作要求所做的界定，这是对员工进行考核时的参照。绩效目标由绩效指标和绩效标准组成，绩效指标解决的是考核者需要考核“什么”的问题，而绩效标准则是要求被考核者做得“怎样”或完成“多少”的问题。比如“年销售额”和“月生产量”就是绩效指标，而销售额“达到 50 万元”和月生产量“达到 50 件”就是绩效标准。

（一）绩效指标

1. 绩效指标的分类

（1）工作业绩指标。工作业绩是员工通过工作努力取得的阶段性产出和直接结果。工作业绩的考核是所有绩效考核中最基本的内容，直接体现出员工在企业中价值的大小。工作业绩指标包括员工完成工作的数量、质量、成本费用以及为组织作出的其他贡献，包括岗位上取得的绩效和岗位以外取得的绩效。工作业绩指标表现为完成工作的质量指标、数量指标、成本费用指标及工作效率指标等。

（2）工作能力指标。对员工工作能力的考核主要体现在四个方面：专业知识和相关知识；相关技能、技术和技巧；工作经验；所需的体能和体力。这四个方面相互联系又相互区别，技能和知识是基础，体能和体力是必要条件。通过对员工工作能力的考核，判断员工是否符合所担任的工作和职务的任职资格要求。一般来说，工作能力的考核主要用于晋升决策。

（3）工作行为指标。工作行为考核是指对员工在工作过程中表现出的有关行为进行考核和评价，衡量其行为是否符合企业的规范和要求。对员工工作行为的考核主要包括出勤率、事故率、纪律性、投诉率等方面。比如，一个酒店要对服务生的工作行为进行考核，可以从劳动纪律、仪容仪表、文明卫生等方面进行评价。

（4）工作态度指标。工作态度考核是对员工工作积极性的评价和衡量。在绩效考核中，除了对员工的业绩、行为、能力进行考核之外，还应对员工的工作态度进行评价。工作态度的考核指标通常包括团队精神、忠诚度、责任感、主动性、创新精神、敬业精神、进取精神等。

2. 绩效指标的设计

在设计绩效指标时，需要考虑的问题很多，为保证绩效考核的客观性，设计绩效指标时需要注意以下几个问题。

(1)绩效指标应与企业的战略目标相一致。在绩效指标的设计过程中，应将企业的战略层层传递和分解，使企业中每个职位都被赋予战略责任。绩效管理是战略目标实施的有效途径，所以绩效指标应围绕战略目标层层分解，而不应与战略目标脱节，只有当员工努力的方向与企业战略目标一致时，企业整体的绩效才能提高。

(2)绩效指标应当有效。绩效指标应当涵盖员工的全部工作内容，这样才能够准确地评价出员工的实际绩效，这包括两个方面的含义：一是指绩效指标不能有缺失，员工的全部工作内容都应当包括在绩效指标中；二是指绩效指标不能有溢出，职责范围以外的工作内容不应当包括在绩效指标中。比如，一位餐饮部经理的绩效指标应包含：餐饮营业额、餐饮经营成本节省率、菜品出新率、客人满意度、客人投诉解决率、设备设施完好率、卫生清洁达标率、部门员工技能提升率。这些指标既涵盖了餐饮部经理的全部工作内容，又没有职责范围以外工作内容的绩效指标。

(3)绩效指标应当明确和具体。绩效指标要明确和具体地指出到底是要考核什么内容，不能过于笼统和模糊不清，否则考核主体就无法进行考核。如考核教师的工作业绩时，“授课情况”就不是一个明确具体的指标，需要进一步分解成：“上课准时性”、“讲课内容的逻辑性”、“讲课方式的生动性”，这样考核指标才是明确和具体的。

(4)绩效指标应具有差异性。绩效指标应当具有差异性是指对不同的员工来说，绩效指标应当有差异，因为每个员工从事的工作内容是不同的，例如销售经理的绩效指标就应当和生产经理的不完全一样。此外，即便有些指标是一样的，权重也应当不一样，因为每个职位的工作重点不同，例如，计划能力对企业策划部经理的重要性就比对法律事务部经理的重要性要大。

(二)绩效标准

绩效标准是考核员工绩效好坏的坐标，是组织期望员工达到的绩效水平，绩效标准的确定，有助于保证绩效考核的公正性，否则就无法确定员工的绩效到底是好还是不好。确定绩效标准时，应当注意以下几个问题。

(1)绩效标准应当量化。量化的绩效标准，主要有以下三种类型：一是数值型的标准，比如：“销售额为50万元”、“投诉的人数不超过5人次”等；二是百分比型的标准，比如“产品合格率为95%”、“每次培训的满意率为90%”等；三是时间型的标准，比如：“接到任务后3天内按要求完成”、“在1个工作日内回复应聘者的求职申请”等。此外，有些绩效指标不可能量化或者量化的成本比较高，主要是能力和态度这些工作行为的指标，对于这些指标，明确绩效标准的方式就是给出行为的具体描述，例如对于谈判能力，就可以给出五个等级的行为描述。

(2)绩效标准应当适度。就是说制定的标准要具有一定的难度，但是员工经过努力又是可以实现的，目标太容易或者太难，对员工的激励效果都会大大降低，因此绩效标准的制定应当在员工可以实现的范围内确定。

(3)绩效标准应当可变。这包括两个层次的含义：一是指对于同一个员工来说，在不同的绩效周期，随着外部环境的变化，绩效标准有可能也要变化。例如对于空调销售员来说，由于销售有淡季和旺季之分，在淡季的绩效标准就应当低于旺季。二是指对于不同的员工来说，即使在同样的绩效周期，由于工作环境不同，绩效标准也有可能不同。仍以空调销售员为例，有两个销售员，一个在昆明工作，一个在广州工作，由于昆明的气候原因，人们对空调的需求较小，而广州的需求则比较大，因此这两个销售员的绩效标准就应当不同，在广州工作的销售员绩效标准就应当高于在昆明工作的销售员。

【管理故事】

八戒的遭遇

唐僧团队是一个知名的团队，经常在讲课的时候被作为典范来讲，但是这个团队的绩效管理似乎做得并不好。我们来看一下他们的绩效管理的故事。

话说，唐僧团队乘坐飞机去旅游，途中，飞机出现故障，需要跳伞，不巧的是，四个人只有三把降落伞，为了做到公平，师傅唐僧对各个徒弟进行了考核，考核过关就可以得到一把降落伞，考核失败，就自由落体，自己跳下去。

于是，师傅问孙悟空："悟空，天上有几个太阳?"悟空不假思索地答道："一个。"师傅说："好，答对了，给你一把伞。"接着又问沙僧："天上有几个月亮?"沙僧答道："一个。"师傅说："好，也对了，给你一把伞。"八戒一看，心理暗喜："啊哈，这么简单，我也行。"于是，摩拳擦掌，等待师傅出题，师傅的题目出来，八戒却跳下去了，大家知道为什么吗？师傅问的问题是："天上有多少星星?"八戒当时就傻掉了，直接就跳下去了。这是第一次旅游。

过了些日子，师徒四人又乘坐飞机旅游，结果途中，飞机又出现了故障，同样只有三把伞，师傅如法炮制，再次出题考大家，先问悟空："中华人民共和国哪一天成立的?"悟空答道："1949 年 10 月 1 日。"师傅说："好，给你一把。"又问沙僧："中国的人口有多少?"沙僧说："13 亿多"，师傅说："好的，答对了。"沙僧也得到了一把伞，轮到八戒，师傅的问题是："13 亿多人口的名字分别叫什么?"八戒当时晕倒，又一次以自由落体结束旅行。

第三次旅游的时候，飞机再一次出现故障，这时候八戒说："师傅，你别问了，我跳。"然后纵身一跳，师傅双手合十说："阿弥陀佛，殊不知这次有四把伞。"

资料来源：赵日磊. 绩效管理中的五个经典故事. 世界经理人网站，2010.

三、绩效考核周期

绩效考核周期，也可以叫做绩效考核期限，就是指多长时间对员工进行一次绩效考核。由于绩效考核需要耗费一定的人力、物力，考核周期过短，会增加企业管理成本的开支；但是，绩效考核周期过长，又会降低绩效考核的准确性，不利于员工工作绩效的改进，从而影响到绩效管理的效果。因此，在准备阶段，还应当确定出恰当的绩效考核周期。绩效考核周期的确定，要考虑到以下几个因素。

（一）评估的目的

绩效考核的周期与评估目的有关，如果评估的目的主要是奖惩，那么自然就应该使评估的周期与奖惩的周期保持一致；而如果评估是为了续签聘用协议，则评估周期与企业制定的员工聘用周期一致。

（二）绩效指标的类型

绩效考核周期还与考核指标类型有关。对于工作业绩绩效指标，可能需要较短的考核周期，这样做的好处是：一方面，在较短的时间内，考核者对被考核者在这些方面的工作结果有较清楚的记录和印象，如果都等到很长时间再进行考核，恐怕就只能凭主观感觉了；另一方面，对工作结果及时进行评价和反馈，有利于及时改进工作。对于工作能力、行为、态度绩效指标，则适合于在相对较长的时期内进行考核，这些关于人的行为、表现和素质的因素相对具有一定的隐蔽性和不可观察性，需较长时间考查和必要的推断才能得出趋势或结论。

（三）岗位性质

被考核对象所处的岗位性质也会影响考核的周期。不同的岗位其工作的内容是不同的。一般来说，如果岗位的工作绩效比较容易评估，评估周期相对要短一些。例如，生产一线员工的评估周期相对就可以比中层管理人员的短，可以是一个月评估一次，也可以是一周评估一次。中层管理人员可以半年、一个季度评估一次。而高层管理人员的评估周期可能更长，往往是一年一次。如果岗位的工作绩效对企业整体绩效的影响比较大，则评估周期相对要短一些，这样将有助于及时发现问题并进行改进。例如，销售岗位的绩效考核周期就应当比支持性部门岗位的要短一些。

第三节　绩效实施与辅导

一、绩效实施与辅导的必要性

绩效实施与辅导是指员工按照绩效计划实现自己的绩效，管理者进行跟踪、检查、记录、指导，及时发现下级工作过程中存在的问题，帮助下级不断改变工作方法与技能，随时纠正下级偏离工作目标的行为，并根据实际情况的变化及时对工作目标进行修正与调整，从而确保绩效目标实现的过程。

绩效管理的整个过程从制订绩效计划开始，经过绩效实施与辅导的过程，然后进行绩效考核，最后是绩效反馈与改进。在这个过程当中，绩效计划、绩效考核和绩效反馈与改进都是可以在短短的几天时间内完成的，而耗时最长的是中间的绩效实施与辅导，它贯穿着整个绩效期间，实际上它贯穿我们工作的整个期间。不但绩效实施与辅导是耗时最长的活动，而且绩效计划是否能够落实和完成要依赖于绩效实施与辅导，绩效考核的依据也是来自于绩效实施与辅导的过程中，所以绩效实施与辅导是一个重要的中间过程，这个过程做得怎样将直接影响着绩效管理的成败。

在绩效实施与辅导的整个过程中，管理人员需要做到两件事：一是与员工持续沟通；二是绩效信息收集。

【管理实践】

失落的小张

小张是一家网络公司商务部的主管。他性格内向，平时话不多，但他对工作很认真。他为了提高自己的业务能力还自费参加了一些培训。小张一直以为自己是部门中最好的员工之一，在现在的工作岗位上也比较得心应手。小张对自己的职业生涯也有规划，他希望自己在现在的公司稳定地工作下去。估计三年之后，就有希望升职到经理的位置，明年小张还打算读MBA提高自己。

可是年底小张拿到今年的绩效考核结果时，却感到十分愕然。小张只得了个“一般”，他很疑惑也很愤怒，不知道到底为什么自己只得到这样的成绩。公司的绩效考核使用的是目标管理法，就是年初制定目标，年底根据目标的完成情况来考核，小张负责的那个项目虽然中间出了问题，但是最后还是如期完成了，应该说达到了目标，依小张平时的表现，至少得到“良”才对啊。更令小张不开心的是，同部门新招聘来的商务主管小李却得“优”，可是小李负责的那个项目由于情况发生变化被取消了，小李在年中的时候转到了另一个项目上，按理说小李自己的项目没有做好，不应该得“优”啊。

带着疑惑，小张敲开了宋经理办公室的门，这还是年初制订绩效计划后小张第一次找经理单独面谈。宋经理告诉小张，他虽然工作很认真，但是项目实施过程中有滞后的现象，遭到了客户的投诉，而且项目某些细节方面也没有达到他们的要求。小张再次疑惑了，为什么这些情况经理没有早告诉他，如果早点知道，他肯定会及时改正，就不会出现问题了。

二、与员工持续的沟通

绩效计划虽然是企业管理人员与企业员工实施企业绩效管理的契约，然而达成共识后还不能说明以后的绩效计划执行就一定会完全顺利地进行。为了使绩效计划顺利实施，就要求企业管理人员和员工持续不断地进行绩效沟通。只有持续有效的沟通才能达到有效的绩效管理，才能将绩效管理纳入日常工作中，所以管理人员与员工持续的沟通非常重要。

(一)与员工持续沟通的作用

管理人员与员工持续沟通的目的主要有以下几个方面：①随着环境的变化，当初制订的绩效计划可能无法实现，通过与员工沟通可及时对绩效计划进行调整，以便顺利地达成目标；②员工在工作中可能会遇到很多困难和问题，管理人员可为员工提供及时的帮助和支持；③在工作的过程中员工希望被关注或认可，与员工持续沟通是一种重要的激励手段，能极大地鼓舞员工；④员工渴望及时得到工作结果的反馈，及时了解自己的缺点与不足之处，以便及时采取改进措施。

(二)与员工持续沟通的内容

管理人员应该重点关注的内容有：工作的进展情况如何，是否在正确的轨道上？哪些工作进行得好，哪些工作遇到了困难与障碍，需要对工作进行哪些调整，员工需要哪些资源与支持等等。员工应该重点关注的内容有：工作进展是否达到了管理人员的要求，方向是否与管理人员的期望一致，是否需要对我的绩效计划进行调整，管理人员需要从我这里获得哪些信息，我还需要哪些资源与支持等等。

(三)与员工持续沟通的方法

1. 正式沟通

正式沟通的方式主要包括定期的书面报告、一对一正式会谈、定期的会议沟通等。定期的书面报告是指员工可以通过文字的形式向上司报告工作进展，反映发现的问题。一对一正式会谈对于及早发现问题，找到解决问题的方法是非常有效的，同时使员工有一种被尊重的感觉，有利于建立管理者和员工之间的融洽关系。会议沟通可以满足团队交流的需要，通过会议沟通，员工往往能从上司口中获取公司战略或价值导向的信息。

2. 非正式沟通

非正式沟通是未经计划的，其沟通途径是通过组织内的各种社会关系。其形式如非正式的会议、闲聊、走动式交谈、吃饭时进行的交谈等。非正式沟通的好处是形式多样、灵活，不需要刻意准备；沟通及时，问题发生后，马上就可以进行简短的交谈，从而使问题很快得到解决；容易拉近主管与员工之间的距离。

三、绩效信息搜集

(一)绩效信息搜集的目的

除了进行持续的沟通外，在绩效实施与辅导阶段需要进行的另一项重要工作就是绩效信息的收集与记录。管理者在日常工作中注意收集员工工作绩效的有关信息，不仅在绩效考核时可以找到充分的事实根据，避免各种主观偏差造成的消极影响，而且在绩效反馈面谈时能够言之有据，有效避免上下级之间由于对绩效评价等级的分歧而产生矛盾与冲突。通过平时的绩效信息的收集和记录，管理者还可以积累大量的关键事件，发现绩效优劣背后的原因，从而有针对性地帮助员工制订绩效改进计划以提高员工的工作绩效。此外，保留翔实的员工绩效表现记录，也是为了在发生劳动争议时企业有足够的事实依据。这些记录一方面可以保护企业的利益，另一方面也可以保护当事员工的利益。

(二)绩效信息收集的方法

(1)考勤记录法。这种收集信息的方法最常用于对员工工作时间有具体要求的岗位，记录岗位员工出勤、缺勤及其原因，以此作为绩效评价的依据。

(2)生产记录法。生产记录法在生产服务性组织中常用，主要记录如产品数量、消耗的原材料数目以及服务的数量和质量等生产服务情况。

(3)定期抽查法。定期抽查法也称为取样法，定期抽查生产、加工和服务的数量并由专人记录抽查情况。

(4)项目评定法。项目评定法采用问卷调查的形式，指定专人对员工逐项评定。

(5)关键事件记录法。关键事件记录法就是对员工特别突出或异常失误的情况进行记录。这样的记录有利于主管对下级的突出业绩进行及时的激励，对存在的问题进行及时的反馈和纠偏。

(6)减分抽查法。减分抽查法是指按职位或岗位要求规定应遵守的项目，定出违反规定积分办法，逐日或定期进行登记。

总之，在数据收集和记录过程中，主管除了本人平时注意跟踪员工计划进展外，还应当注意让相关人员提供相关数据。此外，主管必须清楚数据记录和收集的重点一定是以绩效为核心。

【知识拓展】

绩效实施与辅导中的误区

绩效实施与辅导对整个绩效管理来说非常重要，是绩效管理的关键环节。然而绩效实施与辅导的过程往往容易被管理者和员工所忽视，在这个过程中还存在着一些认识误区。

误区一：绩效管理重要的是计划和评估，中间的过程是员工自己工作的过程。

不少管理者认为对于绩效管理来说，重要的是事先做好计划以及在绩效期结束时对绩效进行评估，而中间的过程则不需要进行过多的干预。这样做常常很危险，因为对于员工来说，在绩效期间管理者与员工的沟通，不仅仅是解决工作中存在的一些问题，而且员工在紧张繁忙的工作中特别需要满足的愿望就是能够被别人关注和被别人认可，在压力之下特别需要的是一种宽松的氛围。因此需要强调的是，不管公司的绩效评估是三个月做一次、半年做一次还是一年做一次，对员工的反馈都应该是持续不断的。千万不可以年初与员工制定了绩效目标之后，直到年末进行绩效评估时才向员工反馈，这样很可能到时候员工都流失了。

误区二：对员工绩效的管理就是要监督检查员工的工作，要时刻关注员工的工作过程。

有些经理人员总是表现出对员工不放心的态度，总担心员工无法很好地完成工作，因此过多地关注员工的工作细节。其实绩效管理往往是一种目标管理，经理人员应该主要花精力关注的是员工的工作结果，也就是工作目标的达成情况，对于具体的工作过程，不必过分细致地关心。而有的经理人员则不但关心员工做出了什么结果，还关心员工是怎样做出这种结果的。员工认为既然给自己设定了目标，那么自己应该有一定的权力决定如何达到目标，经理人员不必事无巨细地干涉自己的行动自由。如果经理人员管得过细，员工就会有不被充分信任的感觉。

误区三：认为花费时间做记录是一种浪费。

在绩效实施的过程中，有些人常常认为员工是最忙碌的，而经理人员则是把任务分派下去，自己就没有什么事情做了。其实，经理人员有大量的事情需要做，至少为了在绩效期满进行评估时能够拿出事实依据来，他们应该做大量的记录。而有的经理人员则过分相信自己的记忆力，不愿花费时间做记录，这样在进行评估时只能依靠印象，难免有凭主观判断的倾向。在绩效实施的过程中不做记录会造成以下两方面的问题：一方面，在绩效评估时对工作表现的记忆不够清晰，容易造成对事实的歪曲；另一方面，在与员工进行沟通时，没有足够的事实依据在手中，容易引起争议。

资料来源：武欣．绩效管理实务手册．北京：机械工业出版社，2012.

第四节 绩效考核

绩效考核，也叫绩效评估或绩效评价，就是指在考核周期结束时，选择相应的考核主体和考核方法，收集相关的信息，对员工完成绩效目标的情况做出考核。绩效考核结果会对人力资源管理其他职能产生重要影响，也关系着员工的切身利益，受到全体员工的重视。因此，绩效考核是绩效管理的关键阶段，绩效考核不仅涉及考核什么，还涉及谁来考核以及怎样考核的问题。本节主要介绍考核主体和绩效考核的方法。

一、绩效考核主体

（一）上级

上级是最主要的考核主体。上级考核的优点是由于上级对员工有直接的管理责任，熟悉被考核者职务、工作内容、工作要求、绩效标准等，他们通常最了解员工的工作情况。此外，用上级作为考核主体还有助于实现管理的目的，保证管理的权威。上级考核的缺点在于上级领导往往没有足够的时间来全面观察员工的工作情况，考核信息来源单一；容易受到领导个人的作风、态度以及对下级员工的偏好等因素的影响，可能产生个人偏见。

（二）同事

由于同事和被考核者在一起工作，他们对员工的工作情况也比较了解；同事一般不止一人，可以对员工进行全方位的考核，避免个人的偏见。此外，还有助于促使员工在工作中与同事配合。同事考核的缺点是人际关系的因素会影响考核的公正性，和自己关系好的就给高分，不好的就给低分；大家有可能协商一致，相互给高分；还有就是可能造成相互的猜疑，影响同事关系。尤其当考核的结果关系到晋升、奖金等实际利益时，同事考核的结论就无法作为绩效考核的最终结论。

（三）下级

对于管理者而言，下级也是非常重要的绩效反馈信息来源。下级对主管人员的工作风格和工作能力都比较了解。下级参与对主管人员的考核，可以使上级主管了解下级对自己的看法和评价，明白自身的不足，改进工作方式，促进与下级的沟通。但是，由于上级掌握了对下级的奖惩权，下级害怕报复而不敢得罪自己的上级，这样可能使考核流于形式。因此，在下级对上级的考核中，为了获得客观的反馈信息，考核最好采取匿名的方式。

(四)员工本人

用员工本人作为考核主体进行自我考核，优点是能够增加员工的参与感，加强自我开发意识和自我约束意识；有助于员工对考核结果的接受。缺点是员工对自己的评价往往偏高，特别是对员工本人的性格、行为、能力等方面的评价，评判标准会对考核结果产生重要影响，员工自我考核容易出现偏差，因此通常只将员工的自评作为一种补充的办法来采用。

(五)客户

就是由员工服务的对象来对他们的绩效进行考核，这里的客户不仅包括外部客户，还包括内部客户。内部客户考核有助于员工更加关注自己的工作结果，提高工作的质量，外部顾客参与员工的考核，可以促使员工更好地为顾客服务，改善员工与顾客的关系，提升企业形象。它的缺点是：客户更侧重于员工的工作结果，不利于对员工进行全面的评价；有些职位的客户比较难以确定，不适于使用这种方法。

总之，由于由单一的评价主体对员工进行考核往往难以获得公平、公正和客观的结果，绝大多数的组织在绩效考核中都会采用多元主体的方式。有的企业在绩效考核过程中将以上所有类型的人员都纳入考核主体，这种全方位选择绩效考核主体的方法被称为360°绩效考核。

二、绩效考核的方法

在实践中进行绩效考核的方法有很多种，这些方法大致分为三类：以结果为导向的考试方法，包括排序法、配对比较法、强制分布法；以行为为导向的考核方法，包括行为关键事件法、行为锚定评价法、行为观察评价法；以战略为导向的考核方法，包括目标管理法、平衡计分卡、关键绩效指标。不同导向型的考核方面侧重点不同，适用范围也不同，企业在进行考核时应当根据具体的情况选择合适的考核方法，如表6-3所示。

表6-3 **绩效考核方法分类**

方法种类	优点	缺点	适用范围
结果导向型： 1. 排序法 2. 配对比较法 3. 强制分布法	1. 简单、易操作； 2. 成本低； 3. 便于员工之间对比与排队	1. 只注重结果，不注重过程，易导致短期行为和不利于组织长期发展的事件； 2. 无法提供有助于提高员工绩效的明确信息	1. 适合企业操作工人、销售人员等工作相对简单、业绩容易比较的人员； 2. 适用于被考核的人数较少的组织或部门

续表

方法种类	优点	缺点	适用范围
行为导向型： 1. 行为关键事件法 2. 行为锚定评价法 3. 行为观察评价法	1. 提供确切的事实证据； 2. 有利于绩效面谈； 3. 有利于引导并规范员工行为	1. 评价标准制定难度较大、操作成本较高； 2. 评价人员对员工的行为很难进行全面的跟踪； 3. 容易因人际关系问题而使得考评结果不够公平	1. 适用于考核难以量化的、主观性的行为； 2. 适合于事务管理、行政管理等行为和态度直接影响绩效结果的人员考核
战略导向型： 1. 目标管理法 2. 平衡计分卡 3. 关键绩效指标	1. 支持组织战略目标的实现； 2. 有利于保持各层级绩效目标的一致性； 3. 提升整体管理水平	1. 难度大，耗时费力，成本高； 2. 涉及面广，要求全员参加	1. 注重战略发展的组织； 2. 领导重视、员工素质高的组织； 3. 管理基础好和管理规范的组织

(一) 以结果为导向的考核方法

以结果为导向的考核方法又称控制导向型，着眼于行为的结果，而不是行为的过程，考核的重点在于产出和贡献。它是一种将目标与结果进行比较的事后控制，对于已经发生的事情无法进行改进。以结果为导向的考核方法主要包括排序法、配对比较法、强制分布法。

1. 排序法

排序法是指根据被评价员工的工作绩效进行比较，从而确定每一个员工的相对等级或名次。排序法分为简单排序法和交替排序法。

(1) 简单排序法。简单排序法是评价者将员工按照工作的总体情况从最好到最差进行排序，适用于人员比较少的组织。例如某部门只有 5 名员工，使用简单排序法，其排序结果如表 6-4 所示。

表 6-4 **简单排序法**

顺 序	等 级	员工姓名
1	最好	A
2	较好	B
3	一般	C
4	较差	D
5	最差	E

(2) 交替排序法。交替排序法是评价者在所有将要评价的员工中首先挑选出最好的员工，然后选择出最差的员工。将他们分别列为第一名和最后一名。然后在余下的员工中再

选择出最好的员工作为整个序列的第二名，选出最差的员工作为整个序列的倒数第二名。依次类推，直到将所有员工排列完毕为止。这种方法简便易行、速度快，但是由于标准单一，评估的结果存在较大偏差。此外，由于不同部门的工作难以进行比较，这种方法不适用于跨部门评估。例如，某部门有 8 名员工，使用交替排序法，其排序结果如表 6-5 所示。

表 6-5　**交替排序法**

选择顺序	最好	姓名	最差	姓名
第 1 次	第一名	A	第八名	H
第 2 次	第二名	B	第七名	G
第 3 次	第三名	C	第六名	F
第 4 次	第四名	D	第五名	E

2. 配对比较法

配对比较法，也叫成对比较法、两两比较法，就是将每位员工按照所有评价要素(如产品质量、生产效率等)与所有其他员工进行一一比较，根据比较结果排出名次，即两两比较，然后排序(见表 6-6)。例如，有 5 位教师，考评时把每一位教师与另外 4 位教师逐一进行配对比较，每一次配对比较之后，工作表现好的教师记 1 分，工作表现较差的教师记 0 分。配对比较完毕后，将每个人的分数进行相加，分数越高考评成绩越好。

表 6-6　**配对比较法**

姓名	A	B	C	D	E
A	—	0	0	1	1
B	1	—	1	1	1
C	1	0	—	1	1
D	0	0	0	—	0
E	0	0	0	1	—
合计	2	0	1	4	3

3. 强制分布法

强制分布法首先确定出绩效考核结果的等级，将员工分为优秀、良好、合格、需要改进、不合格，然后按照正态分布的原理确定出各个等级的比例，最后按照这个比例，根据员工的表现将他们归入不同的等级中(如图 6-2 所示)。强制分布法克服了大部分员工绩效考核分数分布在高端(宽大效应)、低端(严格效应)或中间(趋中效应)的现象。然而，当员工整体都非常优秀或都非常差的时候，这种评价方法很容易激起员工的不满。如果一个组织员工较多，这种方法比较实用。

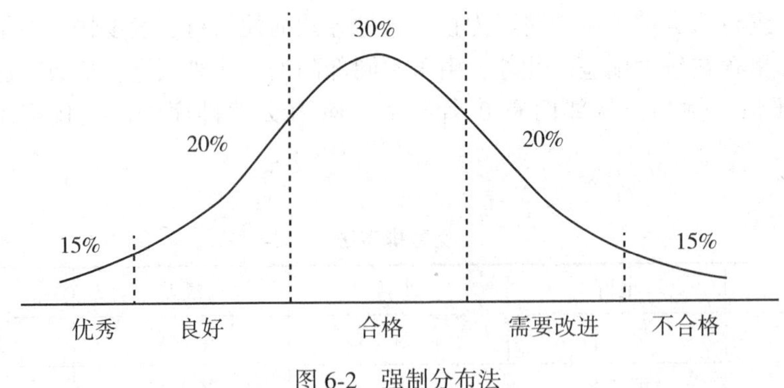

图 6-2　强制分布法

(二)以行为为导向的考核方法

以行为为导向的绩效考核方法重点在于甄别与评价员工在工作中的行为表现，即工作是如何完成的。关注其行为方式是否与预定要求相一致。行为导向型的考核方法包括行为关键事件法、行为锚定评价法、行为观察评价法。

1. 行为关键事件法

行为关键事件法是主管人员对从员工那里收集到的有关工作表现的特别事例进行考核。也就是说，在应用这种方法时，考核者将每一位被考核者在工作活动中所表现出来的好的行为和不好的行为记录下来，好的行为称为积极关键事件，不好的行为称为消极关键事件。然后每隔一段时间，通常是半年或一年，利用积累的记录来评价被考核者的绩效(如表 6-7 所示)。记录的这些行为或表现必须是比较突出的并与工作绩效直接相关的具体事项，而不是琐碎的、无关的事。

表 6-7　**行为关键事件法应用示例**

记录者	工作目标	积极关键事件	消极关键事件
主管	提高客户满意度	客户 A 来到银行柜台，非常生气地抱怨他等了很长时间，说他有急事要办。柜员李某耐心地倾听客户的抱怨，微笑礼貌地作了解释并道歉，快速地为客户办理了银行业务，还给客户送了件小礼物，得到了客户的谅解	在王某的柜台窗口已经有很多前来办理银行业务的客户，排成长长的一条龙。王某却在接一个私人电话，并在电话里闲聊。在窗口前面的那位客户等得实在不耐烦了，抱怨王某接电话闲聊时间太长，王某白了一眼客户转身继续聊。那位客户生气地转身去找主管投诉他

行为关键事件法为考核者向被考核者解释绩效评估结果提供了一些确切的事实证据；还能避免“近因”效应，减少因考核人员没有将平时的工作表现进行记录，只是对近期的工作表现印象深刻而做出错误的评价；最关键是有利于员工改进不良的工作行为。但是行

为关键事件法因为主管人员经常记录每个员工的工作表现比较耗时，影响其工作；另外，关键事件比较难定义，不一定每个关键事件都与工作绩效相关。

【知识拓展】

行为关键事件记录——STAR 法

STAR 法是由 4 个英文单词的第一个字母表示的一种方法。STAR 英文翻译后是星星的意思，所以又称“星星法”。星星就像一个十字形，分成 4 个角，记录的一个事件也要从 4 个方面来写，如图 6-3 所示。

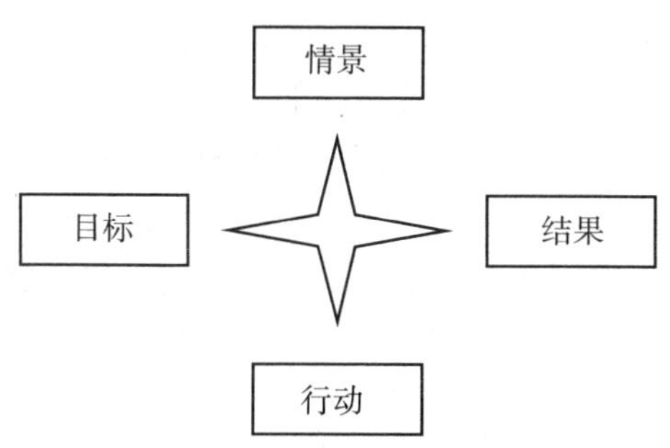

图 6-3　行为关键事件记录——STAR 法

S——Situation 情景，表示事件发生时的情景是怎样的；T——Target 目标，表示事件要达到什么样的目的；A——Action 行动，表示被考核者当时采取了什么样的具体行动；R——Result 结果，表示被考核者采取行动之后获得了什么样的结果。四个单词的第一个字母组合起来就是 STAR。

2. 行为锚定评价法

行为锚定评价法实质上是把关键事件法与评级量表法结合起来，兼具两者之长。行为锚定评价法是关键事件法的进一步拓展和应用，它将关键事件和等级评价有效地结合在一起。通过一张行为等级评价表可以发现，在同一个绩效维度中存在一系列的行为，每种行为分别表示这一维度中的一种特定绩效水平，将绩效水平按等级量化，可以使考核的结果更有效、更公平（如表 6-8 所示）。

表 6-8　**行为锚定评价法应用示例：对生产主管某一指标进行评价**

评价指标：计划的制订与实施	
1. 优秀	制订综合的工作计划，编制好文件，获得批准后将计划分发给所有的相关人员
2. 很好	编制最新的工作计划完成图，使任何要求修改的计划最优化；偶尔出现小的操作问题

续表

3. 好	列出每项工作的所有组成部分，对每一部分的工作做出时间安排
4. 一般	制定了工作日期，但没有记载工作进展的重大时间；时间安排上出了疏漏也不报告
5. 差	没有很好地制订计划，编制的时间进度表通常是不现实的
6. 较差	对将要从事的工作没有计划和安排；对分配的任务不制订计划或很少作计划
7. 不能接受	因为没有计划，且对制订计划漠不关心，所以很少完成工作

行为锚定评价法的优缺点都很突出。它的优点是：使对员工绩效的考量更加精确，参与本方法设计的人员众多，对本岗位熟悉，专业技术性强，所以精确度更高，评定量表上的等级尺度是与行为表现的具体文字描述一一对应的，或者说通过行为表述锚定评定等级，使考核标准更加明确；具有良好的反馈功能，评定量表上的行为描述可以为反馈提供更多必要的信息，这种方法使员工知道其被期望表现的是哪些类型的行为，有利于员工改进自己的工作。这一方法的缺点是：设计和实施的费用高，比许多考核方法费时费力；而且考核某些复杂的工作时，特别是对于那些工作行为与效果的联系不太清楚的工作，管理者容易着眼于对结果的评定而非依据锚定事件进行考核。

3. 行为观察评价法

行为观察评价法是行为锚定评价法的一种变异形式。但行为观察评价法在两个方面与行为锚定评价法有所区别。首先，行为观察评价法并不剔除那些不能代表有效绩效和无效绩效的大量非关键行为，相反，它采用了这些事件中的许多行为来更加具体地界定构成有效绩效或无效绩效的所有必要行为。其次，行为观察评价法并不评价哪种行为最好地反映了员工绩效，而是要求评价者对员工在评价期内的每一种行为的频率进行评价，然后将评价结果进行平均，得到总体的评价等级。在使用行为观察量表时，评估者通过指出员工表现各种行为的频率来评定员工的工作绩效。一个 5 分制的行为观察量表被分为从“极少”或“从不是”到“总是”的 5 个分数段。评估者通过将员工在每一行为项目上的得分相加计算出员工绩效考核的总评分，高分意味着员工经常表现出合乎希望的行为。表 6-9 列举了行为观察量表的一部分。

表 6-9　**行为观察法示例①**

克服变革阻力
(1) 向下属描述变革的细节 几乎从来不 12345 几乎常常如此

① 雷蒙德·A. 诺伊，约翰·R. 霍伦贝克，巴里·格哈特，等．人力资源管理：赢得竞争优势．5 版．刘昕，译．北京：中国人民大学出版社，2005.

续表

(2)解释为什么必须进行变革 几乎从来不 123456 几乎常常如此 (3)讨论变革给员工带来什么影响 几乎从来不 123456 几乎常常如此 (4)倾听员工心声 几乎从来不 123456 几乎常常如此 (5)在进行变革的过程中请求员工的帮助 几乎从来不 123456 几乎常常如此 (6)必要时确定一个具体的会议日期，在完成变革后来讨论员工关心的问题 几乎从来不 123456 几乎常常如此

总分数				
很差	尚可	良好	优秀	出色
6~10	11~15	16~20	21~25	26~30

注：分数由管理层来决定

行为观察评价法的优点如下：①有助于员工对考核工具的理解和使用。行为观察量表法基于系统的工作分析，是从对员工所做的系统工作分析中设计开发出来的，因此，有助于员工对考核工具的理解和使用。②有助于产生清晰明确的反馈。因为行为观察评价法鼓励主管和下属之间就下属的优缺点进行有意义的讨论，因此避免了一般化。③从考核工具区分成功与不成功员工行为的角度来看，行为观察评价法具有内容效度。考核者必须对员工作出全面的评价而不只是强调考核其所能回忆起来的内容。④关键行为和等级标准一目了然。行为观察评价法明确说明了给定工作岗位上的员工行为要求，因此其本身可以单独作为职位说明书或作为职位说明书的补充。⑤行为观察评价法的信度和效度较高。

当然，行为观察评价法也存在着一些缺陷：①这种方法需要很多时间来开发，每一项工作都需要一种单独的工具，除非一项工作有很多任职者，否则为该工作开发一个行为观察量表将不会有成本效率；②行为观察量表法过分强调行为表现，这可能忽略了许多工作真正的考评要素，特别是对管理工作来说，应更注重实际的产出结果. 而不是所采取的行为；③在组织日益趋向扁平化的今天，让管理者来观察员工的工作表现，这似乎不太可能，但却是行为观察量表法所要做的。

(三)以战略为导向的考核方法

战略导向型绩效考核方法着眼于企业发展战略，贯穿于绩效指标构建、执行、考核等绩效管理全过程，是绩效管理的重要方法。战略导向型绩效考核方法包括目标管理法、平衡计分卡、关键绩效指标。这三种考核方法严格来说，不仅仅是考核方法，还是全面的绩效管理工具，它提出了一种系统思维，将组织战略目标转化为部门、员工个人的绩效目标，其目的在于构建绩效管理的系统。前面讲的几种绩效考核方法主要是提供一种技术手段，其目的在于衡量，而这三种方法强调了系统性和整体性，它站在企业的战略高度，制定企业的目标，再一层层进行分解，它除了对个人的绩效衡量外，还要对企业的整体绩效进行衡量。

1. 目标管理

(1) 目标管理的含义。目标管理(management by objective，MBO)所谓目标管理是一种程序或过程，它使组织中的上级和下级一起协商，根据组织的使命确定一定时期内组织的总目标，由此决定上、下级的责任和分目标，并把这些目标作为组织绩效考核、考核每个部门和个人绩效产出对组织贡献的标准①。

目标管理的提出：美国管理大师彼得·德鲁克(Peter Drucker)于1954年在其著作《管理实践》中最先提出了“目标管理的概念”，其后他又提出了“目标管理和自我控制”的主张。目标管理被提出以后，遂被广泛应用，并很快为日本、西欧国家的企业所仿效，在世界管理界大行其道。

【管理实践】

目标的力量

美国哈佛大学曾对一群智力、学历、环境等客观条件都差不多的年轻人做过一个长达25年的跟踪调查，调查内容为规划对人生的影响，结果发现：毕业时，27%的人没有人生目标；60%的人目标模糊；10%的人有清晰但比较短期的目标；3%的人有清晰而长远的目标。

25年后的跟踪调查显示：

——60%的人目标模糊，他们能安稳地生活与工作，但几乎没有什么特别的成绩。另有27%的人没有什么目标，他们几乎都生活在社会的最底层。他们的生活过得非常不如意，常常失业，并且常常在抱怨他人、抱怨社会、抱怨这个“不肯给他们机会”的世界。

——10%的人有清晰的短期目标，这些人大都生活在社会中上层。他们的共同特点是：不断完成短期目标，生活状态步步上升，他们成为各行业不可或缺的专业人士，如医生、律师、工程师、高级主管等。

——3%的人有清晰且长远的目标，25年来他们总是朝着同一个方向不懈努力，25年后，他们成为社会各界的顶尖人士，他们当中不乏创业者、行业领袖、社会精英。

资料来源：https：//wenku. baidu. com/view/31b274204b73f242336c5fd2. html？from=search.

(2) 目标管理的特点。①目标管理是参与管理与自我控制相结合的管理形式。在目标管理过程中，目标的实现者，即目标的制定者，通过上下协商，制定出企业各个部门乃至每个员工的分目标；员工参与了目标制定过程，而且承诺目标的同时被授予了相应的权力，这无疑调动了员工的自我控制性和工作主动性。

---

① 冯光明．人力资源开发与管理．北京：机械工业出版社，2013.

②从目标管理的整个实施过程来看，它要求注重“统一”。一方面，它强调工作和人的统一。管理者不断地挖掘员工本身所具有的自我实现的欲望，让员工从工作中获得生存的价值，更好地表达目标；另一方面，它强调个人目标和组织目标的统一。

③注重成果第一的方针。目标管理以制定目标为起点，并且以目标实施的最终考核为终结。由于目标管理在起初就制定了一套完善的目标考核体系，从而能够按照员工的工作成果如实地评价一个人。

(3)目标管理的实施。①目标的设定。第一步：高层管理预定目标。这是一个暂时的、可以改变的目标预案。既可以由上级提出再同下级讨论；也可以由下级提出，再由上级批准。无论哪种方式，必须共同商量确定。在这一阶段，领导必须根据企业的使命和长远的战略，估计客观环境带来的机会和挑战，对企业的优劣势有清醒的认识，对组织应该和能够完成的目标心中有数。

第二步：重新审议组织结构和职责分工。目标管理要求每一个分目标都有确定的责任主体。因此，预定目标之后，需要重新审查现有的组织结构，根据新的目标分解要求进行调整，明确目标责任者和协调关系。

第三步：确立下级的目标。首先使下级明确组织的规划和目标，然后商定下级的分目标。在讨论中上级要尊重下级，平等待人，耐心听取下级意见，帮助下级发展一致性和支持性目标。分目标要具体量化，便于考核分清轻重缓急，以免顾此失彼。目标既要有挑战性，又要有实现可能。每个员工和部门的分目标要和其他的分目标协调一致，支持本单位和组织目标的实现。

第四步：上级和下级达成协议。上级和下级就实现目标所需要的条件及实现目标后的奖惩事宜达成协议。分目标制定后，要授予下级相应的资源配置的权力，实现责权利的统一。由下级写成书面协议，编制目标记录卡片，整个组织汇总所有资料后，绘制出目标图。

【知识拓展】

制定目标的技巧

在实际工作中，建议采用以下技巧制定合理的目标体系。

(1)确保目标管理被全体员工所理解，并真正得到上级的全力支持。由高层在初始阶段向下属作解释、宣传和动员，有利于为目标管理形成良好的组织氛围，这也是为什么目标管理应始于最高层。

(2)确保上、下级共同参与制定目标，并达成统一意见。下级的参与体现了目标管理的实质，有利于调动员工的主动性和积极性。

(3)确保目标的制定是一个动态反复的过程。目标的制定是相互作用的过程，由高层设计的目标是初步的，在逐级拟定出可考核的目标系列时，起初的设想必定要根据逐步细化的目标而有所调整与修改，直至部门中每项工作都制定出合适的目标。

(4)确保最终形成的目标体系既有自上而下的目标分解体系，又有自下而上的目标保证体系，从而保证总目标的实现。

②目标的实施。目标管理重视结果，强调自主、自治和自觉，并不等于领导可以放手不管，相反，由于形成了目标体系，一环失误，就会牵动全局。因此领导在目标实施过程中的管理是不可缺少的。首先，进行定期检查，利用双方经常接触的机会和信息反馈渠道自然地进行；其次，要向下级通报进度，便于互相协调；最后，要帮助下级解决工作中出现的困难问题，当出现意外、不可测事件严重影响组织目标实现时，也可以通过一定的手续，修改原定的目标。

③总结和评估。达到预定的期限后，下级首先进行自我评估，提交书面报告；然后上下级一起考核目标完成情况，决定奖惩；同时讨论下一阶段目标，开始新循环。如果目标没有完成，应分析原因总结教训，切忌相互指责，以保持相互信任的气氛。

④目标管理的优缺点。目标管理的优点：第一，目标管理使组织各级主管及成员都明确了组织的总目标、组织的结构体系，明确的目标能够使大家朝一致的方向努力，避免缺乏统一的目标与行动方向而引起严重内耗；第二，目标管理对组织内易于度量和分解的目标会带来良好的绩效，因为制定的目标是考核的明确依据，主管和员工都清楚预期要做到什么程度，会得什么评价，从而能引导员工的行为达到组织期望的绩效并调动了员工的主动性、积极性和创造性；第三，目标管理方式本身也是一种控制的方式，即通过目标分解后的实现最终保证组织总目标实现的过程就是一种结果控制的方式；第四，目标管理还促进了雇员及主管之间的意见交流和相互了解，改善了组织内部的人际关系。

目标管理的缺点：第一，由于种种原因容易出现目标不明确的情况，组织内许多目标难以量化和具体化；第二，目标的短期性。环境的迅速变化使组织在制定目标时往往会制定一年左右的目标，但短期目标会导致短期行为，以损害长期利益为代价，换取短期目标的实现；第三，不灵活的危险。对于企业来说，制定目标是一项重要而复杂的工作，一旦目标制定下来，员工就会按制定的目标执行，如果调整目标会影响全局，所以目标管理存在不灵活的风险；第四，片面关注财务指标，缺乏非财务方面的指标。组织中往往制定财务方面的指标会比较容易，因为财务指标是可以量化并能看得到成果的指标，所以企业会重点为关注财务指标，而忽视非财务指标，但非财务指标对企业的影响同样重要，比如内部的管理和员工的成长等；第五，目标的商定比较费时。因上下级要统一认识，商定目标是反复进行的，特别是上下级制定目标时不能达到协议，甚至出现冲突时，目标的制定就更加困难。

2. 平衡计分卡

(1)平衡计分卡的含义

平衡计分卡(balanced score card，BSC)是一种战略性人力资源管理思想和指导方法，从财务、客户、内部运营、学习与成长四个角度，将组织的战略落实为可操作的衡量指标和目标值的一种绩效管理体系。平衡计分卡是 1992 年由哈佛大学商学院教授罗伯特·S. 卡普兰和复兴国际方案总裁戴维·P. 诺顿设计的，是一种全方位的、包括财务指标和非财务指标相结合的策略性评价指标体系。

从图 6-4 可以看出，平衡计分卡的出发点是组织的愿景和战略，也即这四大类指标实际上是对愿景和战略的分解。为什么要构造这 4 类考核指标，这 4 类指标之间又有什么内在联系？其实这 4 个方面的指标是基于一定的逻辑关系的，如图 6-4 所示。财务方面关注的是股东的利润，利润在一定意义上构成了组织的血液，没有它，组织将很难存在；但是，要取得财务方面的指标必须能够为顾客创造价值。假如顾客不买你的产品和不欣赏你的服务，又怎么谈得上财务方面的业绩呢？所以要重视顾客满意方面的考核指标；如果企业为了取悦顾客而不惜代价，那么最终结果可能会使自己垮掉，所以必须确保以一种有效果、有效率的方式来满足顾客的要求。这就意味着企业内部要有一个高效的过程，所以对于内部的经营过程要加强考核；实现股东和顾客的价值，不是一蹴而就的事情，要做长久的事业，还需要考核企业在学习和成长方面的能力，只有具备了学习和成长的能力，才能持久地、长期地为股东和顾客提供价值。

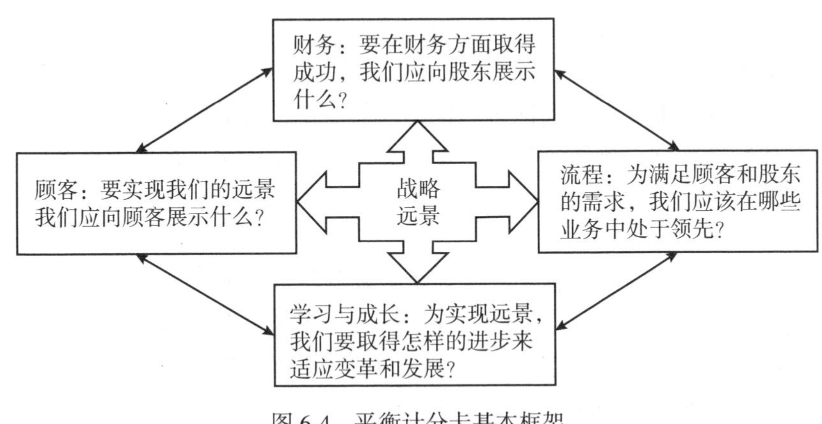

图 6-4　平衡计分卡基本框架

(2)平衡计分卡的内容

①财务层面。财务业绩指标可以显示企业的战略及其实施和执行是否能对改善企业盈利做出贡献。财务目标通常与获利能力有关，其衡量指标有营业收入、资本报酬率、经济增加值等，也可能是销售额的迅速提高或创造现金流量。

②客户层面。在平衡计分卡的客户层面，管理者确立了其业务单位将竞争的客户和市场，以及业务单位在这些目标客户和市场中的衡量指标。客户层面指标通常包括客户满意度、客户保持率、客户获得率、客户盈利率，以及在目标市场中所占的份额。客户层面使业务单位的管理者能够阐明客户和市场战略，从而创造出色的财务回报。

③内部经营流程层面。在这一层面上，管理者要确认组织擅长的关键的内部流程，这些流程帮助业务单位提供价值主张，以吸引和留住目标细分市场的客户，并满足股东对卓越财务回报的期望。

④学习与成长层面。它确立了企业要创造长期的成长和改善所必须建立的基础框架，确立了目前和未来成功的关键因素。平衡计分卡的前三个层面一般会揭示企业的实际能力与实现突破性业绩所必需的能力之间的差距，为了弥补这个差距，企业必须投资于员工技术的再造、组织程序和日常工作的理顺，这些都是平衡计分卡学习与成长层面追求的目标。如员工满意度、员工保持率、员工培训和技能等，以及这些指标的驱动因素。

(3)平衡计分卡的实施步骤

根据企业战略发展的实际确定不同指标的合理权重，总结成功实施平衡计分卡企业的经验，可以将平衡计分卡的实施概括为以下步骤。

①建立公司的远景与战略。确定公司的行业及发展，找到当前的位置及未来的目标。可以采用“SWOT分析”、“PEST分析”等方法。公司的远景与战略要简单明了，使其能够采用一些业绩衡量指标。

②构建或确定公司的构思与战略。可以成立平衡计分卡小组去解释公司的远景和战略，并建立财务、顾客、内部流程、学习与成长4类具体的目标。这些衡量点应该明白易懂，出于战略的考虑也可以增加其他方面的目标。

③确定成功的关键因素，为4类具体的目标找出最具有意义的业绩衡量指标。采用系统思考的方法，充分考虑标准间的相互影响，确保能“平衡”地反映所需考虑的各个方面。

④加强企业内部沟通与教育。利用各种不同沟通渠道与各层管理人员以及员工就公司的远景、战略、目标和业绩衡量指标进行持续沟通，获得他们的认可。

⑤制订具体行动计划。确定每年、每季、每月的业绩衡量指标的具体数字，并与公司的计划和预算相结合。注意各类指标间的因果关系、驱动关系和连接关系，确保包含短期目标与长期目标。

平衡计分卡将企业的战略目标和绩效评价指标紧密联系起来，对员工的行为起着更明确的导向作用，有助于企业战略目标的实现。同时，平衡计分卡实现了财务指标和非财务指标的平衡、组织内部和组织外都指标的平衡、前置指标和滞后指标的平衡、长期指标和短期指标的平衡。表6-10是某银行平衡计分卡示例。

表6-10　**某银行平衡计分示例(部分)①**

层面		战略目标	战略指标	目标值
财务层面		F1：提高每股收益 F2：增加和保障高价值客户 F3：提高单位客户收入 F4：减少单位客户成本	净利润(与计划比) 收入组合(按目标群体) 单位客户收入 单位客户成本	+1亿美元 30% 300美元 75美元
客户层面		C1：成为可信赖的金融顾问 C2：提供卓越的服务 C3：客户保持率	客户满意度 市场份额 目标客户保持率	90% 50% 90%
内部流程层面	客户管理	I1：了解细分客户 I2：转向合适的渠道 I3：交叉销售产品线	客户份额 渠道组织变革 交叉销售比率	30% 40% 2.5
	创新	I4：开发新产品	新产品收入(百分比)	50%
	运营管理	I5：问题最小化 I6：提供快速反应	服务差错率 要求完成时间	0.1% <24小时
	负责的企业公民	I7：建设反映多元化的社区	多元化组合VS社区	1.0

① 董克用．人力资源管理．4版．北京：中国人民大学出版社，2015.

续表

层面		战略目标	战略指标	目标值
学习与成长层面	人力资本	L1：保证战略工作准备就绪	战略工作准备度	100%
	信息资本	L2：保证战略信息的可利用性	信息组合准备度	100%
	组织资本	L3：创造以客户为中心的文件 L4：组织领导班子 L5：组织协调一致 L6：共享最佳实践	客户调查 360 调查(领导力模型) 战略意识调查 个人目标与 BCS 协调一致(百分比)	100% 70% 90% 100%

(4)平衡计分卡的优缺点

平衡计分卡主要有以下优点：实现了财务和财务指标的平衡，能克服财务评估方法的短期行为；上升到组织的战略高度，考虑的是整个组织的绩效，使整个组织行动一致，服务于战略目标；能有效地将组织的战略转化为组织各层的绩效指标和行动，落实组织的战略不再是一句空话，因为已经有了实现的途径；从平衡计分卡的基本框架能够清楚地看到组织的战略和目标、各层的绩效指标和行动方案等，有助于各级员工对组织目标和战略的沟通和理解；有利于组织和员工的学习成长和核心能力的培养；实现组织长远发展；通过实施平衡计分卡，提高组织整体管理水平。

平衡计分卡主要有以下缺点：实施难度比较大，要求企业有明确的组织战略，高层管理者具备分解和沟通战略的能力和意愿，中高层管理者具有指标创新的能力和意愿；建立绩效指标比较困难，建立财务指标比较容易，但如何建立非财务指标体系，如何确立非财务指标的标准以及如何评价非财务指标就比较困难了；指标数量过多，指标间的因果关系很难做到真实、明确，难以选择哪个指标作为评价的依据；如果舍掉部分指标，是不是会导致业绩评价的不完整性；各指标权重的分配比较困难，不同的层面及同一层面的不同指标分配的权重不同，将可能会导致不同的评价结果；实施的成本较大，一份典型的平衡计分卡需要 3~6 个月去执行，另外还需要几个月去调整结构，使其规范化。

3. 关键绩效指标

(1)关键绩效指标的含义

关键绩效指标(key performance indication，KPI)是对企业组织运作过程中关键成功要素的提炼和归纳，提炼出最能代表绩效的若干指标体系，并以此为基础进行绩效考核。它是通过对组织内部某一流程的输入端、输出端的关键参数进行设置，取样计算、分析，衡量流程绩效的一种目标式量化管理指标，是一种把企业战略目标分解为可运作的工作目标的工具。可以从以下 3 个方面进一步理解关键绩效指标的具体含义。

首先，KPI 来自于对公司战略目标的分解，是对重点经营活动的衡量，是对公司价值、利润影响程度很大的关键指标。

其次，KPI 是对绩效构成中可控部分的衡量。KPI 的选择必须有明确的定义和计算方法，易于取得可靠和公正的初始数据，同时指标能有效进行量化和比较。

最后，KPI 考核是一个完整的系统，在这个系统中，组织、经理和员工全部参与进来，经理和员工通过沟通的方式，将企业的战略、经理的职责、管理的方式和手段以及员工的绩效目标等管理的基本内容确定下来，在持续不断沟通的前提下，经理帮助员工清除工作过程中的障碍，提供必要的支持、指导和帮助，与员工一起完成绩效目标，从而实现组织的远景规划和战略目标。

因此，KPI 考核体系与传统的绩效考核体系有着本质的区别，如表 6-11 所示。

表 6-11 **KPI 考核指标体系与传统的考核指标体系的比较**

	KPI 指标体系	传统指标体系
假设前提	人们采取一切必要的行动要努力达到事先确定的目标	人们不会主动采取行动来实现目标，不清楚采取什么行动以实现目标，制定和实施战略与一般员工无关
考核目的	以战略为中心，指标体系的设计与运用都是为战略服务的	以控制为中心，指标体系的设计与运用来源于控制的意图，为更有效地控制个人的行为服务
指标产生	在组织内部自上而下对目标层层分解而来	通常是自下而上根据个人以往的绩效产生
指标来源	来源于组织战略目标和竞争的需要	来源于特定程序，即对过去行为和绩效的修正
指标构成及作用	通过财务指标和非财务指标的结合，兼顾短期目标与长期目标，兼顾了过程与结果	以财务指标为主，注重对过去绩效的评价，指导绩效改进的出发点是过去绩效存在的问题，绩效改进与战略需求脱钩

(2)关键绩效指标的建立流程①

确立 KPI 指标的要点在于流程性、计划性和系统性，其具体的操作流程如下。

①确定业务重点。明确企业的战略目标，并在企业会议上利用头脑风暴法和鱼骨分析法找出企业的业务重点，也就是企业价值评估的重点。然后，再用头脑风暴法找出这些关键业务领域的关键业绩指标(KPI)，即企业级 KPI。

②分解出部门级 KPI。各部门的主管需要依据企业级 KPI 建立部门级 KPI，并对相应部门的 KPI 进行分解，确定相关的要素目标，分析绩效驱动因数(技术、组织、人)，确定实现目标的工作流程，分解出各部门的 KPI，以便确定评价指标体系。

③分解出个人的 KPI。各部门的主管和部门的 KPI 人员一起再将部门级 KPI 进一步细分，分解为更细的 KPI 及各职位的业绩衡量指标。这些业绩衡量指标就是员工考核的要素和依据。这种对 KPI 体系的建立和测评过程本身，就是统一全体员工朝着企业战略目标努力的过程，也必将对各部门治理者的绩效治理工作起到很大的促进作用。

④设定评价标准。一般来说，指标指的是从哪些方面衡量或评价工作，解决“评价什么”的问题，而标准指的是在各个指标上分别应该达到什么样的水平，解决“被评价者怎

① 彭剑锋．人力资源管理概论．2 版．上海：复旦大学出版社，2011.

样做，做多少”的问题。

⑤审核关键绩效指标。审核主要是为了确保这些关键绩效指标能够全面、客观地反映被评价对象的绩效而且易于操作。每一个职位都影响某项业务流程的一个过程，或影响过程中的某个点。在制定目标及进行绩效考核时，应考虑职位的任职者是否能控制该指标的结果，如果任职者不能控制，则该项指标就不能作为任职者的业绩衡量指标。比如，跨部门的指标就不能作为基层员工的考核指标，而应作为部门主管或更高层主管的考核指标。

(3)关键绩效指标实施的意义

①作为公司战略目标的分解，KPI的制定可以有力地推动公司战略在各单位、各部门得以执行。

②KPI使上下级对职位工作职责和关键绩效要求有了清晰的共识，确保各层、各类人员努力方向的一致性。

③KPI为绩效管理提供了透明、客观、可衡量的基础。

④作为关键经营活动的绩效反映，KPI帮助各职位员工集中精力处理对公司战略有最大驱动力的事务。

⑤通过定期评价KPI执行结果，管理人员能清晰了解经营领域中的关键绩效参数，并及时诊断存在的问题，采取行动予以改进。

第五节　绩效反馈与改进

绩效考核阶段结束以后，接着就是绩效反馈与改进阶段，这一阶段主要是完成绩效反馈面谈的任务，就是说上级要就绩效考核的结果和员工进行面对面的沟通，指出员工在绩效考核期间存在的问题并一起制订出绩效改进的计划。本节主要介绍如何进行绩效反馈面谈和如何制订绩效改进计划两个方面的内容。

一、绩效反馈面谈

(一)绩效反馈面谈的概念

绩效反馈面谈是主管与被考评的员工之间就绩效评估结果，包括取得的成绩、存在的问题与不足，下一阶段新的工作目标以及绩效提升计划等所进行的双向沟通与交流。

员工绩效表现不佳时，一个重要的原因是没有能够得到及时的、具体的反馈，因为员工不知道自己做得好还是不好，就无从进一步改进，或者员工一直以为自己做得很好，他们就不会改变长期以来错误的做法，甚至造成越来越糟的结果。所以要提高员工的绩效，就需要进绩效反馈面谈，将考核的结果反馈给员工，告诉他哪些做得好和哪些做得不好，下一步该如何去改进并得到提高。

(二)绩效反馈面谈的准备工作

绩效反馈面谈对整个绩效管理过来说都非常重要，绩效反馈面谈要达到比较好的效果，就必须做好充分的准备。

(1)选择适宜的时间。面谈的时间长短把握要适中，要提前通知员工，双方都把工作安排好，尽量不要安排在刚上班时间或快要下班时间，因为这些时间都不是高效时间，会大大影响面谈的效果。

(2)选择适宜的场所。一般不宜在办公室进行面谈，因为有电话、传真机、电脑等受干扰，容易中途被打断，安排在小型会议室或咖啡厅等避免被打扰的场所比较好。

(3)提前通知员工。提前通知员工一方面是为了员工安排手头工作，另一方面是为了让员工提前准备绩效面谈的资料，如：自我评价表、个人的发展计划、准备向主管提出的问题或寻求的帮助等。

(4)准备面谈的资料。作为主导面谈的主管人员对整个面谈起着决定性作用，所以主管需要提前准资料，如员工考核评价表、员工日常工作表现记录、工作说明书等。

(5)计划好面谈程序。计划的内容包括面谈时大致包括哪几个步骤，要谈哪些内容，这些内容先后顺序如何安排，各部分花费的时间是多少等等。这些都要提前做好相应的计划，才能使整个面谈顺利进行。

(三)绩效反馈面谈的步骤

(1)营造一个良好的气氛。刚开始进行面谈时需要缓和一下气氛，因为员工进行绩效面谈时是比较紧张的，所以要先寒暄几句或关心一下员工，帮员工平静心情。

(2)说明面谈的目的。告诉员工此次绩效面谈的目的是什么，绩效面谈对员工有什么帮助，绩效面谈有哪几个步骤，一共会谈多长时间等。

(3)向员工告知考核的结果。根据每项工作目标完成情况，告诉每项工作的评价结果和解释为什么会有目前的评价结果，并征求员工对评价结果的看法和员工的自我评价。

(4)商讨员工不足的方面。告诉员工哪些地方做得不好，为什么做得不好，下一步该如何改进等。

(5)为下一阶段的绩效计划设定目标，并讨论完成这些绩效计划需要的支持和资源。

(四)绩效反馈面谈中的技巧

1. 对绩效结果进行描述而不是判断

绩效反馈面谈是为了让员工知道自己到底什么地方存在不足，应当指出具体的问题和陈述事实。比如说“在这一个月内你迟到了 10 次；上周开会时讨论的材料你没有提前阅读”。而不是说“你的工作做得很差，你的工作态度很不好”之类的话。

2. 正面评价同时要指出不足

除了正面的评价外，还要指出员工了的不足，和员工一起找出造成这些问题的原因并有针对性地制订出改进计划，帮助员工确定目标，提出员工实现这些目标的措施和建议。而不是只评价不指出问题，或是指出问题却不制订如何帮助员工的改进计划等。

3. 绩效反馈面谈对事不对人

在反馈过程中，针对的只能是员工的工作绩效，客观地描述员工的绩效，而不能针对员工本人。如果针对员工本人，容易伤害员工，造成抵触情绪，影响反馈的效果。比如不能说“别人都做得很好，你为什么做得这么差”，“你就是工作不认真，态度有问题”等之类的话。

4. 注意绩效反馈时说话的技巧

在绩效反馈面谈时，沟通技巧的使用非常重要。在进行反馈时，首先，应当以正面鼓励为主，不指责、不批评、不评价员工的个性与习惯，同时语气要平和，不能引起员工的反感；其次，要注意聆听员工的声音，要给员工说话的机会，允许他们解释，以聆听的态度听取员工本人的看法，而不是一直喋喋不休；最后，注意肢体语言，避免出现隐含消极情绪的动作和表情，比如不耐烦的表情，双手抱在胸前，不停地看手表，玩弄笔或手机等。

【管理实践】

如此绩效面谈

人物：

刘总——某制造型企业人力资源总监

王某——某制造型企业人力资源部部长助理，负责绩效薪酬和培训工作

刘总匆匆寻找王某，自言自语："王某刚才还在啊，你们有没有看到？"然后拿起电话打给王某："喂，王某啊？在哪里？到我办公室来一下，有个急事，赶快过来。"

王某匆匆赶来："刘总，什么事情这么着急？我这里很忙，这个月的培训计划有点调整，正和A事业部孙总沟通呢。"

刘总："那个事情先别着急，先坐，工作沟通嘛，缓缓没事，我这边上个月的考核截止时间快到了，这个工作是我们部门负责组织的，自己要是没按时完成，怎么去催其他部门呢？你说是吧？"

王某："考核嘛！我做的事情你反正知道，你看着办吧，别让我们吃亏就好。"王某一副无所谓的态度。

刘总："你的工作好坏我心里有数，但程序也要走一下嘛！你先把上个月的工作谈一下吧。"

王某惊讶地说："我不是已经把上个月的工作总结交给你了吗？"

刘总挠挠头："是吗？我怎么不记得，我找找看。"刘总在一堆文件中翻找："哦，你的这个工作总结写得太简单了，你还是讲讲吧！"

王某："我也没做准备，我用一下这个吧。"他从刘总手中拿过工作总结，开始讲："本月在公司领导的支持和帮助下，我本人完成了预定的KPI指标，工作总结上有数据，也有相关说明，你自己看吧，至于关键行为指标和临时任务指标，我的工作做了很多，也很忙，失误也是有的，主要是因为本人思想上不重视，工作能力有限。这个月我准备继续努力，发扬成绩、改掉缺点，争取不断改善。唉，刘总，反正我的工作你也是知道的，我也不多说了。"

刘总："王某，你的工作我心里有数，你的成绩我也看得到，但是，你的缺点也有很多。比如说，上次去A事业部开会的时候，孙总就反映上个月的培训计划到现在还没有收到，由于没有培训计划，A事业部不知道该做哪些培训，所以上个月的培

训一个也没做，这是你的责任吧?”

王某气愤地说：“那个事情我和你也解释过了，我是太忙了给忘记了，我又不是故意的，这你也知道的，我手头那么多工作，一时忙不过来，忘记了也是能理解的吧？我下次记住就是了，在以后的工作中多加注意，不会再犯这样的错误了。”

刘总点点头说：“反正类似的事情以后你要注意，我以后不想再次听到这样的理由，好吗？还有，工作说明书上规定，你有一条很重要的职责是组织实施绩效管理制度。这个工作主要是由绩效薪酬专员做，但你作为部长助理，有责任督促绩效薪酬专员把这个事情做好，但是最近绩效考核的工作开展得很不好，很多部门的考核不能按时完成，考核结果也不能及时汇总，绩效分析做得也很马虎，这是你的责任吧?”

王某：“最近绩效考核工作是开展得不好，这又不是我一个人的责任，是各个部门的部长不严格执行制度，有制度不执行，故意拖延，我也催过，但是效果不理想，我也拿他们没有办法。”

刘总有点恼火地说：“这个我知道，但我记得我和你说过，让你在每次考核的时候都要全程参与，旁听考核面谈的过程，并做好记录，形成书面报告，但是好几个月过去了，我一份报告也没看到，而且我听说，你每次参加其他部门的考核面谈的时候都是坐一下就走，根本没有用心，就凭这一点，我在 KPI 的这一项就得给你扣分!”

王某无奈地说：“你要这样说我也没有办法，你是领导嘛!”

刘总：“王某啊，工作上有失误不要推脱嘛，你的成绩我也看得到，反正月度考核也是走个形式。关键是下个月你有没有明确的改进计划……”

王某：“你要给我一个方向嘛，你们上面不定下来我们怎么做啊?”

刘总看了看手表说：“这样吧，我们先谈到这吧，反正我们也谈得差不多了，我会一碗水端平的。我这边还有些急事。不过，我看你这个月的绩效奖金肯定要受影响了!”

王某生气地走出门：“随你便吧!”

资料来源：https：//wenku. baidu. com/view/8a59b41fa300a6c30c229f30. html.

二、绩效改进计划

绩效改进计划是指根据员工有待发展提高的方面所制订的一定时期内完成的有关工作绩效和工作能力改进和提高的系统计划。

(一)绩效诊断和分析

通过分析考核结果，找出绩效不佳的员工和关键绩效问题，关键绩效问题是通过对比实际绩效和期望的绩效状况之间的差距而得出的。诊断员工的关键绩效问题通常有两种思想：一是从知识、技能、态度和环境四个方面着手分析绩效不佳的原因；二是从员工、主管和环境三个方面来分析绩效问题。针对关键绩效问题，在充分考虑绩效不好的员工和企业现在的资源的基础上，大致确定绩效改进方向和重点，为制订绩效改进计划做好准备。

(二)绩效改进计划内容

(1)有待提高和改进的项目。有待提高和改进的项目通常是指工作的能力、方法、习惯等方面，这些项目可能是员工现在水平不足的项目，也有可能是工作有了更高要求的项目。

(2)提高和改进这些项目的原因。选择这些有待发展项目的原因通常是由于员工在这方面的水平比较低，而工作任务完成或员工未来发展又需要其在这方面表现比较高的水平。

(3)目前的水平和期望达到的水平。绩效改进计划应该有明确、清晰的目标，因此，在制订员工绩效改进计划时，要指出有待提高项目的目前水平是怎样的和期望达到的水平又是怎样的。

(4)改进这些项目的方式。改进这些项目的方式有很多种，比如：自我学习、理论培训、研讨会、他人帮助改进等。对一个项目进行发展可以采用一个方式也可以采取多种方式。

(5)设定达到目标的期限。在员工绩效改进计划中，要确定经过多长时间才能将有待提高的项目的绩效水平，从目前水平提升到期望水平。

【知识巩固训练】

1. 绩效和绩效管理的含义分别是什么？
2. 绩效管理和绩效考核的联系与区别有哪些？
3. 绩效指标有哪些类型？绩效指标和标准的制定要注意哪些问题？
4. 绩效考核周期受哪些因素影响？
5. 绩效实施与辅导的必要性有哪些？与员工持续沟通的方法有哪些？
6. 绩效信息搜集的目的是什么？绩效信息搜集的方法有哪些？
7. 绩效考核的主体有哪些？各自的优缺点是什么？
8. 以结果和行为为导向的考核方法有哪些？各自的适用范围是什么？
9. 什么是目标管理法？目标管理法的优缺点各有哪些？
10. 什么是平衡计分卡？平衡计分卡的内容包含哪些？
11. 什么是关键绩效指标？关键绩效指标的实施流程是什么？
12. 绩效反馈面谈要做哪些准备工作？绩效改进计划的内容有哪些？

【技能提升训练】

1. 案例分析：摩托罗拉公司的绩效管理

摩托罗拉公司创立于1928年，是世界财富百强企业之一和全球通信行业的领导者。摩托罗拉公司于1987年进入中国，并于1992年在天津注册成立摩托罗拉(中国)电子有限公司。2004年摩托罗拉中国公司市场销售额为33.9亿美元，较2003年增长35%。对于管理与绩效管理，摩托罗拉公司有一个观点，就是企业=产品+服务，企业管理=人力资源管理，人力资源管理=绩效管理。由此可见，绩效管理在摩托罗拉公司中的重要地位。正因为如此，摩托罗拉公司的绩效管理才开展得好，正因为定位准确，摩托罗拉公司的发展才会越来越有希望。

摩托罗拉公司将绩效管理上升到了战略管理层面，并给予高度重视，这给我国许多企业作出了榜样，树立了学习的标杆。企业的发展就是要走出去、引进来，不断学习先进的管理经验并应用于本企业，企业才会兴旺发达，员工才会努力工作，与企业共兴亡。

摩托罗拉公司对绩效管理给出了明确的内涵：绩效管理是一个不断进行的沟通过程，在这个过程中员工和主管以合作伙伴的形式就员工应该完成的工作、员工所做的工作如何为组织的目标实现作贡献、用具体的内容描述怎样才算把工作做好、员工和主管怎样才能共同努力帮助员工改进绩效和如何衡量绩效等问题达成一致。

从这个内涵中可以看出绩效管理在摩托罗拉公司的地位，绩效管理关注的是员工绩效的提高，而员工绩效的提高又为组织目标的实现服务，这就将员工和企业的发展绑在了一起，同时也将绩效管理的地位提升到了战略层面，战略性地看待绩效管理，战略性地制定并执行策略。

在内涵之外，摩托罗拉公司进一步强调绩效管理是一个系统，用系统的观点看待绩效管理，将绩效管理置于系统之中，使其各个组成部分互相作用，并以各自独立的方式一起工作去完成既定的目标。

摩托罗拉公司认为，绩效管理是一个公司总体人力资源管理的一部分和评价个人绩效的一种方式，其重点放在员工个人综合技能提高上，它是将个人绩效与公司的任务与目标相联系的一种工具。摩托罗拉公司认为绩效管理有以下5个组成部分。

1. 绩效计划

在这个过程中，主管和员工就目标进行充分的沟通，最终形成签字的纪录，就是员工的绩效目标，它是整个绩效管理循环的依据和绩效考核的依据，其作用非常重要，需要花费必要的时间和精力来完成。摩托罗拉公司的第一个日历季度就是绩效目标制定季度。摩托罗拉公司的绩效目标由两个部分组成：一部分是业务目标；另一部分是行为标准。这两个部分组成了员工全年的绩效目标，两部分相辅相成、互为补充，共同为员工的绩效提高和实现组织的绩效目标服务。

2. 持续不断的绩效沟通

沟通应该贯穿于绩效管理的整个过程，而不仅仅是年终的考核沟通。仅仅一两次的沟通是远远不够的，也是违背绩效沟通原则的，因此，摩托罗拉公司强调全年的沟通和全通道的沟通。其主要包括：①追踪绩效的进展，为双方提供所需信息；②防止问题的出现或及时解决问题(前瞻性)；③定期或非定期，正式或非正式地就某一问题进行沟通，在这个过程中也要形成必要的文字记录，必要时经主管和员工双方签字认可。

3. 事实的搜集、观察和记录

为年终考核做准备，主管需要在平时注意搜集事实，注意观察和记录必要的信息，包括搜集与绩效有关的信息和记录好的及不好的行为。搜集信息应该全面，好的和不好的都要记录，而且要形成书面文件，必要时要经主管与员工签字认可。

4. 绩效考核会议

摩托罗拉公司的绩效考核会议是非常讲究效率的，一般集中一个时间，所有的主管在一起进行全年的绩效考核。其主要包括员工自我评估；对员工的绩效达成共识；评出绩效的级别；解决问题。最终形成书面的讨论结果，并以面谈沟通的形式将结果告知员工。

5. 绩效诊断和提高

绩效诊断和提高的过程是用来诊断绩效管理的有效性，用来改进和提高员工绩效。关于这一点，摩托罗拉公司有一个非常实用而有效的衡量工具，包括以下10个方面。

(1)员工有针对自己工作的具体、明确的目标；

(2)这些目标具有挑战性，但合理；

(3)员工认为这些目标对自己有意义；

(4)员工明白自己的绩效(达到目标是如何评估的)；

(5)员工觉得那些绩效标准是恰当的，因为其衡量的是自己应该做的事情；

(6)在达到目标方面做得如何，员工能得到及时的反馈；

(7)员工觉得自己得到了足够的培训，使员工能得到及时准确的反馈；

(8)公司给员工提供了足够的资源(钱、仪器、帮手等)，使自己达到目标成为可能；

(9)当员工达到目标时，能得到赞赏和认可；

(10)奖励体系是公平的，员工因为自己的成功而得到奖励。

每一项有5个评分标准，这样通过打分可以得知一年以来的绩效管理水平如何，差距在哪里，从而做到拾遗补阙，改进和提高绩效管理的水平。在与薪酬管理挂钩上，摩托罗拉公司也采取了简单的强制分布，而不是绞尽脑汁地去精确地联系，因为这样既耗费时间也偏离了绩效管理的方向，绩效管理致力于员工绩效的提高，而不仅仅是为薪酬管理服务。通过绩效管理的事实，摩托罗拉公司的业绩越来越好，而员工也越来越有干劲儿。

资料来源：http://wenku.baidu.com/view/6a3bb108caaedd3382c4d32d.html.

讨论：

(1)结合案例评价沟通在绩效管理过程中的作用。

(2)摩托罗拉公司的绩效管理体现了哪些绩效管理原理？

2. 课后项目训练——考核量表设计

T公司是当初一家不足30人的小型房产销售公司，公司主要代理武汉地区的房产销售。创业初期，降低成本和提高销售额成为公司的总目标。由于业务繁忙，公司没有时间制定一套正式的、完整的绩效考评制度，只是由公司老总王某兼任人力资源总监，王总采取了一些简单的奖惩措施。比如，他会不定期地对工作业绩好的员工提出表扬，并给予奖金和物质奖励；也对态度不积极的员工提出批评；一旦员工的销售业绩连续下滑，他会找员工谈心，找缺陷，补不足，鼓励员工积极进取。因为人数少，大家做得好或不好，王总心里有数，这样的奖励措施也没有出什么问题，大家还是比较积极地工作。

这几年T公司发展非常迅速，销售业绩非常好，已经由最初的二十几个人发展到现在的上百人。随着规模不断扩大，特别是销售人员增加，问题也出现了：王总已经不可能清楚地记得每个销售人员的工作业绩和工作表现，原来的老办法已经明显有失公平了。所以现在T公司针对销售人员需要设计一份考核量表。具体要求如下：

(1)有具体的考核指标和考核标准；

(2)考核指标不少于十个；

(3)每个考核指标需要设计权重。

要求：请按照上述要求为T公司设计一份考核量表。

第七章　职业生涯管理

【学习目标】

❖ 了解职业生涯管理的发展趋势

❖ 理解职业生涯发展通道

❖ 理解职业选择理论和职业发展理论

❖ 掌握职业生涯和职业生涯管理概念

❖ 掌握职业生涯分阶段管理和职业生涯管理的开展步骤

【基本概念】

职业生涯　职业生涯管理　职业锚　职业发展通道设计　单一职业发展通道　双重职业发展通道　横向职业发展通道

【导读案例】

我该怎么办

案例一

早在大学四年级，小王就到一家软件公司实习了，实习薪水2000多元。临近毕业时，另一家公司的老总给他打了个电话，说他们正在投资6000万元建设厂房和办公大楼，想请他帮忙建设企业网络。小王欣然应允。随后，小王就到该公司负责设计网络、招标、采购设备。公司的老总非常器重他，他也觉得非常充实、愉快。毕业后很自然地就留在这家公司。经过两年的锻炼，小王渐渐成了IT部门的骨干，相当于IT部门的主管。尽管部门的人不多，但工作比较充实。小王的日常工作主要是负责弱电系统维护、网络维护、电脑维修、软件安装，以及有关信息化项目鉴定验收资料的搜集。偶尔，他还给老总做个演讲文件等。但是，他至今没有实施过任何信息系统。

又过了两年，小王慢慢就觉得心里有些不平衡了：现在公司的信息化一直没有新进展，缺乏锻炼机会。另外，作为传统企业的IT部门，虽然干了不少事，可薪水远没有一些软件公司的高。小王很困惑，目前，IT部门的职能就是维护系统和网络，仅仅是“修理工”的角色。想提高技术吧，缺少实践机会；想深入行业中涉足管理，使IT部门日后成为信息化实施的主导吧，又觉得没有那个能力。小王很困惑，到底是去还是留？如果留下，是不是一辈子就干“修理工”的活儿呢？如果跳槽，自己最近几年积累的经验有限，没有学到什么东西，到新的公司又一切从零开始不说，薪酬也比现在低很多。小王陷入了无尽的苦恼中……

案例二

26岁的小李是北京市朝阳区一大型房地产司的总经理秘书，从事秘书工作近3年，工作努力，有上进心。小李原来学的是政治经济管理专业，但由于喜欢公司的环境和秘书这一职业，所以大学毕业后就进了这家公司做秘书。小李对自己要求很高，希望能在工作中有所建树，所以他努力地做好每一件事，抓住一切时机学习新东西。因为工作热情高、表现好，现在小李已升任总经理秘书半年多了。新工作对她来说也挺顺手，没什么大的困难。可是小李却觉得自己的工作都是些打字、复印、接电话、订票等琐碎的事务性工作，原来可以学习的东西早已经学完了，没什么新的东西可学，能力也没有什么长进。

她的工作热情一落千丈而且越来越讨厌秘书这个工作——每天被各个部门的人像丫鬟一样呼来唤去，简直一点前途都没有！她曾尝试改变，也听说过"职业倦怠"的说法，并怀疑自己是不是正处于职业倦时期。问了一些人，寻找过一些解决的办法：像缓解压力，放松心情，参加朋友聚会……可事实证明这些努力都缓解不了她现在这种郁闷的心情。显然，继续做秘书对于小李来说已经不能让她热情投入，因此，她应该挑战一个新的职位或职业。有两种途径可以供小李选择：一是在本公司做内部调整；二是换一家公司，开始新的职场生涯。

评析：以上两个案例中的情况是我们很多人会遇到的，不清楚自己要什么，也不清楚自己的职业兴趣是什么，更不知道什么是职业锚。不懂得进行职业生涯管理，导致了案例中情况的出现。对于组织来说，要帮助员工找到其职业方向、为其设计职业发展通道，在员工不同年龄阶段进行不同的职业生涯管理，帮助员工实现职业理想，实现员工和组织共同发展的目标，避免案例中出现的情况，这就是本章要讨论的内容。

资料来源：崔佳颖．员工职业生涯规划．北京：机械工业出版社，2008.

第一节　职业生涯管理概述

一、职业生涯的概念

(一)职业

在了解职业生涯之前，我们先学习职业的含义。职业一般是指人们为了谋生和发展而从事相对稳定的、有收入的，专门类别的社会劳动。职业是人类文明进步、经济发展以及社会劳动分工的结果。同时，职业也是组织与个体的结合点，这也就是说，个人是职业的主体，但个人的职业活动又必须在一定的组织中进行。组织的目标靠个体通过职业活动来实现，个体则通过职业活动对组织的存在和发展作出贡献。因此，职业活动对员工个人和组织都具有重要的意义。

从个人的角度讲，职业活动几乎贯穿于人一生的全过程。人们在生命的早期阶段接受教育与培训，为的是为职业作准备。从青年时期进入职业世界到老年退离工作岗位，职业生涯长达几十年，即使退休以后仍然与职业活动有着密切的联系。职业不仅是谋生的手段，也是对个人的生活方式、经济状况、文化水平、行为模式、思想情操的综合反映，也是一个人的权利、义务、职责以及社会地位的一般性表征。

对于组织来说，不同的工作岗位要求具有不同能力、素质的人担任，把合适的人放在合适的位置上，是人力资源管理的重要职责。只有使员工选择了适合自己的职业并获得职业上的成功，真正做到人尽其才、才尽其用，组织才能可持续发展。组织能不能获得员工的情感认同，能不能充分调动员工积极性，关键因素在于组织能不能为员工创造条件，并对他们的职业进行管理，使他们有机会获得一个有成就感和自我实现感的职业。

(二)职业生涯

1. 职业生涯的概念

职业生涯的概念大致有两种观点。一种观点是从某一类工作或某一组织出发，把职业生涯看作其中一系列职位构成的总体；另一种观点则把职业生涯看作个人的一种功能，而不是某种工作或某一组织的功能。由于每个人几乎都经历过一系列独特的工作、岗位经验，这种观点认为，每个人实际上都在追求一个独特的职业生涯。综合学者们的观点，我们将职业生涯界定为一个人与工作相关的整个人生历程，是一个人在一生中所经历的与工作、生活和学习有关的过程、经历和经验。对于职业生涯的定义，我们可以作如下理解：每个人只有一个职业生涯历程，不管他从事多少工作或经历多少个岗位，都是他职业生涯的一部分；职业生涯是一个连续的过程，从接受教育为职业做准备直到退出工作领域；职业生涯是不断变化的过程，会经历不同的组织和不同的工作岗位；职业生涯没有专业的限制，任何与工作相关的经历都可以称为职业生涯，包括自由职业者或进行进修等。

2. 职业生涯的特点

职业生涯具有时间性、独特性、主动性和不可逆转性的特点，了解职业生涯的特点能帮助我们进一步了解职业生涯。

(1)时间性。与人的自然成长规律一样，职业生涯的发展具有阶段性。这种阶段性一般是根据工作年限来划分，且每一个阶段都会表现出不同的职业特点，如成长阶段、探索阶段、确立阶段、维持阶段和衰退阶段每个时期的职业特点和职业内容都有所不同，组织在不同的时间段，对员工的管理也不相同。各阶段之间并不是简单的并列关系，而是一种递进关系，前一阶段是后一阶段的基础，前一阶段的状态越好，后一阶段的状态才有可能越好。另外，每个人经历的组织和岗位，或者从事某个职业的时间也不一样，有的人一生只从事一种职业，但有的人一生之中会从事各种不同的职业。

(2)独特性。每个人的价值观、人格、能力、成长环境、受教育背景等各不相同，导致每个人所从事的职业也不相同，其职业生涯会存在很大差异，如有的人适合或有兴趣从事销售工作；但有的人却适合或有兴趣从事研发工作。正是由于这种差异性的存在，每个人的职业生涯设计都应该是个性化的。职业生涯规划只有是个性化的，才能对自己的职业生涯发展具有切实的指导意义。此外，差异性并不妨碍人们对职业生涯发展规律的认识和运用。对职业生涯的差异性和自身的独特性认识得越充分，职业生涯管理才会更有针对性。

(3)主动性。职业生涯是一个人一生连续不断的发展过程，每个人都会主动去规划和管理自己的职业生涯，比如，主动地寻找适合自己的工作，希望能够有更好的成长和发展的机会。所以，善于规划并有明确目标和强烈进取精神的人可能会成长得快一些、好一些；而不善于规划，没有明确目标的人可能会成长得慢一些。但是，不管怎样，随着时间的推移，每个人都会在不同方面有不同程度的成长。

(4)不可逆转性。一个人由幼年到成年，再到老年，这是一个不可变更的自然发展过程，它必须遵循从生到死的规律，想重来是不可能的。职业生涯发展过程也是一样，具有不可逆转性。有些人到了职业生涯的一定阶段后，往往会后悔之前没有好好珍惜，或者没有去合理规划，但是之前的职业生涯已经不再可能改变。职业生涯发展的不可逆转性提醒人们要充分重视职业生涯发展中的每一步，因为今天的每一个选择，都可能影响你的下个选择。每个人都应该正确认识职业生涯的不可逆转性，好好规划自己的职业生涯，不能留下遗憾。

二、职业生涯管理的概念

一般来说，职业生涯管理是组织和员工个人对职业生涯进行设计、规划、执行、评估和反馈的一个综合性的过程，通过员工和组织的共同努力与合作，使每个员工的生涯目标与组织发展目标一致，使员工的发展与组织的发展相吻合。因此，职业生涯管理包括两个方面。

(1)从个人的角度来讲，职业生涯管理是指一个人有目的地对自己的技能、兴趣、知识、动机和其他特点进行认识，获取职业信息并进行职业选择，同时为实现自己的职业目标而积累知识、开发技能的过程。个人可以自由地选择职业，但任何一个具体的职业和岗位，都要求从事这一职业的个人具备特定的条件，如受教育程度、专业知识与技能水平、身体状况、个性要求及品质要求等。并不是任何一个人都能适应任何一项职业的，这就产生了职业对人的选择。一个人在择业上的自由度很大程度上取决于个人所拥有的职业能力和职业品质，而个人的时间、精力、能力毕竟是有限的，要使自己拥有不可替代的职业能力和职业品质，就应该根据自身的潜能、兴趣、价值观和需要来选择适合自己的职业，这就需要对自己的职业生涯进行管理。因此，人们越来越重视职业生涯的管理，越来越看重自己的职业发展机会。

(2)从组织的角度来讲，对员工的职业生涯进行管理，集中表现为帮助员工制订职业生涯规划，建立各种适合员工发展的职业通道，针对员工职业发展的需求进行适时的培训，给予员工必要的职业指导，以促使员工职业生涯的成功。组织是个人职业生涯得以存在和发展的载体。所以，员工的职业发展不仅是其个人的行为也是组织的职责，比如工作分析、员工筛选、员工培训、绩效管理等人力资源管理活动的重要作用在于为组织找到合适的人选，并为组织的发展提供人力资源保障。然而人力资源管理活动还越来越多地在扮演着另外一种角色，这就是确保员工在组织中找到自己的职业方向，并且鼓励员工不断成长，使他们能够发挥出其全部潜能。这种趋势得到强化的一个信号是，许多组织越来越多地强调和重视员工职业规划和职业发展。

综上所述，个人和企业都可以也应该对员工的职业生涯进行管理，以实现员工的职业理想和帮助企业吸引人才。但是在本书中，职业生涯管理作为企业人力资源体系的一部分，我们侧重于讲述作为一种组织管理职能的职业生涯管理，即组织对员工的职业生涯管理。所以，我们将职业生涯管理界定为：组织为了更好地实现员工的职业理想和职业追求，寻求组织利益和个人职业成功最大限度的一致化，而对员工的职业历程和职业发展进行计划、组织、领导、控制等所采取一系列的手段。对于组织而言，职业生涯管理是组织的一项管理职能，最终目的是通过帮助员工实现职业理想，而达到组织既定的目标，在职业生涯的管理中会使用计划、组织、领导、控制等各项管理手段。职业生涯管理是组织对员工在本企业中的职业发展历程所进行的管理，包括为员工设计职业发展路径，确定职业发展方向，提供职业发展机会和平台，提供培训与开发机会，以帮助员工实现职业目标。

三、职业生涯管理的意义

对于企业来说人是最重要的资源。企业一方面想方设法保持员工的稳定性和积极性，不断提高员工的业务技能以创造更好的经济效益；另一方面，企业又希望能维持一定程度的人员、知识、观念的重新替代以适应外界环境的变化，保持企业活动和竞争力。而开展职业生涯管理工作则是满足员工与企业双方需要的最佳方式。所以，职业生涯管理对个人和组织者具有极为重要的意义，主要表现在以下几个方面。

(一)可以优化组织人力资源配置，提高人力资源利用效率

职业管理中的一个基本问题是“员工适合做什么”，要回答这个问题就要明确员工的职业倾向、能力素质等。首先，员工在进入组织时，组织通过各种工具对员工进行测试和评价，了解员工的特长、能力、气质、性格、兴趣等，在充分了解员工之后再把员工放在合适的岗位上；其次，可以使企业获得培训需求的信息，基于员工的职业发展计划的各项培训会得到员工的支持和认同，有效的培训使得员工能更好地适应工作，满足工作岗位上所需要的知识和技能；最后，如果企业中出现岗位空缺，就能结合员工的个人能力和素质，根据人岗配置原则对员工进行调动、整合、和再配置等活动，以便合理配置企业内的工作岗位。因此，加强职业生涯管理，使人尽其才、才尽其用，可以优化组织人力资源配置，提高人力资源利用率。

(二)提高员工满意度，降低员工流动率

组织通过对员工的潜能评价、辅导、咨询、规划和培训等为其提供了更大的发展空间，使员工发展更有目的性，员工可以确定自己的职业定位、职业兴趣、职业路径等，有助于员工实现自己的职业目标和职业理想，从而提高员工满意度。另外，员工在理解企业人力战略的情况下结合自身特点提高自身素质，会把自身利益与企业发展更紧密结合起来，岗位的适应性也能大大提升一个人的满意度，从而能使员工的流动性降低。

（三）使组织和个人共同发展，保持企业和员工的竞争优势

现代企业都处于复杂和动态的环境之中，任何企业都难以摆脱某些事件的影响，比如企业常常面临兼并、收购重组或精编性裁员等不期而遇的变化，这时组织结构就会变化，员工的职务也会变化。通过职业生涯管理，组织有长期的人才战略规划，能应对此类动荡造成的影响，也能保持企业持久的竞争优势；对员工来说有较强的知识和技能，就能应对企业大量裁员的困难，同时也不会因为组织变化而造成失业。组织和员工只有在一种通力合作的前提下，才能共同发展，在激烈竞争的环境中保持优势，而职业生涯管理能达成组织和员工通力合作。

（四）创建优秀的企业文化，实现“以人为本”的管理思想

企业文化的核心理念是企业员工具有共同的价值观和行为方式，“以人为本”的管理理念是充分尊重并满足员工个人正当合理的发展需求。企业进行员工职业生涯规划就是强调和肯定人的重要性，给员工提供不断成长、不断挖掘潜力并取得职业成功的机会和条件，从而创造一种高效率的工作环境和引人、育人、留人的积极向上的健康的企业文化。

（五）有利于创建“学习型企业”，促进企业的发展

员工职业生涯管理的核心是鼓励学习、鼓励创新、鼓励竞争。企业通过员工职业生涯管理，能构建一种善于学习、积极向上、不断进取、健康活泼的企业文化氛围，培养和造就大批能将企业发展目标和个人奋斗目标较好结合的、对企业忠诚的、勇于创新的各类人才队伍，从而为企业在激烈的市场竞争中处于不败之地奠定坚实的基础。

【管理实践】

职业生涯管理的"魔力"

M 机械制造公司地处沿海地区的一座中型城市，目前员工约 5000 人，年产值约 100 亿元，利润约 8 亿元。近几年公司发展很快，但是也出现了不少问题，特别是人才流失现象比较严重。这些人才基本上是毕业 4 年左右的大学毕业生，他们的业务技能都已相当熟练，正是开始发挥重要作用的时候，人才的流失对公司的运营和发展造成了严重影响。为此，在公司高层领导的亲自督促下，人力资源部展开了一次针对公司往届大学生员工的满意度调查，以求找到员工离职的原因和解决问题的办法。

调查的形式包括问卷和访谈。调查问卷共收回 500 份，其中有效问卷 480 份。被调查的人员中，包括部门领导、财务、营销、管理人员和技术人员。调查问卷结果显示员工对企业文化、有效激励等表示满意而不满的地方主要在于公司薪酬结构和水平、个人职业发展等。在访谈中人力资源部了解到，在员工职业发展这一问题中，主要的不满是认为企业内部职业规划过于单一，员工对自身未来的职业发展前景不太看好等。

如何为员工规划有吸引力的职业发展道路，以合理的薪酬留住人才是公司人力资

源管理部应尽快解决的问题。其中，如何为不同类型的员工规划不同的职业发展道路，让员工感到在该公司有足够的上升空同和发展前景等问题是公司人力资源管理工作的重点。于是，公司人力资源部以新进的大学生员工为切入点，进行了相应的职业生涯管理改革，比如：建立多种员工职业发展通道，如管理人员、营销人员、技术人员都有各自的发展通道；对员工进行素质测评和对工作进行分析，为员工找到适合自己的职业方向，把合适的人放在合适的岗位上，做到人岗匹配，增加员工对工作的适应性，提高员工满意度；建立与职业管理相配套的员工培训与开发体系，在对员工进行素质测评和工作分析的基础上，找出员工与岗位存在的差距及将来职业发展道路上会出现的问题，有针对性地制订培训方案；定期举办职业生涯研讨会和开展职业生涯咨询等。经过一年的运作，2007 年该公司新进员工流失率比上一年降低了约 80%，员工满意度上升了 60%，人力资源部的工作得到了公司高层领导的充分肯定。为什么在短短的一年里会发生这么大的改变呢？主要原因是 M 机械制造公司重视员工的职业生涯管理，它对员工和企业来说都非常重要，它能使企业和员工通力合作达到双赢的目标，即员工实现自己的职业目标和职业理想，企业提高绩效实现既定的目标，这就是职业生涯管理的“魔力”。

资料来源：改编于自崔佳颖. 员工职业生涯规划. 北京：机械工业出版社，2008.

四、职业生涯发展的趋势

20 世纪中后期以来，企业所面临的竞争环境变化剧烈，尤其是 90 年代以来随着信息技术和知识经济的迅猛发展，组织结构正在发生着根本性的变化，从传统科层体制向更具柔性、更扁平的组织形式发展，出现了信息化、分散化、虚拟化、小型化等多元发展趋势。在这一背景下，企业势必要改变传统的长期雇佣而代之以更具弹性的雇佣形式，如雇佣短期化、员工派遣、裁员等。相对于传统的职业生涯发展模式，有学者提出了无边界职业生涯和易变性职业生涯。

(一)无边界职业生涯

无边界职业生涯的概念最早出现于 20 世纪 90 年代，是由外国学者阿瑟(Arthur)在 1994 年《组织行为杂志》(*Journal of Organizational Behavior*)的特刊上首先提出来的，他将无边界职业生涯定义为“超越单个就业环境边界的一系列就业机会”。1996 年进一步进行了修正和丰富，他详细描述了六种不同的无边界职业生涯：像硅谷公司职员一样跨越不同雇主的边界流动的职业；像学者或木匠等职业那样从现在的雇主之外获得从业资格的职业；像房地产商那样受到外部网络和信息持续支持的职业；打破关于层级和职业晋升的传统组织设想的职业；不是非职业本身或组织内部原因，而是个人或家庭原因令其放弃的现有职业机会的职业；基于从业者自身的理解，认为是无边界而不受结构限制的职业。与传统的职业生涯不同，无边界职业生涯注重职业技能的提升以代替长期雇用保证(如表 7-1 所示)。

表 7-1 **传统的职业生涯与无边界职业生涯的区别①**

	传统职业生涯	无边界职业生涯
雇佣关系	用工作安全性换取忠诚	用灵活性换取工作业绩
环境边界	1~2 家公司	多家公司
能力	由公司确定	可转移
如何衡量成功	报酬、提升、地位	心理上有意义的工作
职业生涯管理的责任	组织	个人
培训	正式的培训计划	在岗的学习和培训
里程碑	与年龄有关	与学习有关

无边界职业生涯的特点有：经常改变雇主，更换工种；人们拥有的工作技能、知识和能力不局限于某一公司，同样的技能、知识和能力可以在其他公司使用；通过有意义的工作实现个人价值；在职学习、随时自觉学习、向同事学习；建立和发展广泛的关系网，靠外部信息和网络开展业务；个人对自己的职业生涯管理负责；公司与员工之间的关系发生改变，员工通过在工作中良好的绩效而获得持续学习和竞争力；内部传统层级逐渐模糊。

无边界职业生涯对于员工来说，要避免短视行为，如盲目追求高收入和高职位而频繁跳槽，审慎选择每一份工作，无边界职业生涯能增强员工职业洞察力和持续积累人力资本、培育社会资本。对于组织来说，要为员工职业发展生涯提供咨询和各种职业信息，注意避免员工技能老化，支持员工持续地学习，培育支持员工无边界职业生涯管理的组织文化。

无边界职业生涯是时代的产物，符合知识经济社会的要求。无边界职业生涯理论强调职业生涯发展呈现出的无限可能性，以及怎样识别并利用这些机会取得成功。大部分研究者在研究无边界时，着眼于迁移，但事实上，无边界职业生涯并不等同于盲目、无效的迁移，它更强调跨越，这是因为人们的职业迁移是由意愿驱动的，并且这种迁移更强调对各种边界的跨越。

(二)易变性职业生涯

职业生涯的传统观点认为一个人应该在一个或几个公司中线性发展，职业生涯成功的衡量标准是职位和薪水的高低；组织也应该为员工提供长期稳定的工作以及纵向的晋升机会，规划员工的职业生涯。这样的观点在过去较长一段时期占据统治地位，它与稳定的组织结构是匹配的，并且受到当时的经济环境和社会规范的支持。在如今多变、动荡、激烈竞争的商业环境中，任何企业都无法保证长期雇佣的关系存在，所以易变性职业生涯的概念应运而生。易变性职业生涯是对传统职业观点的颠覆，它强调职业生涯的主体是个人而不是组织，个人遵循内心的价值观选择职业，职业成功的标志不是客观标准比如年薪或者

① 耶胡迪·巴鲁．职业生涯管理教程．陈涛，等，译．北京：经济管理出版社，2004.

职位高低，而是主观标准比如家庭幸福等。易变性职业生涯的本质就在于它不受到外在组织和特定职业生涯路径的约束，职业选择完全遵从内心的意愿①。与传统的职业生涯相比，它为个人的职业发展提供了更加柔性、广阔和开放的框架，鼓励个人不断学习，不断突破，最终能够达到自我实现。表 7-2 显示了传统职业生涯与易变性职业生涯的区别。

表 7-2　　**传统的职业生涯与易变性职业生涯的区别②**

	传统职业生涯	易变性职业生涯
目标	晋升、加薪	心理成就感
心理契约	工作安全感	灵活的受聘能力
管理责任	公司承担	员工承担
变动	垂直变动	水平变动
模式	直线性、专家型	短暂性、螺旋形
发展	很大程度依赖于正式培训	更依赖于人际互助与工作经验
专业知识	知道怎么做	学习怎么做

易变性职业生涯的特点有：个人管理、主导着自己的职业生涯，而组织是个人发展的舞台，这是易变性职业生涯的根本前提，员工按照自己的意愿选择职业路径并且主动承担在职业发展上失败或成功的责任时，才会形成易变性职业生涯；易变职业者需要具备高度的自我认知以及适应能力，如果一个人有自我反思的能力，能够不断地评估和了解自己，了解对自己来说真正重要的东西是什么，那么他才会做出有效的职业决策，及时调整自己的行为和态度，更好地适合职业转变以及新的工作，主动承担在职业发展上失败或成功的责任，享受职业成功；易变性职业生涯要求员工持续不断地终生学习。技术和产品的生命周期在大大缩短，相应地个人掌握它们的周期也在缩短，因此当易变职业者在各种不同的产品、技术等领域以及不同的组织出入时，他们的职业生涯实际上是由一系列短期学习周期组成，为了应对每个周期的挑战，易变职业者必须持续地学习。

第二节　职业生涯管理理论

一、职业选择理论

(一)霍兰德的职业性向理论

美国职业指导专家约翰·霍兰德(J. Holland)在研究中发现，不同的人具有不同的人

① 刘丹．关于易变性职业生涯的思考．商业时代，2013(16)．

② Raymond A. Noe. Employee Training and Development. 5th Edition. New York：McGrawHill，2010.

格特征，不同的人格特征适合从事不同的职业。由此他指出人格(包括价值观、动机和需要等)是决定一个人选择何种职业的另外一个重要因素，并提出了著名的职业性向理论，指出决定个人选择职业的六种基本的“人格性向”，即现实型、调研型、社会型、常规型、企业型、艺术型六种。

1. 现实型(R)

这种类型的人一般具有机械方面的能力，乐于从事半技术性的或手工性的职业，他们更愿意去从事那些包含体力活动并且需要一定的技巧、力量和协调性才能完成的工作。现实型的人适应从事农场主、运动员、装配工人等。

2. 调研型(I)

这一类型的人为了知识的开发与理解而乐于从事现象的观察与分析工作。这些人思维复杂，有创见，有主见，但无纪律性，不切实际，易于冲动。具有这种性向的人会被吸引从事那些包含较多认知活动的职业，如生物学家、社会学家、大学教授。

3. 社会型(S)

具有这种性向的人喜欢为他人提供信息，帮助他人，喜欢在秩序井然、制度化的工作环境中发展人际关系和工作，其个性中较消极的一面是独断专行，爱操纵别人。社会型的人适于有诊所的心理医生、外交工作者等包含大量人际交往活动的职业。

4. 常规型(C)

具有这种性向的人会被吸引从事那些包含大量结构性和规则性的职业，他们喜欢和数据型及数字型的事实打交道，喜欢明确的目标，不能接受模棱两可的状态。这种个性类型的人最适于从事事务性的职业，如会计、出纳员、银行职员。

5. 企业型(E)

这种类型的人与社会型的人相似之处在于他(她)也喜欢与人合作。其主要的区别是企业型的人喜欢领导和控制他人，其目的是实现特定的组织目标。具有这种性向的人会被吸引从事那些包含大量以影响他人为目的的语言活动的职业，如管理人员、律师。

6. 艺术型(A)

这种类型与传统型形成最强烈的反差。他们喜欢选择音乐、艺术、文学、戏剧等方面的职业，这类人是感情极丰富、但无组织纪律的。具有这种性向的人会被吸引从事那些包含大量自我表现、艺术创造、情感表达和个性化的职业，如艺术家、广告创意人员。

霍兰德的六种人格类型特征及相应的职业如表 7-3 所示。

表 7-3 **霍兰德六种人格类型特征及相应的职业**

职业类型	人格特点	代表性职业
现实型	踏实稳重、诚实可靠、不善言辞，做事保守、较为谦虚、动作协调	飞行员、摄影师、制图员、机械装配工、司机、木匠、厨师、技工、修理工、农民等
调研型	坚持性强，有韧性，喜欢钻研、为人好奇，独立性强、求知欲强，善思考	科学研究人员、大学教授、工程师、电脑编程人员、医生、系统分析员等

续表

职业类型	人格特点	代表性职业
社会型	为人友好、热情、善解人意、乐于助人、喜欢与人交往、善言谈	律师、咨询人员、科技推广人员、医生、护士、教师、传教士、临床心理学家等
常规型	有责任心、依赖性强、高效率、稳重踏实、细致、有耐心、有条理，习惯被指导	统计员、办公室人员、记事员、会计、行政助理、图书馆管理员、出纳员、打字员等
企业型	善辩、精力旺盛、独断、乐观、自信、好交际、机敏、有支配愿望	项目经理、营销人员、政府官员、企业领导、法官、律师、采购员等
艺术型	有创造性，非传统的，敏感，容易情绪化，较冲动，不服从指挥	导演、艺术设计师、雕刻家、建筑师、摄影家、广告制作人、歌唱家、作曲家、乐队指挥、小说家、诗人、剧作家等

实际上，每个人不是只具有一种职业性向，而是可能为几种职业性向的混合。霍兰德认为，这几种性向越相似，则一个人在选择职业时面临的内在冲突和犹豫就越少。霍兰德用一个六角形来表示各种性向的相似性(如图 7-1 所示)。在图 7-1 中的六边形中，越接近的两种人格，相关性越强。当个体无法找到与自己人格类型完全匹配的工作，但是找到与自己人格类型比较接近的人格类型适合的工作时，个体适应的可能性会比较大。而如果个体找到的工作是与自己的人格类型相反的人格类型适合的工作，则个体适应的可能性会比较小。

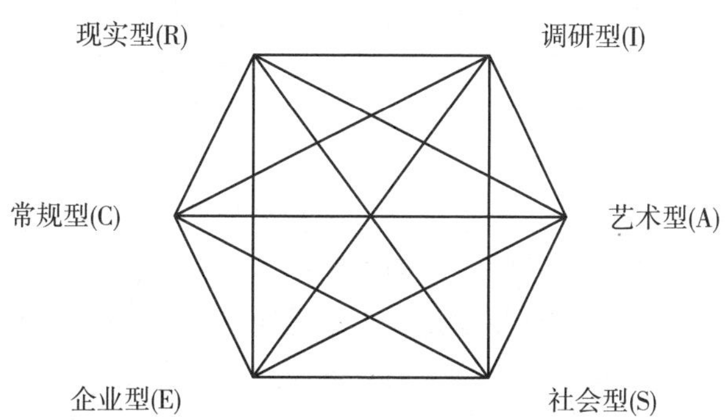

图 7-1　霍兰德职业性向匹配模型

(二)沙因的职业锚理论

职业锚理论(career anchor theory)是由职业生涯规划领域具有“教父”级地位的美国麻省理工学院斯隆管理学院教授、哈佛大学社会心理学博士埃德加・H. 沙因最早在《职业锚：发现你的真正价值》(Career anchors：Discovering your real values)中提出来的。沙因教授通过面谈、跟踪调查、公司调查、人才测评、问卷等多种方式对斯隆管理学院的 44 名

MBA 毕业生进行了 12 年的职业生涯研究，经过分析总结，提出了职业锚理论。

所谓职业锚是职业生涯主线或主导价值取向，也就是当一个人不得不做出选择的时候，无论如何都不会放弃的原则性的东西，是人们职业选择和发展所围绕的中心。职业锚是个人经过持续不断的探索确定的长期职业定位。一个人的职业锚由三个组成部分：自己认识到的才干和能力、自我动机和需要、态度和价值观。

沙因将职业锚分为八类，分别是技术/职能型职业锚、管理型职业锚、自主/独立型职业锚、安全/稳定型职业锚、创造/创业型职业锚、服务/奉献型职业锚、挑战型职业锚、生活型职业锚。

1. 技术/职能型职业锚

拥有技术/职能型职业锚的人希望过着“专家式”的生活。他们工作的动机来自于有机会实践自己的技术才能，并乐于享受作为某方面专家带来的满足感。拥有这种职业锚的人从事的是在某一个专门领域中富有一定挑战性的工作。在薪酬补贴方面，这类人更看重外在平等，他们希望组织能够按照受教育背景和工作经验确定技术等级并得到相应报酬，他的同行中具有同等技术水平者的收入是他们的参照系。他们惧怕公司提供给他们类似于股票收益的“金手铐”，因为金手铐意味着他们很可能陷入一份缺乏挑战的工作。在晋升方面，这类人更看重技术或专业水平，而不是职位的晋升。对他们，往往不需要用等级晋升来激励，而应该考虑通过加大工作范围，给予更多的资源和更大的责任，更多的经费、技术、下属等支持，或通过委员会和专家组等方式参与高层决策。对他们的认可有三种：一是他们看中的是同行专业人士的认可，而不是管理者的表扬，在他们眼里，管理者不可能真正理解他们的工作价值，甚至来自了解工作过程和工作成果的下属的认可，都会比管理者的认可让他们更为欣慰。二是获得专业领域继续学习和发展的机会，他们惧怕落伍，接受培训的机会、组织赞助的休假、鼓励参加专业性会议、提供购买资料和设备的经费等方式，对他们而言都是非常有价值的认可。三是作为专家被接纳为其他团体和组织的成员，以及来自社会的或者专业团体的奖励，都是他们喜欢的认可方式。

2. 管理型职业锚

拥有管理型职业锚的人具有成为管理人员的强烈愿望，并将此看成职业进步的标准。他们把专业看作陷阱，当然，这不等于他们不明白掌握专业领域知识的必要性，不过，他们更认可组织领导的重要性，掌握专业技术不过是通向管理岗位的阶梯。与专家职业锚相比，管理职业锚更喜欢不确定性的挑战，而专家职业锚要千方百计消除不确定性。他们从事的是综合性的领导工作，对组织成功越重要的工作，对他们越有吸引力。这种人对薪酬补贴的态度不同于技术/职能型职业锚的人，他们倾向于纵向比较，只要他们的工资在整个组织中比他们的下属高，他们就满足了，他们不会横向比较同行的工作。他们对组织中的“金手铐”很热衷，股票期权等代表所有者和股东权益的奖励方式对他们来说非常具有吸引力。他们的工作晋升基于个人的贡献、可量化的绩效和工作成就，他们认为达到目标的能力才是关键的晋升标准。对他们来说，最好的认可方式是提升到具有更大管理责任的职位上。他们希望得到上级主管的认可，同样，金钱形式的认可对他们来说也是重要的，他们喜欢加薪、奖励、股票期权，喜欢头衔和地位象征物（大办公室、象征地位的小车、某种特权等等）。

3. 自主/独立型职业锚

自主/独立型职业锚的人追求自主和独立，不愿意接受别人的约束，也不愿意受程序、工作时间、着装方式以及在任何组织中都不可避免的标准规范的制约。即使面对职业选择时，他们也会为了保住自主权而权衡工作的利弊。他们注重培养自力更生、对自己高度负责的态度。他们倾向于专业领域内职责描述清晰、时间明确的工作。他们可以接受组织强加的目标，但希望独立完成工作。如果他们热爱商业，多会选择不受公司约束的咨询服务和培训工作；即便在公司里，他们也会倾向于选择独立性较强的部门或者岗位。他们最明显的特点是，不能忍受别人的指指点点，也不愿接受规范性约束。这种人喜欢的薪酬补贴方式是便捷的自选式收益，不在乎与别人的比较，倾向于接受基于工作绩效并能即时付清的工资和奖金。他们惧怕“金手铐”的约束。他们期望的工作晋升是那种能够获得更多自主的方式，任命他们更高职务而减少自主权，反而会让他们感到窝火或者憋气。对他们的认可方式是直接的表扬或认可，勋章、证书、推荐信、奖品等奖励方式，对他们比晋升、加衔、金钱更有吸引力。

4. 安全/稳定型职业锚

这种类型的人选择职业最基本、最重要的需求是安全与稳定。通常，只要有条件，他们就会选择提供终身雇用、从不辞退员工、有良好退休金计划和福利体系、看上去强大可靠的公司，他们喜欢组织的“金手铐”，希望自己的职业跟随组织的发展而发展。只要获得了安全感，他们就会有满足感。相比工作本身，他们更看重工作内容。他们愿意从事安全、稳定、可预见的工作。所以，政府机关和类似单位，以及能够提供终身职务的大学，是他们的首选。这种人适合直接加薪、改善收益状况的激励方式。对于薪酬补贴，只要按部就班、有基于工作年限、可预见的稳定增长就可以。他们喜欢基于过去资历的晋升方式，乐于见到明确晋升周期的公开等级系统。他们希望组织能够认可他们的忠诚，而且相信忠诚可以给组织带来绩效。

5. 创造/创业型职业锚

对于创造/创业型职业锚的人来说，最重要的是建立或设计某种完全属于自己的东西。他们有强烈的冲动向别人证明这一点，这种人通过自己的努力创建新的企业、产品或服务，以企业或者产品打上自己的名号而自豪。当在经济上获得成功后，赚钱便成为他们衡量成功的标准。这种类型就是从萨伊到熊彼特再到明茨伯格所说的企业家角色。自主/独立型职业锚的人也会发展自己的生意，也要创业，但是他们发展自己的生意是源于表现和扩大自主性的需要，而创造型职业锚的人在创业的初期阶段，会毫不犹豫地牺牲自己的自由和稳定以达到生意的成功。他们的工作类型在于不断地接受新挑战，不断创新。他们着迷于实现创造的需求，容易对过去的事情感到厌烦。在薪酬补贴方面，他们看中的是所有权，通常他们并不为自己支付很多工资，但是他们会控制自己公司的股票，如果他们开发出新产品，他们会希望拥有专利权。对于工作晋升，他们希望职业能够允许他们去做自己想做的事，有一定的权力和自由去扮演满足自己不断进行创新变化需求的任何角色。创造财富、创建企业、开发事业，就是对他们的认可方式。他们积累财富，只是用来向他人展示和证明自己的成功。

6. 服务/奉献型职业锚

服务/奉献型职业锚的人希望能够体现个人价值观，他们关注工作带来的价值，而不在意是否能发挥自己的能力。他们希望能够以自己的价值观影响雇用他们的组织或社会，只要显示出世界因为他们的努力而更美好，就实现了他们的价值。这种人的供职机构既有志愿者组织和各种公共组织，也有顾客导向的企业组织。至于薪酬补贴，他们希望得到基于贡献的、公平的、方式简单的薪酬。钱并不是他们追求的根本。对于他们，晋升和激励不在于钱，而在于认可他们的贡献，给他们更多的权力和自由来体现自己的价值。他们需要得到来自同事以及上司的认可和支持，并与他们共享自己的核心价值。

7. 挑战型职业锚

这类人认为他们可以征服任何事情或任何人，在他们眼里，成功就是"克服不可能超越的障碍，解决不可能解决的问题，战胜更为强硬的对手"。所谓"更高、更快、更强"，最对这种人的胃口。他们的挑战领域不局限于某一方面，而是所有可以挑战的领域。前面各种类型的职业锚也存在挑战，但那种挑战是有领域有边界的。而挑战型职业锚是不断挑战自我，呼唤自己去解决一个比一个困难的任务。对于他们来说，挑战自我、超越自我的机会比工作领域、受雇用的公司、薪酬体系、晋升体系、认可方式都重要。如果他们缺乏挑战机会，就失去了工作的动力。这种人会看不起与他价值观不同的人，并不断给阻碍他挑战的人制造麻烦。这种人为竞争而生，没有竞争的世界会使他们失望。

8. 生活型职业锚

这类人似乎没有职业锚，他们不追求事业的成功，而是需要寻求合适的方式整合职业的需要、家庭的需要和个人的需要。所以，他们最看重弹性和灵活性。他们会为了工作的弹性和灵活性选择职业，这些选择包括在家庭条件允许的情况下出差，在生活需要的时候非全职工作，在家办公等等。

沙因认为，他概括出的这八种职业锚已经可以涵盖绝大部分人的事业追求。一个人只能拥有一种职业锚。个人的内心渴望和追求可能是多种多样的，但总会有一个才能、动机和价值观的组合排序，职业锚就处于这种组合排序中最优先的位置。如果一个人的职业锚不清晰，只能说是由于他不具备足够的社会生活经验来判断他最需要什么。必须注意的是，人的工作职业、岗位可以多次变化转换，但是，职业锚是稳定不变的，这由沙因的调查资料可以证实。由于组织职位设计的原因，相当多的人从事的职业很难与职业锚实现完全匹配，这时，个人的潜能就难以充分发挥。不匹配的程度越高，个人能力发挥的余地就越小，工作中得到的愉悦就越少，这不等于个人不努力，恰恰相反，他有可能付出了更大的努力。

在现代社会，个人与组织的发展并不矛盾，作为个人，需要不断地进行自我探索，确认自己的职业锚，并将自己的认识与组织进行沟通。尽管实现职业锚与职业匹配的责任在组织，但别指望组织能充分了解个人的内心隐秘。作为组织，需要建立起灵活的职业发展路径，多样化的激励体系和薪酬体系，以满足同一工作领域中不同职业锚的需求。组织管理者也要清楚，即便是同一性质的岗位，可能会有不同的职业锚停泊。例如，同样是产品研发岗位，可能会有技术型、管理型、创造型、挑战型等职业锚的完全匹配。单个企业，由于业务、规模、技术等等限制，不可能实现职业锚的完全匹配，这就需要政府和公共组织充当减压阀和缓冲器，提供寻找更好匹配的通道。职业锚的本质，是实现个人与组织的相得益彰，化解个人与组织的冲突，把达成组织目标和自我实现融为一体。

二、职业发展理论

(一)萨帕的职业生涯阶段理论

唐纳德·萨帕(Donald Super)是美国职业生涯研究领域的一位里程碑式的大师，他提出了职业发展理论，这一理论得到大多数职业生涯研究学者的认可，成为职业生涯研究领域的重要理论。他的职业发展理论，是围绕着职业生涯不同时期而进行的，萨帕将职业发展时期分为五个不同的阶段。

1. 成长阶段(0~14岁)

成长阶段属于认知阶段，个人在这一阶段，自我概念发展成熟起来。初期时，个人欲望和空想起支配作用，其后对社会现实产生注意和兴趣，个人的能力与趣味则是次要的。成长阶段又可分为空想期、兴趣期和能力期三个小的阶段。空想期主要是儿童时期，这时职业的概念尚未形成，对于职业只是根据周围人的职业情况和一些故事中的人物，空想将来要做某某职业；兴趣期主要是小学阶段，对于职业主要依据个人的兴趣，并不考虑自身的能力和社会的需要，带有理想主义色彩；能力期主要是进入了初中阶段，对于职业不仅仅从兴趣出发，同时注意到能力在职业生涯中的重要性，开始注重培养自己某方面的能力，以便为将来的职业作准备。

2. 探索阶段(15~24岁)

探索阶段属于学习打基础阶段，个人在学校生活与闲暇活动中研究自我，并进行职业上的探索，对自己的能力和天资进行现实性评价，并根据未来职业选择做出相应的教育决策，完成择业及最初就业。探索阶段是人生道路上非常重要的转变时期，它可以分为试验期、过渡期和试行期。试验期从15岁至17岁，这一时期个人在空想、议论和学业中开始全面考虑欲望、兴趣、能力、价值观、雇佣机会等，做出暂时性的选择；过渡期从18岁到21岁，这是个人接受专门教育训练和进入劳动力市场开始正式选择的时期，这时个人着重考虑现实，在现实和环境中寻求“自我”的实现；试行期从22岁到24岁，这个时期进入似乎适合自己的职业，并想把它当作终生职业。

3. 确立阶段(25~44岁)

确立阶段属于选择和安置阶段，进入职业以后的人发现真正适合于自己的领域，并努力试图使其成为自己的永久职业并谋求发展，这一阶段一般是大多数人职业生涯周期的核心部分。这一阶段又可分为尝试期和稳定期。尝试期是确立阶段的初期，有些人在岗位上“试验”，若不合适就改为其他职业。目前很多大学生刚工作就不断地“跳槽”，就是他们在不断地“尝试”、寻找自己的最合适的职业；稳定期是经过工作岗位上的“试验”，人们最终找到适合自己的岗位，以后人们就在某种职业岗位上稳定下来，致力于实现职业目标，是富有创造性的时期。

4. 维持阶段(45~64岁)

维持阶段属于升迁阶段。在这一阶段个体长时间在某一职业工作，在该领域已有一席之地，一般达到常言所说的“功成名就”的境地，已不再考虑变换职业，只力求保住这一位置，维持已取得的成就和社会地位，重点是维持家庭和工作的和谐关系，传承工作经验，寻求接替人选。

5. 衰退阶段(65 岁以上)

衰退阶段属于退休阶段。由于健康状况和工作能力逐步衰退，即将退出工作领域结束职业生涯。因此，这一阶段要学会接受权力和责任的减少，学习接受一种新的角色，适应退休后的生活，以减缓身心的衰退，维持生命力。

萨柏以年龄为依据，对职业生涯阶段进行了划分，但现实中职业生涯是个持续的过程，各阶段的时间并没有明确的界限，其经历时间的长短常因个人条件的差异及外在环境的不同而有所不同，有长有短，有快有慢，有时还可能出现反复。

(二)施恩的职业生涯阶段理论

美国著名的心理学家和职业管理学家施恩教授，根据人生命周期的特点及其在不同年龄阶段面临的问题和职业工作主要任务，将职业生涯分为九个阶段，如表 7-4 所示。

表 7-4 **施恩职业生涯九阶段理论**

阶段	角色	主要任务
成长和幻想探索阶段 0~21 岁	学生 职业工作者的候选人和申请者	1. 发展和发现自己的需要、兴趣、能力和才干，为进行实际的职业选择打好基础； 2. 学习职业方面的知识，寻找现实的角色模式，获取丰富信息，发展和发现自己的价值观、动机和抱负，作出合理的受教育决策，将幼年的职业幻想变为可操作的现实； 3. 接受教育和培训，开发工作领域中所需要的基本习惯和技能。
进入工作世界 16~25 岁	应聘者 新学员	1. 进入职业生涯，学会寻找、评估、申请选择一项工作； 2. 个人和雇主之间达成正式可行的契约，个人成为一个组织或一种职业的成员。
基础培训 16~25 岁	实习生 新手	1. 了解、熟悉组织，接受组织文化，融入工作群体，学会与人相处； 2. 适应日常的操作程序，承担工作，尽快取得组织成员资格。
早期职业的正式成员资格 17~30 岁	取得组织正式成员资格	1. 承担责任，成功地完成工作分配有关的任务； 2. 发展和展示自己的技能和专长，为提升或进入其他领域的横向职业成长打基础； 3. 根据自身才干和价值观，根据组织中的机会和约束，重估当初追求的职业，决定是否留在这个组织或职业中，或者在自己的需要、组织约束和机会之间寻找一种更好的平衡。
职业中期 25 岁以上	正式成员 终生成员 管理者	1. 选定一项专业或进入管理部门； 2. 保持技术竞争力，在自己选择的专业或管理领域内继续学习，力争成为一名专家或职业能手； 3. 承担较大责任，确立自己的地位，开发个人的长期职业计划。

续表

阶段	角色	主要任务
职业中期 危险阶段 35 ~45 岁	正式成员 终生成员 管理者	1. 现实地评估自己的进步、职业抱负及个人前途； 2. 就接受现状或者争取看得见的前途做出具体选择； 3. 建立与他人的良好关系。
职业后期 40 岁到退休	骨干成员 管理者 贡献者	1. 成为一名良师，学会发挥影响，指导、指挥别人，对他人承担责任； 2. 扩大、发展、深化技能、提高才干，以担负更大范围更重大的责任； 3. 职业生涯如果停滞，则要接受和正视自己影响力和挑战能力的下降。
衰退和离职阶段 40 岁到退休		1. 学会接受权力、责任、地位的下降； 2. 面对竞争力和进取心下降，要学会接受和发展新的角色； 3. 评估自己的职业生涯，着手退休。
退休		1. 保持一种认同感，适应角色、生活方式和生活标准的急剧变化； 2. 保持一种自我价值观，运用自己积累的经验和智慧，以各种资源角色，对他人进行传帮带。

需要指出的是，施恩虽然基本依照年龄增大顺序划分职业发展阶段，但并未囿于此，其阶段划分更多地根据职业状态、任务、职业行为的重要性。正如施恩教授划分职业周期阶段是依据职业状态和职业行为和发展过程的重要性，又因为每人经历某一职业阶段的年龄有别，所以，他只给出了大致的年龄跨度，为在职业阶段上所示的年龄有所交叉。

第三节　组织的职业生涯管理

一、职业生涯发展通道设计

职业生涯发展通道是指组织为内部员工设计的自我认知、成长和晋升的管理方案。职业生涯发展通道设计通过帮助员工胜任工作，确立组织内晋升的不同条件和程序对员工职业发展施加影响，使员工的职业目标和计划有利于满足组织的需要①。职业生涯发展通道设计指明了组织内员工可能的发展方向及发展机会，组织内每一个员工就可能沿着本组织的发展路径晋升工作岗位。良好的职业生涯通道设计，一方面让员工明白自己的努力方向和目标，有利于组织吸收并留住最优秀的员工；另一方面能激发员工的工作兴趣，挖掘员工的工作潜能。因此，职业路径的设计对组织来说十分重要。这里主要介绍 4 种职业生涯发展通道：单一职业发展通道、双重职业发展通道、横向职业发展通道、网状职业发展通道。

(一) 单一职业发展通道

这是传统的职业通道模式。即从一个特定的工作到下一个工作纵向向上发展的路径。

① 赵继新，郑强国．人力资源管理——基本理论、操作实务、精选案例．北京：清华大学出版社，北京交通大学出版社，2011.

员工按照逐级上升的方式，从一个岗位向上一级岗位变动(见图7-2)。这是我国多年来的一直使用的模式。优点是员工清晰地可以看到职业发展序列。但这种单一通道最明显的缺陷是只侧重于管理类发展，而中、高级专业技术人员却没有相应发展路径，这样高级专业技术人员则会因缺少发展路径而离开组织，发生人才流失，或者专业技术人员被提升到管理岗位，能力和岗位不适应造成人才浪费。

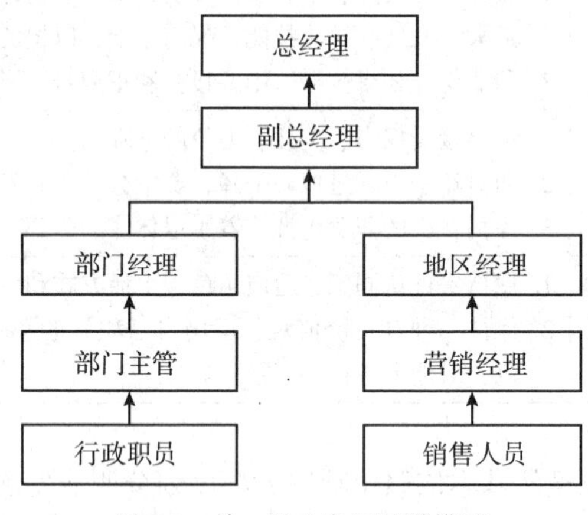

图7-2　单一职业发展通道模型

(二)双重职业发展通道

双重职业发展通道是指在组织行政职务阶梯之外，为专业技术人员设置的一个平行的、与行政职务同等重要的，有序的、开放的业务或技术能力阶梯，并且这个能力阶梯与待遇相挂钩。在双重职业发展通道中，管理人员使用行政职务阶梯，专业技术人员使用业务或技术能力阶梯(见图7-3)。行政职务阶梯上的提升，意味着具有更多制定决策的权力，同时要承担更多的责任。业务或技术能力阶梯上的提升，意味着具有更强的独立性，同时拥有更多从事专业活动的资源。这种双重职业发展通道的设计，赋予了个人不同的

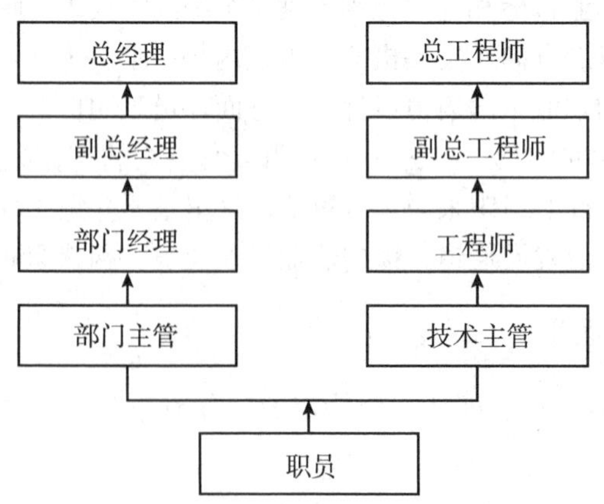

图7-3　双重职业发展通道模型

责、权、利，有利于调动管理人员和专业技术人员的积极性，实现各尽其能，各展其长，是一种非常适合组织使用的职业发展通道模式。

【管理实践】

华为的“五级双通道”

华为1998年开始的员工职业发展通道的改革创新设计。华为技术公司认识到，为了鼓励员工不断提高职业技能，留住人才，培养人才，挖掘人才，首先就要让他们明确知道自己职业发展的上行通道。华为在借鉴英国模式的基础上，设计了著名的“五级双通道”模式。

华为最先梳理出管理和专业两个基本通道，再按照职位划分的原则，将专业通道进行细分，衍生出技术、营销、服务与支持、采购、生产、财务、人力资源等子通道。这些专业通道纵向再划分出五个职业能力等级阶梯，如，技术通道就由助理工程师、工程师、高级工程师、技术专家、资深技术专家五大台阶构成。而管理通道是从三级开始，分为监督者(三级)、管理者(四级)和领导者(五级)。在华为的多通道模型中，每个员工至少拥有两条职业发展通道，很多员工还可以选择两个通道分别进行认证，企业采取“就高不就低”的原则来确定员工的职等待遇。

另外，华为在设计员工任职资格标准的时候，主要不是考察员工某一次工作的完成结果，而是看工作是否符合相应的标准规范，是否能够有效的利用各种资源并始终坚持一次性做好的原则。资格等级标准侧重衡量的是行为标准，也就是考核评价任职者完成工作任务所应该具备的行为要素。资格标准由行为单元构成，每个行为单元又包括若干行为要项以及行为标准项。这些符合职业化要求的行为标准制定，使员工在争取职业等级不断提升的同时，职业化素养也在切实提高。

资料来源：宋锦洲，阮柏荣. 企业员工职业发展通道设计研究. 湖南工业大学学报，2012(17).

(三)横向职业发展通道

横向职业发展通道是为拓宽职业生涯通道，满足人们不同的职业需求，消除因缺少晋升机会造成的停滞现象而设计的(见图7-4)。横向职业发展通道的设立能够使人们焕发新的活力，迎接新的挑战，同时也有利于员工开阔视野，获得在各种岗位上工作的经验和资历。这种横向流动不仅有利于激发个人的工作热情和积累工作经验，也有利于保持和发展整个组织的朝气与活力，实现组织内部稳定与流动、维持与发展的平衡，虽然只是横向发展，并没有得到加薪或晋升，但员工可以增加自己对组织的价值自信，与此同时也使他们自己获得了新生。

(四)网状职业发展通道

网状职业发展通道包括纵向的工作序列和一系列横向的工作机会。这条职业通道对于某些层次的经验的可替换性予以认同，同时认为，晋升到较高层次之前需要拓宽本层次的

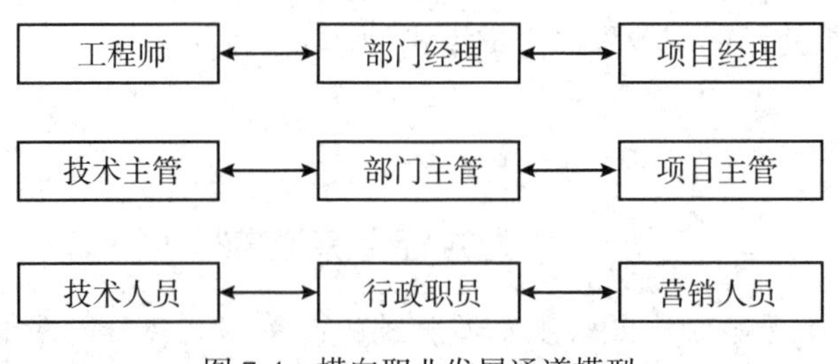

图 7-4　横向职业发展通道模型

经历(见图 7-5)。网状职业发展通道在纵向上和横向上的选择，拓宽了人们的职业通道，减少了职业通道的堵塞。比起传统职业发展通道，网状职业发展通道更加现实，它拓宽了组织成员在组织中的发展机会。这种灵活的职业发展路径设计，能够给员工和组织带来巨大的便利。对员工来说，这种职业发展设计为他们带来了更多的职业发展机会，也便于员工找到真正适合自己的工作，找到与自己兴趣相符的工作，实现自己的职业目标。对组织来讲，这种职业发展设计增加了组织的应变性，当组织战略发生转移或组织环境发生变化时，通过这种职业发展设计能够顺利实现人员转岗安排，保持整个组织的稳定性。

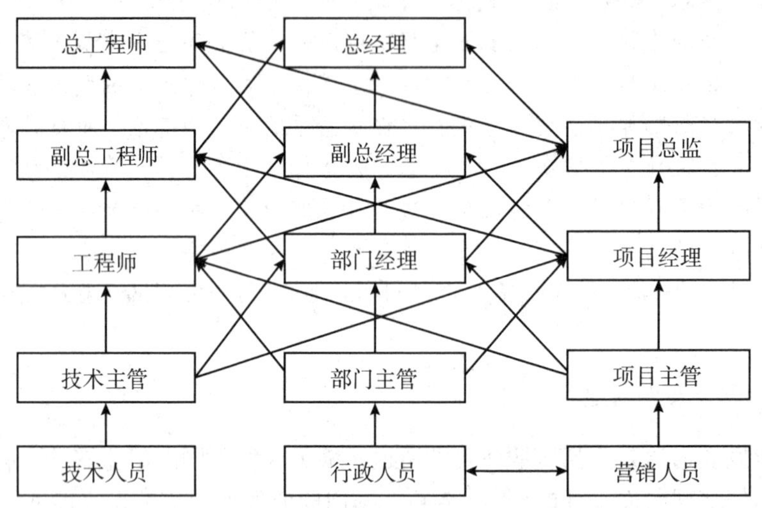

图 7-5　网状职业发展通道模型

二、分阶段的职业生涯管理

职业生涯管理是一种长期的、动态的管理过程，贯穿于员工职业生涯发展的全过程。每一位员工在职业生涯的不同阶段，其发展特征、发展任务都不相同。每一阶段都有各自的目标、特点和发展重点。另外，由于决定职业生涯的主客观条件的变化，员工的职业生涯规划和发展也会发生相应的变化，对每一个职业生涯发展阶段的管理也应有所不同。

（一）职业生涯早期管理

1. 员工在职业生涯早期阶段的特点

职业生涯早期阶段指的是一个人由学校走向社会，由学生变成雇员，并为组织所接纳的过程，这一角色和身份的变化，需要经历一个适应过程。在职业生涯早期阶段，员工个人年龄正值青年时期，一般还没有建立自己的小家庭，精力充沛，有足够的精力来应对工作中可能出现的困难，初次进入职场进取心强，具有积极向上的良好心态。但由于年轻气盛，难免表现出浮躁和冲动，很可能导致不和谐的人际关系。员工尚为职场新手，缺乏工作经验，需要逐步适应环境和人际交往方式，一切还在学习和探索之后，对自己的职业锚的选择会犹豫不决和易于变动。

2. 企业对员工职业生涯早期阶段的管理

首先，员工在准备进入企业的时候，企业应实事求是和充分地介绍组织信息，使求职者有清晰和正确的认识，提高潜在应聘者尽快适应企业和长期留在企业的比率；其次，在员工甄选时采用科学的方法对员工的兴趣、技能、价值观、潜力等进行综合评估，力求在这一阶段为空缺职位找到最合适的人选，即人适其岗，这对于一个新员工未来的职业发展非常关键；再次，为员工提供系统的入职培训，入职培训的内容包括对未来工作流程的学习、企业文化的宣传、规章制度的了解、职业发展的情况介绍等，通过入职培训让新员工尽快地熟悉和适应企业，减少对环境不适应带来的负面影响；最后，员工工作一段时间后，会面临许多困惑，如工作没有方向、不被领导认可、人际关系不够融洽等，组织应积极给予新员工帮助，如选派一位老员工担任其导师并向新员工提供指导和训练，鼓励员工更多地参与企业的事务争取上级信任，帮助员工改善人际沟通的技能等。

（二）职业生涯中期管理

1. 员工在职业生涯中期阶段的特点

经历了职业生涯早期阶段，完成了组织和雇员的相互接纳后，就要进入职业生涯的中期阶段了。职业生涯中期阶段员工积累了一定的经验，能够独立承担和开展工作，开始走向职业发展的顶峰，职业发展也呈复杂化和多元化的特征，既要力争在自己的专业领域保持领先水平，以自己积累的经验和丰富的知识获取更高的组织地位和更多的报酬，又要面对职业生涯中期的危机。同时家庭的负担也会在这个阶段显现出来，如何平衡工作家庭也成为这个阶段的员工面临的一项挑战。

2. 企业对员工职业生涯中期阶段的管理

首先，企业应促进员工的职业向顶峰发展，可以针对员工个人的不同情况，分类指导和积极采用各种措施，促进职业发展，如为员工设计多种职业通道，提供继续教育和培训机会等；其次，扩大现有的工作内容和进行职业轮换，当员工在纵向的职业发展上遇到瓶颈时，可以适当拓展员工的发展领域，让其从事其他职能领域的工作，让员工的工作增加挑战性或承担更大的责任，帮助员工找到工作兴趣和新的发展机会；最后，职业中期员工的人生感情复杂化，可能引发职业中期危机，员工需要重新审视自己的人生理想和现实的差距，考虑接受现实和争取看得见的前途等。企业应通过与员工的沟通，帮助员工解决实际问题，激励员工继续前进，使员工顺利度过职业中期的危机。

【知识拓展】

何为中年职业危机

42岁的郑先生头脑精明、身板挺直、个性强硬。他是一家美资跨国通信公司的中国区销售副总裁。由于业绩一直非常出色，他被公司列为有潜力进一步发展的优秀人才。然而自从国际金融危机以来，公司对中国的业务格外重视，面对来自公司的巨大期望，他开始日渐焦躁，在工作沟通中，他固执己见，难以控制情绪。事业之外，他的家庭生活似乎也陷入了危机，甚至开始怀疑婚姻。郑先生正经历着一个重要的人生转折点——中年职业危机。

据美国领导管理发展中心中国区的统计，最近三年来，在该组织接受个人领导力辅导的500多位高管中，10%以上都遇到了类似的困惑；而且这些人里80%以上年龄段处于38~45岁，具有中年转型期特征；更让人担忧的是，该人群数量正以每年30%以上的幅度快速增长。心理学家约瑟夫·坎贝尔曾用一句话很精妙地诠释了中年危机："中年危机好比是当你爬到梯子顶端，忽然发现梯子架在错误的墙上。"具体来说，中年危机包括对未来的担忧，对健康的不安，对婚姻的悲观，对工作的日渐消极，以及赡养父母带来的压力。这种种压力会反映在一个人的职场心理和行为上，如郑先生在工作中的表现那样，形成中年职业危机。

值得一提的是，在发达国家，中年职业危机一般发生在45~55岁，但在中国，这个危机却提前了将近10年，原因有三点：一是高速发展的经济环境，让管理人才在缺乏系统职业规划的环境中获得快速晋升，其速度超过了心智成熟度的提升。二是应试教育过分注重分数，而忽略心灵的成长和滋养。三是国内过度追求经济发展的集体心态，造成了这一批职业人缺乏对生活的整体观。

资料来源：改编自 http://www.qqje.com/fanWen/RuHeKangJiZhongNianZhiYeWeiJi_2.

（三）职业生涯后期管理

1. 员工在职业生涯后期阶段的特点

职业生涯后期阶段的员工有丰富的工作经验、娴熟的工作技能和人生阅历，但面临知识技能老化，职业工作能力和竞争力明显下降，对新生事物的敏感性下降，态度趋于保守，喜欢根据老经验办事和思考问题。在组织中的角色也明显发生变化，权力和责任渐渐削弱，其核心骨干的中心位置和作用逐步丧失。

2. 员工在职业生涯后期阶段的特点

首先，鼓励具有经验和技能优势的老员工多做"传、帮、带"工作，继续在组织内部发挥导师和顾问的作用，同时安排组织需要的管理专家和技术权威到相应的重要岗位上，让其发挥一技之长；其次，有计划地安排好人员的退休工作，尽早选拔和培养岗位接替人员，做好新老接替工作，以确保企业的正常运行；最后，对退休员工要更多地关心和照顾，很多员工无法接受自己即将退休的现实，在心理上会产生冲击和失落感，企业可以适时开展座谈会，进行深入的沟通交流，了解员工的想法，有针对性地做好思想工作。

三、职业生涯管理的开展步骤

企业有关职业生涯管理的思路和规划必须通过实际的操作才能落到实处，而这种实际的操作层面就需要依靠组织一系列的人力资源实务来作为沟通规划和现实的桥梁。具体而言，良好、顺畅的职业生涯管理体系需要以下几个方面的工作作为支撑：基础详细的职位分析，员工素质测评，建立与职业生涯管理相配套的培训与开发体系，制订完备的人力资源规划，制定完整、有序的职业生涯管理制度与方法等。

(一)详细的工作分析

工作分析对各个职位的工作内容和任职资格都做出了明确的规定和要求，依据这些信息，企业一方面可以安排员工到与他相适应的岗位上工作，同时为其安排后续的职业发展路径；另一方面也可以结合员工未来的发展规划，为员工的培训与开发提供根据。与职业生涯管理相匹配的工作分析，应包括员工的基本资料、工作描述和工作规范三个部分内容。

(1)基本资料：工作编号、工作名称、工作类别、所属单位、直接上级、定员人数、管辖人员数、工资等级、工资水平、直接升迁的职务、可相互转换的岗位、由什么岗位升迁至此、其他可担任的岗位。

(2)工作描述：将各岗位的工作细分成条目，输入每个条目的编号、工作内容、基本功能和工作基准。其中，工作基准的确定是一项至关重要的工作。工作基准确定的基本原则是按优、良、中、差 4 个等级对岗位的每项工作作出明确的界定，尽可能采用量化指标。

(3)工作规范：最低学历、最低职称、适应年龄、适应性别、适应身高、适应体质、所需的专业训练、所需的上岗证书、所需的经验要求、所需的培训要求、适应性格、职业兴趣要求、智力要求、工作行为要求、气质要求、一般职业能力要求、特殊职业能力要求、领导类型、管理能力要求。

(二)员工基本素质测评

通过对员工进行素质测评，了解并记录员工的个性特点、智力水平、管理能力、职业兴趣、领导类型等各方面的信息，全面了解员工的长处和短处、优势和劣势，以便做好人岗的匹配，实现职业发展路径的科学合理。员工素质测评可以使用以下工具。

(1)管理能力测评。应用情景模拟方法中的公文处理技术对每个管理人员或应聘人员的管理能力进行测评。

(2)智力测验。测验人的逻辑推理、言语理解、数字计算等方面的基本能力。

(3)卡特尔人格测验。测验人的内向或外向、聪明或迟钝、激进或保守、负责或敷衍、冒险敢为或胆小畏缩、情绪激动或情绪稳定等方面的个性特征。

(4)职业兴趣测验。职业兴趣分为现实型、企业型、研究型、社会型、艺术型、常规型6种。通过对人的职业兴趣的测验，有助于被试者选择适当的工作。

(5)气质测验。人的气质分为4种类型：胆汁质、多血质、黏液质、抑郁质，对人的气质的测验，有助于帮助被试者选择较适合的工作，有助于管理人员对被试者的了解。

(6)一般能力倾向测验。测验人的图形识别、空间想象、计算的速度与准确性、言语理解、词语组合等方面的能力倾向性。

(7)A型行为与B型行为测量。A型行为的人对自己要求较高，经常制订超出自己实际能力的计划，完不成计划又很焦虑。B型行为的人随遇而安，不强迫自己紧张工作。

(8)LPC领导测评。对每个管理人员或应聘人员的领导类型进行测评，确定其是否适合在当前职务上工作，哪些职务适合其进行工作，如何提高管理水平等。

(三)建立职业生涯相配套的培训与开发体系

在公司原有培训管理的基础上，根据对员工基本素质测评和职务分析的结果，找出员工在管理能力、智力、个性、领导类型等方面与本职工作所存在的差距，以及今后职业发展道路上会面临的问题，有针对性地拟订员工培训与开发方案，帮助他们尽快成长，以适应本职工作和今后职业发展的需要。依照绩效考核的结果，发现员工在工作中存在的问题，有针对性地拟订员工培训与开发方案，以适应本职工作和今后职业发展的需要。通过培训，进一步发现员工的潜在能力与特长，为其职业生涯的规划打下良好的基础。

(四)制订较完备的人力资源规划

企业的人力资源规划包括总体规划和业务规划，其中业务规划包括人员补充计划、人员配置计划、人员接替和提升计划划、人员培训与开发机会、退休解聘计划等内容。这些内容都与员工在组织内的职业发展历程息息相关，直接影响着员工的职业发展。企业的人力资源规划应该与职业生涯管理一脉相承，两者之间要保持一致，以这些规划作为原则和指导，并将其落实到每位员工的身上，构建起一套相互衔接的人力资源规划和职业生涯管理体系。

(五)制定完整、有序的职业生涯管理制度与方法

没有规矩不成方圆，企业中的晋升、调动更是如此。为了保证企业的有序运作和内部的公平性，企业必须制定完整、有序的职业生涯管理制度与方法。任何员工的升迁、调动等行为都要在制度的框架内运作，保证制度的权威性。在这方面，组织应该做到以下几点：一是制定完备的员工职业生涯管理制度和管理规划，并且让员工充分了解单位的企业文化、经营理念和管理制度等；二是通过各种方式让员工了解内部劳动力市场信息，如网上公布职位空缺信息，介绍职业阶梯或职业通道，建立职业资源中心等；三是提供丰富的内部晋升渠道帮助员工实现职业的发展，如建立内部竞聘制度。

【知识巩固训练】

1. 职业、职业生涯和职业生涯管理的含义分别是什么？
2. 职业生涯的特点有哪些？

3. 职业生涯管理的意义有哪些？
4. 无边界职业生涯和易变性职业生涯各自的内涵是什么？
5. 霍兰德的职业性向理论包含哪些内容？
6. 沙因的职业锚有哪些类型？
7. 萨帕的职业生涯分几个阶段？每个阶段的内容是什么？
8. 职业生涯发展通道有哪几种？
9. 员工早期、中期、后期职业生涯各自的特点是什么？
10. 组织对于员工早期、中期、后期职业生涯分别如何进行管理？
11. 职业生涯管理的开展有哪几个步骤？每个步骤的内容是什么？

【技能提升训练】

1. 案例分析：惠普公司员工的职业生涯管理

美国惠普是世界知名的大型高科技企业，它的被称为“惠普之道”的独特而有效的管理模式被人所称道。该公司聚集了大量素质优秀而训练良好的技术人才，是惠普最宝贵的财富，是其发展与竞争力的主要根源。惠普能吸引来、保留住和激励这些高级人才，不仅靠丰厚的物质待遇，更重要的是靠向这些员工提供良好的提高、成长和发展机会，其中帮每位员工制订令他们满足的、有针对性的职业发展计划是一个重要因素。

该公司的科罗拉多泉城分部开发出一种职业发展自我管理的课程，要三个月才能学完。这门课程主要包含两个环节：先是让参加者用各种信度业绩考验的测试工具及其他手段进行个人特点的自我评估；然后将评估中的发现结合其工作环境，编制出自己的一份发展路径图。

把自我评估当作职业发展规划的第一步，当然不是什么新方法。自我帮助的图书已在书店泛滥成灾多年了。不过这些书本身却缺乏一种成功的要素，那就是在一种群体(小组或班组)环境中所具有的感情支持，在这种环境里大家可以共享激动和劲头，并使之长久维持不衰。

这家公司从哈佛 MBA 班第二学年的职业发展课里搞到六种工具，用在这门课程的学习里，来取得每个人的个人特点资料。这些工具是：

(1)一份书面的自我访谈记录。给每位参加者发一份提纲，其中有 11 道问及他们自己情况的问题，要他们提供有关自己生活的资料(有关的人、地、事件)、他们经历过的转折以及未来的设想，并让他们在小组中互相讨论。自我访谈记录将成为随后的自我分析所依据的主要材料。

(2)一套“斯特朗—坎贝尔个人兴趣调查问卷”，这份包含 325 项的问卷填答后，就能据此确定他们对职业、专业领域、交往的人物类型等的喜恶倾向，为每人跟各种不同职业中成功人物的兴趣进行比较提供依据。

(3)一份“奥尔波特价值观问卷”。此问卷中列有多种相互矛盾的价值观，每人需对之做出 45 种选择，从而测定这些参加者对多种不同的关于经济、美学、社会、政治及宗教价值观接受和同意的相对强度。

(4)一篇24小时活动日记，参加者要把一个工作日及一个非工作日全天的活动如实而无遗漏地记下来，用来对照其他来源所获同类信息，看它们是否一致或相反。

(5)对另两位“重要人物”(指跟他们的关系对自己有较重要意义的人)的访谈记录。每位参加者要对自己的配偶、朋友、亲戚、同事或其他重要人物中的两个人，就自己的情况提出一些问题，看看这些旁观者对自己的看法。访谈过程需要录音。

(6)生活方式描述。每位参加者都要用文字、照片、图或他们选择的任何其他手段，把自己的生活方式描绘一番。

这项活动的关键之处就在于所用的方法是归纳式的而非演绎式的。一开始就让每位参加者总结出有关自己的新资料，而不是先从某些一般规律去推导出每人的具体情况。这个过程是从具体到一般，而不是从一般到具体。参加者观察和分析了自己总结出的资料，才从中认识到一些一般性规律。他们先得把六种活动所获资料，一种一种地分批研究，分别得出初步结论，再把六种活动所得资料合为一体，进行综合分析研究。

每人都做好了自我评估后，部门经理们逐一采访参加过此活动的下级，听取他们汇报自己选定的职业发展目标，并记录下来，还要写出目前在他们部门供职的这些人的情况与职位。这些信息便可供高层领导用来制订总体人力资源规划，确定所要求的技能，并拟定一个时间进度表。当公司未来需要的预测结果与每位学习参加者所制定的职业发展目标对照后相符时，部门经理就可据此帮助他的部下绘制出他们在本公司内发展升迁的路径图，标明每次升迁前应接受的培训或应增加的经历。每位员工的职业发展目标还得和绩效目标与要求结合起来，供将来绩效考评时用。部门经理要监测他的部下在职业发展方面的进展，作为考绩活动的一部分，并需要负责对他们尽可能地提供帮助与支持。

资料来源：https：//wenku. baidu. com/view/bb6092f027d3240c8447efae. html？ from=search.

讨论：

(1)惠普公司员工的职业生涯设计与管理有什么特点？

(2)预计这套方法在保留和激励惠普的人才方面会不会有效？为什么？

(3)如果将这套办法运用到其他企业，能否行得通？为什么？

2. 课后项目训练——职业生涯规划训练

28岁的安妮，在广州一家大型外资保险公司工作。工作仅仅4年的她已经是公司的业务骨干了，每年都为公司拉回来不少保单，业绩居公司前列。昨天，老板宣布了一个好消息——她将升任为经理。正当安妮在想象升职之后的工作前景以及薪水上浮情况而露出笑意时，老板不紧不慢扔出的一句话却让她的笑意冻结了——“不过升职后，你负责西北地区，需要长期派驻西安，你自己准备准备！”安妮的快乐顿时烟消云散。在一个新的环境里意味着一切都要从头开始，到底能不能像现在在公司里这样得心应手呢？一切都很难说。而“长期派驻西安”更意味着要跟心爱的丈夫和女儿天各一方，这对安妮来说，这无疑是个巨大的挑战！

要求一：如果你是职业咨询管理专家，请为安妮的职业生涯规划提些建议。

要求二：每2名同学组成一组，分别扮演老板和安妮，扮演安妮的同学根据要求一提出的建议，与老板进行一次沟通，保证最后的结果令双方满意，然后将沟通的内容形成书面文件。

第八章 薪酬管理

【学习目标】

❖ 了解个人激励薪酬和群体激励薪酬
❖ 了解福利的种类和作用
❖ 理解薪酬的作用和基本形式
❖ 理解影响薪酬的因素和薪酬的基本决策
❖ 掌握薪酬和福利的概念
❖ 掌握薪酬设计的流程

【基本概念】

薪酬　报酬　总薪酬　基本薪酬　激励薪酬　津贴　员工福利

【导读案例】

薪酬与“心愁”

鸿毅公司在发展初期非常注重管理规范并在调动员工工作积极性方面做文章，多年来形成了比较完善的薪酬管理制度。随着公司规模扩大，员工数量也在增加。公司领导原本以为在既有的实践证明非常有效的管理制度下，公司规模发展后业务量和公司绩效自然会不断上升。但令公司领导没有想到的是伴随着公司业务量的增长，客户投诉数量也在增加。

原因在于优秀员工失去了原有工作热情，技术骨干由于感觉到薪酬水平长期低于市场水平而离职。由于员工流失和员工工作缺乏主动性，公司的经营出现了困难。公司总经理认识到了事态的严重性。在公司领导的集体决策下公司率先改革了研发人员的工资发放机制。面对工资水平的改善，员工工作热情又被调动了起来，但这种状况并没有持续很长时间，员工的工作态度又退回到了老样子。深入调查后发现，该公司研发人员的待遇采取基本工资加奖金方式。

传统经济下虽然基本工资普遍偏低，但奖金数额由于不大，所以不同部门、不同岗位的收入差别并不大。但是工资制度改革的思想是，奖金发放与技术研发相结合，研发人员可按照研发产品市场销售额的一定比例提成，部分研发人员薪水马上有所提高，但是新问题也马上产生了，研发人员为了争得较多薪水，只对自己开发出来的产品负责，对自己产品之外的事情不感兴趣，研发部门形成单兵作战局面。为了在竞争中保持有利地位，老员工不愿意与年轻员工共享经验，致使年轻员工进步很慢。公司为了谋发展，需开发较有难度的产品，但因员工大多目光短视，致使难度大的产品无人开发。这种不健康发展状况不但导致员工间的收入差距加大而且使优秀员工纷纷离开。

因老员工不愿共享其工作经验，导致新员工需自己重新摸索，不但浪费了大量时间而且使公司重复投入大量实验材料。公司除了实行奖励政策外，本来还想实行一些惩罚措施，即对研发产品不适应市场的研发人员给予一定的惩罚。政策还未出台就引发了广大员工的争议。大家普遍认为，开发产品的计划是上级制订的，产品遇到了市场风险不能由研发者承担。步履维艰的管理措施使公司领导陷入了困惑。

评析：薪酬是企业人力资源管理的重要组成部分，薪酬在激发工作动机、增强企业凝聚力、支持企业经营改革等方面起着重要的作用。但薪酬管理如果不科学就会变成“心愁”，导致案例中比较混乱的局面。那么，薪酬是什么？薪酬的作用是什么？薪酬的政策有哪些？如何进行薪酬设计？这些是本章需要讨论的内容。

资料来源：改编自孟祥林．人力资源管理案例分析．3版．北京：经济科学出版社，2016.

第一节 薪酬管理概述

一、与薪酬有关的几个基本概念

(一)报酬

在为一个组织或一位雇主工作的时候，劳动者之所以愿意付出自己的劳动、时间、技能等，是因为他们期望自己能够获得与个人劳动价值相符的回报。通常情况下，我们将一位员工因为为某个组织工作而获得的所有各种他认为有价值的东西统称为报酬(reward)①，如图8-1所示。

我们可以用两种不同的方式来对报酬进行分类。一种方法是将报酬划分为经济报酬(financial reward)和非经济报酬(non-financial reward)，另一种划分方法是将报酬划分为内在报酬(intrinsic reward)和外在报酬(extrinsic reward)。经济报酬和非经济报酬之间的界线是，某种报酬是不是以金钱形式提供的，或者能否以货币为单位来加以衡量。经济报酬通常包括各种形式的薪酬和福利(其中，薪酬又被称为直接报酬，福利又被称为间接报酬)。而非经济报酬则包括成长和发展的机会、从事富有挑战性的工作的机会、参与决策的机会、特定的个人办公环境、工作地点的交通便利性等。内在报酬和外在报酬之间的区别在于，某种报酬对劳动者所产生的激励是一种外部刺激，还是一种发自内心的心理激励。

① 刘昕．薪酬管理．3版．北京：中国人民大学出版社，2011.

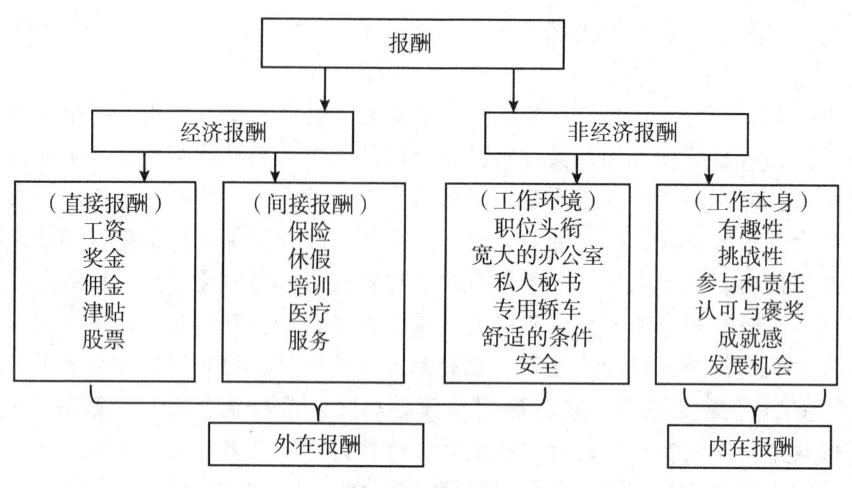

图 8-1　报酬的构成

【管理故事】

雷尼尔效应

雷尼尔效应来源于美国西雅图华盛顿大学的一次风波。华盛顿大学校方曾经选择了一处地点，准备在那里修建一座体育馆。消息一传出，立即引起了教授们的强烈反对。

教授们之所以抵制校方的计划，是因为这个拟建的体育馆选定的位置在校园内的华盛顿湖畔。一旦场馆建成，就会挡住了从教职工餐厅可以欣赏到的窗外美丽的湖光山色。原来，与当时美国的平均工资水平相比，华盛顿大学教授们的工资要低 20%左右。

为何华盛顿大学的教授们会接受较低的工资呢？很多教授之所以接受华盛顿大学较低的工资，完全是出于留恋西雅图的湖光山色。西雅图位于北太平洋东岸，华盛顿湖等大大小小的水域星罗棋布，天气晴朗时可以看到美洲最高的雪山之一——雷尼尔山峰，开车出去还可以看到一息尚存的圣海伦火山。因为在华盛顿大学教书可以享受到这些湖光山色，所以很多教授们愿意牺牲获取更高收入的机会。他们的这种偏好，被华盛顿大学的经济学教授们戏称为“雷尼尔效应”。

这一现象从某种意义上可以这样理解，华盛顿大学教授的工资，80%是以货币形式支付的，20%是由良好的自然环境补偿的。如果因为修建体育馆而破坏了这种景观，就意味着工资降低了 20%，教授们就会流向其他大学。可以预见，学校就不能以原来的货币工资水平聘到同样水平的教授了。由此可见，美丽的景色也是一种无形财富，它起到了吸引和留住人才的作用。

资料来源：MBA 智库百科，http：//wiki. mbalib. com/wiki/.

（二）薪酬

薪酬显然是报酬的一部分，但是对于薪酬到底应包含哪些报酬，目前并无完全一致的定论。对于薪酬的概念，通常可以划分为三类。

第一种是宽口径的界定，即将薪酬等同于报酬，即员工由于完成了自己的工作而获得的各种内在的报酬和外在的报酬①。

第二种是中等口径的界定，即员工因为雇佣关系的存在而从雇主那里获得的各种形式的经济收入以及有形服务和福利②。这一概念包括薪酬（直接经济报酬）和福利（间接经济报酬）。

第三种是窄口径的界定，即薪酬仅仅包括货币性薪酬（基本薪酬和激励薪酬或浮动薪酬之和），而不包括福利③。

在本书中，我们将采用第三种定义方式，即薪酬仅仅包括直接的货币性薪酬（其中包括固定部分和浮动部分两方面内容），但是不包括福利。为了行文上的方便和用语的简练，我们在有些时候也会简单地用“薪酬”一词来代表“薪酬福利”，比如“薪酬管理”一词实际上往往包括薪酬和福利两部分内容的管理，而“薪酬调查”也包括薪酬和福利两方面内容的调查。

（三）总薪酬

总薪酬有时也称为全面薪酬，它概括了各种形式的薪酬和福利，其中包括基本薪酬、激励薪酬、津贴和补贴、福利、股票和股权等其他多种经济性报酬。

1. 基本薪酬

基本薪酬根据员工的职位、所承担的职责、所需要的技能等因素决定，常常忽视员工之间的个体差异。基本薪酬是员工能获得的稳定报酬，是员工收入的主要部分，也是计算员工其他收入，如绩效加薪、某些重要福利的基础。假设某企业实行工时定额的某流水线操作工，每一个工时的工资是10元，操作工的基本薪酬所得就取决于工作时间的长短，平时加班将按该标准的150%、周末按200%、节假日按300%支付。

绩效加薪也属于基本薪酬的范畴，它是根据员工工作绩效确定的基本薪酬的增长，许多企业有类似的规定，在年度绩效评估中被评为优秀的员工，会在下一年获得基本薪酬增加10%~20%的待遇。

2. 激励薪酬

激励薪酬是薪酬系统中与绩效直接挂钩的经济性报酬，有时也称为绩效薪酬、可变薪酬或奖金。激励薪酬的目的是在绩效和薪酬之间建立起一种直接的联系，这种业绩既可以是员工个人的业绩，也可以是组织中某一业务单位、员工群体、团队甚至整个

---

① Joseph J. Martocchio. Strategic Compensation：A Human Resource Management Approach. Upper Saddle River：Prentice Hall，2004.

② 加里·德斯勒．人力资源管理．9版．吴雯芳，等，译．北京：中国人民大学出版社，2005.

③ 刘昕．薪酬管理．3版．北京：中国人民大学出版社，2011.

公司的业绩。由于在绩效和薪酬之间建立了这种直接的联系，激励薪酬对于员工具有很强的激励性，对于组织绩效目标的达成起着非常积极的作用。它有助于强化员工个人、群体乃至全体员工的优秀绩效，从而达到节约成本、提高产量、改善质量以及增加收益等多种目的。

绩效加薪与激励薪酬都与员工绩效相关，所不同的是，绩效加薪是对员工过去优秀绩效的一种奖励，它是以员工个人的绩效评价等级为基础的，而激励薪酬是提前约定好的，比如奖金多少、收益分享的比率等，激励薪酬是为了影响员工将来的行为；绩效加薪是对基本工资的永久增加，而奖金是一次性支付。

3. 津贴和补贴

津贴和补贴是对工资制度的补充，是对雇员超额劳动或增收节支的一种报酬形式。津贴是指对工资或薪水等难以全面、准确反映的劳动条件、劳动环境等对员工身心造成的某种不利影响，或者为了保证员工工资水平不受物价影响而支付给员工的一种补偿。人们常把与员工生活相联系的补偿称为补贴，如交通补贴、住房补贴、生育补贴等，津贴与补贴常以货币形式支付给员工。

4. 福利

福利分为法定福利和非法定福利。员工福利同基本薪酬一样是员工的劳动所得，属于劳动报酬的范畴，但这不同于基本薪酬，其不同表现在以下方面：①基本薪酬是按劳付酬，员工之间基本薪酬存在差别，而员工福利是根据用人单位、工作和员工的需要支付，员工之间福利差别不大；②基本薪酬是直接的劳动力再生产费用，而员工福利是间接的劳动力再生产费用；③基本薪酬金额与岗位需求和劳动素质相关，而员工福利则与之无关；④基本薪酬作为人工成本随工作时间的变化而发生变化，而员工福利作为人工成本则随人数的变化而变化，有些福利项目从利润中支付，不列入成本；⑤基本薪酬具有个别性、稳定性，而员工福利则具有集体性和随机性。

5. 股票和股权

股票和股权是一种新型的薪酬形式。前者是企业员工持有企业的股票，后者是一种权利。股权是将企业的一部分股份作为薪酬授予员工，使员工成为企业的股东，享有同股东一样的分红权。

【管理实践】

IBM薪酬的构成

基本月薪——是对员工基本价值、工作表现及贡献的认同；
综合补贴——对员工生活方面基本需要的现金支持；
春节奖金——农历新年之前发放，使员工过一个富足的新年；
休假津贴——为员工报销休假期间的费用；
浮动奖金——当公司完成既定的效益目标时发出，以鼓励员工的贡献；

销售奖金——销售及技术支持人员在完成销售任务后的奖励；

奖励计划——员工由于努力工作或有突出贡献时的奖励；

住房资助计划——公司划拨一定数额存入员工个人账户，以资助员工购房，使员工能在尽可能短的时间内用自己的能力解决住房问题；

医疗保险计划——员工医疗及年度体检的费用由公司解决；

退休金计划——积极参加社会养老统筹计划，为员工提供晚年生活保障；

其他保险——包括人寿保险、人身意外保险、出差意外保险等多种项目；

休假制度——鼓励员工在工作之余充分休息，在法定假日之外，还有带薪年假、探亲假、婚假、丧假等；

员工俱乐部——公司为员工组织各种集体活动，以加强团队精神，提高士气，营造大家庭气氛，包括各种文娱体育活动、大型晚会、集体旅游等。

资料来源：赵继新，郑强国．人力资源管理——基本理论、操作实务、精选案例．北京：清华大学出版社，北京交通大学出版社，2011.

二、薪酬的作用

(一)员工方面

1. 经济保障功能

薪酬是员工以自己的劳动、时间和技能的付出为企业创造价值而获得的回报，薪酬是他们的主要收入来源，它对于员工及其家庭生活起到的保障作用是其他任何收入保障手段所无法替代的。薪酬对于员工的保障并不仅仅体现在满足员工在吃、穿、用、住和行等方面的基本生存需要，同时还体现在满足员工娱乐、教育和自我开发等方面的发展需要上。总之，薪酬水平的高低对于员工及其家庭的生存状态和生活方式所产生的影响是非常大的。

2. 激励功能

员工对薪酬状况的感知可以影响员工的工作行为、工作态度以及工作绩效，即产生激励作用。研究发现，人在没有科学的激励下只能发挥能力的20%~30%，而在合理的激励下则发挥其能力的80%~90%，也就是说，一个人被充分激励之后发挥的作用相当于之前的3~4倍，激励是管理的核心，而薪酬是激励的主要因素。总薪酬中的绩效加薪或激励薪酬(奖金)都属于激励性薪酬，它直接影响着员工的工作绩效。

3. 社会信号功能

薪酬作为一种信号，可以很好地反映一个人在社会流动中的市场价值和社会位置，还可以反映一个人在组织内部的价值和层次，可见，员工薪酬水平的高低除了具有经济保障功能以外，还向他们传递一种信号，人们可以根据这个信号来判断员工的家庭、朋友、职业、受教育程度、生活状态，甚至宗教信仰、政治取向等。

【管理故事】

薪酬的激励功能

“大虫”罗德曼(Dennis Rodman)生于1961年5月13日，身高2.01米，体重99.8公斤。在其八年的美国NBA职业生涯中，他先后在活塞队、马刺队、公牛队、湖人队、小牛队效力，多次获得“篮板王”称号，拥有六枚NBA总冠军戒指。但是此人脾气极坏，经常惹是生非，比如谩骂甚至攻击裁判、训练和比赛迟到，场上打架，对记者和对手甚至NBA俱乐部主席出言不逊等，屡次遭到罚款和禁赛处罚，可以说是“罪行累累”。在效力于公牛队期间，他每赛季至少有12场比赛不能代表公牛队上场。

为了帮助罗德曼“改改”他的坏脾气，在1997—1998年赛季，公牛队俱乐部与其签订了一份目标明确的合同。内容是：第一，底薪450万美元；第二，如果在本赛季中不惹事加500万美元；第三，如果能够第七次获得“篮板王”称号加50万美元；第四，如果助攻次数超过失球次数，再加10万美元。这份合同显然很见效。在这个赛季中，罗德曼只有一次因违纪而缺赛，获得了“篮板王”称号，同时有230次助攻、失147球。而公牛队也获得了NBA的总冠军。原来薪酬还能“改变”人的坏脾气呢！

资料来源：刘昕．薪酬管理．3版．北京：中国人民大学出版社，2011.

(二)企业方面

1. 促进战略实现，改善经营绩效

员工是组织的基础，组织如果没有员工就无法实现经营管理，无法达到组织制定的目标，也无法实现组织的战略，而薪酬是引进、保留和激励员工的重要手段，因此，薪酬是促进组织战略实现的基础。另外，由于薪酬决定了现有员工受到激励的状况，影响他们的工作效率、缺勤率、对组织的归属感以及对组织的承诺度，从而直接影响企业的生产能力和生产效率。通过合理的薪酬设计，企业可以向员工传递企业期望的行为、态度和绩效，通过这种信号的引导，员工的工作行为和态度以及最终的绩效将会朝着企业期望的方向发展，从而改善企业的经营绩效。

2. 塑造和增强企业文化

薪酬影响员工的工作行为和工作态度。一项薪酬制度可能促进企业塑造良好的文化氛围，也可能与企业现有的价值观形成冲突。比如说，企业实行的是以个人绩效为基础的激励薪酬的方案，那么企业就容易强化个人主义的文化氛围；反之，企业实行的是以团队绩效为基础的激励薪酬方案，那么企业就会形成支持团队的文化氛围。薪酬的导向作用要求企业必须建立科学合理并具有激励性的薪酬制度，从而对企业文化的塑造起到积极的促进作用。

3. 成本控制功能

薪酬是企业的人力资源成本，尽管人力资源成本在不同行业和不同企业的总成本中所占的比重不同，但对于任何企业来说，薪酬都是不容忽视的成本支出，因此，有效地进行薪酬管理，控制薪酬成本对大多数企业的成功来说具有重大的意义。

4. 支持和推动企业变革

面临竞争激烈的经营环境，企业的变革已经成为企业经营过程中的一种常态，企业如果不变革将很快被淘汰，所以，企业为了适应这种状态，需要重新设计战略、流程再造、调整组织结构、变革文化、设计团队等。这一切都离不开薪酬，因为薪酬可以通过影响个人、工作团队和企业整体来创造出与变革相适应的内外部氛围，从而推动企业变革。

【管理实践】

福特5美元带来的繁荣

1941年1月5日，亨利·福特决定放弃劳动力市场预先设定的工资和雇用条件，在他位于底特律的汽车工厂单方面将工作日的长度从过去的9小时减少到8小时，将每天的工资从2.34美元提高到5.00美元，这使大部分工人的工资增加了一倍。消息发布之后，立即有10000多人在福特汽车公司门外排队申请工作岗位。这一"新的和改进的"雇用契约的效果是直接且富有戏剧性的。到了1915年，工作转换率已经下降到16%，缺勤率已经跌落到2.5%，每个工作者的生产率提高了40%~70%，利润增加了大约20%。"对于一天工作8小时的工人实行一天5美元的工资制度是我们所实行过的用于削减费用的最成功的措施之一。"

对此，美国媒体感叹，5美元引起了一场全国性的人口大迁移。找工作的人在福利公司门口排起了看不到尽头的长队，更令福特惊喜的是，越来越多优秀的技术人员和熟练工人被吸引进厂，这对福特公司的技术进步可谓意义重大。

资料来源：改编自王敏．福特汽车公司"日薪5美元"浅析[J]．史志学刊，2010(10)：27-28.

三、影响薪酬的因素

在市场经济条件下，薪酬管理活动受内外部许多因素的影响，为了保证薪酬管理的有效实施，必须对这些影响因素有所认识和了解。一般来说，影响企业薪酬管理的各项决策的因素主要有三类：一是企业外部因素；二是企业内部因素；三是员工个人因素。

(一)企业外部因素

1. 国家法律法规与政策

国家法律法规与政策对企业行为具有强制性的约束作用，因此企业在进行薪酬管理时应当首先考虑这一因素，在法律法规与政策规定的范围内进行薪酬管理。例如，政府的最低工资立法规定了企业支付薪酬的下限；社会保险法律规定了企业必须为员工缴纳一定数额的社会保险费。

2. 劳动力市场状况

按照经济学的解释，薪酬就是劳动力的价格，它取决于供给和需求的对比关系，在企业需求一定的情况下，当劳动力市场紧张，造成劳动力资源供给减少，劳动力资源供不应求的时候，劳动力价格就会上涨，此时企业要想获取必要的劳动力资源，就必须相应地提高薪酬水平；反之，企业可以维持甚至降低薪酬水平。

3. 物价水平

薪酬最基本的功能是保障员工的生活，因此对员工来说更有意义的是实际薪酬与物价水平的比率。当整个社会的物价水平上涨时，为了保证员工的实际生活水平不受或少受影响，支付给他们的薪酬相应也要调整。

4. 其他企业的薪酬状况

其他企业的薪酬状况对企业薪酬管理的影响是最为直接的，这是员工进行横向公平性比较时非常重要的一个参考因素。当其他企业，尤其是竞争对手的薪酬水平提高时，为了保证外部的公平性，企业也要相应地提高自己的薪酬水平，否则就会造成员工的不满意甚至流失。

(二)企业内部因素

1. 企业的经营战略

薪酬管理要服从和服务于企业的经营战略，不同的经营战略下，企业的薪酬管理也会不同。如表 8-1 所示。

表 8-1 不同经营战略下的薪酬管理

经营战略	经营重点	薪酬管理
成本领先战略	1. 一流的操作水平 2. 追求成本的有效性	1. 重点放在与竞争对手的成本比较和提高激励薪酬的比重上 2. 强调制度的控制性、具体的工作说明和生产率
创新战略	1. 产品领袖 2. 向创新性产品转移 3. 缩短产品生命周期	1. 奖励在产品以及生产方法方面的创新 2. 以市场为基准的工资 3. 弹性/宽泛性的工作描述
客户中心战略	1. 紧紧贴近客户 2. 为客户提供解决问题的办法 3. 加快营销速度	1. 以顾客满意作为奖励的基础 2. 以顾客进行工作评价或技能评价

【管理实践】

IBM 公司的薪酬战略支持其新战略

IBM 公司在 20 世纪 70 年代和 80 年代早期一直是行业中的佼佼者。但是进入 90 年代，它在新技术开发方面开始落后，同时也日益失去了和客户的联系。IBM 原有的薪酬制度与绩效导向的价值观和企业文化是不一致的。公司原来的薪酬系统有四个方面的特点。

(1) 与薪酬的外部竞争性相比，它更为强调薪酬的内部公平性。为了避免内部关系紧张，公司会把市场营销经理和生产经理的工资水平定在同一档次上，而并不去考虑在外部市场上两种工作的薪资水平是否相同；

(2)原有的薪酬系统严重官僚化，系统中一共包含5000多种职位和24个薪资等级；

(3)管理人员在给手下雇员增加工资方面的分配自主权非常小；

(4)单个雇员的工资收入大部分来源于基本工资，只有很少的部分是与利润和股票绩效等此类风险性因素联系在一起的。

从90年代中期开始，IBM公司董事会聘请了郭士纳，郭士纳采取一系列措施，结合公司的战略规划，实施了战略性的薪酬管理，使薪酬制度在多个方面发生了根本性的改变。

(1)强调市场驱动性，注重外部竞争性。在1994—1995年，公司从以前单一的工资结构(对非销售人员)转变为不同工作类别的差别薪酬结构和绩效预算。

(2)更少的工作岗位，在更宽的等级差别上估计。放弃了原有的计点要素工作估计系统和传统的薪酬等级，用3个要素(技能、领导能力需求和工作范围)代替了原来的10个要素，薪酬制度中仅剩下不到1200种职位和10个变动范围更大的薪资等级。

(3)加强对管理者的管理。把薪资决策方面的权力分散到管理人员身上，赋予他们以根据员工的个人工作绩效支付不同工资的权力。

(4)对利益相关者的高回报。到1997年，全世界范围内的IBM员工都有10%或更多的现金报酬与绩效相挂钩。新系统中只有3个绩效评价等级，高绩效等级的员工比低绩效等级员工的奖励高2.5倍左右。

(5)裁员与福利改革。像许多其他大公司一样，IBM通过削减雇员数量来达到降低成本的目的。该公司的雇员人数已经从20世纪90年代初期的40多万人下降到了目前的30万人左右。公司还废除了家长式福利制度，引导员工培养全新的工资待遇理念，并通过浮动工资计划、认购公司股份和期权计划以及建立在绩效基础上的加薪计划来实现。

资料来源：https：//wenku. baidu. com/view/922883c65fbfc77da269b1cd. html？from=search.

2. 企业的经营战略

企业处于不同的发展阶段时，其经营重点和面临的外部环境是不同的，因此在不同的发展阶段，薪酬形式也是不同的，如表8-2所示。

表8-2　**企业不同发展阶段下的薪酬管理**

企业发展阶段		开创	成长	成熟	稳定	衰退	再次创新
薪酬形式	基本薪酬	低	中	高	高	高	中
	激励薪酬	高	高	中	低	无	高
	福利	低	低	中	高	高	低

3. 企业财务状况

薪酬是企业的一项重要开支，因此企业的财务状况也会对薪酬产生重要影响，良好的财务状况，可以保证薪酬水平的竞争力和薪酬支付的及时性。

（三）员工个人因素

1. 员工所处的职位

在目前主流的薪酬管理理论中，这是决定员工个人基本薪酬以及企业薪酬结构的重要基础，也是内部公平性的重要体现，职位对员工薪酬的影响并不完全来自级别，而主要是职位所承担的工作职责以及对员工的任职资格要求。

2. 员工的绩效表现

员工的绩效表现是决定其激励薪酬的重要基础，在企业中，激励薪酬往往与员工的绩效联系在一起，它们具有正相关关系。总的来说，员工的绩效越好，其激励薪酬就会越高。此外，员工的绩效表现还会影响其绩效加薪，进而影响基本薪酬的变化。

3. 员工的工作年限

工作年限主要有工龄和司龄两种表现形式，工龄是指员工参加工作以来的整个工作时间，司龄是指员工在本企业中的工作时间。工作年限会对员工的薪酬水平产生一定的影响，一般来说，工龄和司龄越长的员工，薪酬的水平相对较高。

四、薪酬的基本决策

（一）薪酬体系决策

薪酬体系决策的主要任务是确定组织决定员工基本薪酬的基础是什么。当前，国际上通行的薪酬体系主要有三种，即职位薪酬体系、技能薪酬体系以及能力薪酬体系，其中职位薪酬体系的运用最为广泛。所谓职位薪酬体系、技能薪酬体系以及能力薪酬体系，顾名思义，就是指组织在确定员工的基本薪酬水平时所依据的分别是员工从事的工作自身的价值、员工自身的技能水平以及员工所具备的胜任能力。其中，职位薪酬体系是以工作和职位为基础的薪酬体系，而技能和能力薪酬体系则是以人为基础的薪酬体系。职位薪酬体系、技能薪酬体系和能力薪酬体系之间的区别如表 8-3 所示。

表 8-3　**职位薪酬体系、技能薪酬体系和能力薪酬体系之间的区别**

	职位薪酬体系	技能薪酬体系	能力薪酬体系
薪酬基础	以员工所在的职位为基础	以员工掌握的技能为基础	以员工的能力为基础
价值决定	职位价值的大小	技能的多少	能力的高低
设计程序	工作分析和工作评价	技能等级的分析与认定	能力要素分析与评价
工作变动	薪酬随着职位变动	薪酬保持不变	薪酬保持不变
培训作用	是工作需要而不是员工意愿	增加工作技能和报酬	增加工作能力和报酬
员工晋升	需要有空缺的职位	通过技能认证	通过能力测试

续表

	职位薪酬体系	技能薪酬体系	能力薪酬体系
员工关注	追求职位的晋升以获得更高报酬	追求工作技能的积累	寻求能力的增多或提升
优点	按职位系列进行薪酬管理比较简单、稳定，节约成本	鼓励员工持续学习新技能，优秀专业人才能安心本职工作	员工有更多的发展机遇，鼓励员工自我发展
缺点	员工晋升无望时会消极怠工，不利于激励员工，不灵活	培训费用和薪酬增加，技能薪酬设计较复杂	能力不等于业绩，能力的界定与评价相当难

(二)薪酬水平决策

薪酬水平是指组织中各职位、各部门以及整个组织的平均薪酬水平，薪酬水平决定了组织薪酬的外部竞争性。企业的薪酬水平越高，其在劳动力市场上的竞争力就越强，但是相对来说成本也会越高。在传统的薪酬管理中，企业关注的是整体薪酬水平，目前企业关注整体薪酬水平的同时，也开始关心不同企业各职位薪酬水平的比较。企业在确定薪酬水平时，通常可以采用四种策略：领先型策略、匹配型策略、拖后型策略、混合型策略，如表 8-4 所示。

表 8-4　**薪酬水平策略的类型**

类型	特　　点
领先型策略	薪酬水平高于市场平均水平；企业的薪酬相对而言比较有竞争力，成本相对来说较高
匹配型策略	薪酬水平与市场平均水平保持一致；企业的薪酬相对而言竞争力中等，成本也是中等
拖后型策略	薪酬水平要明显低于市场平均水平；企业的薪酬竞争力弱，但成本比较低
混合型策略	针对企业内部的不同职位采用不同的策略，如对关键职位采用领先型策略，对辅助性职位采用匹配型策略，而对一线员工则采用拖后型策略

(三)薪酬构成决策

薪酬构成是指在员工和企业总体的薪酬中，不同类型薪酬的组合方式(见表 8-5)。对于企业而言，基本薪酬、激励薪酬(奖金)与间接薪酬(福利)都是经济性支出，但这三种薪酬的作用又不完全相同。基本薪酬在吸引、保留人员方面效果比较显著；激励薪酬在激励人员方面效果比较显著；间接薪酬在保留人员效果方面比较显著。根据这三者所占比例的不同，可以划分为三种模式：高弹性薪酬模式、高稳定薪酬模式和调和型薪酬模式。高弹性薪酬模式是一种激励性很强的薪酬模式，激励薪酬是薪酬的主要组成部分；高稳定薪酬模式是一种稳定性很强的薪酬模式，基本薪酬占主导地位，激励薪酬占较少比重；调和型薪酬模式兼具激励性和稳定性，基本薪酬和激励薪酬所占比例基本相当。

表 8-5　**某公司员工薪酬结构**　单位：元

级别	基本工资	绩效奖金	全勤奖	岗位津贴	其他
经理级	5000	1500	500	2500	1000
主管级	4000	1200	400	2000	750
职员级	3000	900	300	1500	500
工人级	2000	600	200	1000	300

（四）薪酬结构决策

薪酬结构指企业内部的薪酬等级数量，每一等级的变动范围及不同薪酬等级之间的关系等（见表 8-6）。薪酬结构反映企业内部各个职位之间薪酬的区别，对于员工而言具有重要的价值。在薪酬管理中，会根据员工的职位（或者能力）确定员工的薪酬等级，这一等级确定后，员工的薪酬也就基本确定。薪酬结构的设计会直接影响员工的薪酬，以及今后员工薪酬变动的可能性与区间。因此，企业的薪酬结构设计得比较合理时，会对员工的吸引、保留与激励产生积极作用，反之则会带来负面影响。

表 8-6　**某公司的薪酬结构表（月工资）**　单位：元

薪酬等级	薪酬档次		
	A	B	C
9 级	49500	54500	59500
8 级	40500	44500	49500
7 级	32500	36500	40500
6 级	25500	29000	32500
5 级	19500	22500	25500
4 级	14500	1700	19500
3 级	10500	12500	14500
2 级	7500	9000	10500
1 级	5500	6500	7500

第二节　薪 酬 设 计

一、薪酬设计的原则

（一）公平性原则

根据公平理论，员工会进行两方面的比较，一是会将自己的付出与回报进行比较；二是会将自己的付出回报比与他人的付出回报比进行比较。如果员工觉得二者有不公平的现象，那么薪酬就不能起到激励员工的作用，还会因此影响员工的工作积极性，降低其工作效率，造成紧张的人际关系等。所以薪酬的设计要尽量公平，在现实中虽然不能做到完全公平，但至少在薪酬设计时应保证公平。薪酬设计的公平性可以从两个方面来考虑，一是外部公平性，指的是同一行业、同一地区、不同企业中类似的职位薪酬应基本一致；二是内部公平性，指的是在企业内部，员工所获得的薪酬应与其从事的工作岗位所要求的知识、技能、经验等相匹配。另外，不同职位如果没有多大差别，贡献或业绩相当，所获取的薪酬也应基本一致。

（二）激励原则

激励原则包含两个方面的含义：一是薪酬设计应该做到按劳分配，多劳多得，即按不同技能、不同知识水平、不同能力、不同业绩水平等定薪，奖勤罚懒和奖优罚劣，这样才能发挥薪酬的激励性；二是组织要根据不同员工的不同需求，真实地了解员工的需求，利用薪酬的多样化组合来满足员工，从而达到激励的目的。

（三）经济性原则

在薪酬设计的过程中固然要考虑薪酬水平的竞争性和激励性，但同时还要充分考虑企业自身发展的特点和承受能力。员工的报酬是企业生产成本的重要组成部分，过高的薪酬水平必然会导致人力成本的上升和企业利润的减少。所以，应该考虑人力资源成本的投入和产出比，把人力资源成本控制在经济合理的范围，使企业的薪酬既具有激励性又能确保企业的正常运作。

（四）合法性原则

企业薪酬分配制度必须符合国家的有关政策与法律。为了维持社会经济的持续稳定发展，维护劳动者应取得的合法劳动报酬和必须拥有的劳动权益，我国政府颁布了一系法律法规文件。如《中华人民共和国劳动法》、《中华人民共和国劳动合同法》、《最低工资规定》、《工资支付暂行规定》等，这些法律法规对薪酬确定、薪酬水平、薪酬支付等进行了明确的规定。企业在设计薪酬过程中一定要遵守相关的法律法规，避免因薪酬问题引起劳动纠纷。

二、薪酬设计的流程

制定科学合理的薪酬体系是企业人力资源管理的一项重要工作，薪酬设计的要点在于“对内具有公平性，对外具有竞争性”。薪酬设计需要考虑的因素较多，一般来说，企业要建立的是一种既能让大多数员工满意，又能确保企业利益的互利双赢薪酬设计模式，其一般流程可大致分为以下几个步骤(如图 8-2 所示)。

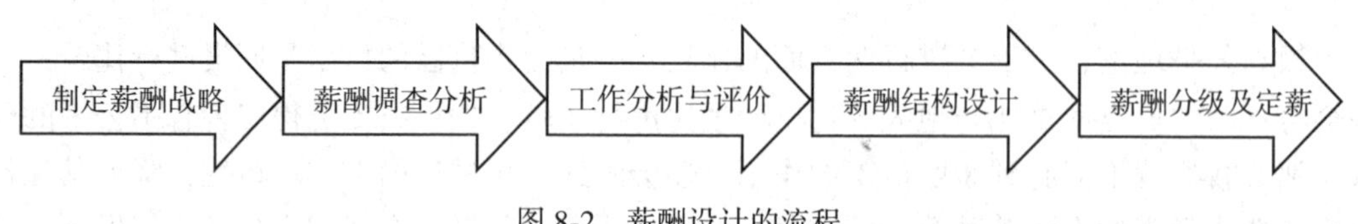

图 8-2　薪酬设计的流程

(一)制定薪酬战略

企业人力资源战略服务于企业战略，所以薪酬战略也要考虑企业的战略和企业的目标。制定薪酬战略要考虑以下问题：薪酬管理如何支持企业的战略实施，薪酬的设计如何达成组织内部的公平性和外部的竞争性，如何制定薪酬才能真正地激励员工，如何提高薪酬成本的有效性等。

(二)薪酬调查分析

企业要吸引和保留住员工，不但要保证企业薪酬的内部公平性，而且要保证企业薪酬的外部竞争力，因此要进行薪酬调查。薪酬调查，就是通过一系列标准、规范和专业的方法，对市场上各职位进行分类、汇总和统计分析，形成能够客观反映市场薪酬现状的调查报告，为企业提供薪酬设计方面的决策依据及参考。因为薪酬调查是将企业内部的薪酬状况和其他企业薪酬状况进行比较，所以组织首先要进行全面的企业内部薪酬满意度调查，以了解企业内部的薪酬现状及发展需求，做到发现问题，弄清原因，明确需要，确保薪酬体系设计的客观性与科学性。同时，还要对同类、同行企业的外部薪酬水平状况做深入细致的调查。

对企业外部薪酬调查分析的主要内容一般包括以下三个方面：①目标企业的薪酬政策。是控制成本还是激励或吸引员工；薪酬构成是高弹性、稳定性模式还是折中式模式；薪酬的其他政策，包括加班费计算、试用期薪酬标准等；②薪酬的结构信息。主要包括企业职位或岗位的组织结构体系设计、薪酬等级差、最高等级与最低等级差、薪酬的要素组合、基本薪酬与福利的比例、激励薪酬的设计等；③薪酬的纵向与横向水平信息。包括基本薪酬信息、激励薪酬信息及福利薪酬信息等。

由于这些调查对象一般都是竞争对手，且薪酬制度往往被其视为商业机密，它们一般不愿意提供实质性的调查资料。所以，薪酬市场调查分析一般会比较困难，需要企业从多方面、多渠道进行，直接或间接地收取调查资料。一般来说，薪酬的调查方法分四种：企业薪酬调查、商业性薪酬调查、专业性薪酬调查和政府薪酬调查。企业薪酬调查是企业之间互相调查；商业性薪酬调查一般由咨询公司完成；专业性薪酬调查是由专业协会针对薪酬状况所进行的调查；政府薪酬调查是指由国家劳动、人事、统计等部门进行的薪酬调查。例如美国劳工统计局(BLS)每年都要进行三类调查研究，包括地区性的薪酬调查，行业性的薪酬调查，针对专业人员、管理人员、技术人员和办事员的薪酬状况所做的调查。

【知识拓展】

企业如何进行薪酬调查

企业在进行薪酬设计或薪酬改革时一般需要进行薪酬调查。薪酬调查就是企业为了保持各岗位薪酬的内部公平性和外部竞争性，更好地吸引、留住人才，采用标准、规范、专业的方法，通过各种途径，采集市场上相关企业相关岗位的工资福利待遇及其支付状况的信息，为企业薪酬设计与改革提供决策依据及参考。在进行薪酬调查前，企业要先明确自身的薪酬战略。要了解行业市场薪酬整体处在怎样的水平，自己的竞争对手都有哪些，人才供需情况如何，一些特定岗位的薪酬水平是该高于还是低于市场平均水平，或者与市场平均水平持平。实施薪酬调查一般来讲应该分为四个步骤，它们是确定调查目的、确定调查范围、选择调查方式、整理和分析调查数据。

(1)确定调查目的。人力资源部门应该首先弄清楚调查的目的和调查结果的用途，再开始制订调查计划。一般而言，调查的结果可以为以下工作提供参考和依据：整体薪酬水平的调整、薪酬结果的调整、薪酬晋升政策的调整、某具体岗位薪酬水平的调整等。

(2)确定调查范围。根据调查的目的，可以确定调查的范围，主要是确定以下问题：①需要对哪些企业进行调查；②需要对哪些岗位进行调查；③需要调查该岗位的哪些内容；④调查的起止时间。

(3)选择调查方式。确定了调查的目的和调查范围后，接着就是选择调查的方式，普遍采用的是问卷调查法和访谈法。如果采取问卷调查法要提前设计好调查问卷；如果采取访谈法，要提前拟好问题提纲。企业一般将两种调查方式结合使用。

(4)整理和分析调查数据。在进行完调查之后，首先要对收集到的数据进行整理和分析，整理中要注意将不同岗位和不同调查内容的信息进行分类，并且在整理的过程中要注意识别是否有错误的信息，然后根据调查的目的，有针对性地对数据进行分析，最后形成最终的薪酬调查结果。

资料来源：https：//wenku. baidu. com/view/11147273de80d4d8d15a4fb3. html? from=search.

(三)工作分析与评价

工作分析与评价的目的在于确定一种职位的相对价值，它是对各种职位进行正式的、系统的相互比较的过程。通过工作分析与评价，能够明确职位的工作性质、所承担责任的大小、劳动强度的轻重、工作环境的优劣、劳动者应具备的工作经验、知识技能、身体条件等方面的具体要求。同时，根据这些信息采取科学的方法，对企业所有的职位的相对价值作出客观的评价，并确定一种职位相对于其他职位的价值，从而最终依此来确定工资或薪资的等级结构。工作评价的基本原则是那些要求具备更高的任职资格条件、需要承担更多的责任以及需要履行更为复杂的职责的职位，应当比那些在这些方面的要求更低一些的职位价值更高一些。

对于企业的员工来说他们所感受到的公平合理，一方面来自外部市场上同类职位薪酬水平相比的结果；另一方面则来自内部同类、同级别职位人员的薪酬水平的比较。因此我们不仅要关注职位的绝对价值，还要关注职位的相对价值，而职位的相对价值则要通过工作评价来确定。工作评价是工作分析的必然结果，同时又以职位说明书为依据。即工作评价就是要评定职位的相对价值，制定职位的等级，以确定基本薪酬的计算标准。

(四)薪酬结构设计

通过工作分析与评价，可以表明每一个职位在企业中相对价值的顺序、等级。工作的完成难度越大，对企业的贡献越大，其重要性就越大，这也就意味着它的相对价值越大。通过薪酬调查以及对组织内、外部环境的分析，可以确定组织内各职位的薪酬水平，规划各个职位、岗位的薪酬幅度、起薪点和顶薪点等关键指标。要使工作的相对价值转换为实际薪酬，需要进行薪酬结构设计。

薪酬结构是指工作的相对价值与其对应的工资之间保持的一种关系。这种关系不是随意的，是以服从某种原则为依据的，具有一定的规律，通常这种关系用“薪酬政策线”来表示。从理论上讲，薪酬政策线可呈任意一种曲线形式，但实际上它们多呈直线或由若干直线段构成的一种折线形式。这是因为薪酬设计必须遵循的基本原则是公平性，组织内各职位的报酬与员工的付出应基本相等，各职位的相对价值就是员工付出的反映，因此，绘制薪酬政策线各点的斜率应该基本相等，薪酬政策线呈直线(如图 8-3 所示)。

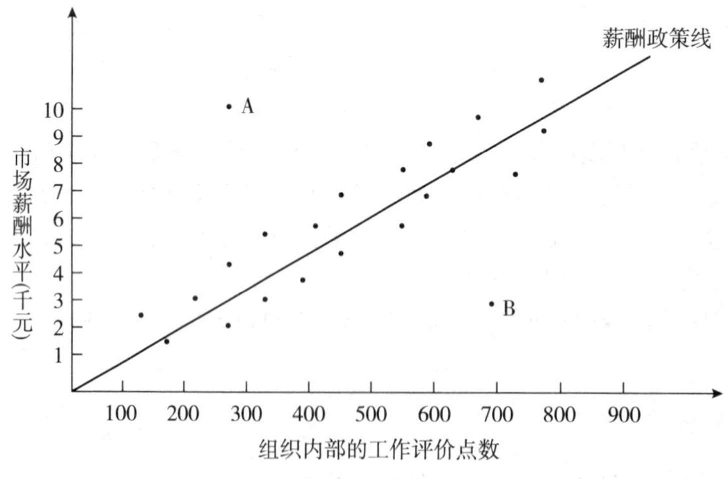

图 8-3　工作评价点数与市场薪酬水平合成的散点图

一般来说，薪酬调查的结果或职位评价的结果，即外部公平性和内部公平性是一致的，也就是说，外部市场薪酬水平和评价点数或序列等级确定的薪酬点都分布在薪酬政策线的周围。但是，有时也会出现不一致的情况，这时薪酬点就会明显地偏离薪酬政策线。如图 8-3 中的 A、B 两点，这表明内部公平性和外部公平性之间出现了矛盾。例如，A 点就表示该职位按照内部公平性确定的薪酬水平要高于市场平均的薪酬水平。当内部公平性和外部公平性不一致时，通常要按照外部公平性优先的原则来调整这些职位薪酬水平，否则，要么就是这些职位的薪酬水平过低，无法招聘到合适的人员；要么就是薪酬水平过高，企业承担了过高的成本。最后，企业还要根据自己的薪酬策略来对薪酬政策曲线做出调整。上面所讲的薪酬政策曲线是按照市场平均薪酬水平建立的，因此如果企业实行的是领先型或拖后型薪酬策略，就应当将薪酬政策曲线向上或向下平移，平移的幅度取决于领先或拖后的幅度，如果实行的是匹配型策略，薪酬政策曲线就可以保持不动。

(五)薪酬分级与定薪

绘制好组织薪酬政策曲线以后，通过薪酬政策曲线就可以确定每个职位的基本薪酬水平。但是当企业的职位数量比较多时，如果针对每个职位设定一个薪酬标准，会大大提高企业的管理成本。因此，在实际操作中，还需要在薪酬的每一个标准内增设薪酬等级，即在众多类型工作职位的薪酬标准内再组合成若干等级，形成一个薪酬等级标准系列。通过职位工作评价点数的大小与薪酬标准对应，可以确定每一个职位工作的具体薪酬范围或标准，以确保职位薪酬水平的相对公平性，如图 8-4 所示。

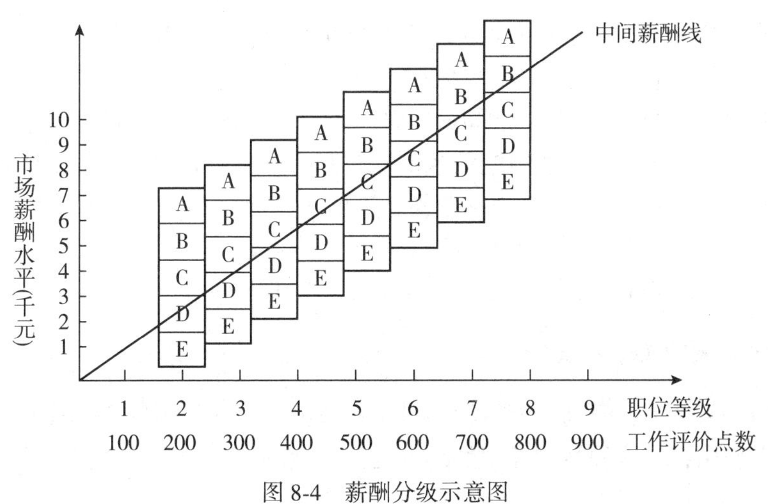

图 8-4　薪酬分级示意图

不同薪酬等级之间的薪酬差异称为薪酬级差。薪酬级差可根据员工的职位、业绩、态度、能力等因素划分，要尽可能地体现公平。级差的大小应与薪酬等级相符，等级差异大，级差相应也大，等级差异小，则级差也小，如果两者关系不相符，容易引起不同等级员工的不满。等级差异过大，薪酬等级较低层的员工会认为有失公平，自己所得过少；等级差异过小，薪酬等级较高层的员工会认为自己的贡献价值没有得到认可，因而会挫伤其工作积极性。

第三节　激励薪酬

一、激励薪酬概述

(一)激励薪酬的概念

激励薪酬，又称绩效薪酬、可变薪酬或奖金，它是指以员工个人、团队或者组织的绩效为依据支付给员工的薪酬。激励薪酬的目的在于，通过将员工的薪酬与绩效挂钩，鼓励员工为企业、部门或团队的绩效做出更大的贡献。激励薪酬有助于强化组织规范，激励员工调整自己的行为，并且有利于组织目标的实现。

(二)激励薪酬的优缺点

激励薪酬相对于基本薪酬来说，具有明显的优势，主要表现在以下几个方面：

(1)激励薪酬是和绩效联系在一起的，因此对员工的激励性也就更强；

(2)激励薪酬更能把员工的努力集中在组织、部门或团队认为重要的目标上，从而推动组织、部门或团队目标的实现；

(3)激励薪酬是根据绩效来支付的，可以增加企业薪酬的灵活性，帮助企业节约成本。

不过，激励薪酬也存在明显的不足，主要表现在以下几个方面：

(1)绩效评价难度比较大，激励薪酬很可能会流于形式；

(2)激励薪酬有可能导致员工之间或者员工群体之间的竞争，而这种竞争可能不利于组织创造良好的人际关系，导致组织的氛围比较紧张，从而影响组织的整体利益；

(3)激励薪酬实际上是一种工作加速器，有时员工收入的增加会导致组织出台更为苛刻的产出标准，这样就会破坏组织和员工之间的心理契约；

(4)绩效奖励公式有时非常复杂，员工可能难以理解。

(三)激励薪酬的实施要点

在市场经济条件下，激励薪酬将激励员工和节约成本的作用发挥得较好，使得越来越多的组织予以使用，而这种薪酬计划的缺点也使得激励薪酬的实施过程必须非常谨慎。这里着重指出以下几点。

(1)组织必须认识到，激励薪酬只是组织整体薪酬体系中的一个重要组成部分，它尽管对于激励员工的行为和绩效具有重要的作用，但是不能取代其他薪酬计划。

(2)激励薪酬必须对那些圆满完成组织绩效或行为与组织目标一致的员工给予回报，激励薪酬必须与组织的战略目标及其文化和价值观保持一致，并且与其他经营活动相协调。

(3)要想实施激励薪酬，组织必须首先建立有效的绩效管理体系。这是因为激励薪酬以员工个人、群体甚至组织整体的业绩作为奖励支付的基础，如果不能建立公平合理、准确完善的绩效评价系统，绩效奖励就成了无源之水、无本之木。

(4)有效的激励薪酬必须在绩效和奖励之间建立紧密的联系。这是因为无论组织的目标多么清晰，绩效评价多么准确，反馈多么富有成效，如果它与报酬之间不存在联系，绩效也不会达到最大化。

(5)激励薪酬必须获得有效沟通战略的支持。既然激励薪酬要求员工能够承担一定的风险，那就要求组织能够及时为员工提供正确地作出决策所需要的各种信息。

(6)激励薪酬需要保持一定的动态性，过去曾经取得成功的激励薪酬现在并不一定依然成功，而经常是要么需要重新设计新的激励薪酬，要么需要对原有的激励薪酬进行较大的修改和补充。

【管理故事】

将军的苦恼

有位将军奉命去攻占敌人的城池，经过七天七夜的激战，在非常困难的情况下战胜了敌人。捷报传到了朝廷，为了鼓舞士气，朝廷决定犒劳三军，派人送来了200头牛，500只羊，100坛好酒。

面对送到军营的牛、羊和好酒，将军却犯起了愁，怎么分配呢？如果分配不好，不但达不到鼓舞士气的目的，还可能会因为感觉不公平，而挫伤了部分官兵的士气。上次也是朝廷的犒劳，因为没有分配好，各个兵种之间产生了心理上的不平衡，直接导致在后来的战斗中，各兵种之间的协作明显不如从前，军队连吃败仗。将军虽然也严厉处罚了几个军官，但心里明白，命令和处罚只能解决表面的问题，不能解决深层次的问题。其实，每个士兵心中都有一杆秤，这杆秤一旦失去了平衡，就会产生很多问题。

将军手下有诸多兵种，分别是骑兵、弓箭兵、步兵和粮草兵。其中，骑兵主要负责冲锋，冲击敌人守在城池外面的军队，迫使敌人退守到城池里面去；紧接着弓箭兵利用投石车和火箭，攻击敌人的城墙和躲在城墙后的敌人；最后，再由步兵负责攻城。在整个战斗过程中，步兵损失最大；骑兵也有一些损失；弓箭兵虽然参加了战斗，基本上没有多少损失；而粮草兵主要是负责守卫和运输军队的军营和粮草。

经过思考，将军构想了几种可能的分配方式：

如果实行平均分配，肯定会存在许多问题。虽说大家都有功劳，但功劳有大有小。如果这样分配，粮草兵肯定最高兴，步兵和骑兵一定不乐意。如此，将来一旦打起仗来，许多官兵会不出力，很明显这种吃“大锅饭”的做法是不可取的。

如果不平均分配，就需要制定一个好的分配方法。将军考虑，是否可以按照对战斗的重要性来决定分配呢？把不同兵种按照甲、乙、丙、丁分为四种，甲最多，丁最少。但是说到对战争的重要性，其实粮草兵也是很重要的，没有他们运输、守卫粮草，做好后勤保障工作，战斗也是无法取得胜利的。这几个兵种，缺少了哪一个都不可以。再说，步兵和骑兵哪个最重要呢？也很难区分。

如果按照伤亡人数来论功行赏，也不可取。因为步兵的人数最多，骑兵的人数少，步兵的伤亡人数肯定多。还有，弓箭兵和粮草兵基本没有伤亡。这种分配方法也不行。

如果按照杀死敌人的数量分配，也有问题。虽然骑兵杀死敌人的数量很好统计，但弓箭兵射杀了多少敌人，就很难统计。再说，粮草兵肯定没有杀死敌人，难道就不分配？操作起来也会太麻烦。

不分可以吗？肯定不可以，将士们都很劳累，应该犒劳。朝廷知道没有犒赏，还以为是军官贪污了。把他们分隔开来，让他们在不同的地方喝酒吃肉呢？肯定也不行，因为没有不透风的墙。他们在一起战斗，肯定会知道对方分了多少，到时候会引起更多的问题，隐藏的矛盾往往更可怕，不知道它什么时候会爆发，如果在关键时刻爆发，那后果不堪设想。

将军左思右想，觉得怎么做都有问题。那么，怎么分配才能既公平，又容易操作，还能有效地鼓舞士气呢？

资料来源：https：//wenku. baidu. com/view/d4992782e53a580216fcfe8d. html？from=search.

二、激励薪酬的种类

(一)个人激励薪酬

1. 直接计件工资计划

直接计件工资计划是先确定在一定时间(比如1小时)内应当生产出的标准产出数量，然后根据标准产出数量确定单位时间工资率，最后根据实际产出水平计算出实际应得薪酬。显然，在这种计划下，产出水平高于平均水平者得到的薪酬也较高。这种奖励计划的优点是简单明了，容易被员工了解和接受。其主要缺点是确定标准存在困难。在生产领域需要进行时间研究，但是时间研究所得出的计件标准的准确性会受到观察的次数、选择的观察对象、对正常操作速度的界定等各方面因素的影响。标准过松对组织不公平，标准过严又对员工不公平。

2. 标准工时计划

所谓标准工时计划，是指首先确定正常技术水平的工人完成某种工作任务所需要的时间，然后确定完成这种工作任务的标准工资率。即使一个人因技术熟练以少于标准时间的时间完成了工作，他依然可以获得标准工资率。举例来说，对于一位达到平均技术水平的汽车修理工来说，为小汽车补一个轮胎平均需要花费的时间可能是1小时。但是如果某位修理工的工作效率较高，他可能在半小时内就完成工作了，但组织在支付工资的时候，仍然是根据1小时来支付报酬。对于周期很长、技能要求较高、非重复性的工作而言，标准工时计划十分有效。

3. 差额计件工资计划

这种工资制度是由科学管理运动的开创者泰勒最先提出的。其主要内容是使用两种不同的计件工资率：一种适用于那些产量低于或等于预定标准的员工，而另一种则适用于产量高于预定标准的员工。举例来说，在一家制衣厂中，对于那些小时产量低于25件的员工而言，他们每生产一件衬衣可以获得50美分；而同样时间内产量高于25件的员工的计件工资率则会高一些，可能达到每件60美分。显然，这种薪酬体系对于员工达成较高生产率的刺激会更大。传统的差额计件工资计划主要包括泰勒计件工资计划和莫里克计件工资计划两种。在泰勒计件工资计划中一共有两种计件工资率(0.5美元/件和0.7美元/件)，而在莫里克计件工资计划中，则将计件工资率划分为三个等级：完成标准任务100%以上的(0.7美元/件)，完成标准任务83%~100%的(0.6美元/件)以及完成标准任务83%以下的(0.5美元/件)。

(二)群体激励薪酬

1. 利润分享计划

利润分享计划指对代表企业绩效的某种指标(通常是利润指标)进行衡量，并以衡量的结果为依据来对员工支付薪酬。利润分享计划有两个优势：一是将员工的薪酬和企业的绩效联系在一起，因此可以促使员工从企业的角度去思考问题，增强了员工的责任感；二是利润分享计划所支付的报酬不计入基本薪酬，这样有助于灵活地调整薪酬水平，在经营良好时支付较高的薪酬，在经营困难时支付较低的薪酬。利润分享计划一般有三种实现形式：一是现金现付制，就是以现金的形式即时兑现员工应得到的分享利润；二是递延滚存制，就是指利润中应发给员工的部分不立即发放，而是转入员工的账户、留待将来支付，这种形式通常是和企业的养老金计划结合在一起的，有些企业为了减少员工的流动率，还规定如果员工的服务期限没有达到规定的年限，将无权得到或全部得到这部分薪酬；三是混合制，就是前两种形式的结合使用。

2. 收益分享计划

收益分享计划是企业提供的一种与员工分享因生产率提高、成本节约和质量提高等而带来的收益的绩效奖励模式。通常情况下，员工按照一个事先设计好的收益分享公式，根据本人所属部门的总体绩效改善状况获得奖金，常见的收益分享计划有斯坎伦计划与拉克计划。斯坎伦计划的操作步骤如下：①确定收益增加的来源，通常包括生产率的提高、成本节约、次品率下降或客户投诉率下降等，将这些来源的收益增加额加总，得出收益增加总额；②提留和弥补上期亏空，收益增加总额一般不全部进行分配，如果上期存在透支，要弥补亏空，此外还要提留一定比例的储备，得出收益增加净值；③确定员工分享收益增加净值的比重，并根据这一比重计算出员工可以分配的总额；④用可以分配的总额除以工资总额，得出分配的单价。员工的工资乘以这一单价，就可以得出该员工分享的收益增加数额。拉克计划在原理上与斯坎伦计划类似，但是计算的方式要复杂许多，它的基本假设是员工的工资总额保持在一个固定的水平上，然后根据企业过去几年的记录，以其中工资总额占生产价值(或净产值)的比例作为标准比例，确定奖金的数额。

3. 成功分享计划

成功分享计划又称为目标分享计划，它的主要内容是运用平衡计分卡的思想，为某个部门或团队制定包括财务和非财务目标、过程和结果目标等在内的若干目标，然后对超越目标的情况进行衡量，并根据衡量结果对某个部门或团队提供绩效奖励。在成功分享计划中，每个绩效目标都是相互独立的，部门或团队每超越一个绩效目标，就会单独获得一份奖励，经营单位所获得的总奖励金额等于其在每个绩效目标上所获得的奖励总和。成功分享计划的目的就在于将某个部门或团队的所有员工与某些预定的绩效改善目标联系在一起。如果这些目标达到了，员工就会得到货币报酬或非货币报酬。

（三）短期激励薪酬

1. 一次性奖金

顾名思义，一次性奖金是一种一次性支付的绩效奖励。在很多情况下，员工可能会因为完成了销售额或产量，实现了节约成本，甚至提出了对企业的合理化建议等而得到这种一次性的绩效奖励。在一些兼并、重组的事件发生时，为了鼓励被收购的企业中的有价值的员工留任而支付一笔留任奖金。还有一些企业为了鼓励优秀人才下定决心与企业签约，也会向决定加入本公司的新员工提供一笔签约奖金。一次性奖金的优势是不仅能足够地激励员工，而且不至于出现薪酬大量超出企业支付的范围，所以一次奖金比较灵活。

2. 月度/季度浮动薪酬

月度/季度浮动薪酬是指根据月度或季度绩效评价的结果，以月度绩效奖金或季度绩效奖金的形式对员工的业绩加以认可。这种月度或季度奖金一方面与员工的基本薪酬联系较为紧密，往往采用基本薪酬乘以一个系数或者百分比的方式来确定；另一方面，又具有类似一次性奖金的灵活性，不会对企业形成较大的成本压力，这是因为，企业月度或季度奖金投入的数量可根据企业的总体绩效状况灵活调整。比如，如果企业经营业绩好，则企业可能拿出相当于员工月度或季度基本薪酬120%的金额作为月度或季度绩效奖金发放；如果企业的经营业绩不佳，企业可能只拿出相当于员工月度或季度基本薪酬50%或更低比率的金额作为月度或季度绩效奖金发放。

3. 特殊绩效认可计划

特殊绩效认可计划具有非常高的灵活性，它可以对那些出人预料的单项高水平绩效表现（比如开发出新产品、开拓新的市场、销售额达到相当高的水平等）给予一次性的现金或者其他实物性奖励。特殊绩效认可或奖励计划提高了报酬系统的灵活性和自发性，为组织提供了一种让员工感觉到自己的重要性和价值的更多的机会。事实上，特殊绩效认可计划已经成为一种激励员工的很好的替代方法。这种计划不仅适用于为组织作出了特殊贡献的个人，而且适用于有特殊贡献的团队。比如，当一个工作团队的所有成员共同努力创造了显著的成果，或者完成了一项关键任务时，组织可以针对这个团队实施特殊绩效认可计划。

（四）长期激励薪酬

长期激励薪酬的支付周期通常为3~5年，长期激励薪酬强调长期规划和对组织的未来可能产生影响的那些决策。它能够创造一种所有者意识，有助于企业招募、保留和激励高绩效的员工，从而为企业的长期资本积累打下良好的基础。对于那些新兴的风险型高科技企业来说，长期激励薪酬的作用是非常明显的。此外，长期激励薪酬对员工也有好处，它不仅为员工提供了一种增加收入的机会，而且为员工提供了一种方便的投资工具。股票所有权计划是长期激励薪酬的一种主要形式，目前，常见的股票所有权计划主要有三类：

现股计划、期股计划和期权计划。

1. 现股计划

现股计划就是指企业通过奖励的方式向员工直接赠与企业的股票或者参照股票当前市场价格向员工出售企业的股票，使员工立即获得现实的股权，这种计划一般规定员工在一定时间内不能出售所持有的股票，这样股票价格的变化就会影响员工的收益，通过这种方式，可以促使员工更加关心企业的整体绩效和长远发展。

2. 期股计划

期股计划则是指企业和员工约定在未来某一时期员工要以一定的价格购买一定数量的企业股票，购买价格一般参照股票的当前价格确定，这样如果未来股票的价格上涨，员工按照约定的价格买入股票，就可以获得收益；如果未来股票的价格下跌、那么员工就会有损失。例如，员工获得了以每股 15 元的价格购买股票的权利，两年后公司股票价格上涨到每股 20 元，那么他以当初的价格买入股票，每股就可以获得 5 元的收益。

3. 期权计划

期权计划与期股计划比较类似，不同之处在于公司给予员工在未来某一时期以一定价格购买一定数量公司股票的权利，但是到期员工可以行使这项权利，也可以放弃这项权利，购股价格一般也要参照股票当前的价格确定。

第四节 员 工 福 利

一、员工福利概述

（一）员工福利的概念

员工福利是企业基于雇佣关系，依据国家的强制性法令及相关规定，以企业自身的支付为依托，向员工所提供的用以改善其本人和家庭生活质量的各种以非货币工资的支付形式为主的补充性报酬与服务。

根据定义，我们可以从以下几方面来理解员工福利：

第一，员工福利的提供方是企业，接受方是员工及其家属；

第二，员工福利是整个薪酬系统中的重要组成部分，是除了基本薪酬和激励薪酬之外的那部分薪酬；

第三，员工福利可以采取多种形式发放，服务、实物和货币都可以是福利的支付形式；

第四，员工福利旨在提高员工的满意度和对企业的归属感。

（二）员工福利的特点

（1）实物或延期支付的形式。基本薪酬和激励薪酬往往采取货币支付和现期支付的方式，而福利多采取实物支付或延期支付的形式。

（2）固定性。基本薪酬和激励薪酬具备一定的可变性，与员工个人直接相连；而福利则比较固定，一般不会因为工作绩效的好坏而在福利的享受上存在差异。

(3)均等性。企业内部的福利对于员工而言具有一视同仁的特点，履行了劳动义务的企业员工，都有享有企业各种福利的平等权利，不会因为职位层级的高低而有所差别。但均等性是针对一般福利而言的，对一些高层次的福利，许多企业还是采取了差别对待的方式，例如对高层管理人员的专车配备等。

(4)集体性。福利主要是通过集体消费或使用公共物品等方式让员工享有，集体消费主要体现在通过集体购买和集体分发的方式为员工提供一些生活用品。

(三)员工福利的作用

1. 员工福利对企业的作用

从表面上看，对于企业来说支付福利费用是一种成本支出。但事实并非如此，科学合理的福利制度为企业带来的实际收益是远高出同等数量的基本薪酬所产生的收益的。员工福利对于现代企业的意义主要体现在以下几点：①大多数员工是属于规避风险型的，他们追求稳定，而与直接薪酬相比，福利的稳定性更强，因此福利更能够吸引和保留员工；②福利可以满足员工心理需求并使其获得较高的工作满意度，具有较强的激励作用，能有效地提高员工绩效，实现组织的战略目标；③企业可以享受优惠税收政策，提高成本支出的有效性。

2. 员工福利对员工的作用

许多员工在选择工作的时候比较重视企业所能提供的福利待遇，原因不仅仅在于福利待遇构成了总薪酬的一个部分，更在于福利可以满足员工的多种需求。具体来说，福利对员工的作用可体现在以下方面：①增加员工的收入，在员工的总薪酬中，有的企业福利占到30%左右。另外，福利对于员工而言是一种保障性的收入，不会因为员工个人绩效不佳而减少；②保障员工家庭生活及退休后的生活质量。员工退休后的收入较在职时会有较大幅度的降低，国家法定的养老保险等福利待遇就能够保障员工退休后的生活维持在一定的水平；③满足员工的平等和归属需要。福利具有均等性，能让员工感受到公平和企业对他们的重视，从而获得归属感和尊重感；④集体购买让员工获得更多的优惠。集体购买产生规模效益，具有价格上的优惠；⑤满足员工多样化的需求。员工福利的形式多种多样，既可以是实物也可以是服务，多样化的福利形式能够满足员工多样化的需求。

二、员工福利的种类

(一)法定福利

这是由国家相关的法律和法规规定的福利内容，具有强制性，任何企业都必须执行。法定福利为员工提供了工作和生活的基本保障，当员工在遭遇失业、疾病、伤残等特殊困难时给予及时救助，提高了员工防范风险的能力。从我国目前的情况看，法定福利主要包括以下几项内容。

1. 法定的社会保险

法定的社会保险包括基本养老保险、基本医疗保险、失业保险、工伤保险和生育保险。养老保险是国家为劳动者或全体社会成员依法建立的老年收入保障制度，当劳动者或社会成员达到法定退休年龄时，由国家或社会提供养老金，保障退休者的基本生活。医疗保险是由国家立法，按照强制性社会保险原则，由国家、用人单位和个人集资(缴保险费)建立的医疗保险基金，当个人因病接受医疗服务时，由社会医疗机构提供医疗费用补偿的社会保险制度。失业保险是国家以立法形式，集中建立失业保险基金，对因失业而暂时中断收入的劳动者在一定期间提供基本生活保障的社会保险制度。生育保险是国家通过立法，筹集保险基金，对生育子女期间暂时丧失劳动能力的职业妇女给予一定的经济补偿、医疗服务和生育休假的社会保险制度。工伤保险是国家立法建立的，对在经济活动中因工伤致残或因从事有损健康的工作患职业病而丧失劳动能力的劳动者，以及对职工因工作死亡后无生活来源的遗属提供物质帮助的社会保障制度。

2. 公休假日

公休假日指企业要在员工工作满一个工作周后让员工休息一定的时间，我国目前实行的是每周休息两天的制度。《劳动法》第三十八条规定用人单位应当保证劳动者每周至少休息一日。

3. 法定休假日

法定休假日就是员工在法定的节日要享受休假，我国目前的法定节日包括元旦、春节、国际劳动节、国庆节和法律法规规定的其他休假节日。《劳动法》规定，法定假日安排劳动者工作的，支付不低于300%的劳动报酬。

4. 带薪年休假

带薪年休假，又叫探亲假，是职工分居两地，又不能在公休日与配偶或父母团聚的带薪假期。我国《劳动法》第45条规定，国家实行带薪年休假制度，劳动者连续工作1年以上的，可以享受带薪年休假。我国相关法律还规定：①职工探望配偶的，每年给予配偶一方探亲假1次，假期为30天；②未婚职工探望父母的，原则上每年给假1次，假期为20天；③已婚职工探望父母的，每4年给假1次，假期为20天。

(二)企业福利

1. 企业补充养老保险

社会基本养老保险制度虽然覆盖面宽，但收入保障水平较低。随着我国人口老龄化加剧，国家基本养老保险负担过重的状况日趋严重，补充养老保险开始成为企业建立的旨在为其员工提供一定程度退休人员收入保障的养老保险计划。2000年企业补充养老保险正式更名为“企业年金”，是我国社会保障制度改革的重要内容。

2. 健康医疗保险

健康医疗保险是对职工基本医疗保险的补充，健康医疗保险的目的是减少当员工生病或遭受事故时本人及其家庭所遭受的损失。企业通常以两种方式提供这种福利：集体投保或者加入健康维护组织。

3. 集体人寿保险

人寿保险是市场经济体制国家的一些企业所提供给员工的一种最常见的福利，大多数企业是为其员工提供集体人寿保险。

4. 住房或购房计划

除了住房公积金之外，企业为更有效地激励和保留员工，还采取其他多项住房福利项目支持员工购房，如住房贷款利息给付计划、住房津贴等。

5. 员工服务福利

员工服务福利是企业根据自身的条件及需要，扩大了福利范畴，通过为员工提供各种服务来达到激励员工、稳定员工的目的。如给员工援助服务、给员工再教育补助、给员工提供健康服务等。

6. 其他补充福利

如交通补贴、饮食津贴、节日津贴、子女教育辅助计划、独生子女补助费等。

三、员工福利存在的问题及其发展趋势

（一）员工福利存在的问题

1. 组织和员工对福利缺乏清晰认识

从企业的角度来讲，在制订员工福利方案时，会产生三个主要的管理问题：谁应该受保障或享受福利？在一系列的福利项目中，员工可以有多少种选择？福利的资金怎样筹集？这些问题常常使企业产生困惑。在大多数情况下，企业实际上只是被动地制订员工福利方案，而对于这些福利方案存在的合理性、有效性，则往往认识不足。从员工的角度来说，往往只知道提福利要求，但是并不清楚到底企业是否应当或能够满足自己这方面的要求。而且由于福利条款及其操作的复杂性，许多员工只是到了生病、残疾、被解雇或者退休的时候，才真正开始对福利计划本身的规定感兴趣。大多数员工对企业所提供的福利的种类、期限以及使用范围是模棱两可或一知半解的。此外，企业为员工提供福利到底要支付多大的成本，或者所享受的企业福利的价值到底有多大，绝大多数员工更是根本不清楚或是不关心。

2. 员工福利成本居高不下

福利的成本问题几乎是每一家企业都会遇到的问题。有些企业的福利开支相当于员工直接薪酬的30%~40%。因此，福利开支对企业的人工成本影响非常大，许多企业在千方百计地压缩福利成本和预算。许多企业在用招聘临时工或者兼职员工的做法来减少福利的成本压力。在我国由于社会保障法制尚不健全，一些企业采取虚报、瞒报工资的方法来减少自己所应缴纳的社会保障费。但无论如何，福利成本对企业来说，无论现在还是将来都确实是一个很大的经济压力。

3. 员工福利的回报性低

许多组织明显感到自己在福利方面付出了很大的代价，却没有得到相应的回报。按理说，福利应当能够帮助组织加速实现目标，或者有效地实现组织和员工之间的沟通，从而培育起一支优秀的员工队伍，真正达到双赢的目的，但是目前的福利却未能达到这种理想的效果。一方面，员工将享受福利看成是自己的一种既定权利或正当利益，对组织所提供的福利越来越不满足；另一方面，组织看到自己的经济负担越来越重，管理方面的麻烦也越来越多，但是并没有什么明显的收益。造成这种情况的一个重要原因可能是组织的福利

计划缺少一些限制条件。此外，员工的道德风险也是一个不容忽视的问题。

4. 福利制度缺乏灵活性与针对性

传统的福利制度大多是针对传统的工作模式和家庭模式的，而当前的社会发展使工作方式和家庭模式发生了变化。此外，随着员工队伍构成的变化，不同文化层次、不同收入层次的员工对于福利的需求也产生了较大的差异。传统的福利制度则相对固定和死板，对有些人会出现重复保险的问题，而对另一些人则存在保险不足的问题，并且很难满足多样化和个性化的福利需求。比如，一旦组织制订了某种福利计划，这种福利计划就会对所有的员工都开放，一方面有可能会出现组织花了很多钱提供某种福利，但是这种福利对于一些员工来说却没有价值的情况，另一方面又可能会出现组织由于担心福利成本增加而放弃某种福利，结果导致对某种福利具有很高需求的员工无法享受这种福利的情况。

(二)员工福利发展趋势

1. 组织开始寻求与其战略目标、组织文化和员工类型相匹配的福利模式

随着福利种类的增多和福利覆盖范围的扩大，可供利用的福利计划的种类越来越多。但是，并非所有的福利计划都适合任何组织中的任何员工群体。从实际情况来看，有很多福利计划是和组织的目标、价值观乃至经营战略相违背的。因此，在制订组织的福利计划时，不仅要考虑现在市场上流行什么样的福利计划，更要对自己的组织进行深入的分析，知道组织的价值观是什么，组织的目标是什么，组织的员工队伍是如何构成的，未来组织要经历什么样的变革，等等。在回答这些问题的基础上，考虑所要设计的福利计划是否有助于实现这些组织目标；如果有助于组织目标的实现，公司是否具备实施这种福利计划的能力(包括成本承受能力和管理能力)。

比如，较为传统的组织希望员工能够在组织中长期工作，而员工也偏好稳定的工作和生活，他们可能会在一个组织中工作直到退休。与这样的组织特征相适应，退休福利计划就应该相对传统，以增强员工对组织的归属感。而在创新型组织中情况则不同，在这类组织中工作的人通常富有冒险精神，他们不愿意长期固定在一个组织中工作，很多人类似于或者就是自由职业者，因此，无论组织提供的退休保障计划多么完善，他们都不会感兴趣。因此，这种组织最好将现金存入员工的账户，而不是帮他们投资到组织自己的养老金计划之中。

2. 越来越多的企业开始重视和使用弹性福利

如今，企业的员工福利管理主要面临两个方面的挑战：企业成本急剧上升和难以适应员工需求变化，因而，很多企业采取了弹性福利，弹性福利是指员工在组织规定的时间和金额范围内，可以按照自己的意愿构建自己的福利项目组合，根据自己的需要和生活方式的变化不断改变自己认为有价值的福利项目(见表 8-7 中的示例)。弹性福利从本质上改变了传统的福利制度，从一种福利模式转变为一种真正的薪酬管理模式。

弹性福利计划的实施，具有以下显著的优点：首先，由于每个员工个人的情况是不同的，他们的需求可能也是不同的，而弹性福利充分考虑了员工个人的需求，使他们可以根据自己的需求来选择福利项目，这样就满足了员工不同的需求，从而提高了福利计划的适应性；其次，由员工自行选择所需要的福利项目，企业就可以不再提供那些员工不需要的

福利，这有助于节约福利成本；最后，这种模式的实施通常会给出每个员工的福利限额和每项福利的金额，这样就会促使员工更加注意自己的选择，从而有助于进行福利成本控制，同时还会使员工真实地感觉到企业给自己提供了福利。弹性福利计划既有效控制了企业福利成本又照顾到了员工对福利项目的个性化需求，也正是因此，弹性福利正在被越来越多的企业关注和采纳。

但是，弹性福利计划也存在一些问题：首先，它造成了管理的复杂，由于员工的需求是不同的，自由选择大大增加了企业具体实施福利的种类，从而增加了统计、核算和管理的工作量，这会增加福利的管理成本；其次，这种模式的实施可能存在"逆向选择"的倾向，员工可能为了享受的金额最大化而选择了自己并不是最需要的福利项目；再次，由员工自己选择可能还会出现非理性的情况，员工可能只照顾眼前利益或考虑不周，从而过早地用完了自己的限额，这样当其再需要其他的福利项目时，就可能无法购买或需要透支；最后，允许员工自由进行选择，可能会造成福利项目实施的不统一，这样就会减少统一性模式所具有的规模效应。

表 8-7　　**××企业的弹性福利示例**

序号	福利项目	福利点数（每年点数获得根据员工学历、工龄、职位、绩效等综合计算）
1	工作餐	1200
2	住房补贴	2400
3	单身宿舍	360
4	交通补贴	360
5	业务素质培训	500
6	岗位技术培训	600
7	管理技能培训	1000
8	海外培训	15000
9	硕士类	6000
10	博士类	10000
11	书报费补贴	100
12	商业性补充养老	1000
13	法定假期	1000
14	带薪休假	月工资额/22×实际天数
15	健康检查	1000
16	集体旅游	1000

续表

序号	福利项目	福利点数(每年点数获得根据员工学历、工龄、职位、绩效等综合计算)
17	托儿津贴	1000
18	洗理费	300
19	购房贷款补贴	2000
20	大病保障险	1000
21	暖气费	1500

【知识巩固训练】

1. 报酬和薪酬的概念分别是什么?
2. 总薪酬包含哪些内容?
3. 薪酬对员工和企业有哪些作用?
4. 影响薪酬的因素有哪些?
5. 薪酬的基本决策有哪些?
6. 薪酬设计的原则是什么?
7. 薪酬设计的流程包含哪些步骤?
8. 激励薪酬的优缺点和实施要点分别是什么?
9. 激励薪酬有哪些类型?
10. 员工福利的概念与优缺点分别有哪些?
11. 员工福利的种类和作用分别有哪些?

【技能提升训练】

1. 案例分析:高薪养绩——IBM 基于绩效的薪酬体系

20 世纪 80 年代后期,IBM 开始从占据本行业的主导地位逐渐转入危机时期,公司原有的薪酬制度与以绩效为导向的价值观和企业文化也不能保持一致:(1)大众化的报酬,单个雇员的工资收入大部分来源于基本工资;(2)着眼于内部平衡;(3)薪酬系统严重官僚化,系统中一共包含 5000 多种职位和 24 个薪资等级;(4)管理人员对其下属人员的薪酬分配缺乏自主权;(5)按部就班的升职;(6)家长管理式的福利。这种模式在新时代下越来越不合时宜,其弊端严重地阻碍了 IBM 的发展。

20 世纪 90 年代中期,IBM 采取措施,结合公司的战略规划,开始实施高绩效导向的薪酬制度,其基本思想是以高薪引人,以高薪留人,以薪酬作为杠杆来调节员工的行为,同时从员工职业生涯发展的角度考虑,为员工提供一条适合自己的职业通道,从而使得 IBM 中的每一个员工都能够积极工作。IBM 总的薪酬战略是在所有的商业资产部门基于市场和高绩效来支付薪酬,对贡献最多的人以高额奖励。其薪酬是基本工资和基于绩效的可变薪酬组合。IBM 认为,没有什么比维持和恢复高绩效更重要，这就是IBM在商业方面的高绩效文化。IBM的薪酬改革主要有以下几个方面。

第一，双重标准的工资制度。在确定基本工资标准时，IBM主要有外部和内部两个标准。外部标准——选择高于市场前10名企业薪资线的薪酬制度。IBM认为，工资不仅仅是生存所必需的物质保证，也反映了员工工作价值的大小，所以，一流公司应付给职工一流公司的工资，以吸引和保留一流的人才。因此，在确定工资标准时，IBM就会对同行业的相关企业进行调查，掌握市场上的平均工资水平，在此基础上再确定IBM的工资水平。并且，密切关注本行业的工资变化情况，随时调整工资结构，以保证工资和福利在本行业中具有竞争力。内部标准——职务价值划分。在IBM内部，每个人的工资水平取决于个人工作的性质、难易程度以及重要性等。IBM在分析职位和岗位要求的基础上，将职务价值分为五个系列，在五个系列中分别规定了工资最高额与最低额。这种建立在外部调查和内部评估基础上的工资制度，确保了IBM薪酬体系的公平性和竞争性。值得注意的是，IBM的基本工资里面没有学历工资和工龄工资，而同员工的岗位、职务、工作表现和业绩直接关联，核心实质是员工对公司的业绩贡献。

第二，丰富多彩的奖励作为公司基于绩效的薪酬体系的一部分，IBM有许多其他奖励和认证计划，对管理人员的奖励和对技术人员的认证奖励是同等的。在2003年，IBM共授予了员工258800美元的奖励，包括实物和金钱奖励。同年，有多于140000名员工通过IBM的感谢版向同事送出了公司提供的奖励，奖励计划是对出色工作的承认。在2004年初，IBM提出一项新的计划，"争做IBM最好"，通过奖励对IBM的成功作出贡献的关键行为来激发员工的工作热情。奖励范围从价值25美元的IBM商标到价值1万美元的物品(实物奖励因国家不同而不同，主要基于当时的汇率和地方的消费习俗)。此外，公司还创造了其他许多奖励项目，例如，IBM在每个季度都会按员工业绩排序，评选出各种奖项的获得者，并给予相应奖励，例如：每月之星1/30，奖牌；季度成就奖1/50，奖金(100~2000美元)；百分成就奖1/100，国外旅游(2500~1万美元)；金环奖1/400，全家豪华游，奖金，荣誉(2万美元)；亚太奖1/3000，全家豪华游，珠宝、奖金，荣誉(2.5万~5万美元)。这些为员工而设的不同奖项极大地激发了员工的工作热情，使得工作不仅是一种责任，也成为一种荣誉。

第三，针对创新人员的特殊奖励。作为一家世界上最大的电子信息公司，IBM坚信创新的重要性。为激励科技人员的创新欲望，公司实行了一套别出心裁的激励创新人员的制度。该制度对有成功创新经历的人，授予其"IBM会员资格"，还给予提供5年的时间和必要的物质支持，从而使其有足够的时间和资金进行创新活动。IBM公司采用这种奖励之后，既为创新者提供了充足的物质条件，也满足了创新人员的心理需求，从而吸引和留住了大量有创新能力的员工，并促使他们更加积极地发挥自己的能量来为公司创造财富。

第四，IBM针对杰出员工的股票期权制度。在许多IT公司，股票期权已经扩展到全部员工，至少已将全部白领阶层雇员纳入股票期权计划。然而，在IBM，事实却不是这样。IBM一直坚持有选择地使用其股票期权，因为公司认为，股票期权不是雇员报酬的一部分，而是获得杰出人才的工具。在IBM，公司对那些作出突出贡献或有着杰出表现的员工给予股票期权的奖励。IBM有两种股票期权的授予方法：一种是给高层管理人员，另一种是给非高层管理人员。高层管理人员是指IBM全球3000名管理人员，占整个员工总数的1%。非高层管理人员，主要指中层经理和专业技术人士。在过去的几年间，IBM已经扩展了非管理人员员工的持股数量，从1997年的不到2000人增加到2003年的79000人。到2004年年底，非管理人员拥有将近7%的公司股票，而高级经理和办公室人员只拥有不到1%的股票。除了股票期权项目以外，IBM还通过一个全球性的员工股票购买计划将公司员工购得的股票贴现。到2004年年底，已经有差不多一半的员工参加了这个志愿项目。IBM的股票期权是IBM的长期激励计划，期权的分发是基于未来可能的贡献，而不是过去的成就。

第五，IBM薪酬制度的原则——以高绩效为核心。首先，下放薪酬调整权——激发员工活力。IBM把薪酬调整的决定权下放到各经理手中，他们可以分配其领导的那个团队的工资增长额度，他们有权力将额度分给这些人，具体到每一个人给多少，从而打破了原来趋于内部公平性的薪酬体系，增加了薪酬的灵活性，这使得每个人的工作好坏都与薪酬高低紧密联系在一起，有利于它更好地发挥激励的作用。员工对薪资制度有任何问题，可以询问自己的直属经理，进行面对面沟通，或向人力资源部查询。一线经理提出薪资调整计划，必须得到上一级经理认可。这就使得薪酬的多少与员工的绩效紧紧结合在一起，多劳多得，少劳少得，真正实现了按劳分配，保证了薪酬支付的公平性，能够极大地激发员工的工作热情。其次，不加薪就等于减薪——好者愈好。在IBM有一句话，不加薪就等于减薪。IBM是没有减薪制度的，只要你做出了业绩，就一定会得到加薪。而且，这种加薪制度是好者愈好，即表现越突出，加薪越快越多，反之则没有。例如，如果一个员工连续两年在绩效考评中表现优秀，则有可能会被连续加薪；反之，如果一个员工连续四年没有加薪，那么他可能会被辞退。这就使得每个人都尽自己最大的努力去工作，因为这种文化把薪酬高低和员工努力密切结合在了一起，从而极大地调动了员工的主动性。最后，重视整体利益。在IBM原来的薪酬制度中，高级经理奖金的发放原来主要依据他们在各自部门所做出的工作业绩。只是本部门做得好，但整个公司做得很差，这对于他们的奖金并没有什么影响。这种做法助长了以小我为中心。从1994年开始，公司对此做了巨大变革。所有高级经理的奖金全部建立在公司的整体绩效基础上。换句话说，无论是主管服务集团的高级经理还是主管硬件集团的高级经理，其奖金都不仅取决于他们自己所在集团的业绩，也将取决于整个IBM的业绩状况。

资料来源：彭剑锋．人力资源管理概论．2版．北京：复旦大学出版社，2011.

讨论：

(1)IBM薪酬管理的特色在哪里？它能够如何支持公司的竞争力？

(2)IBM的薪酬管理体系采用了哪些薪酬管理的基本原理和技术来实现其目的？

2. 课后项目训练

请将4~6人组成一个小组，选出1名小组组长，由组长进行领导与协调，小组成员进行分工与协作。对本校不同职称级别任课教师的薪酬满意度情况进行调查，并撰写本校教师薪酬满意度调查报告。小组成员需要完成以下工作：

(1)设计一份薪酬满意度调查问卷；

(2)设计薪酬满意度访谈提纲；

(3)对本校任课教师的薪酬情况进行问卷调查和访谈；

(4)收集、整理和分析任课教师薪酬情况的信息；

(5)撰写本校不同职称级别任课教师的薪酬满意度调查报告，报告包含的内容有：本校整体任课教师的基本情况介绍、本校不同职称级别任课教师的薪酬情况介绍、本校不同职称级别任课教师的薪酬满意度情况分析、对本校不同职称级别任课教师薪酬改革的建议。

第九章　劳动关系管理

【学习目标】

❖ 了解劳动争议处理的方法
❖ 了解劳动关系管理的作用
❖ 理解劳动关系与劳务关系的区别
❖ 理解劳动关系的特点和劳动关系的构成主体
❖ 掌握劳动关系、劳动合同和劳动争议的含义
❖ 掌握劳动合同变更、解除和终止

【基本概念】

劳动关系　劳动合同　劳动合同变更　劳动合同解除　劳动合同终止　劳动争议

【导读案例】

如何确定劳动关系建立日期

某动漫制作公司于2008年底为公司原画部部长职位招聘候选人，经过几轮面试，李某入选。但是在确定入职时间时，李某提出由于自己目前尚未离职，在原单位的项目中又担任重要角色，希望能够在两个月之后入职。公司同意了李某的要求，与他签订劳动合同，约定正式入职时间为2009年3月13日。可是公司的项目也在赶进度，急需原画设计人员，无奈之下，该公司又招聘了一位资历尚浅的设计师应急。经过一个月的磨合，这名设计师迅速表现出优异的成绩，李某的那个职位已经变得没有那么重要了。公司犹豫再三，决定将这位设计师提拔为原画部部长，通知李某解除劳动合同，此时已届2009年2月底。

李某接到通知马上赶到公司理论，要求公司向其支付解除合同的经济补偿金，并对他的损失承担赔偿责任，包括工资损失、向原公司支付的违反服务期的违约金等。该动漫制作公司认为，劳动合同毕竟尚未履行，劳动关系并未建立，因此可以随时终止，不存在补偿一说，但又担心李某提起仲裁。这种情况该怎样处理？

分析：本案焦点是劳动合同签订日期与用工日期，应该以哪个为劳动关系建立日期？介于二者之间时，用人单位与劳动者属于什么关系？根据《劳动合同法》第10条规定：“建立劳动关系，应当订立书面劳动合同。用人单位与劳动者在用工前订立劳动合同的，劳动关系自用工之日起建立。”正式成立劳动关系时订立书面劳动合同，不仅有利于当事人正确履行相互约定的权利义务，也便于在争议出现时能够有据可

查。而规定劳动合同订立日与开始用工之日不一致时，以用工之日为准，是以实际发生劳动权利义务关系作为劳动合同生效的起始时间。因此，公司选择用签订劳动合同来确定建立劳动关系的意向及实施时间的做法是正确的。未到用工日期，劳资双方没有实际发生用工关系，所以在合同签订后到实际入职的这段时间，公司与李某不具有劳动关系，不受劳动法律的约束，公司也就无须对劳动合同的解除或终止承担经济补偿责任。

但公司解除尚未生效的劳动合同是否应向对方承担法律责任、不仅要遵循劳动法律的规定，也要受其他相关法律、法规的制约。尽管劳动合同与一般民事合同不同，但招聘者与应聘者在合同订立过程中均享有订约自由，也应遵守诚实信用原则。《合同法》第 42 条确立了缔约过失责任制度，当事人在订立合同过程中有下列情形之一，给对方造成损失的，应当承担损害赔偿责任：①假借订立合同，恶意进行磋商；②故意隐瞒与订立合同有关的重要事实或者提供虚假情况；③有其他违背诚实信用原则的行为。本案中，基于对公司的合理信赖，李某向原用人单位提出辞职，该动漫制作公司应对自身违背诚信的行为和李某依据该合同辞职而导致的损失承担损害赔偿责任。这种情况下，公司可以与李某协商给予适当的补偿，以平稳、安全地解除双方的合同。

资料来源：中国人力资源开发网，http//www chinahrd. net/zhi_5k/jt_page asp? articlem-177813.

第一节　劳动关系管理概述

一、劳动关系概述

(一) 劳动关系概念

劳动关系是指劳动者与劳动力使用者以及相关组织为实现劳动过程所构成的社会经济关系。在不同国家或不同体制下，劳动关系又被称为“劳资关系”(labor-management relations)、“劳工关系”(labor relations)、“劳雇关系”(employee-employer relations)、“雇佣关系”(employment relations)、“员工关系”(employee relations)、“产业关系”(industrial relations)和“劳使关系”等。在西方国家，劳动关系通常称为“产业关系”，是产业中劳动力与资本之间关系的缩略语，即产业社会领域内，政府、雇主和劳动者(工会)围绕有关劳动问题而发生的相互关系。作为劳动者和劳动力使用者之间的社会经济关系的表述，劳动关系是一个最为广泛和适应性最强的概念①。

(二) 劳动关系的特点

1. 劳动关系是经济利益关系

雇员付出劳动从雇主那里换取报酬及福利才能维持生活。因此，工资和福利就成为连

① 常凯．劳动关系学．北京：中国劳动社会保障出版社，2005.

接雇主与雇员的基本经济纽带，这就形成了雇员与雇主之间的经济利益关系。如果缺乏这种经济利益上的联系，劳动关系就不存在，因而经济利益也就成为雇员与雇主最主要的联系，也是雇员与雇主之间合作和冲突的最主要的原因。

2. 劳动关系是一种劳动力与生产资料的结合关系

因为从劳动关系的主体上说，当事人一方为劳动力所有者和支出者，称为雇员(或劳动者)；另一方为生产资料所有者和劳动力使用者，称为雇主(或用人单位)。劳动关系的本质是强调用人单位需要将劳动者提供的劳动力作为一种生产要素纳入其生产过程，与生产资料相结合。

3. 劳动关系是一种具有显著从属性的人身关系

虽然双方的劳动关系是建立在平等自愿、协商一致的基础上，但劳动关系建立后，双方在职责、管理上则具有了从属关系。用人单位要安排劳动者在组织内和生产资料结合；而劳动者则要通过运用劳动能力，完成用人单位交给的各项生产任务，并遵守单位内部的规章制度，接受用人单位的管理和监督。劳动者在整个劳动过程中无论是在经济上，还是在人身上都从属于雇主。

4. 劳动关系体现了表面上的平等性和实质上的非平等性

管理方和劳动者双方都是劳动关系的主体，在平等自愿的基础上签订劳动合同，缔结劳动关系。同样也可以解除劳动关系，在遵循法律规定的情况下，劳动者可以辞职，企业也可以辞退员工。双方在履行劳动合同过程中，劳动者按照管理方要求提供劳动，管理方支付劳动者劳动报酬，这也是权利义务的对等。

但这种平等是相对的。从总体上看，劳动者和用人单位在经济利益上是不平等的。虽然法律规定双方具有平等的权利，但是经济力量上的差异造成的实际权利上的不平等已经是个不容否认的事实。特别是就业压力大的情况下，雇主会在劳动力市场上占有更大的优势和主动地位，劳动者往往会接受具有不利于劳动者的不公平条款的合同。相对而言，劳动者的选择机会是有限的，而雇主则可以利用各种有利的形势迫使劳动者接受不平等的合同条款，如较低的工资待遇和福利，或者过长的工作时间等。

5. 劳动关系具有社会关系的性质

劳动关系不仅仅是一种纯粹的经济关系，它更多地渗透到非经济的社会、政治和文化关系中。在劳动关系中，劳动者在追求经济利益的同时，也寻求其他方面的利益，如荣誉、周围人们的尊敬、归属感、成就感等。所以，工作不仅是劳动者赖以生存的基础，工作场所也是满足劳动者以上需要的场所。这就要求雇主在满足劳动者经济需要的同时，还要关注劳动者的社会需求。

(三)劳动关系和劳务关系的区别

劳动关系的法律特征使其与劳务关系区分开，这两者是实践中最容易混淆的概念。劳务关系是平等主体的公民、法人、其他组织之间，以提供劳务和支付报酬为主要内容的民事关系。二者的区别主要体现在以下几个方面。

(1)主体不同。劳动关系的主体是确定的，即一方是用人单位，另一方必然是劳动者。而劳务关系的主体是不确定的，可能是两个平等主体，也可能是两个以上的平等主体；可能是法人之间的关系，也可能是自然人之间的关系，还可能是法人与自然人之间的关系。

(2)关系不同。劳动关系两个主体之间不仅存在财产关系即经济关系，还存在着人身关系，即行政隶属关系。也就是说，劳动者除提供劳动之外，还要接受用人单位的管理，服从其安排，遵守其规章制度等。劳动关系双方当事人，虽然法律地位是平等的，但实际生活中的地位是不平等的。这就是我们常说的用人单位是强者，劳动者是弱者。而劳务关系两个主体之间只存在财产关系，或者说是经济关系。即劳动者提供劳务服务，用人单位支付劳务报酬。

(3)待遇不同。劳动关系注重劳动过程，报酬以工资的形式定期支付，在支付形式、期限、最低标准方面受法律规定的限制；劳务关系注重提供劳务的结果，报酬的数额由双方约定。

(4)适应法律不同。劳动关系产生的纠纷适用劳动法律，如《劳动法》、《劳动合同法》等的调整；劳务关系涉及平等主体之间的关系，适用民法，如《合同法》的调整。

【管理实战】

劳动关系还是劳务关系

苏某由承包人颜某聘请到某建筑公司当杂工。双方口头约定，工资按日计算，每日200元。次日上午7时30分许，苏某到该建筑公司工地挑砂石，至当日9时许，从脚手架上跌落致伤。

事发后，双方因补偿发生争议，苏某投诉到当地劳动保障行政部门，要求认定工伤，依法处理。但她事先未签劳动合同，在该工地只干了一个多小时，申请工伤时无法提供劳动关系有关证据。于是，她向当地劳动仲裁委员会提出申请，要求首先确认劳动关系。

苏某投诉时说：“我为该建筑公司提供劳务。”苏某丈夫说，其妻“以务农为主，有时也利用空闲时间到附近建筑工地干点儿运砖头、送砂石的杂活”。该建筑公司收到劳动仲裁应诉通知书后，辩称苏某是承包者颜某直接雇用，工资由颜某支付，并非公司人员。

劳动仲裁受理后查明：苏某在该建筑工地将砂石挑到脚手架上时，身体失去平衡摔落致伤，但该建筑公司是新办企业，当时处于筹建阶段，至同年5月25日才正式登记注册。

分析：从劳动仲裁查明的事实证明，苏某确实是在建筑工地干活时摔落致伤，但事故发生时，该建筑公司尚未登记注册，并不具备用工主体资质，按照《劳动法》第二条规定，不属劳动法调整范围。因此，劳动仲裁不能裁决双方已构成事实劳动关系。

根据苏某丈夫陈述，苏某以务农为主，只是利用空闲时间到建筑工地干点杂活。其本人也承认只是为该建筑公司提供劳务。由此可见，苏某属于临时性务工，双方构成的是劳务关系，并非劳动关系。

至于该建筑公司收到劳动仲裁应诉通知书后，未提供与颜某签订的承包合同及其施工资质证明，也许当时双方并未签订承包合同，颜某根本没有施工资质而无法提供。在建筑施工企业中，将施工项目分包给没有资质的包工头，这种情况确实存在。尽管苏某由承包者颜某雇用，并由他支付工资，如果颜某没有用工主体资质，双方也不能构成劳动关系。

本案说明，有些人对劳动关系还是劳务关系分辨不清。其实，只要看双方当事人之间有无存在从属关系，即可作出判断。如果用工主体具有独立法人资格，双方事先已签订劳动合同，劳动者哪怕只干几分钟，也已构成劳动关系；如果属于临时性雇用，两者之间是平等的民事关系，劳动者有自由支配权，用人单位的规章制度对其没有约束力，则属于劳务关系。

资料来源：https：//wenku. baidu. com/view/1bfbc4b4cc7931b764ce1522. html？ from = search.

二、劳动关系的构成主体

劳动关系的主体是指劳动关系中相关各方。从狭义上讲，劳动关系的主体包括两方：一方是雇员和以工会为主要形式的雇员团体；另一方是雇主及雇主组织。从广义上讲，除了雇员或雇员团体和雇主外，政府通过立法介入和影响劳动关系，政府也是广义劳动关系的主体之一。

(一)雇员

劳动关系中的雇员是指具有劳动权利能力和行为能力，由雇主雇佣并在其管理下从事劳动以获取工资收入的法定范围的劳动者。一般具有以下特征：雇员是被雇主雇佣的人，不包括自由职业者和自雇佣者；雇员要服从雇主的管理；雇员以工资为劳动收入。

我国《工会法》第三条规定："在中国境内的企业、事业单位、机关中以工资收入为主要生活来源的体力劳动者和脑力劳动者，不分民族、种族、性别、职业、宗教信仰、教育程度，都有依法参加和组织工会的权利。"这基本限定了雇员的范围。

(二)雇员团体

在劳动关系中，员工和雇主地位之间的差距是造成劳资冲突的根本原因。为了能够与雇主相抗衡，员工组织了自己的团体来代表全体员工的共同利益。雇员团体包括工会和类似于工会的雇员协会与职业协会。

韦伯夫妇早在 1894 年就通过对当时英国工会的研究，提出了工会具有互助保险、集体谈判和参与法律制定等功能。工会一般能够组织起来与雇主谈判，以便能够改变工人个人与雇主谈判的不利地位。他们后来又在《工会史》中，把工会定义为："由工资收入者组成的旨在维护并改善其工作生活条件的连续性组织。"工会的主要目标就是通过集体协商和集体谈判等方式，增强工人与雇主谈判时的力量，改善工人的工作条件、劳动报酬及其他待遇。

在许多国家，工会是雇员团体的主要组织形式。工会的组织原则是对员工招募不加任何限制，既不考虑职业因素，也不考虑行业因素。工会是以维护和改善员工的劳动条件、提高员工的经济地位、保障员工利益为主要目的。早期工业化时代，政府对工会采取禁止、限制的态度，雇主对工会采取强烈抵制的态度，工会更多地被当作工人进行斗争的工具。随着对工会角色职能认识的不断深入，雇主不再把工会的存在当做是对管理权的挑战。而是理性地看待工会，期望通过与工会的合作来改善劳资关系，提高企业的竞争力；政府不断出台法律、法规来协调劳动关系，工会日趋完善。

(三)雇主

雇主也称雇佣者、用人单位、用工方、资方、管理方，是指在一个组织中，使用雇员进行有组织、有目的的活动，并向雇员支付工资报酬的法人或自然人。各个国家由于国情的不同，对雇主范围的界定也不一样。例如在德国，就把至少雇佣一名雇员的人称为雇主；而在挪威，把雇佣单位及雇佣单位的行政领导人作为雇主；在伊拉克，雇主范围仅限于私营部门。美国的情况更为复杂，在不同的法规中所界定的雇主范围也不尽相同。在我国，使用得更多的是“用人单位”这一中性概念。

(四)雇主组织

雇主组织是由雇主依法组成的组织，其目的是通过一定的组织形式，将单个雇主联合起来形成一种群体力量，在产业和社会层面通过这种群体优势同工会组织进行协商和谈判，最终促进并维护每个雇主成员的利益。雇主组织通常有以下三种类型：行业协会、地区协会和国家级雇主联合会。在我国，像中国企业联合会、中国企业家协会、各种总商会、全国工商联合会和中国民营企业家协会等，都是雇主组织。雇主组织的主要作用是维护雇主利益，主要从事的活动有以下 4 种：①雇主组织直接与工会进行集体谈判；②当劳资双方对集体协议的解释出现分歧或矛盾时，雇主组织可以采取调解和仲裁的方式来解决；③雇主组织有义务为会员组织提供有关处理劳动关系的一般性建议，为企业的招聘、培训、绩效考核、安全、解雇等提供咨询；④雇主组织代表和维护会员的利益和意见。

(五)政府

现代社会中政府的行为已经渗透到经济、社会和政治生活的各个方面，政府在劳动关系中扮演着重要的角色，发挥着越来越重要的作用。政府在劳动关系中主要扮演 4 种角色：①劳动关系立法的制定者，通过出台法律、法规来调整劳动关系，保护雇员的利益；②公共利益的维护者，通过监督、干预等手段促进劳动关系的协调发展，切实保障有关劳动关系的法律、法规的执行；③国家公共部门的雇主，以雇主身份直接参与和影响劳动关系；④有效服务的提供者，为劳资双方提供信息服务和指导。

(六)国际劳工组织、国际雇主组织与国际经贸组织

全球化是当代劳动关系不得不面对的现实，任何国家的劳工问题都不得不考虑其国际背景和国际影响。因此，任何一个国家的劳动法律、政策和实践，在某种程度上都要受到来自有关国际组织和国际标准的约束。“由于全球化的影响，我国劳动关系在主体结构、劳动标准、调整方式等方面，开始出现了国际化的趋向，即劳动关系的存在和调整，已经

不仅仅是一个国家的内部事务，而且直接受到国际经贸规则和国际劳工标准的影响，以及跨国公司管理惯例的制约。”“产业工会面临着在全球和地区性国际经贸组织中，就产业发展和劳动关系协调等，与各国劳、资、政组织进行多边协商，以维护本国产业职工权益的问题①。”

三、劳动关系管理的作用

劳动关系管理是指通过规范化、制度化的管理，使劳动关系双方(企业与员工)的行为得到规范，权益得到保障，维护稳定和谐的劳动关系，促使企业经营稳定运行。劳动关系之所以重要，除了因为它具有明确的法律内涵、受国家法律调控以外，还因为其在企业管理中具有关键的作用，是人力资源管理的一项重要职能。人力资源管理人员应该深刻理解劳动关系并能够正确处理劳动关系。做好劳动关系管理工作具有以下深刻的意义。

(一)可以避免矛盾激化的案件发生

劳动关系是否和谐稳定间接影响着社会关系的稳定程度。劳动争议的存在不仅是劳动关系管理工作不和谐的体现，同时如果处理得不合理，还可能会引发一系列的社会治安问题。劳动争议必须正确、公正、及时处理，这样才可能避免矛盾激化，减少恶性事件的发生率。因此，应注重劳动争议的处理，尽可能合理处理劳动争议案件，避免矛盾极端化。

(二)保证劳资双方的合法权益

劳动争议的案件大部分是因为劳动权利与义务产生的纠纷，大大降低了企业和劳动者之间的信任程度。劳资双方中不论任何一方侵犯对方权益、不全面履行相关义务与责任、违反国家规定都会使劳动关系的运行发生障碍。这不但影响了用人单位正常的生产经营秩序，损害企业的效益，同时也会影响劳动者及其直接抚养或赡养人的生活，从而影响社会的进步与稳定。合理及时地处理劳动争议，可以提高当事人的法制观念，保证劳资双方的合法权益。

(三)构建和谐社会的要求

增强劳动关系管理工作是构建和谐社会的要求。伴随市场化进程的不断发展，构建和谐社会就需要有稳定和谐的劳动关系。社会是文化、政治、经济诸多方面的统一体，是以物质生产为基础的人类生活共同体，是人与人在劳动过程中结成的各种关系的总和。在各种社会关系中，劳动关系是各种社会关系中最重要、最基本的关系，是一切社会关系的核心，因此，增强劳动关系管理工作是构建和谐社会的必然要求。

---

① 乔健．促进工会体制改革，发挥产业工会作用．中国人力资源开发研究会劳动关系分会成立大会暨 2008 年年会论文集，2008：96.

【知识拓展】

劳动关系协调员将成热门职业

在富士康工人连续跳楼、南海本田相继发生劳动关系争议事件后，劳动者、企业之间和谐的劳动关系开始进入公众视野。劳资纠纷一旦处理不好，就十分容易引发社会问题。在这个背景下，劳动关系协调员(师)作为一个新职业浮出水面，正逐渐成为职场中的新宠儿。

1. 劳动纠纷导致新职业诞生

随着经济的迅速发展、流动人口的增加以及《劳动合同法》、《就业促进法》的实施，中国劳动关系调整及劳动保障争议案件将出现增长趋势，各地尤其是经济发达地区如广东急需加强对劳动关系的协调，目前劳动争议仲裁案件数量以年均20%~30%的速度攀升，广东省劳动保障部门表示目前劳动纠纷呈现出“案多人少”的态势。

广东省委十届九次会议要求广东各地加强社会自治能力，积极将各种劳资矛盾解决在基层和一线。而目前各种新型劳动关系大量涌现，广东并无成熟的调控机制，劳动关系矛盾总体上比以前更加脆弱，劳动违法案件和劳动争议案件数量持续增长。而劳动关系协调员的出现，将有利于广东建立稳定和谐的劳动关系，将大量劳资纠纷解决在问题的第一线，助力“幸福广东”的建设。

2. 劳动关系协调员职业前景好

国家劳动和社会保障部发布的第十批新职业中，劳动关系协调员名列榜首，其职业前景非常好。劳动关系协调员就业途径主要在企业管理、区域性调解机构、地方行业工会、行业协会、企业家协会以及用人单位内部人力资源管理、工会和法务等部门。同时，越来越多的企业开始建立和完善内部劳动关系协调机制，并配备专业的劳动关系协调人员。据了解，劳动关系协调人员是用人单位和员工双方利益协调机制、诉求表达机制、矛盾调处机制、权益保障机制的最基层承担者，需要具备劳动关系和劳动保障法律方面的专业知识以及娴熟的沟通交流能力。

据悉，目前广东省的劳动关系协调员人才缺口数巨大，优秀的劳动关系协调员收入较高，根据其工作量，月薪能达数万元。

资料来源：改编自杨辉．劳动关系协调员(师)年薪或30万．羊城晚报，2011-08-15.

第二节　劳动合同

一、劳动合同的内容

2008年1月1日实施的《中华人民共和国劳动合同法》，进一步规范了劳动合同的订立、履行、变更和解除，加强了用人单位的法律责任，有效地制约了不签合同、签霸王合同、拖欠劳动者工资、侵犯劳动者权益等现象。同时，也对用人单位的劳动合同管理提出了新的要求。

（一）劳动合同期限

《中华人民共和国劳动合同法》第十二条和第十九条规定："劳动合同分为固定期限劳动合同、无固定期限劳动合同和以完成一定工作任务为期限的劳动合同。劳动合同期限三个月以上不满一年的，试用期不得超过一个月；劳动合同期限一年以上不满三年的，试用期不得超过二个月；三年以上固定期限和无固定期限的劳动合同，试用期不得超过六个月。以完成一定工作任务为期限的劳动合同或者劳动合同期限不满三个月的，不得约定试用期。"

（二）工作内容和工作地点

工作内容应明确员工在组织中从事的工作岗位、性质、工种以及应完成的任务，应达到的目标等，劳动者应事先对从事的工作做到心中有数。工作地点是劳动合同履行地，是劳动者从事劳动合同中所规定的工作内容的地点，劳动者有权在与用人单位建立劳动关系时知悉自己的工作地点。

（三）劳动保护和劳动条件

劳动保护是指用人单位为了防止劳动过程中的安全事故，减少职业危害，保障劳动者的生命安全和健康而采取的各种措施。劳动条件是指用人单位为保障劳动者履行劳动义务、完成工作任务而提供的必要物质和技术条件，如必要的劳动工具、机械设备、工作场地、技术资料等。

（四）劳动报酬和社会保险

劳动报酬是员工在付出一定劳动后的回报，组织应根据国家的法律法规，结合员工的实际工作，合理、定期地发放劳动报酬，劳动报酬有工资、奖金、津贴等形式。社会保险由国家成立的专门机构进行基金的筹集、管理及发放，不以营利为目的，一般包括医疗保险、养老保险、失业保险、工伤保险及生育保险。

（五）劳动纪律

劳动纪律是组织为了其正常的生产经营而建立的一种劳动规则，根据组织的实际情况，有工作时间纪律、生产纪律、保密纪律、防火纪律等，员工应自觉遵守组织制定的劳动纪律。

（六）违反劳动合同的责任

组织与员工任意一方由于自身的原因合同无法履行或不能完全履行，应按照合同的有关规定进行处罚，如《中华人民共和国劳动合同法》第八十七条规定："用人单位违反本法规定解除或者终止劳动合同的，应当依照本法第四十七条规定的经济补偿标准的二倍向劳动者支付赔偿金。"

除了以上必备条款外，用人单位与劳动者双方还可以约定培训、竞业禁止、保守秘密、补充保险和福利待遇等其他事项。

二、劳动合同变更

劳动合同的变更是指劳动合同双方当事人就已经订立的合同条款达成修改与补充的法律行为。有两种形式：法定变更和协商变更。

（一）法定变更

法定变更是指在特殊情形下，劳动合同的变更并非因当事人自愿或同意，而是具有强制性。这些特殊情况都是由法律明文规定的，当事人必须变更劳动合同：一是由于不可抗力或社会紧急事件等，企业或劳动者无法履行原劳动合同，如地震、战争、台风、暴雪等不可抗力或恶劣天气等自然灾害。当这些情况出现时，双方当事人应当变更劳动合同的相关内容。二是法律法规制定或修改，导致劳动合同中的部分条款内容与之相悖而必须修改，如政府关于最低工资标准的调整，地方政府颁布的关于高温天气作业的劳动时间变化的规定等。用人单位与劳动者应当依法变更劳动合同中相应的内容，并按照法律法规的强制性规定执行。

另外，法定变更还包括：

（1）劳动者患病或者非因工负伤，在规定的医疗期满后不能从事原工作，用人单位应当与劳动者协商后，另行安排适当的工作，并因此相应变更劳动合同的内容。

（2）劳动者不能胜任工作，用人单位应当对其进行培训或者调整其工作岗位，使劳动者适应工作要求并相应变更劳动合同内容。

（3）劳动合同订立时所依据的客观情况发生重大变化，致使原劳动合同无法履行的，用人单位应当与劳动者协商，就变更劳动合同达成协议。

（4）因企业转产、重大技术革新或重大经营方式调整等企业内部经济情况发生变化的，用人单位应当与劳动者协商变更劳动合同。

（二）协商变更

1. 协商变更劳动合同内容的程序

《中华人民共和国劳动合同法》第三十五条规定：“用人单位与劳动者协商一致，可以变更劳动合同约定的内容。变更劳动合同，应采用书面的形式。变更后的劳动合同文本由用人单位和劳动者各执一份。”协商变更劳动合同应遵循以下几个程序：①提出变更理由申请；②对方应及时回复；③协商一致后签订书面变更合同；④变更后书面合同各执一份保存。

2. 协商变更劳动合同需要注意的问题

根据《中华人民共和国劳动合同法》及相关的法律法规，变更应当履行劳动合同订立的程序，但需要注意以下问题。

（1）用人单位和劳动者均可能提出变更劳动合同的要求。提出变更要求的一方应及时告知对方变更劳动合同的理由、内容、条件等，另一方应及时作出答复，否则将导致一定的法律后果。

(2)变更劳动合同应当采用书面形式。变更后的劳动合同仍然需要由劳动合同职工当事人签字、用人单位盖章且签字，方能生效。劳动合同变更书应由劳动合同双方各执一份，同时，对于劳动合同经过鉴证的，劳动合同变更书也应当履行相关手续。

(3)对于特定的情况，不需办理劳动合同变更手续的，只需向劳动者说明情况即可。如用人单位名称、法定代表人、主要负责人或者投资人等事项发生变更的，则不需要办理变更手续，劳动关系双方当事人应当继续履行原合同的内容。

(4)劳动合同变更应当及时进行。劳动合同变更必须在劳动合同生效之后、终止之前进行，用人单位和劳动者应当对劳动合同变更问题给予足够的重视，不能拖到劳动合同期满后进行。依照法律规定，劳动合同期满即行终止，那时便不存在劳动合同变更的问题了。

(5)劳动合同变更的效力。劳动合同变更是对劳动合同内容的局部更改，如工作岗位、劳动报酬、工作地点等，一般说来都不是对劳动合同主体的变更。变更后的内容对于已经履行的部分往往不发生效力，仅对将来发生效力，同时，劳动合同未变更的部分，劳动合同双方还应当履行。

【管理实战】

用人单位单方变更职工工作岗位不合法

职工王某与某公司签订了为期五年的劳动合同，合同自2003年8月起至2008年7月止。合同双方约定王某负责仓库保管员工作，月工资1500元，经半年试用期，公司满意，合同正式履行。2005年1月，公司以食堂缺少管理人员为由，在未与王某协商的情况下，调王某到食堂工作。王某不同意，认为签订合同时双方约定是担任仓库保管员工作，一年多来工作一贯认真负责，多次受到奖励，要求公司履行合同双方的约定，拒绝前往食堂上班。而公司则认为，变动职工工作岗位是企业行使用人自主权的正当行为，并作出相应决定：以王某不服从分配为由，停发工资，并限期一个月调离公司。该公司的做法对吗？

分析：《劳动法》第十七条规定，订立和变更劳动合同，应遵循平等自愿、协商一致的原则，不得违反法律、行政法规的规定。劳动合同依法订立即具有法律约束力，当事人必须履行劳动合同规定的义务。按照上述规定，合法地变更劳动合同必须同时具备三个条件：①劳动合同双方当事人在平等自愿的基础上提出或接受变更合同的条件；②必须遵守协商一致的原则，在变更合同过程中，双方当事人必须对变更的内容进行协商，在取得一致意见的情况下进行变更；③不得违反法律、行政法规的规定。也就是说变更合同的程序和内容都要符合法律和有关规定，不得违法。因此，在劳动合同履行过程中，一方当事人单方面变更劳动合同是不合法的。企业因生产工作需要，有时确需变动职工工作岗位时，要先同职工协商，取得一致意见后再变动。如果职工不同意变动，要做好思想工作，不能以行使企业自主权为由，强行在合同履行期间变动职工的工作岗位，甚至在职工一方不同意的情况下，作出停发工资、限期调离等决定，这样做显然是侵犯职工合法权益的行为，也是一种违约行为，其结果也必然会影响到企业自身的利益，因此用人单位在变更劳动合同时一定要采取慎之又慎的态度。

资料来源：找法网，http：//china. findlaw. cn/laodongfa/laodonghetongdonganli/56077. html.

三、劳动合同解除

劳动合同的解除，是指劳动合同在订立以后，尚未履行完毕或者未全部履行以前，由于合同双方或者单方的法律行为导致双方当事人提前解除劳动关系的法律行为。可分为协商解除、劳动者单方解除和用人单位单方解除三种情况。

(一)协商解除劳动合同

协商解除劳动合同，是指用人单位与劳动者在完全自愿的情况下，互相协商，在彼此达成一致意见的基础上提前终止劳动合同的效力。

我国《劳动合同法》第三十六条规定："用人单位与劳动者协商一致，可以解除劳动合同。"此为协商解除劳动合同，即双方当事人在合意的前提下，可以作出与原来合同内容不同的约定，这种约定可以是变更合同相关内容，也可以是解除劳动合同关系。双方当事人一旦就劳动合同的解除协商达成一致，并签订书面解除合同协议，就产生了双方劳动合同关系完结的法律效力。

劳动合同依法订立后，双方当事人必须履行合同义务，遵守合同的法律效力，任何一方不得因后悔或者难以履行而擅自解除劳动合同。但是，为了保障用人单位的用人自主权和劳动者劳动权的实现，规定在特定条件和程序下，用人单位与劳动者在协商一致且不违背国家利益和社会公共利益的情况下，可以解除劳动合同，但必须符合以下几个条件：

(1)被解除的劳动合同是依法成立的有效的劳动合同；

(2)解除劳动合同的行为必须是在被解除的劳动合同依法订立生效之后、尚未全部履行之前进行；

(3)用人单位与劳动者均有权提出解除劳动合同的请求；

(4)在双方自愿、平等协商的基础上达成一致意见，可以不受劳动合同中约定的终止条件的限制。

(二)劳动者单方解除劳动合同

劳动者与用人单位解除劳动合同，可以分为两种情况：一是由于劳动者自身的主观原因，想要提前解除劳动合同；二是用人单位的过错，而使劳动者不得不与之解除劳动合同的情况。

1. 由于劳动者自身的主观原因想要提前解除劳动合同

《劳动合同法》第三十七条规定："劳动者提前三十日以书面形式通知用人单位，可以解除劳动合同。劳动者在试用期内提前三日通知用人单位，可以解除劳动合同。"劳动者在行使解除劳动合同权利的同时，必须遵守法定的程序，主要体现在以下两个方面。

(1)遵守解除预告期

规定劳动合同的解除预告期是各国劳动立法的通行做法。劳动者在享有解除劳动合同权的同时，也应当遵守解除合同预告期，即应当提前三十天通知用人单位才能有效，也就是说劳动者在书面通知用人单位后还应继续工作至少三十天，这样便于用人单位及时安排人员接替其工作，保持劳动过程的连续性，确保正常的工作秩序，避免因解除劳动合同影响企业的生产经营活动，给用人单位造成不必要的损失。同时，这样也使劳动者解除劳动合同合法化。否则，将会构成违法解除劳动合同，而将可能承担赔偿责任。

(2)书面形式通知用人单位

无论是劳动者还是用人单位，在解除劳动合同时，都必须以书面形式告知对方。因为这一时间的确定直接关系到解除预告期的起算时间，也关系到劳动者的工资等利益，所以必须以慎重的方式来表达。《劳动合同法》第三十七条还对劳动者在试用期内与用人单位解除劳动合同作了规定。试用期内应提前三日通知用人单位，以便用人单位安排人员接替其工作。

如果劳动者违反法律法规规定的条件解除劳动合同，给用人单位造成经济损失的，还应当承担赔偿责任，劳动者提出解除劳动合同的，用人单位可以不给付经济补偿金。

2. 用人单位过错导致劳动者不得不提前解除劳动合同

《劳动合同法》第三十八条规定，用人单位有下列情形之一的，劳动者可以解除劳动合同。

(1)未按照劳动合同约定提供劳动保护或者劳动条件的；

(2)未及时足额支付劳动报酬的；

(3)未依法为劳动者缴纳社会保险费的；

(4)用人单位的规章制度违反法律、法规的规定，损害劳动者权益的；

(5)因本法第二十六条第一款规定的情形(用人单位以欺诈、胁迫的手段或者乘人之危，使对方在违背真实意思的情况下订立或者变更劳动合同的)致使劳动合同无效的；

(6)法律、行政法规规定劳动者可以解除劳动合同的其他情形。

用人单位以暴力、威胁或者非法限制人身自由的手段强迫劳动者劳动的，或者用人单位违章指挥、强令冒险作业危及劳动者人身安全的，劳动者可以立即解除劳动合同，不需事先告知用人单位。

特别解除权是劳动者无条件单方解除劳动合同的权利，是指如果出现了法定的事由，劳动者无须向用人单位预告就可通知用人单位解除劳动合同。由于劳动者行使特别解除权往往会给用人单位的正常生产经营带来很大的影响，法律或者立法者在平衡保护劳动者与企业合法利益基础上对此类情形作了具体的规定，只限于在用人单位有过错行为的情况下，允许劳动者行使特别解除权。

(三)用人单位单方解除劳动合同

劳动合同法在赋予劳动者单方解除权的同时，也赋予用人单位对劳动合同的单方解除权，以保障用人单位的用工自主权，但为了防止用人单位滥用解除权，随意与劳动者解除劳动合同，立法上严格限定企业与劳动者解除劳动合同的条件，以保护劳动者的劳动权。禁止用人单位随意或武断地与劳动者解除劳动合同。劳动合同法中对用人单位单方解除劳动合同的问题，做了比较明确的规定。

1. 因劳动者过错而解除劳动合同

《劳动合同法》第三十九条规定，劳动者有下列情形之一的，用人单位可以解除劳动合同：

(1)在试用期间被证明不符合录用条件的；

(2)严重违反用人单位的规章制度的；

(3)严重失职，营私舞弊，给用人单位造成重大损害的；

(4)劳动者同时与其他用人单位建立劳动关系，对完成本单位的工作任务造成严重影响，或者经用人单位提出，拒不改正的；

(5)因本法第二十六条第一款规定的情形(劳动者以欺诈、胁迫的手段或者乘人之危，使对方在违背真实意思的情况下订立或者变更劳动合同的)致使劳动合同无效的；

(6)被依法追究刑事责任的。

上述几种情况的劳动合同解除，均是因劳动者的过错造成的，所以，用人单位在解除劳动合同时，不需提前通知，也无须向劳动者支付解除劳动合同的补偿金。

【管理实战】

因劳动者过错用人单位解除劳动合同

员工李某，受了工伤，在医院治疗并做了伤残等级鉴定，为八级伤残。过了一段时间，他的身体稍微好了一点，但是并没有完全好。于是他继续在家里歇着，这叫停工留薪期。后来他已经可以出去，到处转悠，没问题了。李某喜欢集邮，有一天去了集邮市场。集邮市场上有很多人在摆地摊卖邮票。他走到一个地摊前，看到一本非常漂亮的集邮册。他看了一会儿，发现这本集邮册里有很多他非常喜欢、价值也很高的邮票，但是他兜里的钱很少。他抬头一看，集邮册的摊主恰好这个时候没太在意这个摊，正和旁边的那个摊主下象棋呢。李某一看两人下棋聚精会神，没有注意他，就把这本集邮册夹在腋下跑了。眼看就要跑出集邮市场了，旁边的另外一个摊主看见了，就跟那个摊主说："那个人偷了你一本集邮册，都快跑到门口了，你还不去追他?"那个摊主追上了李某，然后报了警。经过物价部门核准，李某偷的这本集邮册价值2万多元。最后经过法院审判，判了李某有期徒刑。李某所在的企业一看李某被判了有期徒刑，就与他解除了劳动合同。结果李某不同意，说："我是工伤啊，是八级伤残，你们怎么能解除我的合同啊?"那么，企业能否解除与李某的劳动合同呢?

分析：《劳动合同法》规定，无论员工是工伤，还是孕期、产期、哺乳期的女职工，或者是医疗期未满的职工，员工没有过错，企业就不能单方解除合同。但是如果员工有严重违纪行为，有被依法追究刑事责任的行为，或者营私舞弊，给用人单位造成重大损害的等，过错性解除合同的条件就成立了，企业仍然可以单方面解除合同。

资料来源：三亿文库，http：//3y. uu456. com/bp-e0efbc4f33687e21af45a9ad-2. html.

2. 劳动者无过失而解除劳动合同

《劳动合同法》第四十条规定，有下列情形之一的，用人单位提前三十日以书面形式通知劳动者本人或者额外支付劳动者一个月工资后，可以解除劳动合同。

(1)劳动者患病或非因工负伤医疗期满后，不能从事原来的工作，也不能从事用人单位另行安排的工作；

(2)劳动者不能胜任工作，经过培训或者调整工作岗位，仍不能胜任工作的；

(3)劳动合同订立时所依据的客观情况发生重大变化，致使原劳动合同无法履行，经当事人双方协商一致达成协议的。

另外，当以下条件出现时，用人单位需要裁员，应向工会及全体员工说明，听取工会意见，向劳动管理部门报告。用人单位经济性裁员的两个条件包括：①用人单位濒临破产，进行法定整顿期间；②用人单位生产经营发生严重困难确需裁减人员。

【知识拓展】

何为医疗期

医疗期是指企业职工因患病或非因公负伤停止工作治病休息不得解除劳动合同的时限。《劳动部关于发布〈企业职工患病或非因工负伤医疗期的规定〉的通知》第三条规定："企业职工因患病或非因工负伤，需要停止工作医疗时，根据本人实际参加工作年限和在本单位工作年限，给予三个月到二十四个月的医疗期。"具体规定如下。

(1)实际工作年限十年以下的，在本单位工作年限五年以下的为三个月；五年以上的为六个月。

(2)实际工作年限十年以上的，在本单位工作年限五年以下的为六个月；五年以上十年以下的为九个月；十年以上十五年以下的为十二个月；十五年以上二十年以下的为十八个月；二十年以上的为二十四个月。

该通知第四条规定，医疗期三个月的按六个月内累计病休时间计算；六个月的按十二个月内累计病休时间计算；九个月的按十五个月内累计病休时间计算；十二个月的按十八个月内累计病休时间计算；十八个月的按二十四个月内累计病休时间计算；二十四个月的按三十个月内累计病休时间计算。

资料来源：改编于三茅人力资源网，http：//www.hrloo.com/rz/167042.html.

3. 用人单位不得解除劳动合同的规定

对于劳动者无过失而解除劳动合同的情形，《劳动合同法》第四十二条作了特别规定。劳动者有下列情形之一的，用人单位不得解除劳动合同。

(1)从事接触职业病危害作业的劳动者未进行离岗前职业健康检查，或者疑似职业病病人在诊断或者医学观察期间的；

(2)在本单位患职业病或者因工负伤并被确认丧失或者部分丧失劳动能力的；

(3)患病或者非因工负伤，在规定的医疗期内的；

(4)女职工在孕期、产期、哺乳期的；

(5)在本单位连续工作满十五年，且距法定退休年龄不足五年的；

(6)法律、行政法规规定的其他情形。

【管理实践】

退休前解除劳动合同

56岁的张先生在一家公司已经任职17年。他的合同于2008年1月31日到期。由于他工龄太长，单位无论如何也不愿意再与他续签劳动合同了。于是单位在2008年1月1日正式通知他合同到期后，终止双方之间的劳动合同。张先生认为自己已经工作17年了，而且马上就快退休，现在单位提出终止合同，是不应该而且也没有人情味的一种做法。那么，单位是否有权终止与张先生的合同？张先生应该怎样保护自己的权利？

分析：一般情况下，在劳动合同到期时，单位也好，个人也好，都是有权单方终止合同关系的。但是针对工龄比较长且将要达到法定退休年龄的老职工，《劳动合同法》第四十二条规定："劳动者有下列情形之一的，用人单位不得依照本法第四十条、第四十一条的规定解除劳动合同：在本单位连续工作满十五年，且距法定退休年龄不足五年的。"第四十五条规定："劳动合同期满，有本法第四十二条规定情形之一的，劳动合同应当续延至相应的情形消失时终止。"以上是劳动合同法对于老职工做出的特殊保护。

案中，张先生在单位已经工作了17年，而且他现在已经56岁，正好距法定退休年龄不足5年，所以对于他，单位是无权终止与他的劳动关系的，直至达到法定退休年龄。

资料来源：华律网，http：//www. 66law. cn/laws/167581. aspx.

四、劳动合同的终止

劳动合同终止是指劳动合同的法律效力依法被消灭，即劳动关系由于一定法律事实的出现而终结，劳动者与用人单位之间原有的权利义务不再存在。但是，劳动合同终止，原有的权利义务不再存在，并不是说劳动合同终止之前发生的权利义务关系消灭，而是说合同终止之后，双方不再执行原劳动合同中约定的事项，如用人单位在合同终止前拖欠劳动者工资的，劳动合同终止后劳动者仍可依法申请诉求。

(一)劳动合同终止与解除的区别

劳动合同终止与解除存在以下几方面的不同：第一，阶段不同。劳动合同终止是劳动合同关系的自然结束，而解除是劳动合同关系的提前结束；第二，结束劳动关系的条件都有约定条件和法定条件，但具体内容不同。劳动合同终止的条件中，约定条件主要是合同期满的情形，而法定条件主要是劳动者和用人单位主体资格的消灭。劳动合同解除的条件中，约定条件主要是协商一致解除合同情形，而法定条件是一些违法违纪违规等行为；第三，预见性不同。劳动合同终止一般是可以预见的，特别是劳动合同期满终止的，而劳动合同解除一般不可预见。

(二)劳动合同终止的条件

《劳动合同法》第四十四条规定，有下列情形之一的，劳动合同终止。

(1)劳动合同期满的；

(2)劳动者开始依法享受基本养老保险待遇的；

(3)劳动者死亡，或者被人民法院宣告死亡或者宣告失踪的；

(4)用人单位被依法宣告破产的；

(5)用人单位被吊销营业执照、责令关闭、撤销或者用人单位决定提前解散的；

(6)法律、行政法规规定的其他情形。

五、无效劳动合同

无效劳动合同，是指不受国家法律保护的、对用人单位和劳动者双方均无约束力的劳动合同。无效劳动合同有两种形式。一是合同无效，即该合同自订立之日起对双方就没有法律约束力。二是合同部分条款无效。其中无效的条款不受国家法律保护，有效条款仍具有法律效力。

1. 劳动合同无效的确认条件

(1)以欺诈、胁迫的手段或者乘人之危，使对方在违背真实意思的情况下订立或者变更劳动合同。“欺诈”指一方当事人故意告知对方当事人虚假的情况，或故意隐瞒真实情况，诱使对方当事人做出错误意思表示的行为；“胁迫”指以给对方当事人生命健康、荣誉、名誉、财产等造成损害为要挟，迫使对方做出违背真实意思表示的行为；“乘人之危”指一方当事人乘对方处于危难之机，为谋取不正当利益，迫使对方做出不真实的意思表示，严重损害对方利益的行为。例如，用人单位在强迫劳动者交纳巨额集资款、风险金、培训费、保证金、抵押金等情况下签订的劳动合同；用人单位虚假承诺优厚的工作条件签订的劳动合同；劳动者伪造学历、履历或者提供其他虚假情况签订的劳动合同。

(2)用人单位免除自己的法定责任、排除劳动者权利的合同。实践中，很多劳动合同是由用人单位提供的格式合同，其中可能包括对劳动者合法权利限制的内容。例如，约定劳动者自行负责工伤、职业病，规定劳动者在合同期限内不准恋爱、结婚、生育等违反《劳动合同法》和劳动安全保护制度等法律法规的条款。

(3)违反法律、行政法规强制性规定的合同。主要有：一是主体资格不合法的劳动合同，如与童工签订的劳动合同，劳动合同期满后用人单位强迫劳动者续签的合同；二是内容不合法的劳动合同，如违反我国《职业病防治法》和《安全生产法》等法律法规条款，以及试用期超过六个月，不购买社会保险，设定无偿或不对价的竞业限制条件等条款的劳动合同；三是损害社会和第三人合法利益的劳动合同，如双方恶意串通，以合法形式掩盖非法目的的合同等，均为无效合同。

对劳动合同无效或部分条款无效有争议的，由劳动争议仲裁机构或者人民法院确认。

2. 劳动合同无效的法律后果

劳动合同无效的，劳动合同应该解除。劳动合同部分条款无效的，其他条款仍然有效。对无效劳动合同的处理，遵循“过错责任原则”，即由有过错的一方承担责任，如果给对方造成损失，还应负赔偿责任。具体有三种情况。

(1)劳动者无过错。即导致劳动合同无效，不是由于劳动者的过错，而是其他客观或主观的原因，用人单位应该向劳动者支付经济补偿金；劳动者已付出劳动的，还应该向劳动者支付劳动报酬，其数额参照本单位相同或者相近岗位劳动者的劳动报酬确定。

(2)用人单位的过错。用人单位的过错造成劳动合同无效的，用人单位应该按经济补偿金的两倍向劳动者支付赔偿金。对劳动者造成损害与损失的，按劳动部《违反〈劳动法〉有关劳动合同规定的赔偿办法》补偿：一是造成劳动者工资收入损失的，按劳动者本人应得工资收入交付给劳动者，并加付应得工资收入25%的赔偿费用；二是造成劳动者劳动保护待遇损失的，应按国家规定补足劳动者的劳动保护津贴和用品；三是造成劳动者工伤、医疗待遇损失的，除按国家规定为劳动者提供工伤、医疗待遇外，还应支付劳动者相当于医疗费用25%的赔偿费用；四是造成女职工和未成年职工身体健康损害的，除按国家规定提供治疗期间的医疗待遇外，还应支付相当于其医疗费用25%的赔偿费用；五是劳动合同约定的其他赔偿费用。

(3)劳动者的过错。劳动者的过错造成劳动合同无效，用人单位可随时解除劳动合同，不必支付经济补偿金。劳动者给用人单位造成损失的，也应该按照《违反〈劳动法〉有关劳动合同规定的赔偿办法》的规定赔偿下列损失：一是用人单位招收录用其所支付的费用；二是用人单位为其支付的培训费用，双方另有约定的按约定办理；三是对生产、经管和工作造成的直接经济损失；四是劳动合同约定的其他赔偿费用。

除上面三种情形以外导致劳动合同无效的，可以依照当事人的过错大小以及造成的实际损失，由当事人协商，或者交由劳动合同仲裁机构和人民法院依法裁量。

第三节　劳动争议

一、劳动争议的含义

劳动关系的双方既相互依存，又充满矛盾。没有合格、积极的劳动者，任何用人单位都无法完成其使命；没有用人单位提供的工作机会，劳动者也无法施展自己的能力并从工作中得到回报。然而，劳动关系却更多地以争议的形式表现出来。较温和的形式是双方就利益分配、劳动条件等内容的争执；较激烈的形式则表现为剥削与反剥削、压迫与反压迫的斗争，如罢工、请愿、联合抵制等。

劳动争议就是劳动关系当事人之间因劳动的权利与义务发生分歧而引起的争议，又称劳动纠纷或劳资纠纷，劳动争议是现实中较为常见的纠纷。其中有的属于既定权利的争议，即因适用劳动法和劳动合同、集体合同的既定内容而发生的争议；有的属于要求新的权利而出现的争议，是因制定或变更劳动条件而发生的争议。劳动纠纷的发生，不仅使正常的劳动关系得不到维护，还会使劳动者的合法利益受到损害，不利于社会的稳定。因此，应当正确把握劳动纠纷的特点，积极预防劳动纠纷的发生，对已发生的劳动争议，应当依法妥善处理。

西方国家对劳动争议的处理，有的由普通法院审理，有的由特别的劳工法院处理。由特别的劳工法院处理劳动争议，始于13世纪欧洲的行会法庭，法国在1806年于里昂创设了劳动审理所，此后意大利、德国等国才相继设立了劳工法庭。很多国家处理劳动争议采取自愿调解、强制调解、自愿仲裁和强制仲裁等4项措施。

劳动争议的当事人是指劳动关系当事人双方——职工和用人单位(包括自然人、法人和具有经营权的用人单位)，即劳动法律关系中权利的享有者和义务的承担者。劳动争议的范围，在不同的国家有不同的规定。根据我国《劳动争议调解仲裁法》第2条的规定，劳动争议的范围包括：

(1)因确认劳动关系发生的争议；

(2)因订立、履行、变更、解除和终止劳动合同发生的争议；

(3)因除名、辞退和辞职、离职发生的争议；

(4)因工作时间、休息休假、社会保险、福利、培训以及劳动保护发生的争议；

(5)因劳动报酬、工伤医疗费、经济补偿或者赔偿金等发生的争议；

(6)法律、法规规定的其他劳动争议。

二、劳动争议的分类

劳动争议按照不同的标准，可划分为以下几种：

(1)按照劳动争议当事人人数多少的不同，可分为个人劳动争议和集体劳动争议。个人劳动争议是劳动者个人与用人单位发生的劳动争议；集体劳动争议是指劳动者一方当事人在3人以上，有共同理由的劳动争议。

(2)按照劳动争议的内容，可分为：因履行劳动合同发生的争议；因履行集体合同发生的争议；因企业开除、除名、辞退职工和职工辞职、自动离职发生的争议；因执行国家有关工作时间和休息休假、工资、保险、福利、培训、劳动保护的规定发生的争议等。

(3)按照当事人国籍的不同，可分为国内劳动争议与涉外劳动争议。国内劳动争议是指我国的用人单位与具有我国国籍的劳动者之间发生的劳动争议；涉外劳动争议是指具有涉外因素的劳动争议，包据我国在国(境)外设立的机构与我国派往该机构的工作人员之间发生的劳动争议、外商投资企业的用人单位与劳动者之间发生的劳动争议。

三、劳动争议的特征

(1)劳动争议是劳动关系当事人之间的争议。劳动关系当事人，一方为劳动者，另一方为用人单位。劳动者主要是指与在中国境内的企业、个体经济组织建立劳动合同关系的职工和与国家机关、事业组织、社会团体建立劳动合同关系的职工。用人单位是指在中国境内的企业、个体经济组织以及国家机关、事业组织、社会团体等与劳动者订立了劳动合同的单位。不具有劳动法律关系主体身份者之间所发生的争议，不属于劳动争议。如果争议不是发生在劳动关系双方当事人之间，即使争议内容涉及劳动问题，也不构成劳动争议。如劳动者之间在劳动过程中发生的争议，用人单位之间因劳动力流动发生的争议，劳动者或用人单位与劳动行政部门在劳动行政管理中发生的争议，劳动者或用人单位与劳动服务主体在劳动服务过程中发生的争议等，都不属劳动争议。

(2)劳动争议的内容涉及劳动权利和劳动义务，是为实现劳动关系而产生的争议。劳动关系是劳动权利义务关系，如果劳动者与用人单位之间不是为了实现劳动权利和劳动义务发生的争议，就不属于劳动争议的范畴。劳动权利和劳动义务的内容非常广泛，包括就业、工资、工时、劳动保护、劳动保险、劳动福利、职业培训、民主管理、奖励惩罚等。

(3)劳动争议既可以表现为非对抗性矛盾，也可以表现为对抗性矛盾，而且两者在一定条件下可以相互转化。在一般情况下，劳动争议表现为非对抗性矛盾，这会给社会和经济带来不利影响。

四、劳动争议处理的程序

我国于20世纪50年代初期建立劳动争议处理制度，1950年劳动部发布过《关于劳动争议解决程序的规定》，采用协商、调解、仲裁和人民法院审理等程序处理劳动争议。1956—1986年改用来信、来访制度处理劳动争议。这带来诸多问题：浪费人力、物力并使纠纷久拖不决。实行改革开放政策后，劳动争议不断增加。1987年7月，国务院发布《国营企业劳动争议处理暂行规定》，恢复了在国有企业中的劳动争议处理制度。建立社会主义市场经济后，劳动关系发生了变化，劳动争议大量增加，1993年7月，国务院颁布了《企业劳动争议处理条例》，劳动争议处理制度扩大到了各种性质的企业之中，处理范围是因企业开除、除名、辞退职工和职工辞职、自动离职发生的争议；因执行国家有关工资、保险、福利、培训、劳动保护的规定发生的争议；因履行劳动合同发生的争议；法律、法规规定应当依照该条例处理的其他劳动争议。处理程序为企业劳动争议调解委员会调解；劳动争议仲裁委员会仲裁；人民法院审判。1994年7月5日，全国人大常委会审议通过了《劳动法》，在第10章《劳动争议》内肯定了《企业劳动争议处理条例》的各项内容，并特别规定因签订集体合同发生争议、当事人协商解决不成的，当地人民政府劳动行政部门可以组织有关各方协调处理；因履行集体合同发生的争议，当事人协商解决不成的，再通过仲裁、法院审判程序处理。我国目前处理劳动争议的机构为：劳动争议调解委员会、地方劳动争议仲裁委员会和地方人民法院。

(一)劳动争议调解

劳动争议调解委员会调解劳动争议的步骤如下：

(1)申请。劳动争议的当事人应当自其权利在受到侵害之日起30日内以口头或书面的形式向劳动争议调解委员会提出申请。

(2)受理。劳动争议调解委员会在收到调解申请后，应征询当事人的意见，对方当事人不愿意调解的，应做好记录，在3日内以书面形式通知申请人。劳动争议调解委员会应在4日内做出受理或不受理申请的决定，对不受理的，应向申请人说明理由。

(3)调查。劳动争议调解委员会指派人员对劳动争议进行深入的调查研究，掌握一手资料，弄清争议的原因。

(4)调解。在掌握了具体情况之后，劳动争议调解委员会及时召开调解会议，对双方当事人的劳动争议进行调解；制作调解协议书或调解意见书。经调解，当事人达成协议的，制作调解协议书，当事人应自觉履行。调解不成功的，即制作调解意见书，供仲裁机构或人民法院参考。

（二）劳动争议仲裁

仲裁也称公断，是一个公正的第三者对当事人之间的争议做出评断。根据《中华人民共和国劳动法》第七十九条规定的精神，劳动争议案件经劳动争议仲裁委员会仲裁是提起诉讼的必经程序。劳动争议仲裁委员会逾期不做出仲裁裁决或者做出不予受理的决定，当事人不服向人民法院提起行政诉讼的，人民法院不予受理；当事人不服劳动争议仲裁委员会做出的劳动争议仲裁裁决，可以向人民法院提起民事诉讼。

（三）劳动争议诉讼

劳动争议诉讼是人民法院按照民事诉讼法规的程序，以劳动法规为依据，按照劳动争议案件进行审理的活动。对仲裁裁决书不服应在7日内向法院起诉，过期法院将不再受理。

【知识巩固训练】

1. 劳动关系的特征是什么？
2. 劳动关系与劳务关系的区别是什么？
3. 劳动关系的构成主体有哪些？
4. 劳动关系的管理作用是什么？
5. 什么是劳动合同？劳动合同包含哪些内容？
6. 什么是劳动合同变更？协商变更劳动合同的程序是什么？
7. 什么是劳动合同解除？有哪几种劳动合同解除形式？
8. 因劳动者过错解除劳动合同的情况有哪些？
9. 因用人单位过错解除劳动合同的情况有哪些？
10. 什么是劳动合同终止？劳动合同终止的条件有哪些？
11. 劳动争议的特征有哪些？劳动争议的处理程序有哪几个步骤？

【技能提升训练】

1. 案例分析：中国本田汽车零部件制造有限公司员工罢工事件

2010年5月17日，位于广东省佛山市的本田汽车零部件制造有限公司数百名员工因对工资和福利不满，停工一天。导火索是佛山市上调最低工作标准。佛山市从2010年5月1日起，将最低工资标准从770元/月调整为920元/月。但本田公司佛山工厂并没有打算同步提高基本工资，而是打算从原有的340元职能工资中划出一部分纳入底薪，从而使工人的基本月工资达到920元的法定要求。此举迅速激起了工人们的强烈反应。工人提出，要求厂方将薪水提高至2000~2500元。目前，他们每月工资平均为900~1500元，在当前物价普涨的状况下，其微薄的收入几乎刚刚够维持生活成本。

5月17日晚，一位本田零部件公司员工晒出了工资清单：基本工资(675元)+职能工资(340元)+全勤补贴(100元)+生活补贴(65元)+住房补贴(250元)+交通补贴(80元)= 1510元，扣除养老保险(132元)、医疗保险(41元)、住房公积金(126元)，到手的工资为1211元。若每月除去房租250元、吃饭300元、电话费100元、日用品100元、工会费5元，每月仅剩456元。一位本田零部件公司员工在网上这么描述工资增长速度："我在本田零部件公司干了2年半，第一年工资涨了28元(理由是公司刚起步很多项目还没投产)；第二年涨了29元(理由是公司部分项目尚未完全投产)；到了第三年在项目全部投产后也仅加了40多元。"

罢工者感觉到，打工者的收入并没有伴随着珠三角区城的经济腾飞而出现同比例增长，这一背离是"不正常的"，也与中共中央总书记胡锦涛4月24日在2010年全国劳动模范和先进工作者表彰大会上"体面劳动"的提法不相协调。

5月21日，因传言公司已赴湛江等地大量招聘新工，公司不会给员工加薪，员工们开始第二轮停工。

5月22日下午1点多，公司通过广播宣布与"参与集体怠工、停工、集会，无正当理由不服从公司命令"的两名停工者解除劳动合同，当天下午2点多，停工员工复工。

5月24日，公司公布了对停工事宜的解决方案：本田零部件公司员工的补贴提高到120元至155元不等，相比之前提升了55元。但劳资双方还是没有达成一致。

5月25日，厂方要求实习生签署确认书，如参与停工或被学校开除学籍。但是无人签署确认书。因为该厂是变速器等零部件的重要供应厂，所以罢工导致广州本田整车组装生产线停产。

5月26日，厂方要求所有员工签署承诺书保证不再停工。工人无人签署厂方要求的承诺书，并提出6点要求，与厂方仍未达成一致，罢工继续。

5月27日，厂方公布工资调整方案，员工工资每月增加340至477元不等。工人未接受厂方公布的工资调整方案，停工继续，东风本田生产线停产。

有媒体报道称，由于南海本田工厂持续罢工，本田公司在中国的所有4家组装工厂已被迫全部暂停生产。本田公司中国相关负责人承认，本田零部件公司工人停工已经对合资企业生产造成影响。中国是本田公司最赚钱的市场，停工影响到了本田公司正常的市场销售周期。

"其实我们并不是恶意去停工，只是希望我们的工资可以和公司的盈利挂钩，可以实现本田哲学'三个喜悦'中制造的喜悦。"员工代表李晓娟说。

经过各方协调，在厂方承诺将加薪24%后，南海本田汽车零部件制造有限公司的员工6月2日上午恢复正常工作。

有专家指出，在此次"罢工"中，作为工人利益代表的工会作用如何发挥，劳动者的诉求如何实现沟通，三方协商机制和突发事件应急机制的完善等都值得反思。人力资源和社会保障部调解仲裁管理司司长宋娟介绍，目前中国的集体劳动争议呈多发态势。从2001年到2008年，申请仲裁的集体劳动争议案件以年均11%的幅度增长，而导致群体劳动争议的首要原因是劳动者薪酬过低，合法权益得不到有效保障。

资料来源：赵继新，郑强国. 人力资源管理——基本理论、操作实务、精选案例. 北京：清华

大学出版社，北京交通大学出版社，2011.

讨论：

(1)在本案例中，劳动关系的主体有哪些？

(2)哪些因素影响了中国本田汽车零部件制造有限公司员工罢工？

(3)中国本田汽车零部件制造有限公司员工罢工事件对于处理好劳动关系有何启示？

2. 课后训练项目

W公司是一家生产洗衣液的公司，公司这几年发展比较迅速，公司在全国很多大型超市、大卖场常年安排很多促销员，帮助公司销售洗衣液。公司前几年规模不大，对于一线销售员的用工一直不规范，因为销售员流动非常频繁，所有公司一直没有为他们购买社会保险，也没有与他们签订正式的劳动合同，一般只是口头约定相关事实，以至于最近人力资源部门要频频处理此类劳动纠纷，让公司老总头疼不已。

假设你是公司负责劳动关系管理的员工，请为公司的销售员起草一份劳动合同。

第十章　人力资源管理职能优化

【学习目标】

❖ 了解人力资源外包、国际化人力资源管理的特点

❖ 了解电子化人力资源的优点

❖ 理解人力资源外包、电子化人力资源管理、国际化人力资源管理的概念

❖ 掌握人力资源外包的基本流程

❖ 掌握人力资源管理信息系统的实施

【基本概念】

人力资源外包　电子化人力资源管理　国际化人力资源管理

第一节　人力资源外包

一、人力资源外包

（一）人力资源外包的概念

1990 年，加里·哈默尔（Gary Hamel）和普拉哈拉德（C. K. Prahalad）在《哈佛商业评论》上发表了一篇题为《公司的核心竞争力》的文章，首次提出“外包”（outsourcing）这个词。“外包”是指企业将某项业务工作的部分或全部，交给专门从事这项工作的外部服务商来完成的行为。传统的外包形式主要是指信息技术资源外包（IT outsourcing），随着外包行业的发展，企业将外包扩大到生产、销售、开发、物流、人力资源等行业。

所谓人力资源外包，是指企业依据自身的发展需要，将其一项或几项人力资源管理工作或职能部分或全部外包给服务商，以降低人力成本，实现效率最大化的一种行为。人力资源管理外包涉及企业内部所有人事业务，其包括人力资源规划、制度设计与创新、流程整合、员工满意度调查、薪酬调查及方案设计、培训工作、劳动仲裁、员工关系、企业文化设计等方方面面。

正式的人力资源外包过程应当包含的要素有：企业有外包项目需求说明；服务商有外包项目计划书；外包双方经协商达成正式协议合同；服务商根据协议和合同规定的内容完成所承接的活动，企业按照协议合同规定的收费标准和方式付费；外包双方中的任何一方违反协议或合同规定，外包关系即终止；企业如果对服务商的服务不满意并可以用相应事

实给予证明，可以提出外包关系终止的要求。

外包服务商是按照外包双方签订的协议和项目计划书为外包方提供相应服务的机构或组织，其主要包括大型会计事务所、管理咨询顾问公司、人力资源服务机构、高级管理人才寻访机构等。目前它们通常提供单项人力资源职能服务，也有少数服务商提供全套人力资源职能服务。

(二)人力资源外包的原因

1. 人力资源的社会化分工

知识经济的兴起和人力资源管理专业化程度的提高，导致人力资源管理出现了较明确的社会分工，而人力资源外包正是这种背景下的社会分工的体现。伴随着人力资源管理技术的进步和人力资源管理理论的发展，人力资源管理慢慢地成为一种高度专业化的技能，人力资源服务成为一种可以在市场上进行交易的知识产品。企业没有必要在非核心的传统性人事业务上花费较长的时间和较大的精力，可以直接在市场上寻找到优质的人力资源服务商。

2. 降低成本

成本是企业生存与发展过程中最不能忽视的两个关注点，所有的企业都是以最小的成本创造最大的利润为目的。企业的一大部分成本都用于人力资源管理活动，如：招募、选拔、培训等工作，如果将这些工作外包出去给专业的服务商更能节约成本，同时人力资源外包可以降低一些事务性工作的损失，此外，人力资源外包还带来企业人员的精简和办公场地成本的降低。因此，人力资源活动的外包成为企业摆脱巨大成本压力的必然选择。

3. 集中精力关注核心竞争优势业务

有研究表明人力资源管理事务性工作通常占据人力资源管理活动的60%~76%，然而决定企业未来发展的人力资源管理活动只占据30%左右，60%的事务性工作占据了人力资源管理部门的大量精力和时间，如果把这些非核心的事务性管理工作外包给服务商，人力资源部门就可以将全部精力投入核心业务中，集中精力参与企业高层的战略规划，使企业在集中优势资源关注核心竞争业务提升的同时没有后顾之忧。

4. 获取专家服务并吸纳人才

专业的人力资源外包服务商往往比企业拥有更专业的专家，实施人力资源管理外包后，企业能够寻求专家意见，让具有专业经验的服务机构提供专业指导和得到工作效率更高的服务。这些外包服务商拥有丰富的理论知识和实践经验，对本专业有着深入的理解，他们不仅能够根据合约完成相应的任务，而且还会将先进的管理理念引入企业，提升企业的人力资源管理水平，从而吸引优秀的人才加入，降低企业人才的流失率。

5. 精简组织机构，实现部门内扁平化

部分或全部人力资源管理事务的外包必然会导致人力资源管理部门的人员和组织层级的精简。部门层级的压缩会使信息的传递加速，从而避免了信息在传递过程中失真现象的发生。人员精简的结果是增强部门成员的交流与合作，促进隐性知识向显性知识的转化。部门内部扁平化的实现，有效地解决了部门信息的共享以及资源的合理分配，使工作效率得到保障。

（三）人力资源外包的优缺点

1. 人力资源外包的优点

（1）在某些特定情况下，人力资源服务商可以为企业提供其所需要的服务，并且总成本低于目前企业支付给其人力资源部门及工作人员的成本总和。

（2）大部分中小型企业不愿意花很多钱或者没有资金去购买某些用于人力资源职能管理所需要的计算机软件和硬件，而人力资源服务商可以提供大量的技术投资。

（3）很多人力资源管理服务商已经培养出履行各种人力资源管理职能所需的人员，而这类人员在劳动力市场上往往是短缺的，他们可以为企业带来先进的技术和思想。

（4）人力资源外包通常是企业进行部门精简和兼并的结果。人力资源外包也是很多企业重组后进行人力资源管理的必经之路。

（5）能快速缩减职能人员预算，迅速影响企业的利润。

（6）在人力资源外包过程中，企业虽然必须对服务商的人力资源活动进行合法的监控，但还是能减少人员以及法律风险。

2. 人力资源外包的缺点

（1）如果企业规划和分析不充分，与服务商的合同条款不全，外包双方合作关系基础不好或后期维护不力以及服务商的能力不足，这些都可能导致外包达不到企业预期的目标，甚至给企业造成重大人力和物力损失。

（2）将人力资源职能外包给服务商后，企业面临失去对日常人力资源管理活动的控制，以及与企业员工沟通、互动的某些途径，影响企业文化氛围。

（3）在长期将人力资源职能外包出去的情况下，企业现有部分人力资源工作人员因为工作冲突会面临失去工作的可能，导致企业人才流失。

（4）如果外包服务商选择不好，可能影响企业内部员工的士气，降低员工工作效率。

（5）当人力资源职能严格受法律、法规控制的时候，如果服务商在开展人力资源活动的时候，企业不对其守法状况进行严格控制，企业会面临有关人力资源活动的诉讼甚至巨额赔偿风险。

（6）企业有时还需要聘请有经验的法律人员等作为外包顾问，这也会导致企业成本增加。

（7）外包可能导致企业内部人力资源部门丧失能力。

【管理故事】

人力资源外包提升核心竞争力

“中国企业面临的最大管理挑战”调查结果显示：未来十年，人力资源部门的职责需要进行转型。其中，“员工即是客户”“战略地位上升，管理责任下移”成为目前企业 HR 最为关注的热点。也就是说，未来人力资源管理部门应腾出更多的时间在“核心战略角色”的扮演上，更大效率地发挥整个部门的运作能力和功效。

以 H 公司为例，H 公司是一家做手机软件和程序开发的公司，成立之初，只有十几个人。随着业务不断做大，慢慢发展成上百人规模的公司，并在全国开了几家分公司。而公司的人力资源部门却始终只有三四人，不仅要负责本地公司的日常事务，还要负责分公司员工的社会保险、人事档案的办理和薪酬的计算等。人力资源部门员工经常奔波于各地，忙得焦头烂额。2012 年年底，公司决定将核心人才战略聚焦在高新技术人才的引进和培训上，并将这一重要任务交给 HR 部门负责。这在无形中给工作已经饱和的 HR 部门增加了很大的负担，但相比之下，人才的引进和培训却比日常人力资源管理工作更加重要。面对如此难题，HR 部门又应该如何破局呢？

面对这种情况，HR 的第一反应通常是招兵买马，分担工作。这个思路看似可行，但无形中却增加了人力成本，而且新人对公司并不熟悉，还要花时间和精力进行培训，在有限的时间内也未必能够分担工作。因此，面对这种情况，大多数企业开始寻找专业的人力资源外包供应商进行非核心事务的分摊。诸如社会保险、住房公积金、员工档案、人事手续等方面的人力资源工作，都可以外包给专业的人力资源外包供应商，这样不仅可以降低企业 HR 部门的工作量，而且可以使企业的 HR 人员专注于更为核心的人力资源事务。

HR 将非核心事务外包，从而投入企业核心战略，使企业更加专注于核心竞争力，是未来人力资源管理发展的趋势。

资料来源：改编自佚名．企业发展需 HR 转型　人力资源外包提升核心竞争力[EB/OL]．中国经济网，2013-02-04.

二、人力资源外包的实施

(一)人力资源外包方式

企业应该结合自身的实际，根据自己面临的内外环境因素及其变化趋势等来选择合适有效的人力资源外包方式。人力资源外包有以下四种基本的方式可供企业选择。

1. 人力资源职能整体外包

整体外包是指企业将绝大部分人力资源职能外包给服务商去完成的外包方式。这种外包方式要求人力资源管理服务商有很全面的系统管理能力，而且企业内部员工的沟通、协调工作量会很大。因为这种外包方式的人力资源活动不仅规模大，而且复杂程度高，所以对于中型和大型企业来说可能会有问题。虽然整体外包可能是该行业在未来发展中的一个重要方向，但鉴于国内外包服务商的能力以及企业对外包活动的控制力还存在问题，因此，目前中型和大型企业实行整体人力资源外包是不可行的，但是未来必会成为现实。而对于小型企业来说，人力资源职能整体外包则比较容易，因为它们的人力资源职能相对简单，企业内部员工沟通也相对容易。

2. 人力资源职能部分外包

部分外包是指企业将部分人力资源职能外包给服务商去完成的外包方式，是目前企业最普遍的采用方式。企业结合自己的实际情况以及需求，将特定人力资源活动外包出去，如：人员配置、薪酬发放、福利管理等，其他部分的人力资源活动继续由本企业人力资源管理部门负责。这种外包方式更容易达到外包目的。

3. 人力资源职能人员外包

人力资源职能人员外包是指企业保留所有人力资源职能，但让一个外部服务商来提供维持企业内部人力资源职能运作的人员。这种方式可以算是一种员工租赁。采用这类方式的企业常常把内部的人力资源工作人员雇佣给服务商。

4. 分时外包

分时外包是指企业将人力资源职能分时间段外包给服务商。有些企业根据经营需要，不同时期需要的技术人员和设备也会不同，所以企业需要分时段地选择服务商来为企业提供不同技术人员和设备。例如，建筑行业在建设工程的不同时段所需要的技术人员不同，因此可以采取此种外包模式选择木工、钢筋工、泥工、装饰工等。

(二)人力资源外包的程序

人力资源外包不是一个简单地将人力资源活动“外包”给服务商的工程。在人力资源外包决策和实施过程中，企业需要考虑一系列战略问题，采取有效手段，保证合理决策和正确执行。

1. 明确人力资源外包目标

成功的人力资源外包方案始于清晰的短期目标和长期目标。为了保证决策的正确性，企业可以组建一个由来自企业内部不同职能部门(如人力资源、财务、税务或法律)的人员组成的人力资源外包委员会，负责界定、审核人力资源外包目标，确保人力资源外包目标与企业战略协调一致，从战略的高度确定人力资源外包的方向和思路。

在确定了企业人力资源外包目标的基础上，企业还要根据战略要求和人力资源发展的实际需要，判断哪些内容适合外包，哪些工作不适合外包，选择适合自身的外包项目。企业要根据现有资源及实际需要，选择适合自己的外包方式，以保证人力资源外包工作顺利进行。

人力资源外包委员会在做人力资源职能外包决策的时候，还要对外包的成本以及可能的投资回报进行一次完整的成本效益分析。在人力资源活动外包方面，比较常见的一种成本效益衡量方式是，核算现有工作人员完成某特定活动的成本(包括薪资、福利、办公空间、电话、计算机设备、办公用品等)，再将此成本与该活动外包的成本进行比较。

2. 进行研究和规划

企业透彻地研究拟外包的人力资源职能领域非常重要，因为每个领域都有其特有的一系列机遇和风险。企业要研究的三个重要因素是：企业内部能力、外部服务商的可获得性以及成本效益分析。在着手实施外包之前，要仔细调查潜在的服务商市场，认清外包不是一种产品甚至也不是一种流程。企业任何人力资源方面的问题都不会只因将那些事情委托给第三方就消失了。在提供服务的过程中，服务商的问题就是企业自己的问题，反之亦然。外包是一种合作关系，它要求发包与承包双方保持沟通和配合。因此，从产生外包念头开始，直到整个外包项目实施过程的各个环节，企业都应当进行深入的研究和完善的规划。

在进行人力资源活动外包研究和规划后，接下来，企业一方面要根据目标制订完善的外包计划和方案。企业在外包前，要将所要外包的职能进行细分，列出每一步的细节并给出预算成本。另一方面要确定外包各阶段的时间表。这种时间表为企业设定了一个时间线路，引导人力资源外包工作到达启动目标。这个时间表也可以随着企业的变化而修改。为了保证外包职能的顺利交接，所有参与制订和执行这个时间计划的人都应当提供意见。

3. 选择合适的外包服务商

企业可以通过竞标、中介、直接寻找等各种形式选择服务商，无论哪种形式都必须确保是根据企业的实际情况选择的服务商。外包服务商一般分为三类：第一类是普通的中介咨询机构，它们从事的业务比较广，人力资源管理承包仅仅是它们诸多业务中的一项，企业可以把人力资源管理的某项工作交给他们去做；第二类是专业人才或人力资源服务机构，如快递公司、猎头公司；第三类是高等院校、科研院所，企业可就一些专业性强的问题向它们寻求帮助。

企业在选择外包服务商时应从以下三个方面来考虑：一是外包价格。人力资源外包要考虑服务的价格，因为人力资源管理的某项工作外包以后，企业必须承担一定的外包成本，如果成本过高，甚至高于由企业内部自己承担业务的成本，那就没有必要实施外包。二是服务商的信誉和质量。企业在选择外包服务商时，必须确认其可靠性，因为这将对整个工作的完成以及企业的发展起到决定性的作用。比如薪酬设计外包就是最典型的例子，薪酬管理属于商业机密，一旦泄露给竞争对手，必将对企业产生极其不利的影响。因此，企业在为涉及企业机密、员工满意度、工作流程等敏感性人力资源管理工作选择服务机构时，必须确信其可靠性。三是企业还要根据本企业人力资源管理工作量的大小，综合考虑服务机构的各方面条件和能力，选择适合于本企业的服务机构。一旦选定，则应制订长远的合作计划。最好是请熟悉的或过去曾经合作过的服务商提出计划书。企业如果从未用过服务商，可以与其他一些最近正在做人力资源职能外包的人力资源专业人员聊聊，以获取他们的服务商名单和信息。

4. 协商签订一份完善的合同

企业要认真研究相关的法律，根据双方实际情况制订一份详细体现对服务商要求的合同书，企业最好拥有不满意随时取消合同的权利。企业必须用具有法律效力的外包合同来约束服务商的行为。外包合同是维护双方权利和义务的可靠凭证，也是外包成功的必要条件。企业要对外包工作的关键部分进行有效控制，开始时企业对外包服务商的某些工作可能不适应，这时要加强双方的沟通与协调，增进相互了解，以避免人力管理工作中出现偏差或失误。企业人力资源部门要分析问题是短期的还是长期的，要从长远的角度评价企业的外包工作，也可以根据具体的情况设计一定的激励措施，以加强双方的合作，并由此实现风险的分担。在正式签订合同前，必须请有经验的律师对合同的所有条款进行最后一次审查。

5. 加强宣传与充分的沟通

沟通是使外包项目取得成功的至关重要的因素之一。企业在具体实施人力资源活动外包之前，应当特别注意内部人力资源职能人员知道企业在考虑某些人力资源职能外包出去之后，他们自然会为自己的工作而担心，尤其是那些有抱负仍留在本部门的员工会觉得自己的晋升机会受到了很大的限制。所以，企业应当加强对外包必要性的宣传，重视开展与管理者及员工的沟通工作，让员工了解他们在人力资源外包中扮演的角色，消除猜疑和不满，赢得员工的支持，并鼓励他们参与外包项目。通过沟通使员工相信企业会帮助他们更好地发挥一线员工在变革中的积极作用。同时，还必须设计有效的沟通方法，如面对面的沟通、书面沟通，召开全体大会，采取公告、电子邮件、企业内联网等，都是有效的沟通方式，要根据沟通的对象特点、内容特点，确定沟通的方式、范围等。

6. 维护好与服务商的合作关系

为了使人力资源职能外包项目取得成功，在整个合同执行期间，外包双方都必须花时间建立和维护良好的工作关系。企业与外包服务商的合作过程中，外包服务商在开展业务时会因为不熟悉业务和人员而需要企业各部门及时提供信息，而企业的业务发展也离不开外包服务商。例如，企业管理层应指定专门的人参与外包项目，并作为交流的“中介”与外包服务商沟通，以此强化外包服务商与内部员工的沟通。这样可以让外包服务商更快、更充分地了解企业环境、人员和企业文化，真正融入企业中，尽早发现问题，并根据实际情况采取因地制宜的措施解决问题。双方应建立起双赢的合作关系，共同把工作做好。

7. 监控和评价服务商的工作绩效

企业应该在最初与外包服务商签订合同时，就与之沟通双方期望达到的绩效水平并建立衡量标准，以此作为依据来评价外包服务商所提供服务的质量。企业要按照合同中的要求，定期对外包项目执行情况进行检查，并审查外包合同的履行情况，将发现的问题及时反馈给外包服务商，促使人力资源外包工作以良好的态势不断向纵横层次发展。

外包评估与控制是降低人力资源外包风险的重要手段。企业应该对外包进行定量分析与评估，预测风险发生的概率及损失的大小，并在此基础上提出可行方案，从而达到控制风险的目的；也可以对人力资源外包的成果进行阶段性验收，找出外包服务商的不良工作表现，及时发现风险并加以控制。

8. 解除与服务商的合作关系

企业将人力资源外包的同时，将在服务商那里建立数据库，当企业要解除与服务商之间的合作关系时，就会涉及如何处理与服务商的关系以及如何避免企业人力资源信息泄露或缺损等问题。在退出外包的过程中，企业要处理好外包带来的一系列相关问题：管理者要谨慎地解除与服务商的合作关系，终止外包合同并把有关信息整理记录，备案归档，避免企业信息因服务商的退出而缺损、流失，防止机密信息泄露带来的风险和损失。同时，企业要培育不断学习的能力，以提高适应能力与自主防范能力，避免过分依赖外包服务，并确保在解除外包关系之后能够及时有效地继续开展人力资源管理工作。

三、人力资源外包的发展趋势

20 世纪 90 年代以来，人力资源外包呈现以下发展趋势。

1. 人力资源外包领域逐渐扩展

企业在开始实行人力资源外包时，通常只外包一两项人力资源职能或某一职能中的一两个活动给人力资源服务商。企业在与服务商合作的过程中，由于人员缩减得到越来越好的成本效益，于是企业愿意将更多的人力资源职能外包给服务商。与此同时，伴随着人力资源外包服务商能力的提升，它们提供的服务项目的范围也在不断扩大，人力资源外包从最开始的培训活动、福利管理等人力资源活动的外包，发展到今天的人员招聘、工资发放、薪酬方案设计、国际外派人员服务、人员重置、人才租赁、保险福利管理、员工培训与开发、继任计划、员工援助计划等更多方面的人力资源活动外包。

2. 企业利用外包顾问进行外包工作

由于人力资源外包的市场需求越来越多，在这种背景下，越来越多的服务商也应运而生，而且大多数服务商能提供合理的价格给企业并完成相应的服务。面对如此多的服务商，企业常常感到难以判断和抉择。于是企业内部需要有人力资源外包方面的专家，这种专家对于有效处理外包项目又是必需的，然而很少企业有人力资源外包专家。于是企业再一次向服务商寻求帮助，寻找具有特定外包专业知识的专家来帮助企业进行外包项目的分析、谈判和决策，以及部分外包过程的管理，这可谓外包之外包。于是，许多人力资源外包服务商将人力资源专业作为新的人力资源外包业务。

3. 外包服务商结成联盟

由于人力资源外包服务长期被分割成许多业务，成千上万的顾问和比较小的咨询服务公司都在提供一定范围的人力资源职能外包服务，于是大型会计事务咨询公司和大型福利咨询公司就不断联合从而增加自身实力。在联合前，中型或大型企业想将多个或全部人力资源职能外包出去需要好几个服务商，这往往会使其整个人力资源职能外包过程变得复杂，工作更低效。在整个20世纪90年代，企业人力资源外包给服务商的活动集中在福利保险管理职能；到90年代末，企业对福利保险管理外包服务的需求迅速增加，给福利咨询领域带来了一场重大的并购。例如，美国ADP雇主服务集团1994年收购了应用软件集团，1995年又收购了威廉·M. 默克公司等的管理外包服务业务，以及欧洲最大的人力资源服务商GIS。这使得ADP成为美国最大的外包服务公司。又如，1998年永道会计师事务所与普华会计师事务所这两个大力涉足人力资源外包服务业务的大型会计事务公司合并为普华永道会计师事务所。这些并购对整个人力资源外包服务领域具有重大影响。

4. 人力资源外包成为企业的一种竞争战略

今天企业高层管理人员最关注的问题是企业的竞争优势。企业在发展过程中，为了获取市场竞争优势，不得不进行战略创新，力图使有限的人力资源聚焦于核心项目，人力资源外包正是这种创新背景下的产物之一，其目的是让企业内部有限的人力资源聚焦于直接创造价值的战略活动，提高人力资源服务的附加价值。

人力资源是一种企业全体员工和业务管理人员共同完成的服务。企业高级人力资源管理人员和专业管理人员正在接受挑战，要重建核心能力，帮助企业制订和实施解决战略问题的人力资源方案。此外，人力资源部也在改变其官僚主义的文化，成为以客户为中心的部门，提供更有价值的服务。人力资源外包，特别是在企业与人力资源服务商形成良好合作伙伴关系的情况下，成为企业内部人力资源工作的核心能力。因此，它正在成为企业的一种竞争战略。

5. 人力资源外包服务向全球化方向发展

经过大规模并购重组而产生的大型人力资源服务商将人力资源职能外包市场扩大到全球范围内，其服务对象扩大到国际型、全球型的大企业，为此它们在全球开设分支机构，密切关注国际型企业的战略规划与人力资源管理体制改革，积极开发全球人力资源解决方案。例如，重组后的普华永道公司已经正式推出了全球人力资源解决方案。许多专家认为，人力资源外包全球化是目前人力资源外包领域最有前景的发展方向，它将影响企业人力资源职能外包的发展。

第二节　电子化人力资源管理

一、电子化人力资源管理概述

（一）电子化人力资源管理概念

在21世纪，随着时代的进步和互联网的高速发展，人类将全面迎来电子信息化时代，在这种时代背景下，人力资源管理也发生了变革，同时也促进了电子信息技术和人力资源管理共同发展，于是产生了一种新的人力资源管理模式——电子化人力资源管理（electronic human resource management，EHRM）。

所谓电子化人力资源管理是指基于先进的软件和高速、大容量的硬件，通过集中式信息库、自动处理信息、员工参与服务、外协及服务共享，管理流程电子化，达到降低成本、提高效率、改进员工服务模式目的的过程。简单来说，电子化人力资源管理就是指企业利用计算机技术和互联网来代替人力资源管理部门，实现人力资源管理的部分职能，它通过联系企业现有网络技术，保证人力资源管理随着日新月异的技术环境发展而发展。

（二）电子化人力资源管理的优点

相对传统手工操作的人力资源管理，电子化人力资源管理有许多优势：

电子化人力资源管理充分发挥互联网的优势，很大程度上提高了人员管理的工作效率，降低了企业管理成本。翰威特公司的统计数字表明，公司实施人力资源管理信息系统，平均每位员工的成本是35美元，但在第一年就可以收到可观的回报，员工的电话询问也减少了75%。其次，通过电子化人力资源管理，人力资源管理工作更透明更客观，人力资源管理重心也因此可以往下移动。这一人员管理的重心下移，在传统的人力资源管理模式下是不可能办到的。

因为电子化人力资源管理常常是集中数据管理、分布式应用，通过采用全面的网络工作模式，可以实现信息的全面共享。这样一来，它使人力资源管理部门的工作可以跨时间、跨地域进行，公司的人力资源管理也因此保持了高度的统一性和连贯性。

在实际操作过程中，虽然越来越多的HR管理活动将委托给经理来实施，但HR管理体系的建立、HR管理活动的计划、管理过程的监控以及管理结果的汇总与分析都需要HR部门统一来完成，只是HR管理活动的过程将更多地授权给经理完成。因此，对HR部门而言，除了负责e-HR（电子化人力资源管理）平台的系统管理之外，更多的是通过e-HR平台来进行HR管理活动的计划、监控与分析，而不是进行大量的数据维护，因为数据维护的工作经授权后将逐渐由经理与员工分担完成。当然，出于管理的需要，类似于薪酬管理这样的职能，很多企业还将以HR部门为主来完成。

对 CEO 而言，e-HR 首先是人力资源信息查询与决策支持的平台。CEO 能不通过 HR 部门的帮助，自助式地获取企业人力资源的状态信息，在条件允许的情况下，CEO 还能获得各种辅助其进行决策的人力资源经营指标。其次，利用 e-HR 平台，当某个 HR 管理活动的流程到达 CEO 处时，CEO 还可以在网上直接进行处理；对经理来讲，e-HR 是其参与 HR 管理活动的工作平台，通过这个平台，经理可在授权范围内在线查看所有下属员工的人事信息，更改员工考勤信息，向人力资源部提交招聘、培训计划，对员工的转正、培训、请假、休假、离职等流程进行审批，并能在线对员工进行绩效管理。员工利用 e-HR 平台，可在线查看企业规章制度、组织结构、重要人员信息、内部招聘信息、个人当月薪资及薪资历史情况、个人福利累计情况、个人考勤休假情况，注册内部培训课程，提交请假/休假申请，更改个人数据，进行个人绩效管理，与 HR 部门进行电子方式的沟通等等。

（三）电子化人力资源管理的价值

相对传统的人力资源管理方式而言，电子化人力资源管理的优势除了表现在以计算机代替人工管理外，某种意义上说是人力资源管理方式的一种革命。它的价值体现在以下几个方面：

1. 显著提高人力资源管理的效率

人力资源管理业务流程包括大量事务性、程序性的工作，如员工招聘、人员培训、薪酬福利、绩效考评、激励、沟通、退职、退休等，这些工作都可以借助电子信息技术的应用，通过授权员工进行自助服务、外协及服务共享等，这样既可以实现无纸化办公，又可以大大节省费用和时间，显著提高工作效率，使人力资源管理从烦琐的行政事务中摆脱出来，投入核心事务中。

2. 更好地适应员工自主发展的需要

知识型员工十分注重个性化的人力资源自身规划，需要对自身的职业生涯计划、薪酬福利计划、激励措施等有更多的决策自主权。网络的交互性、动态性可以使人力资源管理部门根据个人的需求和特长进行工作安排、学习、培训和激励，让员工实施自我管理成为可能，使其能更加自主地把握自己的前途。

3. 加强公司内部相互沟通以及与外部业务伙伴的联系

随着公司规模的不断扩大，公司各部门之间、员工之间、公司与外部业务伙伴之间很难进行高效的沟通，但在市场竞争如此激烈的环境下，全方位的沟通极为必要。然而网络不但可以成为公司员工之间的纽带，帮助他们克服工作时间不同、部门不同、工作地点不同的障碍，促进他们之间相互了解和沟通，同时还可促使企业与外部业务伙伴在人才、技术、知识等方面的资源共享，提高适应市场的能力。

4. 有力促进企业电子商务的发展

电子商务的发展依赖于人力资源管理的不断完善，在电子化人力资源管理中，职位空缺公布、专家搜寻、雇员培训与支持、远程学习等将变得更为高效，与此同时，电子化人力资源管理为建立虚拟组织并实现虚拟化管理，建立知识管理系统，创建学习型组织，提供了极为有利的条件。

5. 提高企业人力资源管理水平，加快企业人力资源的开发电子化人力资源管理通过应用计算机网络和数据库，让企业的人力资源管理变得更为科学，人才配置更为合理，同时也使得人力资源管理更为公正、透明，有关人力资源管理方面的各种政策、规定也将因广泛参与而变得更加实际、可行，这有助于提高企业人力资源开发水平。

二、人力资源管理信息系统

（一）人力资源管理信息系统的主要功能

1. 人事管理

人力资源管理信息系统的雇员数据具有广泛的适用性，无论是只有几百人的小企业还是有几万名员工的跨国公司，都可以将不同国家和不同地区具有特殊要求的雇员数据集中存储在一个系统中。同时用户还可以根据自身的需求增加信息类型。针对一些重要的文件和照片可以通过文档连接扫描进系统。因为该系统具有强大的报表功能，所以可以满足用户的各种需要，选择不同的报表格式输出。

2. 人力资源规划的辅助决策

在现代化企业管理过程中，必然会面临着频繁的人事变动和企业重组，企业的管理者可以运用人力资源管理信息系统编制本企业的人员结构及组织结构规划方案。该系统可以自动模拟、评估和比较各种方案的优势与不足，产生各种方案的结果数据，并通过图形的方式非常直观地呈现出来，这有利于企业管理者做出最终的决策，使企业在激烈的市场竞争中立于不败之地。除此之外，人力资源规划管理系统还可以制定职务模型，包括职位要求、升迁路径和培训计划。面对担任不同职位的员工，系统会提出针对本员工的一系列培训建议，如果机构改组或职位变动，系统会提出一系列的职位变动和升迁建议。以上规划一旦被确认，现有结构就会被替换。

3. 时间管理

根据本国和当地的日历，灵活安排企业的运作时间以及劳动力的作息时间表；对员工加班、作业轮班、员工假期以及员工作业顶替等做出一套周密的安排；运用远端考勤系统，将员工的实际出勤情况记录到主系统中，与员工薪资、奖金有关的时间数据会在薪资系统和成本核算中做进一步处理。时间管理可以支持人力资源管理信息系统的规划、控制和管理过程。

4. 人事考勤管理

员工是企业的重要组成部分，合理地管理、有效地安排员工的工作时间和公平的报酬是激发员工积极性、形成完美的工作团队、发挥个人最大潜能的前提条件，而人事考勤管理组件就可以提供这样一个优秀的管理平台。

人事考勤管理组件是人力资源管理信息系统的主要组成部分，其分为“员工个人资料”和“出勤考核管理”两个部分。

“员工个人资料”主要用于管理员工的一些个人资料。该组件不仅可以快速清楚地了解员工们现在的基本情况，还可以了解他们的成长过程。支持多种职称类别并存，可以更合理地管理公司的员工，激发他们的工作积极性。除此之外，该平台还可以量化员工的工作能力，用图表呈现出来，更有效地提供有关员工能力的报表，更公平地分配员工的报酬，这也让员工群组之间可以更有效地完成各项复杂任务，节省宝贵的时间。

“出勤考核管理”主要用来管理员工日常上下班的考勤状况，并提供明细和年汇总资料。考勤区间设置时可以随意按照公司需要安排考勤时间。对各种单据进行管理，使以往的事情有据可查。

5. 薪资核算管理

薪资政策对于公司的发展来说，是一个重要组成部分。制定适当灵活的薪资政策尤为重要，它不但可以提高公司在人力资源方面的竞争力，更能提高公司整体的竞争力，而“薪资管理”组件将是公司制定适当灵活薪资政策的一个好帮手。

灵活、高效的薪资系统能根据公司跨地区、跨部门、跨工种的不同，制定不同薪资结构和处理流程，以及与之相适应的薪资核算方法。该组件与时间管理直接集成，减少了人为因素的介入，消除了接口中存在的问题；不仅可以自动提供工资的各项扣减、员工贷款等功能，还具有强大的回算功能。当薪资核算过程结束以后，员工有关上一薪资核算期的主数据会发生变化，而在下一薪资核算期内，回算功能自动触发并进行修正。“薪资管理”组件是人力资源管理信息系统中帮助客户制定适当灵活的薪资政策的主要手段。

（二）人力资源管理信息系统的实施

网络的畅通、基础的夯实和流程的规范是一个企业成功实施人力资源管理信息系统的三个必备条件。我国的企业将更多的注意力放在人力资源管理的具体操作层面上，从而导致我国很多企业在人力资源管理与开发上还处于比较基础的阶段。人力资源管理信息系统在实施过程中应该注意以下几个问题。

1. 采购方通过系统要解决什么问题一定要明确

人力资源管理信息系统软件最大的特点就是它更多的是一种知识、一种服务，与传统的我们看得见、摸得到的产品有很大的差别，如果软件实施后没有发挥相应的作用，起到相应的效果，那么这个软件系统从某种意义上来说就是失败的。第二个特点就是软件产业发展到今天，它只是一种手段和工具，而不是买来做装饰品的一个摆设。在实施电子化人力资源管理之前，采购方应该明确以下几个内容。

（1）管理与具体的技术无关。这好比中国人用筷子吃饭，西方人用刀叉吃饭。企业需要关注的是产品，而不需要去关注这个产品是从哪个生产车间出来的。

（2）信息化的前提条件是管理本身流程化、规范化。企业只有把现在的工作做得很清楚和很规范，而且具备运行的条件，这样才能说是信息化。很多企业总是听供应商说产品如何好，然而如果采购方本身不具备适当的软环境，那么也没有必要去跟风做信息化的事情；当然如果供应商能够帮企业把管理的事情流程化、规范化，那么企业就可以去做信息化的事情。

（3）采购方准备把管理内容信息化。企业如果仅仅是为了实现企业的报表，那么完全可以选择一个报表工具；企业如果仅仅是为了实现流程的流转，那么完全可以采用OA来实现；企业如果仅仅为了打印工资单，那么企业买电子表格里面附加的那个打印工资单的小软件就可以实现。采购方不能仅是靠供应方的产品介绍来选择自己要做的信息化内容，而应该整理清楚自己要做哪些事情，明确自身的发展战略，当然这个过程可以与供应方配合来完成。

2. 事务性系统与平台型系统之间的选择

包括国家机关在内的很多单位现在非常清楚人力资源管理系统一定要定制。现代人力资源管理把人事业务划分为六个核心模块，对于人力资源管理信息化而言，最核心的部分还是以下几个内容：管理内容自定义；管理流程自定义；管理模式自定义；决策分析自定义。至少到目前只有具备以上内容的产品才能算得上人力资源管理平台。

采购方在选择系统之前，应该把自己所要做的管理信息化的内容整理成一个需求文档，这个文档可以作为以后采购或者验收的必要文档。

(1)事务性工作的类型。企业如果仅仅为了给上级提供所需要的报表，或者仅仅为了一个比较固定的工资发放模式，那么完全可以选择事务性的软件，这种软件就是帮企业解决更多的事务性工作。比如职称的批量变动，因为可能不需要保留这些变动的痕迹以及后续的处理，一次性导入数据就可以完成。不过这里也得说明一下，因为报表也好，数据格式也好，都是在不断变化的，企业在选择这些产品的时候也要更多地了解其是否有相关的灵活性。至于报表工具，要选择国际通用的规则，而不是某家公司自己的规则，否则今后会很难操作。

(2)平台型软件所能解决的业务。现代企业，特别是大型企业有以下几个特点：①企业扩张快，管理所要达到的深度以及维度是传统意义上的企业不能比的；②人员流动率比较高，与传统企业只是处理招聘大学生入职以及员工退休这些简单事务不一样，现代企业应该有更多的员工异动要处理；③管理模式随时在变化，比如薪酬发放模式就是因为人员从事的工作不同而不同。至少以上的管理内容是传统意义上的事务性软件解决不了的，这些需要平台型软件来支撑。

(3)当前事务以及长远发展的平衡。实际上，就软件系统而言更多的是数据、流程、报表以及决策，如果连数据流程都整理不清楚，就不要奢望能产生什么精美的报表了。采购方做得更多的是要把自己的管理信息化，这个系统是一个工具而不仅仅是一个报表工具。但实践的结果是，要么这些项目是一个负担，要么就是在信息化还没有完成就已经开始找其他公司第二次实施了。毕竟企业是要发展的，一个短期的项目不可能获得人事部门所有人员的支持。

【管理故事】

枣矿集团人力资源管理电子化的实践

枣庄矿业(集团)有限责任公司(以下简称“枣矿集团”)位于山东省境内，是一家跨行业、跨国界、跨所有制的大型企业集团，年产原煤2000万吨、总收入150亿元，业务涵盖煤发电、煤化工、机械制修、建筑建材、种植养殖等五大产业，有35个二级单位，下属各种单位共1500多家，其中非煤企业240余个，在册职工约6万人。

枣矿集团的精细化战略在传统管理方式下难以得到有效落实。人力资源管理由组织人事处等多个部门分工负责，传统的人力资源业务方式存在以下一些困境。

(1)业务流程的管控比较粗放；

(2)时效性工作管理压力较大；

(3)工资管理的效率不高；

(4)培训管理比较分散，培训资源利用不充分。

为了解决这些传统管理方式之下的困境，枣矿集团决定启动人力资源电子化项目。枣矿集团人力资源管理信息系统建设的完成，实现了人力资源的集团管控，使人力资源精细化管理有了基础平台，化解了传统管理方式下的老大难问题，优化了人力资源的各项业务。

枣矿集团以建设国际化的大企业集团为目标，积极建立现代企业制度。人才一直被视作枣矿集团发展的根本，科学有效的人力资源管理是枣矿集团良性发展的基本保证。根据全面精细化管理的集团总体战略，枣矿集团在多方考察之后，最终选择了兼顾专业性和易用性的宏景 e-HR 合作建设人力资源管理系统，借助信息技术优化现有的人力资源管理模式，实现了人力资源的精细化管理。

资料来源：e-HR 网经典案例.

三、我国电子化人力资源管理的现状

进入信息时代以来，在经济全球化的背景下，我国企业的经营环境正迅速发生着巨大的变化。人力资本的经营逐渐成为企业获得市场竞争优势的重要手段，但与此同时，越来越多的企业开始认识到，要将人力转变为企业的竞争优势，企业不仅需要制定完善的人力资源管理策略，还需要充分借助技术性的手段来保障人力资源管理策略的有效落实。这样，专门针对人力资源管理的电子解决方案——人力资源管理电子化就应运而生了。

(一)我国电子化人力资源管理的主要问题

目前，电子化人力资源管理在我国是一种新兴的技术，大多数企业所采用的人力资源管理电子化项目要么是借鉴模仿其他企业，要么是盲目跟风，不考虑企业的实际情况而照搬照抄，从而出现一系列问题。这些问题主要表现在以下几个方面：

1. 忽视企业文化

利用企业文化来获取市场竞争优势已经成为一种趋势，而在企业没有建立一个真正深入人心的“以人为本”的企业文化之前，就要建立人力资源管理电子化项目，这无论是对供应商还是对客户而言，都没有真正从企业文化的角度出发去进行规划。要使企业文化发生变革，就必须调整、优化或者重组企业的业务流程，如果在有问题的业务流程上实施这种企业文化的人力资源管理电子化项目，情况就会适得其反。

2. 忽视组织因素

作为一个企业的电子化人力资源管理项目，除了技术外，人员也非常重要。企业在启动电子化人力资源管理项目的时候，经理们会遇到这样一个问题：员工并不喜欢变革。在人力资源管理电子化项目实施过程中企业面临着众多的变革，因此，在实施过程中必须处理组织和员工的因素。具体解决方法是寻求让员工参与业务流程的变革，处理变革的文化影响。

3. 企业网络环境不完善

很多企业不根据现实的硬件与软件环境出发，而盲目跟风，这将导致企业网络环境、服务器性能出现瓶颈现象，降低整个项目的运行效率，从而直接影响用户的应用，使得用户抵触此项目。

4. 供应商选择失败

电子化人力资源管理不仅仅是一种技术，更是一种经营战略。国内电子化人力资源管理软件厂商更多的是模仿和改进国外产品和技术，而忽视了电子化人力资源管理中最重要的经营战略，即国内的电子化人力资源管理项目大多数是在实施产品，而不是在实施一种以客户为中心的围绕用户业务流程的经营战略。企业在选择电子化人力资源管理时，若不从本企业的实际情况出发，而仅仅相信电子化人力资源管理供应商，不仅会耗费大量的精力，而且还会造成企业投资失败，甚至相关人员在企业中的职业生涯规划也会受到影响。

(二)人力资源管理电子化在我国企业中应用的对策研究

由于电子化人力资源管理在发展中日益凸显的不完善性和重要性，建立合适的电子化人力资源管理项目对我国企业来说是非常重要的，企业应借助电子化人力资源管理的发展和优势来提高管理效率与提升管理水平。各企业应该从以下几个方面出发来建立适合自身发展的电子化人力资源管理项目。

1. 建立深入人心的“以人为本”的企业文化

对于一个企业而言，“以客户为中心”不是一句响亮的口号，而应该是各个部门和员工都认可、遵循的经营战略，不同部门围绕这个战略不应该将重心放在争论谁赢得客户上，而应该都一致地去想如何更好地服务客户。只有这样才能实现企业文化向良好的方向变革和重组，从而为电子化人力资源管理的实施提供有利的文化环境。

2. 不仅仅是选产品，更是选合作伙伴

电子化人力资源管理不仅仅是一个买来就用的软件产品，更是一个包含系统规划、系统实施与二次开发、培训、系统维护与升级、系统应用管理等众多环节的复杂项目管理。因此企业在选择电子化人力资源管理时，不能只关注产品本身的特性与价格等，还应该深入了解产品技术框架、供应商的服务能力、供应商业务发展趋势以及公司的发展前景等关于供应商综合实力方面的因素。电子化人力资源管理项目要想成功的必要条件是选择一个实力雄厚、产品优秀并且经验丰富的电子化人力资源管理供应商。

3. 不求一步到位，但要有长期规划与持续发展

企业选择电子化人力资源管理要根据自己的实际情况，不能急于求成，盲目追求一步到位。电子化人力资源管理建设要想成功，就必须有一个长期的人力资源电子化建设规划，形成良好的人力资源管理、规范行为、流程以及网络环境。在推进人力资源管理电子化建设的时候，首先应该从建立简单的电子化人力资源管理系统入手，减少事务性工作处理的手工操作，将HR人员解放出来，然后进行专项的系统建设，如：招聘、E-learning、培训等系统，最后建设一个大型的电子化人力资源管理项目。同时，电子化人力资源管理

建设也要考虑同企业的其他信息系统相连。

4. 选择 e-HR 要从推进企业的人力资源管理规范化着手，更重要的是要与企业人力资源战略结合起来

企业保持竞争优势和竞争力的有效途径有很多，如：企业人力资源战略管理。因而在实施 e-HR 项目时要与企业人力资源战略结合起来，企业应该完善人力资源的规范行为与流程，先进的 e-HR 是以先进的人力资源管理思想为指导的，作为企业首先也应该让员工接受这些先进的管理思想。e-HR 将人力资源管理工作上升到战略高度，它以提升组织管理能力和战略执行能力为目标，创建以能力素质模型为基础的任职管理体系、以绩效管理为核心的评估与激励体系、以提高员工整体素质能力为目标的培训与招聘体系，帮助企业实施由 CEO、HR 经理、业务经理和员工全员参与的现代企业人力资源战略。

第三节 国际化人力资源管理

一、国际化人力资源管理概述

(一)国际化人力资源管理的概念

著名管理学家摩根(Morgan)认为，国际化人力资源管理是人力资源管理活动、员工类型和企业经营所在国类型三个维度的互动组合。

(1)人力资源管理活动是指人力资源管理的六项基本活动，即人力资源规划、员工招聘、绩效管理、培训与开发、薪酬计划与福利、劳动关系。

(2)三种与跨国人力资源管理相关的国家类型，即所在国、母国和其他国。所在国是指在海外建立子公司或分公司的国家；母国是指公司总部所在的国家；其他国是指劳动力或者资金来源国。

(3)三种跨国公司的员工类型，即所在国员工、母国员工、其他国员工。简言之，国际化人力资源管理主要是指跨国公司的人力资源管理，是跨国公司在国际经营环境下，有效利用和开发人力资源的管理活动或过程。

(二)国际化人力资源管理的特点

与国内公司相比，跨国公司面临的经营环境更加复杂，其中包括政治环境、法律环境、经济环境、文化环境等，这些复杂的环境使得国际化人力资源管理比国内人力资源管理更复杂。换言之，国际化人力资源管理具有以下几个主要特点。

1. 更丰富的人力资源管理活动

由于国际化人力资源管理通常涉及两个以上的国家，管理程序和内容更加复杂。例如，外派员工任职前的培训工作、语言的培训和翻译、国际税收、与所在国政府和所在社区的关系、外派人员的家属安置等都比普通人力资源管理更加复杂。

2. 更多外部因素的影响

国际化人力资源管理会受到所在国政府的类型、可接受的工商企业运营方式及经济状

况等诸多外部因素的影响。例如，外派员工的薪酬是以所在国的货币作为计价单位的，而本国与所在国货币汇率的变化将影响这些外派员工实际收入的多少。诸如此类的问题都需要国际化人力资源管理加以考虑与协调。

3. 更多风险

由于国际化人力资源管理受到诸多外部因素的影响，会面临更多的风险与挑战，如外派人员不适应会给公司的经营带来损失，所在国的政治、法律制度的变化有可能直接给公司的人力资源发展战略带来影响，国际政治局势的动荡、地区冲突和治安恶化等更是国际化人力资源管理必须面临的巨大风险。

4. 更高的人力资源管理成本

国际化人力资源管理成本要比国内人力资源管理成本高。比如外派人员的薪酬福利、培训成本、差旅费用等都比国内人力资源管理的开支高。

(三)国际化人力资源管理的模式

1. 民族中心型管理模式

在这种管理模式中，跨国公司直接将母国公司中的管理政策、管理知识、管理风格、评价标准和工作方法移植到海外子公司，由母公司派出管理人员和技术人员到海外子公司，同时，海外子公司一般都遵循母公司的人力资源管理习惯，公司高级管理人员只有母国的管理人员才能当选。子公司人力资源管理的政策受到母公司严格控制，关键的管理与技术人员均由母公司直接派遣到海外子公司，一般信息服务部门才会聘请所在国管理人员，所在国雇员普遍从事次要或辅助性工作。在这种情况下，子公司的人力资源管理就需要在母公司的规定与所在国当地的员工可以接受的政策之间进行协调，工作比较复杂且难度较大。民族中心型管理模式的一个重要特征是：战略性的决策由母公司完成，海外子公司只能遵照执行，很少有自主决策权。综上所述，在母国与跨国公司的子公司所在国文化背景差异小的情况下，民族中心型管理模式适用。由于子公司是初建，与母公司之间联系密切，它们之间的交流是十分必要的；同时，也有利于经营活动中技术的保密。其缺点在于：由于重要决策权在跨国公司总部手中，海外子公司管理人员难以就当地需要成功地与总部进行沟通，所在国员工的职业生涯发展也常常受限，母公司的管理风格和文化很难进入子公司，即使进入子公司也可能引起摩擦和冲突。

2. 多中心型管理模式

在这种管理模式中，子公司与母公司基本上是相互独立的，子公司根据所在国环境采取适合自身发展的人力资源管理政策和风格，所在国当地员工可以担任子公司重要管理岗位，这实质上是本土化的一种做法。多中心型管理模式的主要特征是：母公司派出的管理人员很少，海外各子公司有一定的决策权，子公司由所在国当地人进行管理。采用多中心型管理模式的优点是：①避免了工作中由于语言不同形成的交流和沟通障碍，降低高级管理人员及其家庭的适应问题和对管理人员进行培训的费用；②防止由于文化背景、种族、宗教等方面差异造成的误解和矛盾的发生；③使用所在国当地人才避免了一些敏感的政治风险；④可以利用所在国低工资的优点来吸引高质量的人才；⑤减少了子公司人员的频繁流动。其缺点主要是：雇用的所在国当地人员一般不了解整个母公司的国际化经营战略，从而影响公司的发展；当地人员由于所接受的教育、业务经验和文化环境不同，很难沟通和协调该子公司与跨国公司其他部分的关系；当地人员的提升会受到限制，简单地说，提升到一定的职位，就不能再提升了。

3. 地区中心型管理模式

在这种模式中，子公司按照地区进行分类，如欧洲区、亚洲区、北美区等。各个地区内部的人力资源管理政策尽可能地协调，子公司的管理人员由本地区任何国家的员工担任。地区内部的协调与沟通的程度很高，而在各个地区与母公司总部之间的沟通与协调是很有限的。地区中心型管理模式的主要特征是人员可以到外国任职，但只能在一个特定的区域内。这种管理模式的主要优点是能促进子公司所在地区内的人员互动。其缺点是在地区内可能形成“联邦主义”。

4. 全球中心型管理模式

在这种模式中，海外子公司可以在全球范围内配置母国人员、所在国人员和第三国人员。在世界范围内的国家开展招聘和选拔优秀员工，只要达到受聘的要求便启用，不管录用人的国籍、种族和文化背景。这种模式更重视高级管理人员能否胜任职位要求，而淡化任何对个人国籍或任职国家的考虑。全球中心型管理模式的主要特征是：跨国公司在全球范围内配置人力资源，只强调能力而不介意所聘用人员的国籍。这种模式的主要优点是：跨国公司在全球范围内寻找优秀的工作人员，有助于形成大批的具有国际经验的高级管理人员，建立跨国公司文化。其缺点是：培训和工作调配的成本很高，外派人员的报酬高于所在国籍的员工。大型跨国公司更适用这种策略。

【管理故事】

跨文化管理需文化情商

现在越来越多的人意识到，在海外并购中，资金、技术这些有形的方面比较易于把握，但涉及文化内涵的撞击是无形的，更加微妙难测。曾有一组调查数据表明，80%的企业败走麦城，是由于管理者对跨文化管理缺乏了解。

针对文化冲突管理，新加坡国立大学管理学院院长柯理思教授提出了文化情商的概念。通过提高文化情商，往往会增进双方的了解和认同。

文化情商是基于文化差异应运而生的。它的核心不是强调差异，而是强调共性，强调从不同之处寻找共同目标。面对中方和外籍员工2%和98%的悬殊比例，Addax公司(一家跨国油气勘探公司)发掘不同文化的共同属性，进而确立了文化融合的目标；让不同信仰、不同肤色、不同背景的员工能够以愉悦的心情去创造最大的价值。

Addax公司的管理者在接管之初，便以包容和尊重的态度，允许各方在基本价值观一致的前提下，保留各自的文化特色，包括员工至上原则、开拓者精神、文化多样性等。经过三年的沉淀，Addax公司循序渐进地实现从物质渗透到非物质渗透，再到文化融合的整合目标。

Addax公司的经验告诉我们：走出去是企业间相互借鉴与吸收、梳理与扬弃并逐渐形成核心文化价值观的过程，也是以和平、真诚和包容的方式，积极参与全球双边、多边对话的过程。在这个过程中，文化情商作为指南针，可以迅速帮助我们在复杂的全球商务地图中找到前进的方向。

资料来源：跨文化管理需文化情商[EB/OL]. 中国石化报·多媒体数字报刊，2012-12-18.

二、国际化人力资源薪酬管理

国际化人力资源薪酬管理既要保持与母公司的整体经营战略一致，同时还必须考虑当地劳动力市场的工资水平、劳动报酬方面的法规和文化倾向。各子公司的人力资源经理要为所在国的员工、母公司派出的员工和第三国的员工制定三种不同的薪酬制度。下面主要介绍国际化人力资源薪酬政策的目的与要求、多元报酬体系和外派人员的薪酬体系等方面的内容。

(一)国际化人力资源薪酬政策的目的与要求

跨国公司在各个国家子公司的人力资源经理在工作中面临着很多困难，在不同的国家，对于员工的养老金、社会保障、医疗保险和其他各种福利的管理规定存在着很大的差别。例如，在有些国家公司在传统上要为员工提供住房、上下班的交通条件和年终奖金，而在另一些国家却不是这样。所以，制定国际化人力资源薪酬政策要做到：一是要与跨国公司的总体战略以及企业的需求一致；二是能将人才吸引到跨国公司最需要的地方并能留住他们，因此要有竞争性，而且要认识到诸如出国服务的激励、税收平等以及合理费用的报销等因素的作用；三是要有利于公司以最经济的方式调动外派人员；四是要适当考虑行政管理的公平和方便。与此同时，外派人员的一些个人目标也需要通过公司的薪酬政策的实施得以实现，这些个人目标包括：获得在国外的福利、社会保险和生活费用等增加收入以满足职业生涯发展和回国安排等方面的需要。

(二)国际化人力资源的多元化报酬体系

国际化人力资源需要多种不同的报酬体系，要为所在国的员工、母国派出的员工和第三国的员工开发出三种不同的薪酬制度。这方面的关键问题在于薪酬外部公平性问题和薪酬激励问题。由于在不同国家物价水平存在差别，外派员工的生活费用也会有所差别，在整个组织范围内需要有统一的与工作性质相适应的基本工资，然后根据员工所在国家和地区的具体情况利用各种专项补贴来实现员工薪酬的公平性。此外，与国内员工相比，外派员工的薪酬公平性在实现上会涉及特殊的国别差异问题。解决这一问题的方法是使员工在国际化中的购买力平等化，即外派员工的薪酬水平应该至少保持使他们在所在国与在本国时，获得相同的住房条件、商品和服务水平以及储蓄水平。

(三)外派人员的薪酬体系

外派员工薪酬主要包括基本薪酬、税务补偿、奖金、出国服务奖励或艰苦条件补贴、津贴和福利等方面。

(1)基本薪酬。确定外派员工的基本薪酬有两种方式：一种是采用本国标准，即员工依据来源国同类职务的薪金水平，由于他们的国籍不同而存在差别，这种方式容易产生不公平的问题；另一种是依据本公司系统内各级职务的薪金水平，同级同酬，这种做法较好地实现了公正，但如果本国经济发展水平与跨国公司活动的差距较大时，又带来了与当地工资水平相差悬殊的矛盾，因此需要靠奖金和津贴等补充形式作适当的调整。

(2)税务补偿。外派员工会面临双重纳税的问题。一方面，就收入在收入发生地交纳个人所得税；另一方面，员工在本国依然要履行纳税义务。比如，美国要求其公民对在其他国家所得收入进行纳税，即使他在该国已经纳税。雇主负责向本国或所在国支付个人所得税，数额从员工税前收入中扣除。由于不同的国家存在不同的税收标准，这也会带来不公平，对双重纳税的问题，雇主可以通过税务补贴来解决。

(3)奖金。外派员工获得的奖金通常有两类：一种奖金是与业绩相关的；另一种是不与业绩相关、只与底薪有关的奖金。奖金包括海外工作奖金、满期工作奖金等类别。

(4)出国服务奖励或艰苦条件补贴。母国员工通常会收到一份奖金作为接受出国派遣的奖励，或作为对在派遣过程中所遇到的艰苦条件的补偿。出国服务奖励一般为基本工资的5%~40%，根据任职、实际艰苦情况以及派遣时间的长短而不同。

(5)津贴。津贴是对员工在海外工作支付的补助，通常包括以下项目：住房津贴、生活费用津贴、探亲补贴、子女教育津贴、搬家费、特权享受津贴和配偶补助等。

(6)福利。与货币形式的薪酬相比，国际福利更加复杂，需要解决更多问题。各国的福利管理实务之间存在很大的差异，使得养老金计划、医药费和社会保险费等的转移变得很难。此外，一些适用于国际化人力资源的特殊福利值得关注。例如，许多跨国公司提供休假和特殊假期，作为驻外人员定期休假的一部分；每年的探亲福利中通常包括家庭成员回国的机票费，也包括为驻外人员的家属提供免费的机票去工作所在国附近的疗养地疗养。除疗养福利外，还有在艰苦地区工作的人员应获得额外的休假费用和疗养假期。

【知识巩固训练】

1. 什么是人力资源管理外包、电子化人力资源管理、国际化人力资源管理？
2. 人力资源外包的原因有哪些？
3. 人力资源外包有哪些优点和缺点？
4. 人力资源外包的程序是什么？
5. 电子化人力资源管理的优点是什么？
6. 我国电子化人力资源管理存在哪些问题？
7. 国际化人力资源管理模式有哪些？
8. 国际化人力资源管理有哪些特点？

【技能提升训练】

1. 案例分析：人力资源外包持续深化，全球化与本地化结合

随着人力成本大幅上涨和人口红利的消失，人力资源管理正在成为中国企业当前面临的最大挑战之一。而未来人力资源将成为企业竞争的核心资本，企业一方面需要降低人力成本；另一方面对创新人才、高端人才的需求也更加强烈，在此背景下，人力资源外包将成为大势所趋。

2013年伊始，中国最专业的人力资源外包服务提供商易才集团的相关专家认为，从全球来看，人力资源外包已经由全面普及转向了逐层深入。如在过去的2012年，全球《财富》500强企业采用商业流程外包的比例已经超过10%，外包正在作为一种战略被实施。在中国，2012年《财富》500强企业应用人力资源外包的比例已达90%，但应用深度依然和国外有较大落差。预计在2013年，人力资源外包将持续深入，除了传统的RPO，福利、薪酬等环节的外包和全流程外包也将持续扩大影响。预计到2017年，中国人力资源外包将以超过20%的比例增长。

此外，在过去的2012年，IBM投资13亿美元收购人力资源外包供应商Kenexa引起业界关注。实际上，从过去的一年可以看到，全球人力资源行业呈现出二元化的发展趋势。强者恒强、大者恒大的并购接连不断发生；而在细分领域和区域，则不断涌现出专业化的业者，呈现勃勃生机。

可以相信，在未来，行业会持续洗牌，综合化人力资源服务和细分的人力资源服务都将有很好的前景。在这个市场，要么有实力，要么有精准的定位，才会较好地生存与发展。

而对于中国本土化的人力资源外包服务，易才集团相关专家也表示，在过去的2012年，全球化的人力资源服务商分别加强了区域市场，而本地化的供应商也在不断扩大版图。有理由相信，人力资源服务的标准将国际化，而服务将更加本地化。这正是"中国特色"的体现，讲究科学，然而又有中国独特的人情世故。这将是今后很长一段时间左右中国人力资源行业发展的特性，具备这种特质就会有很好的发展，不论外资、中资还是合资。

对此，有企业管理者也表示，本土化人力资源外包服务在为企业人力资源管理节省成本的同时，也为企业保留人才提供了支持，并扫清了因人才流动而造成的障碍。

资料来源：佚名．人力资源外包持续深化，全球化与本地化相结合[EB/OL]，中国经济网，2013-02-01.

讨论：

(1)什么是人力资源外包？其产生的背景是什么？

(2)结合案例，谈谈人力资源外包对企业人力资源管理的影响。

2. 课后训练项目

请将4~6人组成一个小组，选出1名小组组长，由组长进行领导与协调，小组成员进行分工与协作。找一家企业进行了解，包括企业性质、企业主要产品、企业发展状况，员工人数等。假设这家企业需要进行人力资源外包，请设计该企业的人力资源外包业务策划书。具体要求如下：